Text und Recherche:	Petra Sparrer
Lektorat:	Angela Nitsche, Cristine Beil
Redaktion/Layout:	Nona-Andreea Kolle
Fotos:	Petra Sparrer, außer:
	Tobias Büscher: S. 15, 99, 141, 149, 210; Belgien Tourismus Wallonie-Brüssel: S. 18 (M Van Hulst), S. 53 (Mimi Dooms), S. 55 (BITC), S. 132, S. 108 (OPT/Kouprianoff); MRBAB (Musée Royaux des Beaux Arts de Belgique): S. 40, 45, 48.
Karten:	Marcus Endreß, Hana Gundel, Judit Ladik, Gábor Sztrecska
Covergestaltung:	Karl Serwotka
Coverfotos:	oben: Atomium,
	unten: Grand Place
	Seite 1: Mont des Arts; Seite 3: Mont des Arts „The Whirling Ear"; S. 9: Marionettentheater Toone (alle: Petra Sparrer); Umschlagrückseite: Tobias Büscher

Die Autorin: Petra Sparrer hospitierte während ihrer journalistischen Ausbildung im ZDF-Studio Brüssel und ist seither nicht mehr von dieser Stadt losgekommen. Sie arbeitet als freie Journalistin, Verlagslektorin und Übersetzerin (Französisch, Englisch) in Köln.

Herzlich danken möchte ich Tobias Büscher, Catherine Dardenne von Brussels International, Vanessa Gromer und Marc Goulier von Belgien Tourismus Wallonie-Brüssel, Sandra Anders von Tourismus Flandern-Brüssel, Biem van Hoften und Ehefrau Kirsten, dem Leiter des ZDF-Studios Udo van Kampen für das Interview ab Seite 201, Dirk Thomsen für die sachkundige Beratung und Zusammenarbeit in kunsthistorischen Fragen, meinen Eltern, Marion und José und allen Freunden für ihre Geduld, wenn ich mal wieder in Brüssel war und keine Zeit hatte.

ISBN 978-3-89953-396-5

Aktuelle Infos zu unseren Titeln, Hintergrundgeschichten zu unseren Reisezielen sowie brandneue Tipps erhalten Sie in unserem regelmäßig erscheinenden Newsletter, den Sie im Internet unter **www.michael-mueller-verlag.de** kostenlos abonnieren können.

2. überarbeitete und aktualisierte Auflage 2008

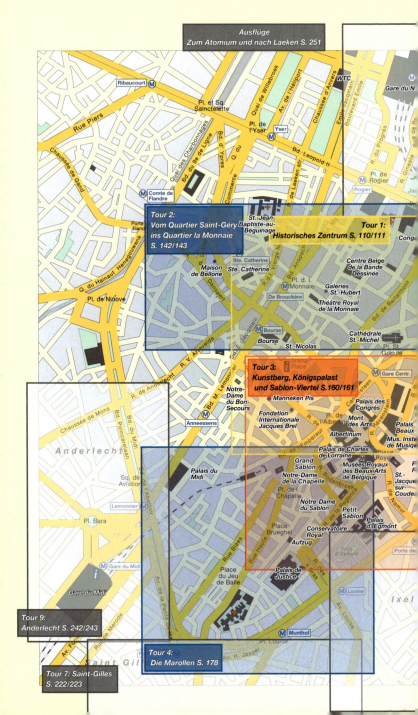

Ausflüge
Zum Atomium und nach Laeken S. 251

Tour 2:
Vom Quartier Saint-Géry
ins Quartier la Monnaie
S. 142/143

Tour 1:
Historisches Zentrum S. 110/111

Tour 3:
Kunstberg, Königspalast
und Sablon-Viertel S.160/161

Tour 9:
Anderlecht S. 242/243

Tour 4:
Die Marollen S. 178

Tour 7: Saint-Gilles
S. 222/223

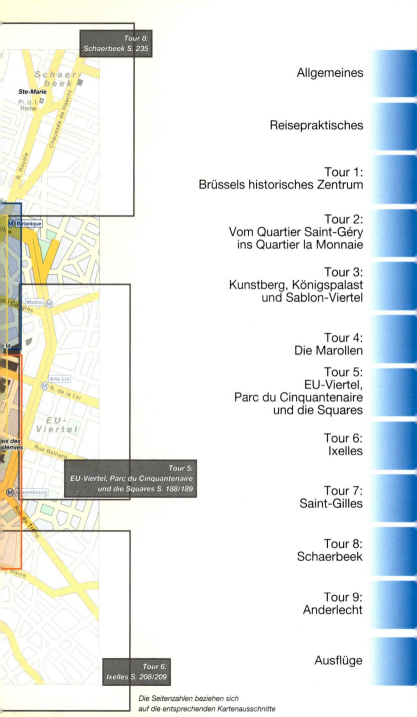

Tour 8:
Schaerbeek S. 235

Tour 5:
EU-Viertel, Parc du Cinquantenaire
und die Squares S. 188/189

Tour 6:
Ixelles S. 208/209

*Die Seitenzahlen beziehen sich
auf die entsprechenden Kartenausschnitte*

INHALT

Alles im Kasten

Kartenverzeichnis

Zeichenerklärung für die Karten und Pläne

Hauptstraße	Ⓜ Trône	Metro	i	Information
Nebenstraße	BUS	Bushaltestelle		Post
Stadtrundgang		Flughafen		Apotheke
Stadtrundgang Anfang	Ⓜ	Museum		Krankenhaus
Stadtrundgang Ende		Kloster		
Grünanlage	★	Sehenswürdigkeit		
Gewässer				

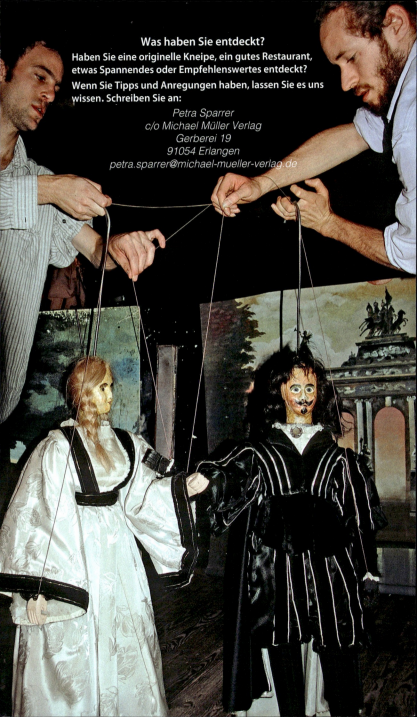

Was haben Sie entdeckt?

Haben Sie eine originelle Kneipe, ein gutes Restaurant, etwas Spannendes oder Empfehlenswertes entdeckt?

Wenn Sie Tipps und Anregungen haben, lassen Sie es uns wissen. Schreiben Sie an:

Petra Sparrer
c/o Michael Müller Verlag
Gerberei 19
91054 Erlangen
petra.sparrer@michael-mueller-verlag.de

Brüssel – Wissenswertes

Figuren aus dem Volkstheater feiern bei Stadtfesten mit

Brüssel – kreativ und herzlich

Hektoliterweise Protestwein schwappt auf den Asphalt am Rond Point Schuman. Drastische Proteste und harte Fakten von EU und Nato. So kennt man Brüssel aus dem Fernsehen. Offiziell, voller Bürotürme und etwas grau. Und in diese Stadt soll man sich verlieben? Aber sicher, und zwar richtig! Die dreifache Hauptstadt von EU, Belgien und Flandern ist zwar nicht auf den ersten Blick durchschaubar, hat aber viele Verlockungen.

Vom Image her steht Brüssel im Schatten der meisten anderen europäischen Hauptstädte. Grand Place, Manneken Pis und die ein oder andere Pralinenmarke oder Biersorte kennen die meisten vielleicht, aber viel mehr nicht. Dabei ist Brüssel immerhin auch schon 1.000 Jahre alt, lag an bedeutenden Fernhandelswegen, z. B. von Brügge nach Köln, und war die wichtigste Stadt im Herzogtum Brabant.

Viele sehen Brüssel als die kleine Stiefschwester der großen Diva Paris. Französisches Savoir-vivre kommt hier allerdings auf herzliche und legere belgi-

sche Art daher. Sympathisch! Genau wie die Küche, die sich durchaus mit der französischen messen kann, den Gourmet aber nicht ganz so tief in die Tasche greifen lässt.

Brüssel hat etwas auf ganz eigene Weise Heimeliges, was beispielsweise Jacques Brel in den nostalgischen Liedern über seine geliebte Heimatstadt besang. Ab und zu spürt man ihn noch, den etwas provinziellen Charme des ausgehenden 19. Jh., und wenn es nur beim Klang eines Akkordeons ist, beim Betrachten der historischen Fotos in dem urigen und verrauchten ehemaligen Surrealistencafé La Fleur en papier doré oder im Sommer auf der traditionsreichen Kirmes Foire du Midi.

Und noch etwas Nostalgisches: Als Wiege des Jugendstils braucht Brüssel den Vergleich mit Wien und Barcelona nicht zu scheuen. Bei einem Streifzug durch ein paar charmante Jugendstilcafés, wie La Porteuse d'Eau in Saint-Gilles, da hat man sich schon fast verliebt.

Die Grand Place im Herzen der Stadt bezeichnete schon Jean Cocteau als „schönste Bühne der Welt". Und das gilt früher wie heute, und nicht nur für die imposante Kulisse. Menschen aus aller Welt flanieren hier vorbei, Stadtbewohner aus 180 Nationen und Besucher aus allen Kontinenten. Ihr Sprachkonzert mischt sich in Brüssel babylonisch, auch wenn diese Stadt offiziell nicht mehr als zwei Sprachen spricht, Flämisch und Französisch. Innerhalb des föderalen Belgien ist das zweisprachige Brüssel neben der Wallonie und Flandern die dritte autonome Region. Die Mehrheit der Brüsseler und Einwanderer aus Afrika spricht Französisch, jeder auf seine Weise. Der kleinere Teil der Stadtbewohner und viele Pendler aus der Umgebung repräsentieren die flämische Sprache und Kultur. Viele Brüsseler sprechen auch Englisch und – etwas seltener – Deutsch. Wenn nicht, kommt vielleicht rein zufällig ein EU-Dolmetscher vorbei, oder die Verständigung klappt durch Gestik und Mimik. Im Großraum Brüssel leben über 20.000 Beamte von EU und NATO, die Stadt beherbergt mehrere Tausend internationale Organisationen. Und manch einer hat sich hier nicht nur in die Stadt verliebt.

Bunt, multikulturell, aufgeschlossen und dabei sehr gelassen erlebt man Brüssel im Stadtzentrum, in der Metro und ganz besonders in dem geschäftigen Gewimmel der legendären sonntäglichen Märkte: am Gare du Midi, auf der Place du Jeu de Balle im zentral gelegenen Marollenviertel oder an den ehemaligen Schlachthöfen in Anderlecht. Afrikanische und indische Käufer und Verkäufer stehen hier neben EU-Praktikanten aus Polen, Fotografen aus Shanghai oder einem Brüsseler aus dem urigen Menschenschlag, den schon die flämischen Meister auf die Leinwand bannten.

Tim und Struppi alias Tintin und Milou gelten als die vielleicht bekanntesten Belgier. Das stört in Brüssel niemanden, wo viele berühmte Comic-Charaktere die Hauswände schmücken und Comiczeichner Ateliers gemietet haben. Sie wohnen Tür an Tür mit Galeristen und Antiquitätenhändlern, Jungdesignern und Musikern. Bei Filmfestivals, auf Kunstmessen und renommierten Musikevents wie Ars Musica, Concours Reine Elisabeth oder Jazz Marathon lernt man Brüssels anziehende kreative Seite besonders gut kennen. Modeschaffende haben das Viertel Saint Catherine hinter der Börse mit der Rue Antoine Dansaert für sich entdeckt und besuchen gern die dortigen Kneipen.

Das Nachtleben steht im Zeichen der ungewohnt starken und vielfältigen Brüsseler Biersorten. Wer bei der Auswahl zögert oder Rat braucht, spürt sie wieder, die ausgesprochene Herzlichkeit und Kontaktfreudigkeit der Leute hier. Kreativ kann in Brüssel auch das Shopping sein, und dabei muss es nicht zwangsläufig um Mode gehen: Brüssels Chocolatiers designen verführerische Träume aus Schokolade. Etwas zum Verlieben also, das sich sogar mit nach Hause nehmen lässt. Aber es lohnt sich, mehr als einmal nach Brüssel zu kommen und länger zu bleiben als nur ein Wochenende. Denn dann lernt man die wahre Stadt kennen und aus Sympathie und erster Verliebtheit wird Leidenschaft.

Grand Place (Nordostseite): Vom Dach grüßt Bischof Bonifaz von Lausanne

Brüssel für ...

... Architekturliebhaber

Sehenswürdigkeit Nummer 1 und architektonisch einzigartig ist die **Grand Place** (→ S. 113 und 117), einer der großen Plätze Europas. Rund um dieses urbane Herz der Stadt leisteten sich die Zünfte prunkvolle Häuser, die ihren bedeutenden wirtschaftlichen und politischen Einfluss repräsentierten. Elemente aus Gotik, flämischem Barock – die klassischen Säulen lassen den italienischen Einfluss erkennen – und dem französisch geprägten Louis-XVI.-Stil (z. B. La Maison du Cygne und La Maison du Cornet) bilden eine fast unüberschaubare detailreiche Vielfalt und gleichzeitig ein harmonisches Ganzes. Nach der französischen Bombardierung 1695 durch die Truppen des Sonnenkönigs wurden die Häuser zwischen 1696 und 1700 wieder aufgebaut, nach strengen Vorschriften, die z. B. die Höhe der Zunfthäuser regelten. Unter Bürgermeister Charles Buls erfolgte im ausgehenden 19. Jh. die Restaurierung getreu den Originalplänen des Architekten De Bruyn.

An der Wende vom 19. zum 20. Jh. (1893–1910) erlebte Brüssel die Phase der Belle Époque. In Ixelles, Schaerbeek und Saint-Gilles errichteten reiche Kaufleute und Künstler ihre Häuser. Viele davon sind keine schlichten „maisons", sondern so luxuriös, dass man sie im Französischen „hôtels de maître" nennt. Hier seien nur einige Highlights genannt: das Comicmuseum, das Musikinstrumentenmuseum, die Maison Horta in Saint-Gilles, die Maison Autrique in Schaerbeek und das Haus des Künstlers Paul Cauchie im EU-Viertel. Zu empfehlen sind die alle sechs Monate wechselnden Ausstellungen des Architekturmuseums La Loge in Ixelles (S. 215).

... Kunstliebhaber

In den Museen am Mont des Arts (Kunstberg) kommen Liebhaber der schönen Künste insbesondere in den

Musées Royaux des Beaux-Arts de Belgique (beschrieben im Sablon-Viertel ab S. 165) auf ihre Kosten. Beispielsweise vor Bildern von Pieter Bruegel d. Ä. Der Künstler beobachtete seine Zeitgenossen und überlieferte der Nachwelt eine lebendige Vorstellung vom flämischen Landleben bis zur festlich für ein Gelage gedeckten Tafel. Die Surrealisten des 20. Jh. erkannten in den Bildern Pieter Bruegels d. Ä. (→ S. 179) später die Zerrissenheit ihrer eigenen Zeit, und Brüssel entwickelte sich neben Paris zu einer zweiten Metropole der Surrealisten um René Magritte (→ S. 52). Selbst ausgesprochene Kunstliebhaber und -kenner können in Brüssels staatlichen und privaten Kunstmuseen ihr Wissen vertiefen. Wer eher Bilder oder Antiquitäten kaufen möchte, ist im **Sablon-Viertel** und in den **Marollen** richtig, beides Hochburgen für Händler mit Kunstverstand und Geschäftssinn.

Im **Musée Royaux d'Art et d'Histoire (MRAH)** am Cinquantenaire im EU-Viertel sind einige der kunstvollen Flügelaltäre aus der Zeit der Brabanter Bildhauerschule zu sehen: mit Aufsätzen aus Holz, mit farbintensiven Malereien und realistischen Schnitzereien. Dieses Museum verfügt zudem über eine einzigartige Kollektion an Brüsseler Gobelins und Spitze. Aber auch die farbenprächtigen Glasfenster in der **Kathedrale St-Michel** gehören zu Brüssels kunsthistorischen Attraktionen. Unter den Kirchen zählen **St-Guidon** in Anderlecht, **Notre-Dame du Sablon**, **Notre-Dame de la Chapelle** und **St-Jean-Baptiste au Béguinage** zu den interessantesten. Viele Kirchen bieten regelmäßig klassische Konzerte. Liebhaber der neunten Kunst kommen in Brüssels **Comicmuseum** (→ S. 148) und in den zahlreichen Comic-Shops der Stadt auf ihre Kosten. Und die Werke beliebter Comic-Künstler von Marc Sleen über Schuiten bis zu Hergé lassen manch

Bar und Ausstellungsraum: Halles St-Géry

eine Hauswand zum magischen Blickfang und beliebten Fotomotiv werden.

... Nachtschwärmer

An den Wochenenden lassen Disko-Rhythmen die historischen Fassaden an der **Grand Place** vibrieren, und auch an Wochentagen ist in Brüssels Zentrum nicht eben wenig los. **Rue des Pierres** und **Marché au Charbon** stehen auch bei Homosexuellen hoch im Kurs. Von der Grand Place kann man den Kneipenzug auf die Straßen **jenseits des Boulevard Anspach** ausdehnen. In der Beursschouwburg, im Archiduc, im Monk, im La Tentation und dem berühmten Jazzschuppen The Music Village gibt es

Die Brüsseler verschenken mehr Pralinen als Blumen

häufig Life-Musik. Besonders im Sommer attraktiv sind die Terrassencafés an der Kirche St-Boniface in **Ixelles**. Die studentische Form des Brüsseler Nachtlebens entfaltet sich rund um den Cimetière d'Ixelles – ein Besuch lohnt auch, wenn die Studienzeit längst abgeschlossen ist. Brüssels „Bobos", so die Kurzform für Bourgeois-Bohémiens, lieben im Internet ausgeschriebene, privat organisierte DJ-Partys. In-Diskos findet man an der Chaussée de Louvain, in der Galerie Louise und am Boulevard Anspach.

... Gourmets

Man meide das Spießrutenlaufen in den Fressgassen der Brüsseler Altstadt, der **Rue des Bouchers** und der **Petite Rue des Bouchers**, wo früher die Metzger ihr Fleisch zum Verkauf anpriesen. Wer nicht gezielt ein Restaurant seiner Wahl ansteuert, lässt sich vielleicht auf die Werberufe der Restaurantangestellten ein oder auf die Verführungen in den Auslagen mit weithin rot leuchtenden Hummern und Garnelen aus Plastik.

Da könnte man, in Träume von Foie gras, Jakobsmuscheln und Hummer vertieft, glatt orientierungslos werden und ins kulinarische Fegefeuer geraten oder sich wundern, wenn am Schluss die Rechnung viel höher ausfällt als versprochen. Zugegeben: Wer richtig gut und mehrgängig essen möchte, muss auch anderswo in Brüssel in die Tasche greifen.

Auf jeden Fall muss man in Brüssel mehr als einmal essen gehen, denn man hat die Qual der Wahl: modern, barock, flämisch überschwänglich, in urigen Kellern oder in umfunktionierten Fabriken. Zu den nobelsten und teuersten zählen das Comme Chez Soi und die Gourmettempel von Bruneau und Claude Dupont. Neben belgischer Küche wären da außerdem die Türken und Griechen in der **Rue du Marché aux Fromages**, wo man sich auch um Mitternacht noch günstig satt essen kann. Night-Shops bieten Schokoriegel oder indische Samosas und Getränke. Als Snack für zwischendurch schmecken auch die belgischen Waffeln

(Gaufres) mit Sahne, Schokolade, Erdbeeren oder Bananen.

... Kinder

Kindern wird ein Besuch im **Schokoladenmuseum** in der Nähe der Grand Place Freude bereiten. Man kann mit ihnen die unterirdischen Gänge des alten **Coudenberg-Palasts** durchstreifen und anschließend im Parc de Bruxelles picknicken. Auf dem Markt an den ehemaligen Schlachthäusern *(Abattoirs)* in Anderlecht können Kinder auf Ponys reiten. Der Ausflug mit einer historischen Tram zum **Afrikamuseum** wird jedes Kind begeistern. Auch an den Oldtimern im **Automuseum** am Cinquantenaire und am **Museum für Naturwissenschaften** haben Kleine und Große Spaß.

Im **Atomium** richtete man sogar Übernachtungsmöglichkeiten für Schulklassen und Gruppen ein. Alicia Framis aus Barcelona kreierte beispielsweise darin einen eigenen sphärischen Schlafraum für Kinder, in dem sie einige Dutzend Elemente wie Regenmoleküle an die bogenförmige Decke hängen ließ. Aber schon die Aussicht vom Atomium beeindruckt nicht nur die Großen. Im Park **Mini-Europe** kann der Nachwuchs Europas Mitgliedsländer entdecken. Um die 350 Mini-Monumente sind zu sehen, selbstverständlich auf aktuellem Mitgliederstand. Weder das Stadttor von Riga noch die Universität von Vilnius fehlen.

... Shoppinglustige

Brüssel ist ein Einkaufsparadies. Feine belgische Pralinen gehören zu den bekanntesten Mitbringseln aus der EU-Metropole. Noble Einkaufsadressen sind am **Grand Sablon** und im **Quartier Louise** zu finden, rund um die Place Stéphanie mit internationalen Modeschöpfern und belgischen Markenprodukten an der Avenue Louise. Vor allem

Shoppen beim Brüsseler Modezar Olivier Strelli

in **Ixelles** bekommt man Gewürze aus aller Welt, nach Herzenslust Afro-Zöpfe, Haarteile und Perücken sowie die bei Afrikanerinnen so begehrten Kleiderstoffe aus den Wax-Boutiquen an der Chausée de Wavre.

Das Eldorado der Modedesigner ist die **Rue Antoine Dansaert**. Auch in den Gassen rund um die Grand Place gibt es alles, was das Herz begehrt, vom Souvenir aus Schokolade über Bier zum Muscheltopf oder von den Manneken-Pis-Devotionalien über kultige Comicbände bis zu modischem Chic. Kunst, Antiquitäten und Trödel bekommt man am besten im Sablon-Viertel und in den Museumsshops am Mont des Arts.

Blick über Brüssel; rechts liegt die Grand Place mit dem Rathausturm

Stadtaufbau und erste Orientierung

Brüssel liegt in der hügeligen Landschaft des Senne-Tals und in der geografischen Mitte Belgiens zwischen Brabant und Flandern. Der geografische Nullpunkt ist im Rathaushof an der Grand Place im historischen Stadtkern markiert. Besucher können Brüssel gut zu Fuß entdecken, doch für manche Steigung im Stadtgebiet braucht man etwas Kondition. Brüssels höchster Punkt ist Altitude Cent in der Gemeinde Forest.

Ursprünglich floss die **Senne** quer durch die Stadt und am alten Hafen am Fischmarkt wurden Sand, Kohle und andere Waren abgeladen. Ab dem 19. Jh. überdeckte man den Fluss, was vier Jahrzehnte dauerte. Die Achsen der Boulevards du Midi und Anspach, die heute die Gare du Midi mit der Gare du Nord verbinden, ersetzen das Flussbett und seine Ausläufer. Obwohl die Senne verschwand, blieb Brüssel Binnenhafen und hat bis heute eine schiffbare Wasserstraße, den Kanal nach Charleroi und Willebroek.

Der Höhenunterschied von etwa 80 m zwischen Grand Place und Königspalast führte zu den Bezeichnungen **Oberstadt** und **Unterstadt** mit der Grand Place im Kern. Eine lange Reihe an Treppenstufen verbindet sie über

den Mont des Arts mit der **Place Royale** und dem Königspalast in der Oberstadt. Eine Alternative ist der weniger steile Weg über die Rue Rollebeek und die Place du Grand Sablon zur Rue Royale. Von der Place Royale, wo über der alten Burg am **Coudenberg** der Königspalast gebaut wurde, reicht der Blick bis zum Rathausturm. Das **Quartier Royal** mit dem Mont des Arts zieht in erster Linie Kulturinteressierte an. Wenn im Sommer der Königspalast seine Pforten für Besucher öffnet (gratis), strömen Tausende herbei, um die höfische Pracht zu bewundern.

Das mittelalterliche Brüssel umfasste die Place Saint-Géry, den ersten Siedlungskern, der schnell durch die Gassen rund um die Grand Place erweitert wurde, die Kirche Sts-Michel-et-

Die Brüsseler
Gemeinden

Gudule (heutige Kathedrale St-Michel)
und die Burg am Coudenberg. Die erste
Stadtmauer wurde um 1100 angelegt.
Von ihr ist nichts mehr erhalten. Von
der zweiten Stadtmauer aus dem 14. Jh.
sind noch einzelne Türme übrig geblieben, so Tour Noire an der Kirche Ste-
Catherine, Tour de Villers in der Rue
des Alexiens, Tour d'Angle (Anneessens) und die Porte de Hal. Im 19. Jh.
legte man anstelle des zweiten Mauer-
rings mehrspurige Boulevards an. Sie
bilden ein Fünfeck, weswegen Brüssels
Innenstadt oft auch als Pentagon bezeichnet wird. Wo früher Fußgänger,
Karren und Kutschen unterwegs waren,

umfahren heute unaufhörlich Autos
den Stadtkern mit seinen vielen Gassen.
Während die heutige Place Royale unter den Habsburgern nach klassizistischen Vorbildern aus Wien und Paris
angelegt wurde, trieb König Leopold II.
den Hang zum Repräsentativen und
Monumentalen auf die Spitze. Aus seiner Regierungszeit stammen überdi-
mensionierte Prunkbauten wie die Arkaden des Cinquantenaire, der Justizpalast und die riesige Basilika am
Koekelberg, mit der er der Peterskirche
in Rom Konkurrenz machen wollte. Ab
den 60er-Jahren des 20. Jh. entstanden
im EU-Viertel zahlreiche administrative

Prunk im Rathaus von St-Gilles

Im noblen **Sablon-Viertel**, das nach dem sandigen Untergrund benannt ist, auf dem hier einst gebaut wurde, residieren Galeristen und Antiquitätenhändler um die Place du Grand Sablon. Die **Marollen**, die sich an diesen Platz anschließen, sind das wohl volkstümlichste Viertel der Stadt.

Anziehungspunkt dieses traditionellen Arbeiterviertels ist der tägliche Trödelmarkt auf der Place du Jeu de Balle. Das **Quartier Louise** mit der großzügigen Avenue Louise, die sich bis zum Stadtwald Bois de la Cambre erstreckt, schätzen Brüsseler und Besucher als noble Adresse zum Einkaufen. Zu Brüssels sehenswertesten Randgemeinden zählt **Anderlecht**.

Verwaltungstechnisch ist Brüssel schwer zu durchschauen. Die Hauptstadtregion Brüssel besteht aus insgesamt 19 Gemeinden, von denen jede ihren eigenen Bürgermeister hat. Einen Oberbürgermeister gibt es nicht, der Mangel an übergeordneter Stadtplanung hat das Stadtbild geprägt. Lediglich die Organisation von Feuerwehr und Notdiensten erledigen die Gemeinden gemeinsam, die Müllabfuhr und die meisten anderen Aufgaben fallen unter die Regie der einzelnen Gemeinde.

Molenbeek-Saint-Jean, **Saint-Josse-ten-Noode**, **Schaerbeek** und **Anderlecht** haben den höchsten Anteil an Immigranten. Das bürgerliche Wohnviertel **Etterbeek** grenzt an das EU-Viertel. **Uccle**, flächenmäßig die größte Gemeinde, und **Woluwe-Saint-Pierre** liegen weiter außerhalb. Hier logiert die Upperclass, es gibt viele Grünflächen und nur vereinzelt Einrichtungen von touristischem Interesse. Letzteres gilt ebenso für Randgemeinden wie **Watermael-Boitsfort**, **Auderghem**, **Evere**, **Ganshoren**, **Berchem-Sainte-Agathe** und **Forest**. In **Jette** liegt das Musée René Magritte, einst Wohnhaus des Künstlers. **Koekelberg** dominiert

Gebäude, so z. B. das Berlaymont im Gebiet des alten Leopoldviertels, eines der ersten Viertel, die außerhalb von Brüssels Stadtmauern gebaut wurden. In Brüssels größten Wohnvierteln **Schaerbeek** und **St-Gilles** sind die meisten Jugendstilhäuser erhalten. In **Ixelles**, dem Uni- und Afrikanerviertel, bilden afrikanische Läden und Jugendstilvillen eine sehenswerte Mischung.

die große Sacré-Cœur-Basilika, die aus vielen Perspektiven von weitem zu sehen ist. In **Laeken** residiert das belgische Königshaus. Diese Gemeinde verfügt mit den einmal jährlich geöff-neten königlichen Gewächshäusern und dem Atomium auf dem Hügel Heysel gleich über zwei internationale Besuchermagneten.

Brüssel-Highlights

▶ **Grand Place** (→ S. 113 ff): Der originalgetreu restaurierte Platz mit dem Rathaus und den Zunfthäusern ist das pulsierende Stadtzentrum. Nur einen Katzensprung entfernt: Manneken Pis.

▶ **Place du Grand Sablon** (→ S. 159): Antiquitätenläden, Galerien, die Konditorei Wittamer und feine Adressen für Brüsseler Pralinen säumen diesen Platz zu Füßen der Kirche Notre-Dame du Sablon. **Place du Jeu de Balle** (→ S. 177): Trödelmarkt mitten im Marollenviertel (jeden Vormittag).

▶ **Musée des Instruments de Musique** (→ S. 169 f): historische Instrumente und akustische Erlebnisse in einem Jugendstilbau. Panoramablick von Dachcafé und Terrasse.

▶ **Maison Horta** (→ S. 226 f): Werkstatt und Wohnhaus des Jugendstilarchitekten Victor Horta.

▶ **Maison Autrique** (→ S. 236): noch ein Tipp für Jugendstilfans. Dieses Haus in Schaerbeek stammt ebenfalls von Victor Horta.

▶ **Maison Cauchie** (→ S 198 f): Der Jugendstilkünstler Paul Cauchie dekorierte sein Wohnhaus in der Sgraffito-Technik.

▶ **Centre Belge de la Bande Dessinée (Comicmuseum)** (→ S. 148 f): Die Welt der belgischen Comics präsentiert sich in dem vornehmen Jugendstilambiente eines früheren Warenhauses von Victor Horta.

▶ **Rue Antoine Dansaert** (→ S. 139): Die Modemeile hinter der Börse im Ausgehviertel St-Géry, ideal für Trend-Shopper und Nachtschwärmer.

▶ **Musées Royaux des Beaux-Arts de Belgique** (→ S. 165 f): Gemälde von Pieter Bruegel d. Ä., Hieronymus Bosch, Peter Paul Rubens, René Magritte, Rik Wouters, Fernand Khnopff und vielen anderen.

▶ **Musée Bellevue und Ausgrabungsstätte** (→ S. 167 f): Unter Brüssels modernem 2005 eröffnetem historischen Museum befindet sich die Ausgrabung des mittelalterlichen Palastes auf dem Coudenberg.

▶ **Stadtteil Ixelles** (→ S. 206 ff): afrikanisches Flair, Jugendstilvillen und Nobel-Shopping.

▶ **Oper** (→ S. 147 f): Das Théâtre Royal de la Monnaie hat einen erstklassigen Ruf und versprüht den prunkvollen Charme des 19. Jh. Karten zum halben Preis bekommt man mit etwas Glück in den Galeries St-Hubert bei arsene 50 (www.arsene50.be, auch andere Veranstaltungen).

▶ **Palais des Beaux-Arts** (→ S. 169): Der Palast der Schönen Künste von Victor Horta ist Sitz der Philharmonie und bietet jährlich über 300 Konzerte, einige große Kunstausstellungen, Lesungen und Filmvorführungen.

▶ **Rue Vanderschrick** (→ S. 221): Straße in Saint-Gilles, gesäumt von den Häusern des Jugendstilarchitekten Ernest Blérot. Um die Ecke liegt das Jugendstilcafé La Porteuse d'Eaux.

Das Nationalparlament, Sitz der belgischen Regierung

Hauptstadt Belgiens und EU-Metropole

Die in den 50er Jahren noch recht provinzielle belgische Hauptstadt ist heute fast täglich im Fernsehen: als Sitz des NATO-Hauptquartiers und wichtiger Organe der EU mit ihren inzwischen 27 Mitgliedsstaaten und 492 Millionen Einwohnern. Die internationalen Institutionen schmieden Karrieren und schaffen Arbeitsplätze für über eine halbe Millionen Menschen.

Mit etwa einer Million Einwohnern ist Brüssel recht klein, aber dafür sind hier rund 180 Nationalitäten aus allen Kontinenten vertreten: Einwanderer aus den ehemaligen Kolonien, Wirtschaftsflüchtlinge, Asylsuchende sowie immer neue Gastarbeiter im Dienst der EU. Eine Mischung, die polarisiert; auf engem Raum existieren die unterschiedlichsten Lebenswelten. Nicht nur Flamen und Wallonen, Stadtbewohner und Tausende EU-Funktionäre, sondern auch Menschen aus erster und vierter Welt treffen aufeinander mit ihren unterschiedlichen Bedürfnissen und Lebensstilen. Interessenskonflikte und zuweilen Chaos sind dabei unumgänglich. Bereits die Strukturen von Politik und Verwaltung in der Region Brüssel mit der Gemeinde Brüssel-Zentrum und 18 weiteren Gemeinden bilden ein vielschichtiges Etwas. Brüssel hat nicht nur einen Bürgermeister, sondern 19, das Gleiche gilt für die Rathäuser. Die jeweiligen Zuständigkeiten sind undurchsichtig und überschneiden sich, was häufig die Handlungsfähigkeit hemmt. Die Verwaltungsstruktur ist heute noch das Ergebnis von historischen Kompromissen zwischen den Flamen, die die Mehrheit im Umkreis der französischsprachigen Enklave bilden, und den Wallonen, die in Brüssel die Mehrheit stellen. Bei der Kultur- und Schulpolitik entscheiden auf der Regierungsebene beispielsweise der Rat der Französischen Gemeinschaft (19 Brüsseler Mitglieder) sowie der Rat der Flämischen Gemeinschaft (6 Brüsseler Mitglieder). Die Brüsseler selbst bezeichnen diese Strukturen achselzuckend als *brol*. Das ist ein umgangssprachliches Wort für ein riesiges Durcheinander, beispielsweise für den Krempel auf dem Flohmarkt oder einem Kaufhauswühltisch.

Brüsselisierung und Fassadismus

Laisser-faire, Bauskandale und jahrzehntelange Immobilienspekulation schlugen sich mit öden Betonburgen und Straßenschluchten sowie verfallenen Häusern und Straßenzügen im Stadtbild nieder und prägten das Schlagwort Bruxellisation, auf Deutsch Brüsselisierung. Der Begriff steht für städtebauliche Verwahrlosung. Als größte Sünde gilt der Abriss der von der belgischen Koryphäe des Jugendstils, Victor Horta, erbauten Maison du Peuple. Trotz internationaler Proteste ließ man diesen einstigen Sitz der belgischen sozialistischen Partei 1965/66 abreißen. In der jüngeren Vergangenheit bekam man das Phänomen der Bruxellisation glücklicherweise etwas in den Griff. Vorbei sind die Zeiten ohne Denkmalschutz, auch wenn die neue Gesetzgebung immer noch zu wünschen übrig lässt, da geschützte Häuser nicht als Ganzes erhalten werden müssen, sondern nur ihre Fassaden. Nichts ist, wie es scheint, und dies rief ein neues Reizwort auf den Plan: Fassadismus. Beispiele für diese Art von Restaurierung sind die Rue de la Violette in Grand-Place-Nähe und die Place des Martyrs.

Triumphbogen zum 75. Landesgeburtstag

Mittlerweile schlägt die Stunde der Entbrüsselisierung, realisiert durch die ersten Abrisse ästhetisch grausamer Bausubstanz wie Centre Rogier oder Tour Martini im sog. Manhattan Brüssels aus den 70er Jahren (→ S. 38). Hier steht heute die Tour Madou mit Büros der EU-Kommission. Genügend städtebaulichen Zündstoff wird es durch den steigenden Platzbedarf aufgrund der EU-Erweiterung auch in Zukunft geben. Allein die EU-Kommission belegt in Brüssel über 60 Gebäude mit einer Fläche von ca. 1,4 Millionen m², die Mehrzahl im Quartier Leopold (EU-Viertel, → S. 187 f), wo die belgische Regierung früher die ersten staatseigenen Gebäude für das Europäische Parlament räumte.

Brüssel & Belgien kompakt

Fläche: Belgien 32.545 km^2, Großraum Brüssel 162 km^2

Einwohner: Belgien ca. 10,45 Mio., Brüssel rund 1 Mio. Einwohner

Staatsform: bundesstaatlich organisierte parlamentarische Monarchie (König Albert II.).

Politische Gliederung und Verwaltung: Seit 1993 besteht der Bundesstaat aus den Regionen Flandern und Wallonie mit jeweils 5 Provinzen sowie der Region Brüssel mit 19 Gemeinden. Brüssel ist dabei die Hauptstadt des Königreichs Belgiens, der Region Flandern und der Region Brüssel-Hauptstadt. In der Stadt sitzen die Regierung und Verwaltungsbehörden Belgiens, das ständige Generalsekretariat der Benelux-Länder, die Europäische Kommission, der Rat der Europäischen Union, das Hauptquartier der NATO und die Europäische Atomgemeinschaft (EURATOM). Brüssel ist außerdem Tagungsort des Europäischen Parlaments.

Amtssprachen in Brüssel: Französisch (85 %), Niederländisch (15 %)

Nationalfeiertag: 21. Juli. An diesem Tag im Jahr 1831 legte der erste belgische König Leopold I. als erste Amtshandlung den Eid auf die Verfassung ab.

Flagge: Brüssel hat eine eigene Flagge, eine gelbe Iris auf dunkelblauem Grund, die farblich mit der Europaflagge harmoniert. Die Schwertlilie gilt als Friedenssymbol und Heilpflanze. Böse Zungen behaupten, die gelbe Sumpfblume spiele auf Sumpf und Morast an und passe hervorragend zu den politischen Machenschaften in der belgischen Hauptstadt.

Diplomatie des Alltags

An das Durcheinander in der EU-Metropole können sich nur waschechte Brüsseler gewöhnen. *On s'arrange* – die Kunst des Sich-Arrangierens – ist ein fast zwanghafter Brüsseler Wesenszug. Sie schlägt sich in der allgegenwärtigen zweisprachigen Beschilderung nieder, nimmt häufig kuriose Züge an und verdient dennoch als höhere Diplomatie des Alltags Bewunderung. Man passt sich an, und dies mit Sinn für Pragmatik. So bei der Euro-Einführung. Da änderten die Brüsseler selbst den Spitznamen einer luxuriösen Wohnadresse am Ende der Avenue Louise einfach um, von Square des Milliardaires in Square des Millionaires. Für die Brüsseler Form von Kompromissbereitschaft und Toleranz gibt es noch mehr Beispiele, darunter recht kuriose: Die Mauer an der Kirche Ste-Catherine war vor Jahrzehnten für die Händler auf dem Fischmarkt die einzige Toilette, eine Institution nur für die Herren und vor Blicken nicht wirklich geschützt. Empörend, dass da einfach so gegen die Kirchenmauer gepinkelt wurde? Bei den pragmatischen Brüsselern durfte das Urinieren zwischen Kirche und direkt gegenüberliegendem Feinschmeckerrestaurant auf Verständnis zählen. Es war menschlich, und es hatte Tradition. Also eröffnete man einfach ein offizielles Pissoir, das bis heute besteht. Trotz aller humorigen Geschichten zu diesem Thema: Das hohe Maß an Toleranz in dieser Stadt lässt sich auch an den besonders zahlreichen Bürgerinitiativen, Interessensgemeinschaften und sozialen Einrichtungen messen.

Sprachenstreit und Kulturkampf

Das Leben in Brüssel ist ein ständiger Ausgleich zwischen Individualität und Integration. Doch in einem Punkt versteht man hier anscheinend keinen Spaß, dem Bedürfnis, sich über die eigene Sprache und Kultur zu identifizieren und von der anderen abzugrenzen. Der belgische Sprachenstreit repräsentiert den Kampf um die wirtschaftliche und kulturelle Vorherrschaft von Flamen oder Wallonen. Doch kaum ein Außenstehender begreift die Wurzel des Sprachenstreits, diesen subtilen, aber ungeheuer bedeutsamen Unterschied zwischen Niederländisch, Flämisch, Französisch und Wallonisch im regionalen Kulturkampf.

Also ein wenig Geschichte: Die Burgunder brachten das Französische als vornehme Sprache des Adels und des Hofes in das flämische Brüssel. Als Belgien 1815 an Holland fiel, wehrten sich Flamen und Wallonen zwar gemeinsam gegen die Fremdherrschaft, der folgende neue Staat, die Orientierung an Frankreich und die industrielle Revolution verliehen allerdings den Wallonen Wohlstand und dem Französischen weiterhin Oberwasser. Erst 1930 wurde das Niederländische als Universitätssprache zugelassen. Mit dem Rückgang der wallonischen Stahlindustrie wurden die Flamen wirtschaftlich und sprachlich selbstbewusster. 1962 legte man die Sprachgrenze zwischen Flandern und der Wallonie amtlich fest, doch der Sprachenstreit ging heftig weiter, führte zu Regierungskrisen und jeder Menge fauler Kompromisse. Da ging es um Vetternwirtschaft, Wettbewerbsvorteil und Chancengleichheit und so kam das geflügelte Wort vom *compromis belge* auf, dem – manchmal faulen – belgischen Kompromiss. Die flämische Bewegung kämpfte weiter für (sprachliche) Gleichberechtigung und erreichte 1989 das Gleichheitsgesetz, das aber in der Praxis nicht beherzigt wurde. Zum Arrangement im Sprachenstreit kam es erst, als das Königreich 1993 in einen Bundesstaat mit drei Verwaltungsein-

Kulturelle Vielfalt ist nicht immer ein Kinderspiel

heiten umgewandelt wurde. Dabei erhielt Brüssel als eigenständige Verwaltungseinheit innerhalb des belgischen Staates eine Sonderrolle.

Offiziell ist Brüssel heute zweisprachig, doch überwiegt das Französische. Die meisten Flamen können in der Regel problemlos zwischen beiden Sprachen wechseln. Alle offiziellen Schriftstücke werden aufwändig und kostenintensiv auf Niederländisch und Französisch herausgebracht. Und immer noch bilden Flamen und Wallonen gewissermaßen parallele Gesellschaften, besuchen verschiedene Schulen und haben die besten Job- und Aufstiegschancen innerhalb des eigenen Kulturkreises.

Aber allen Widersprüchen und Kompliziertheiten des Brüsseler Lebens zum Trotz gibt es den *zwanze*, den ganz eigenen und recht ansteckenden Humor. Wer in Brüssel lebt, weiß eines sowieso genau: Gutes Essen und genussvolles Trinken trösten immer und ungemein.

Figuren von Heiligen, Königen und Künstlern schmücken die Rathausfassade

Geschichte und Stadtentwicklung

Brüssel ist erst seit 1831 mit der Gründung des Königreichs Belgien Landeshauptstadt. Doch der blühende Ort an dem alten Handelsweg von Köln nach Brügge gehörte schon im frühen Mittelalter zu den reichsten Städten Europas. Im Verlauf der Jahrhunderte hinterließ die jeweilige Kultur der Herrscher prägende Spuren in Brüssel, ob sie nun aus Burgund, Spanien, Österreich, Frankreich oder den Niederlanden stammten.

Als Julius Caesar im Gallischen Krieg in der Mitte des 1. Jh. v. Chr. den Grundstock für die spätere römische Provinz *Gallia Belgica* legte, von der sich der Name Belgien ableitet, war das Gebiet des heutigen Brüssels noch eine Sumpflandschaft. Nach dem Zerfall des Römischen Reichs gehörte es um 800 zum Reich der Franken. Der Norden war germanisch besiedelt, gesprochen wurden hier niederfränkische Dialektvarianten. Der Süden dagegen gehörte mit dem Wallonischen zum galloromanischen Raum.

Von der sumpfigen Siedlung zur Handelsmetropole

Gaugerich (franz. *Géry*), der später heilig gesprochene Bischof von Cambrai (584–623), brachte die Stadt in seiner Mütze mit und pflanzte sie wie eine Blume in die Erde. So jedenfalls lautet eine romantische Version der zahlreichen Legenden zur Entstehung Brüssels. Der Ortsname *Bruocsella* (auf Deutsch in etwa: Niederlassung bzw. Kapelle im Sumpf) tauchte urkundlich allerdings erstmals 966 in einem Dokument Otto des Großen auf, König des Ostfrankenreichs ab 936 und ab 962 Kaiser des Römischen Reichs. Das Jahr 979: **Herzog Karl von Niederlothringen** aus dem Haus der Karolinger, bezog seine neu errichtete Burg auf der Senne-Insel. Ein Wall sicherte die Verteidigung gegen die Grafschaft Flandern, zusätzlichen Schutz boten vier Flussschleifen. Der erste Siedlungskern befand sich zwischen den heutigen Halles St-Géry und dem Kloster Notre-Dame des Riches Claires. Bereits 984 lagen in der Burgkapelle neben den Gebeinen des hl. Gaugerichs auch die aus der Kirche von Moorsel (heute im Bistum Gent) entwendeten Gebeine der hl. Gudula, was Brüssels Attraktion für Pilger erhöhte. Vom Hafen aus brachten Schiffe Handelsgüter bereits um die Jahrtausendwende bis nach London. Auf dem Landweg durchquerten Händler auf dem Weg nach Osten oder Westen sowie nach Norden oder Süden die Stadt. Um das Jahr 1000 erwarb **Graf Lambert I. von Löwen** Brüssel. Löwen gehörte wie die Grafschaften Hennegau und Flandern zu Brabant.

Aufschwung unter der Herrschaft Brabants

Die Stadt wuchs, es entstanden erste Brücken über die Senne, und die Ilot Sacré („heilige Insel", zwischen heutiger Grand Place und Oper) wurde besiedelt. **Lambert II., Graf von Löwen und Brüssel**, ließ ab 1040 die Burg auf dem Coudenberg in der heutigen Oberstadt und die Kirche St-Michel erbauen. 1047 wurden die Gebeine der hl. Gudula dorthin überführt.

Der **Ring der ersten Stadtmauer** umschloss um 1100 das Quartier St-Géry, die Ilot Sacré, die Kirche der Heiligen Michael und Gudula sowie den Palast der Grafen. Er hatte einen Umfang von 4 km, sieben Tore und 20 Türme. Adelige und Kaufleute profitierten von dem

Schutz dieses Walls, vor den Toren siedelten Handwerker und Bauern. An der Stelle der Kirche St-Michael begann man 1226 mit dem Bau der Kathedrale, die bis heute an die Schutzpatrone Brüssels, Michael und Gudula, erinnert.

Die Heiligen scheinen es gut mit der Stadt gemeint zu haben, denn Brüssel florierte. Um das Jahr 1250 zählte man bereits 30.000 Einwohner. Wo heute Brüssels innerer Boulevard-Ring verläuft, verdreifachte ab 1383 ein zweiter Mauerring die geschützte Fläche der Stadt. Ab 1359 wurde der wirtschaftliche Erfolg auch gebührend gefeiert, und zwar mit dem ersten *Ommegang* (Umzug) zu Ehren einer wundertätigen Marienfigur, die um die erste Kirche am Grand Sablon getragen wurde. Wie so oft ging diese Feierlichkeit auf eine Erscheinung zurück: Der einfachen Leinenweberin Beatrix Soetkens hatte die Gottesmutter persönlich befohlen, eine

„Die Tugend der Geduld",
Hiobsretabel von Bernard von Orley

wundertätige Marienfigur aus der Kathedrale von Antwerpen nach Brüssel zu bringen. Dass diese Entführung trotz widriger Stürme gelang, war das erste Wunder. Es folgten zahlreiche weitere, die noch lange Zeit zum wirtschaftlichen Wohl beitrugen und scharenweise Pilger in die Stadt führten. Der religiös inspirierte Ommegang nahm mit der Zeit immer weltlichere Züge an und ist noch heute ein über die Landesgrenzen hinaus bekanntes Fest (→ S. 109).

Brüssels Lage hatte über Jahrhunderte den Handel mit den begehrtesten Waren begünstigt: Gold und Silber sowie Tuch. In den Beginenhöfen lebten Frauen, die für wenig mehr als Kost und Logis für die Tuchhändler arbeiteten. Nicht nur die Händler und Handwerker freuten sich über Geschäftsbeziehungen, die sogar bis in den Orient reichten: Als Brüssel 1229 die **Stadtrechte** erhielt, etablierte sich umgehend das städtische Patriziat aus den sieben mächtigsten Tuchhändlerfamilien. Brüssel war zur wichtigsten Handelsstadt im Herzogtum Brabant geworden, doch trotz des relativen Wohlstands gab es schon damals politische und soziale Unruhen. Zu den rebellischsten Gruppen zählte die Zunft der Tuchwalker, die sich von den dünkelhaften Patriziern nicht alles gefallen lassen wollten. Die Brüsseler Zünfte erhoben sich 1303 und übernahmen die Stadtregierung. Drei Jahre später, nach der Schlacht von Vilvoorde, etablierte **Herzog Johann II.** die alte Ordnung wieder. Er gewährte jedoch den Gilden das Privileg, zu jedem der sieben Stadttore einen Schlüssel zu besitzen. Nachdem Johann 1355 ohne Nachfolger gestorben war, fiel Ludwig van Maele, der Graf von Flandern, in Brabant ein. Er wollte die Situation ausnutzen, um Herzogin Johanna die Erbschaft streitig zu machen. Angeführt von **Everard't Serclaes** (→ Tour 1, S. 114 f) schlugen über 100 Brüsseler, Bürger sowie Adelige, den

flämischen Eindringling zwei Monate später wieder in die Flucht. Zum Dank erließ Herzogin Johanna die *Charte de la Joyeuse Entrée*, die Bürgerrechte und Herrscherpflichten festschrieb. Die Grafen von Löwen errichteten repräsentative Residenzen und legten 1401 den Grundstein für das Rathaus an der **Grand Place**. Auf diesem Platz demonstrierten auch die Zünfte ihre Bedeutung und ihren Reichtum mit immer prunkvolleren Häusern.

70 Jahre höfischer Glanz unter den Burgundern

Nach dem Tod von Herzogin Johanna und deren Erbin, ihrer Nichte Margarete von Flandern, die mit Herzog **Philipp dem Kühnen** von Burgund verheiratet war, fiel die ganze Region an dessen Haus. Damit begann ab 1404 die ehrgeizige Herrschaft der Burgunder, die etwa 70 Jahre lang dauern sollte. **Philipp der Gute** aus dem Haus Burgund-Valois, Herzog ab 1419, dehnte dieses Reich durch geschickte politische Schachzüge und kluge Heiraten so weit aus, dass es bald Flandern, Limburg, Holland-Zeeland, Hennegau, Namur und Luxemburg umfasste. Diese landschaftlich meist flache Region zwischen deutschen Territorien und französischem Gebiet nannte man „**Niedere Lande**". In seiner Lieblingsresidenz Brüssel ließ Philipp 1459 den Palast auf dem Coudenberg prächtig ausbauen. Am Hof der Burgunder herrschten Glanz und Glamour. Gobelins und Spitzen, geschnitzte und bemalte Altartafeln, Waffen und Schmuck wurden hergestellt und berühmte Künstler standen im Dienst der Burgunder. Jan van Eyck beispielsweise porträtierte 1426 Philipps spätere Gemahlin Isabella von Portugal. 1436 wurde Rogier van der Weyden zum Stadtmaler von Brüssel ernannt. Schließlich beendete der Ehrgeiz von Philipps Sohn und Nachfolger **Karl dem Kühnen** Burgunds

Renaissancefenster in Brüssels Kathedrale:
Ein Geschenk Karls V. an Gattin Isabella von Portugal

Herrschaft frühzeitig: 1477 fiel Karl in der Schlacht von Nancy. Die Erbin, sein einziges Kind Maria von Burgund, hatte noch im Todesjahr ihres Vaters den Habsburger Maximilian von Österreich, den späteren Kaiser Maximilian I., geheiratet, um die burgundischen Niederlande vor dem Zugriff des französischen Königshauses zu bewahren. Maria selbst starb 1482 an den Folgen eines Jagdunfalls und das burgundische Erbe fiel an das Haus Habsburg.

Hauptstadt der Niederlande unter Karl V.

Höfische Pracht und kriegerische Auseinandersetzungen hatten die Stadt bereits in wirtschaftlichen Ruin und Hungersnot getrieben. 1488 erhob sich Brüssel zusammen mit ganz Flandern gegen die Habsburger, als die Pest ausbrach – schlechte Zeiten. Maximilian I. handelte strategisch: 1494 übertrug er seinem 16-jährigen Sohn aus der Ehe mit Maria von Burgund, **Philipp dem Schönen**, die Regentschaft. Zwei Jahre

später heiratete dieser die spanische Infantin Johanna, nach dem frühen Tod des von ihr vergötterten Ehemanns 1506 als „die Wahnsinnige" bekannt. Als Johannas Bruder 1497 und wenige Jahre später auch ihre Mutter starben, erbte sie zusammen mit ihrem Mann Philipp den spanischen Königstitel. Der gemeinsame Sohn Karl, 1500 im flandrischen Gent geboren, erbte nach dem Tod des Vaters Philipp bereits als 6-Jähriger die nördlichen Teile des früheren Herzogtums Burgunds. Folglich wuchs er in Brüssel, im Schloss auf dem Coudenberg unter der Obhut seiner Tante Margarete von Österreich auf. Nach dem Tod seines spanischen Großvaters 1516 wurde Karl in Brüssel zum König von Spanien gekrönt. Noch traute man dem schmächtigen Jungen weder politischen Erfolg noch eine lange Regentschaft zu, doch wieder einmal kam alles ganz anders. Drei Jahre später wurde er auch Nachfolger seines Großvaters väterlicherseits und 1520 krönte man ihn im Dom zu Aachen zum **Kaiser Karl V.**

Von Karls Karriere profitierte Brüssel wirtschaftlich schon allein aufgrund seiner günstigen Lage im Habsburgerreich. Brüssel war höfische Residenz, wurde 1531 schließlich **Hauptstadt der Niederlande**, und Brüsseler Spitze sowie die Waffen der kunstfertigen Brüsseler Schmiede waren in dieser Zeit bei den Reichen und Mächtigen Europas und der Welt begehrt. Auch die spanischen Besitztümer in Südamerika trugen zu mehr Wohlstand bei. Albrecht Dürer berichtete 1520 anlässlich seiner Reise nach Brüssel über Schätze, die Karl V. aus Mexiko bekommen und ihm gezeigt hatte: *„eine ganz goldene Sonne, einen ganzen Klafter breit, desgleichen einen ganz silbernen Mond, auch so gross, desgleichen zwei Kammern voller Rüstungen"*. Im selben Jahr verlängerte Generalpostmeister **Johann Baptist von Taxis**, die seit drei Jahrzehnten zwischen Mechelen und Innsbruck bestehende Kurierpostverbindung bis nach Brüssel. Im Jahr 1561, schon unter Karls Nachfolger, wurde dann eine weitere, vor allem für den Handel enorm wichtige Verbindung zwischen Brüssel und Antwerpen fertig, der Kanal von Willebroeck. Vom allgemeinen Wohlstand profitierten nicht nur die Künste und die Infrastruktur, sondern auch die Wissenschaften. **Andreas Vesalius**, 1514 in Brüssel geboren und Leibarzt Karls V., gilt als Wegbereiter der neuzeitlichen Anatomie.

Die hl. Gudula,
Brüssels Schutzpatronin

Begehrte Spitze und Webereien

Zwischen dem 15. und 17. Jh. war Brüssel die Hochburg der europäischen **Bildteppichweberei**. Werke der Hofmaler, die im Auftrag der regierenden Burgunder und Habsburger arbeiteten, setzten fleißige Hände in monatelanger Arbeit an den Webstühlen in prächtige Bildteppiche um. Ab 1528 war es Vorschrift, am Rand das Siegel der Teppichmanufaktur und der Stadt (ein B für Brüssel, ein zweites für Brabant) auf rotem Grund abzubilden. Europas reiche Familien bestellten ihre Wanddekorationen in Brüssel. Im 17. Jh. gehörte Brüssel auch zu den wichtigsten flandrischen Produktionsstätten für wertvolle **Spitzen**. „Point de Bruxelles" war die teuerste Spitze und nur für Fürstenhäuser erschwinglich. Im Musée du Cinquantenaire ist das Hochzeitsgeschenk für die Erzherzöge Albert und Isabella aus dem Jahr 1599 ausgestellt: ein Bettüberwurf aus Brüsseler Spitze.

Everard't Serclaes: Diesen aufständischen Helden zu streicheln bringt Glück

Spanischer Terror und Aufstand der Geusen

Karl V. übertrug 1555 die Niederlande seinem Sohn, der als Philipp II. 1556 auch den spanischen Thron bestieg. Damit waren die niederländischen Provinzen jetzt an die spanische Linie der Habsburger übergegangen. Der österreichische Zweig der Familie unter Ferdinand I. erhielt dagegen den mitteleuropäischen Besitz und die Kaiserwürde. Die Geschichtsschreibung schildert Philipp als düsteren Melancholiker, der mit Hilfe der Inquisition brutal gegen die Reformationsbewegung vorging. Das lebenslustige Brüssel war Philipp ein Dorn im Auge und musste wie alle Stände der jetzt „spanischen Niederlande" Privilegien lassen. Daraufhin formierten sich die protestantischen, nach Unabhängigkeit strebenden *Geusen* unter der Führung von Wilhelm von Oranien gegen die Spanier. In der Folge forderten seine Anhänger, die **Grafen Hoorn und Egmont**, 1566 in Begleitung von 300 Adeligen in Brüssel

vergeblich das Ende der Repressionen gegen die Protestanten und wurden verhaftet. Die Spannungen nahmen zu, Kirchen wurden geplündert, und Philipp reagierte mit eiserner Hand. Auf sein Geheiß fiel der spanische Herzog von Alba, als „Blutherzog" bekannt, mit 60.000 Mann in Brüssel ein und ließ über 8.000 Todesurteile vollstrecken. Unter den Hingerichteten von 1568 waren auch Hoorn und Egmont. Goethes „Egmont" erinnert an diese blutigen Begebenheiten.

Das Exempel, das die Spanier auf der Grand Place statuiert hatten, war das Signal zum Aufstand, der die gesamten Niederlande erfasste: Auch Brüssel erhob sich mit **Wilhelm von Oranien** gegen die Spanier und deren Generalstatthalterin Margarete von Parma. Der Zusammenhalt zwischen den protestantischen nördlichen und den katholischen südlichen Provinzen der Niederlande war allerdings aufgrund der verschiedenen Konfessionen instabil. 1579 schlossen sich sieben Provinzen im Norden zur Utrechter Union zusammen,

Petit Sablon: Den Grafen Hoorn und Egmont setzte auch Goethes „Egmont" ein Denkmal

die 1581 die Republik der Sieben Vereinigten Niederlande ausrief. Über 100.000 Flamen aus dem Süden wanderten hierher aus.

Nach dem Tod Philipps II. kehrten Ruhe und wirtschaftlicher Aufschwung nach Brüssel zurück. Seine Tochter, **Infantin Isabella**, und ihr Ehemann, Erzherzog Albrecht von Österreich, ließen sich 1599 als Statthalter der spanisch gebliebenen südlichen Niederlande in Brüssel nieder. Für Händler und Adelige war das Klima wieder lebenswert geworden. Isabellas Hofmaler war kein Geringerer als Peter Paul Rubens. Und im Palast auf dem Coudenberg gab es wieder Feste, Bankette und Empfänge ...

Der Angriff des Sonnenkönigs

Von 1667 bis 1669 erlebte Brüssel seine letzte große **Pestepidemie**. Nur wenige Jahrzehnte später waren die Franzosen unter Ludwig XIV. zu einer Bedrohung der Stadt geworden: Die Augsburger Liga, ein Defensivbündnis aus Kaiser Leopold, den Königen von Spanien und Schweden, diversen deutschen Fürsten sowie später England und den Vereinigten Niederlanden, hatte in Nordfrankreich Küstenstädte angegriffen und belagerte Namur. Deshalb ließ der Sonnenkönig 1695 im Gegenzug Brüssel beschießen und in Flammen setzen. Die Kanonen der Franzosen zerstörten ca. 4.000 Häuser, darunter die gesamte Grand Place. In nur fünf Jahren bauten die Zünfte mit Unterstützung aus Antwerpen und anderen Städten alles wieder auf.

Die Dynastie der spanischen Habsburger starb 1700 mit König Karl II. Der Erbfolgekrieg dauerte bis 1713. Ein Jahr später fiel Brüssel mit den Spanischen Niederlanden im Frieden von Utrecht wieder an den österreichischen Zweig des Hauses Habsburg. Für die Zünfte bedeutete dieser Wechsel Steuererhöhungen. Unter ihrem Ältesten **François Anneessens** erhoben sie sich gegen die neuen Herren. Erfolglos: 1719 wurde Anneessens unter dem Statthalter Prinz Eugen von Savoyen enthauptet. Heute sind eine Straße und ein Platz nach Anneessens benannt.

1731 brach im Palast auf dem Coudenberg ein Feuer aus. Man befürchtete einen Anschlag und ließ die Feuerwehr zu spät hinein, sodass nur noch die Grundmauern übrig blieben (→ S. 162).

Österreichischer Prunk und französische Annexion

Mit **Karl von Lothringen** (franz. Charles de Lorraine), dem Schwager und Statthalter der habsburgischen Kaiserin Maria Theresia, sah Brüssel bessere Zeiten. Ab 1768 ließ Karl nach und nach ein Drittel der Stadt neu erbauen (→ Tour 3, S. 162). Von seinem Faible für Prunk zeugen vor allem **Place** und **Parc Royale**. Zu seiner Zeit lebten in Brüssel etwa 75.000 Menschen. Das Théâtre de la Monnaie erfreute sich eines großartigen Rufs als erste europäische Oper. In der Musikkapelle gastierte 1763 der junge Mozart als virtuoses Wunderkind.

Als 1798 die **Französische Revolution** ausbrach, war in Brüssel der Zeitpunkt gekommen, sich gegen den nächsten Habsburger, **Joseph II.**, zu erheben, der wegen seiner aufklärerischen Reformen ohnehin außerordentlich unpopulär war. Nach ersten Erfolgen – so mussten die Österreicher ihre Garnison in Brüssel räumen – proklamierten die Brabanter Stände ihre Unabhängigkeit. Die restlichen Provinzen der habsburgischen Niederlande folgten bald, und am 11.1.1790 deklarierten sie sich als unabhängige Republik der „Vereinigten Belgischen Staaten". Bereits im Dezember 1790 hatten die Österreicher in Brüssel die Herrschaft wieder zurückerobert. Doch nicht für lange. 1792 marschierten französische Revolutionstruppen das erste Mal über die Grenze, 1794 gehörten die habsburgischen Niederlande und Brüssel bereits zu Frankreich. Ihren neuen Regenten, **Napoléon Bonaparte**, seit 1799 Erster Konsul, bekamen die Brüsseler kaum zu sehen. Er besuchte die Stadt 1803 für 10 Tage.

Noch unter Napoleon erlebte die wallonische Wirtschaft einen enormen Aufschwung, wurde gar zur am stärksten industrialisierten Region Europas. Ganz anders sah die Situation in Flandern aus, wo die Menschen außerdem darunter litten, dass die niederländische

Die Schlacht von Waterloo, nachgestellt von Laienspielern

Sprache unterdrückt wurde. Nach der endgültigen Niederlage Napoleons bei der Schlacht von Waterloo wurden auf dem **Wiener Kongress** 1815 die zwischenzeitlich ebenfalls französisch besetzten nördlichen Niederlande mit den vormals habsburgischen südlichen Niederlanden zum **Vereinigten Königreich der Niederlande** zusammengeführt.

Niederländische Provinz

Unter der Herrschaft des neuen niederländischen Königs **Wilhelm I. von Oranien-Nassau** war Brüssel fortan neben Den Haag zweite Hauptstadt und zweite königliche Residenz. Da sich das diplomatische Corps in Brüssel niederließ, behielt die Stadt ihre Ausstrahlung und ihren repräsentativen Glanz. Dennoch waren die Bürger der südlichen Provinzen nichts anderes als Bürger zweiter Klasse.

Sie stellten zwar die Mehrheit der Bevölkerung und zahlten die meisten Steuern im neuen Staat, blieben aber unterrepräsentiert und waren in jeder Hinsicht benachteiligt. Die über 200-jährige Trennung zwischen dem kalvinistisch geprägten, Niederländisch sprechenden Norden und dem seit jeher katholischen Süden hatte eine tiefe Kluft entstehen lassen. Dabei traf es dieses Mal die französischsprachigen Regionen – die Wallonie und Brüssel – besonders hart, denn jetzt war Niederländisch Amtssprache. Rasch formierte sich politischer Widerstand, getragen von Liberalen wie Katholiken.

Das neue Königreich Belgien

„Weit eher den Tod, als ein schimpfliches Leben in Sklaverei und Schmach verbracht! Weg mit dem Joch, vor dem wir erbeben, weg mit dem Fremdling, der unsers Jammers lacht.“ Die Worte aus der Oper „Die Stumme von Portici" von Daniel François Esprit Auber sprachen den von der französischen Julirevolution ohnehin schon motivierten

Bürgern Brüssels und Belgiens tief aus dem Herzen. Und dass der erfolgreiche Aufstand gegen die Holländer wirklich im Brüsseler Opernhaus Théâtre de la Monnaie begann, ist keine Legende: *„Bringt Waffen, Fackeln her! Nur Mut. Sieg unsrer Sache erkämpfen wir nunmehr"*, tönte es hier am 25. August 1830 auffordernd von der Bühne hinunter. Und im 4. Akt – *„dem Bürgerstande die Macht fortan!"* – folgten die Zuschauer nicht länger dem provokanten Schauspiel, sondern rannten hinaus und mischten sich unter die Aufständischen auf der Straße. Gemeinsam mit den Demonstrierenden stürmten sie den Justizpalast. Die Septemberrevolution verbreitete sich im gesamten Land und die holländischen Truppen wurden vertrieben. Am 4. Oktober erklärte die provisorische Revolutionsregierung unter Charles Rogier **Belgiens Unabhängigkeit**. Nun galt es, diese zu sichern und das gerade eroberte Territorium ein für alle mal zu behalten. Kein ganz leichtes Unterfangen, denn eine gemeinsame Identität, die die zweisprachige Nation aus der Geschichte herleiten konnte, gab es nicht. Die Erbmonarchie sollte die einigende Klammer zwischen Flandern und der Wallonie sein.

Am 3. November 1830 wählten 30.000 Belgier das erste belgische Parlament, den Nationalkongress. Stimmberechtigt waren nur Männer, die genug Steuern bezahlten oder besondere Qualifikationen vorweisen konnten. Bereits am 7. Februar 1831 konnte der Nationalkongress die neue Verfassung des Königreichs Belgien verabschieden, die für die damalige Zeit außerordentlich fortschrittlich war. Belgiens erster König wurde von Belgiens ersten Staatsmännern gemeinsam ausgesucht. Nach anderen Kandidaten entschieden sie sich für jemanden, der bisher am englischen Hof gelebt hatte und für sein diplomatisches Geschick berühmt war, **Prinz Leopold von Sachsen-Coburg**.

Im Heeresmuseum am Cinquantenaire

Am 4. Juni 1831 wurde dieser mit großer Mehrheit vom Nationalkongress
zum König der Belgier gewählt, am
21. Juli, dem heutigen Nationalfeiertag,
wurde er in Brüssel empfangen, wo er
noch am selben Tag seinen Eid auf die
neue Verfassung ablegte. Brüssel,
Hauptstadt des neuen Königreichs,
zählte damals 140.000 Einwohner.

Leopold I., Belgiens erster König

König Leopold I. (1831–1865) gewann
trotz der parlamentarischen Regierungs-
form starken Einfluss. 1832 heiratete er
Louise d'Orléans, eine Tochter des französischen Königs Louis Philippe. Er
pflegte freundschaftliche Beziehungen
zu Frankreich und erwirkte auch ein
akzeptables Verhältnis zu den Nieder-
ländern. Ebenso förderte er die Industrialisierung und setzte auf den Bau und
Ausbau wirtschaftlich wichtiger Verkehrsverbindungen: den Kanal nach
Charleroi (1832) und die Eisenbahnlinie
Brüssel–Mechelen, die erste auf dem
europäischen Kontinent. Mit der Gründung der freien Universität Brüssel im
Jahr 1834 durch Théodore Verhaegen

nahm Brüssel den wissenschaftlichen
Wettbewerb mit dem traditionsreichen
Löwen (Leuven) auf.

Die rasche und gründliche Industrialisierung des Landes zeigte ihre Schat-
tenseiten: Auch in Belgien klagten die
Arbeiter über elende Lebensbedin-
gungen. Pikanterweise veröffentlichten
Karl Marx und Friedrich Engels 1848 in
Brüssel das „Kommunistische Manifest", während die belgische Armee an
den Grenzen französische Arbeiter ab-
fing, damit das Land von revolutionä-
rem Gedankengut verschont bliebe.
Fürst Metternich kam ins Brüsseler
Exil, Karl Marx wurde ausgewiesen.
Soziale Spannungen und der Sprachenstreit zwischen Flamen und Wallonen
waren die dominierenden Themen der
Innenpolitik und schwächten die Wirtschaft, als Leopold II. nach dem Tod
seines Vaters 1865 den Thron bestieg.

Tod im Kongo und Belle Epoque

„Petits pays, petits gens" (dt. „kleines
Land, kleine Leute"), sagte **Leopold II**.
verächtlich über das junge Belgien und
seine Bewohner. Er galt als ein von

Größenwahn getriebener Machtmensch und wollte mehr erreichen als sein Vater. Und da das kleine Belgien ihm dies kaum bieten konnte, suchte er Glück und Reichtum in der Ferne. Nachdem Spanien ihm die Philippinen nicht verkaufen wollte, verkündete er 1877: *„Wir müssen alles daran setzen, uns eines Stücks des phantastischen Afrikas zu bemächtigen."* Seine Herrschaft im Kongo sollte zum grausamsten Kolonialregime überhaupt werden.

Im Auge hatte Leopold das zentrale, noch nicht kolonialisierte Afrika. Er rüstete Delegationen aus und entsendete Henry Morton Stanley, den britischen Forschungsreisenden und Afrika-Eroberer. Dieser verpflichtete einen ah-

Die Maison de la Bellone (18. Jh.) mit der Büste der römischen Kriegsgöttin Bellona

nungslosen Stammeshäuptling nach dem anderen, gegen minderwertige Tuchware die Souveränität an den König von Belgien abzutreten. Leopold II. verfügte bald über ein privates Territorium im Kongobecken, das achtmal so groß war wie Belgien. Um dafür auch die internationale Anerkennung zu erwirken, nutzte er im Vorfeld der Berliner Konferenz 1884/85 den Kolonialstreit zwischen Frankreich und England. Letztendlich stimmten alle 14 Teilnehmerstaaten Leopolds Alleinherrschaft über den Kongo zu, weil keiner von ihnen das Kolonialgebiet einem anderen gönnte.

Die Situation war in der Kolonialgeschichte einzigartig: Der Kongo wurde 1885 Privatbesitz des Königs, vom belgischen Parlament bestätigt. Jahrzehntelang sollte die *Chicotte*, eine Peitsche aus Nilpferdhaut, Plantagenarbeiter malträtieren. Bis 1908 war die Bevölkerung des Kongo durch Mord, Hunger, Vertreibung und eingeschleppte Krankheiten um mindestens 2,5 Mio. Menschen auf etwa 50 % dezimiert. Leopold presste aus seiner Krondomäne im Kongo umgerechnet ca. 225 Mio. Euro Privatvermögen heraus. Das Denkmal des *Cinquantenaire* und das Afrikamuseum in Tervueren soll er heimlich davon bezahlt haben. Erzielt wurde der Gewinn mit Elfenbein, Kautschuk, Kupfer, Uran, Zinn, Baumwolle und Diamanten.

Die Ausbeutung der Kolonie und die 40-jährige Regentschaft Leopolds veränderten Brüssel gewaltig. Der Deutsch-Französische Krieg 1870 machte die Stadt zu einem internationalen Finanzplatz für Anleger aus den Nachbarländern, und 1873 eröffnete die Börse. Brüssel hatte bereits vier Bahnhöfe. 1880 wurden die ersten 50 Jahre des belgischen Königreichs mit einer riesigen Ausstellung im Parc du Cinquantenaire gefeiert. Die Gigantomanie unter Leopold II. zeigte auch der **Palais**

de Justice, erbaut 1883 und größer als der Petersdom in Rom. Ab 1893 mit dem neu erbauten Hôtel Tassel von Victor Horta entwickelte sich die Stadt zur Metropole des Jugendstils. Gefeierte Architekten errichteten Jugendstilvillen für reiche Industrielle und Diplomaten und sparten nicht mit edlem Stein und Tropenholz. Brüssel pulsierte mit dem quirligen Leben der **Belle Epoque**.

Bis 1900 war die Einwohnerzahl schneller als je zuvor auf 500.000 angewachsen, Büros, Gebäude der Kolonialverwaltung und Banken begannen das Stadtbild zu prägen, Anderlecht und Molenbeek, früher Nachbardörfer, wurden zu Vorstädten. Die starke Industrialisierung trug Letzterem den Namen „belgisches Manchester" ein.

Ab 1903 brachten Missionare das Leiden der Kongolesen an die Öffentlichkeit. Edmund D. Morel gründete gemeinsam mit Roger Casement, dem britischen Konsul im Kongo, die Vereinigung **Congo Reform Association (CRA)**, die sich 10 Jahre lang für den Kampf gegen Leopold II. einsetzte und internationale Pressekampagnen gegen die Menschenrechtsverletzungen seines Regimes lancierte. Der König musste reagieren und schickte eine eigene Untersuchungskommission in den Kongo. Doch nicht einmal sie dementierte die Berichte von den Gräueln. Als Konsequenz übernahm der belgische Staat 1908 den Kongo, die Brüsseler Prunkbauten des Königs und wenig später auch die Krondomäne. Leopold konnte alle seine Wertpapiere und beweglichen Besitztümer in Sicherheit bringen und erhielt auch noch eine beachtliche finanzielle Entschädigung. Nach Leopolds Tod 1909 bestieg sein Neffe **Albert I.** den belgischen Thron.

Erster und Zweiter Weltkrieg

Belgien hatte sich seit der Unabhängigkeit an die von den Großmächten auferlegte Neutralitätspolitik gehalten.

Bananen aus Afrika – auch in der Architektur

Dennoch blieb der **Erste Weltkrieg** dem Land nicht erspart. Die belgische Armee unter der Führung von König **Albert I.** (1909–1934) konnte den Deutschen zwar keinen Widerstand leisten, hielt jedoch den Vormarsch an der Yser einen Moment lang auf. Nach dem Krieg schloss sich Belgien eng an Frankreich an, die Neutralität des Landes wurde aufgehoben. Bereits 1921 kam es zu einer Zoll- und Handelsunion mit Luxemburg, im gleichen Jahr wurde das allgemeine und gleiche Wahlrecht eingeführt – wenn auch nur für die Männer. Es folgten schwere Jahre und die internationale Wirtschaftskrise. Albert I., ein leidenschaftlicher Kletterer, starb 1934 bei einem tragischen Unfall in den Bergen.

1936 erklärte sich Belgien abermals für neutral, was das Land jedoch nicht aus der internationalen Schusslinie brachte: Am 10. Mai 1940 überfielen die Nazis auf ihrem Weg nach Frankreich Belgien.

Geschichte und Stadtentwicklung

Nach 18 Tagen kapitulierte König **Leopold III.** (1934–1951), was ihm später immer wieder als Nazi-Sympathisantentum vorgeworfen wurde. Die Regierung floh nach Frankreich, der König wurde im Land interniert.

Brüssel und Belgien heute

Nach dem Zweiten Weltkrieg beherrschte die Königsfrage die belgische Politik, und 1951 verzichtete Leopold III. auf den Thron. Sein Sohn **Baudouin I.** regierte bis zu seinem Tod 1993. Dessen Bruder **Albert II.** ist der heutige und sechste König der Belgier.

1948 wurde die Zoll- und Währungsunion mit Luxemburg um die Niederlande erweitert, die belgischen Frauen durften erstmals wählen. 1949 trat das Land der NATO bei (seit 1967 Hauptquartier in Brüssel), war 1951 Gründungsmitglied der Montanunion und 1957 der EURATOM, den Vorläuferbündnissen der EWG. Mit dem Atomium entstand 1958 zur Weltausstellung ein Wahrzeichen für das Streben nach neuem wirtschaftlichen Aufschwung. 1959 wird Brüssel Sitz der **Europäischen Wirtschaftsgemeinschaft** (EWG), die sich 1957 in den Römischen Verträgen konstituiert hatte. Mit dem Berlaymont am Rond Point Schuman begann der Ausbau des Leopold-Viertels zum immer noch wachsenden EU-Viertel.

Erst 1960 erhielt die Kolonie Belgisch-Kongo die Unabhängigkeit, 1962 folgte das frühere Deutsch-Ostafrika (als Rwanda und Burundi), das nach dem Ersten Weltkrieg unter belgisches Mandat gestellt worden war. In den 60er Jahren dominierte der **Sprachenstreit** das innenpolitische Leben. Es kam zur Trennung der großen Parteien in selbstständige flämische und wallonische Organisationen. Brüssel, in dem mehrheitlich französisch gesprochen wurde, das jedoch mitten auf flämischem Gebiet lag, wurde offiziell zweisprachig. Durch die Verfassungsreformen von 1988 und zuletzt 1993 wurde Belgien ein Bundesstaat mit drei sog. „Gemeinschaften", die in vieler Hinsicht autonom handeln: **Flandern**, die **Wallonie** und **Brüssel-Hauptstadt**.

Politische Instabilität, Korruption und Bauskandale beutelten das Land und besonders Brüssel spätestens seit den 70er Jahren massiv. Besonders tat sich in dieser Hinsicht der rechts orientierte Paul van den Boeynants hervor. Der Chef der Christdemokraten war nach seiner zweiten kurzen Amtszeit als Ministerpräsident einer Übergangsregierung seit 1981 Parteivorsitzender, Parlamentsmitglied und städtischer Abgeordneter. Die Brüsseler sahen in ihm eine Art mächtigen Mafia-Boss und sagten ihm vom Drogenhandel bis zu Prostituiertenbesuchen alles nach. 1986 wurde er in 54 Fällen wegen Steuerhinterziehung und Urkundenfälschung verurteilt, was ihn nicht daran hinderte, Bürgermeister in der Gemeinde Bruxelles-Ville werden zu wollen, bis sich schließlich der König öffentlich gegen seine Kandidatur aussprach. Im Stadtbild hinterließ van den Boeynants langjährige Allianz mit dem Bauunternehmer Charles de Pauw, genannt „Charlie der Pfau", unschöne Stahlbeton-Spuren. Die beiden hatten das ehrgeizige „Manhattan Europas" an der Chaussée d'Anvers ausgeheckt. Es verschandelte die Stadt über Jahre, bis es schließlich zu enormen Kosten abgerissen und neu konzipiert wurde.

Auch in den 90er Jahren löste eine innenpolitische Krise die nächste ab. Mehrere sozialistische Minister legten in der Folge der Bestechungsaffäre des italienischen Agusta-Konzerns ihr Amt nieder. 1995 trat NATO-Generalsekretär Claes zurück, im Dezember 1998 wurde er wegen Korruption verurteilt. Die Dutroux-Kindermorde und Pornogeschäfte sowie der Mord an dem sozialistischen Politiker André Cools waren die Spitze des Eisbergs etlicher undurchsichtiger Justiz- und Polizei-skandale. Im Oktober 1996 nahmen über 325.000 Belgier am **Weißen Marsch** teil, Ausdruck des heftigen Protests. 1998 traten mehrere Minister zurück, und es wurden Reformen in Polizei und Justiz vereinbart. Im Jahr 1999 verlor die christlich-soziale Regierungskoalition unter **Premierminister Dehaene** die Parlamentswahl aufgrund des nächsten Skandals um dioxinverseuchte Lebensmittel. Von Juli 1999 bis Juni 2007 regierte **Guy Verhofstadt** an der Spitze der flämischen Liberalen eine sozial-liberale Koalition. Zu den Zielen seiner Regierung zählten die Erweiterung der Kompetenzen der drei belgischen Gemeinschaften und der Ausstieg aus der Atomenergie bis 2025. Nach dem Wahlergebnis im Juni 2007 sollte der 46-jährige flämische Christdemokrat Yves Leterme sein Nachfolger werden, doch die Parteien konnten sich mehrere Monate nicht auf eine regierungsfähige Koalition einigen. Selbst die von dem sonst schlichtend und einigend wirkenden König beauftragten Vermittler und Organisatoren konnten nichts beschleunigen. Zu allem Überfluss blamierte sich der gewählte Kandidat direkt öffentlich, als er am Nationalfeiertag statt der belgischen Nationalhymne Brabançonne die französische Marseillaise anstimmte und man sich fragen musste, ob aus Unkenntnis oder Zynismus. Bei eBay wollte der ehemalige belgische Journalist Gerrit Six ein „Königreich in drei Teilen mit ... 300 Milliarden Staatsschulden" versteigern. Es ging ein Gebot von 10 Millionen Euro ein. Anekdote beiseite: Das Auktionshaus konnte nicht zugreifen, weil „virtuelle Dinge" unverkäuflich sind, doch nicht zuletzt spiegelte alles anekdotisch die bisher längste belgische Staatskrise. Brüssel stand zwischen den Kampfhähnen aus der Wallonie und Flandern und die Debatte über den Abbau des Bundesstaates artete zu

Balanceakte, nicht nur in der Politik

einer öffentlichen Diskussion über den Fortbestand Belgiens aus. Nach neun Monaten zäher Verhandlungen kam im März 2008 dann doch eine Regierung mit Yves Leterme an der Spitze zustande. Die Zukunft des neuen Regierungschefs hängt allerdings davon ab, ob es im gelingt, seine fünf Regierungspartner zusammenzuhalten und neue Partner für Staatreformen zu gewinnen, für die eine Zweidrittelmehrheit benötigt wird. So ist die Option vorgezogener Neuwahlen noch immer nicht ausgeschlossen.

Mehr zu den **belgischen Parteien** finden Sie im Kapitel „Wissenswertes von A bis Z" auf S. 102.

Pieter Bruegel d. Ä.: Sturz der gefallenen Engel (1592)

Architektur und Kunst

Eine über Jahrhunderte wohlhabende Bürgerschaft, vermögende Statthalter und reiche Könige hinterließen in Brüssel ihre Spuren. Ob gotische Baukunst oder Jugendstilvillen, Museen oder Galerien – in der belgischen Hauptstadt gibt es vieles zu entdecken.

11. bis 15. Jahrhundert: Romanik und Gotik

Liebhaber der romanischen Baukunst könnte die Stadt allerdings enttäuschen. Aus dieser Epoche sind kaum mehr Bauwerke erhalten. Altes wurde im Verlauf der Zeit umgebaut, verfiel oder wurde abgerissen. Eine Ausnahme bildet beispielsweise die Kirche **Notre-Dame de la Chapelle** (→ S. 181). Der Chor und die Seitenschiffe mit ihren wuchtigen Mauern und vorgeblendeten Rundbögen bewahrten ihre Gestalt aus der Romanik. Auch **St-Michel** (→ S. 121), damals noch keine Kathedrale, wurde ursprünglich im 11. Jh. romanisch erbaut. Mit steigendem Wohlstand wollten sich die Bürger zwei Jahrhunderte später zur Ehre Gottes und hunderte später zur Ehre Gottes und ihres Vermögens ein neues Denkmal setzen. Sie rissen die alte Kirche ab und ließen sie im neuen Stil der Gotik wieder aufbauen. Durch die technischen Neuerungen des Spitzbogens und des Strebepfeilers waren die gotischen Baumeister in der Lage, höher und gleichzeitig filigraner zu bauen. Wände spielten als tragende Elemente keine wesentliche Rolle mehr. So sollte auch die den Heiligen Michael und Gudula geweihte Kirche höher und größer wiedererrichtet werden. Die Arbeiten zogen sich hin, und heute weist der Bau fast alle Formen der Gotik auf. So stammt die Westfront bereits aus der Spätgotik.

Ein Musterbeispiel der Spätgotik in Brüssel ist das **Rathaus** (Baubeginn 1401). Mit diesem herausragenden Werk setzten sich die Bürger der Stadt ihr eigentliches Denkmal. Wie auch bei anderen brabantischen Rathäusern der Epoche wählte man als Vorbild die Reliquiare und Schmuckkästchen der Goldschmiede. Die dem Markt zugewandte Fassade mit dem filigranen Maßwerk und dem üppigen Skulpturenschmuck zeugt von Reichtum und Selbstbewusstsein. Einige original erhaltene Statuen sind im **Stadtmuseum** zu sehen. Der **Rathausturm** ist ein von weither sichtbarer, imposanter Blickfang. Das Meisterwerk präsentiert der Nachwelt die Möglichkeiten der gotischen Architektur. Die achteckige Laterne ruht gerade einmal auf acht Strebepfeilern. Die Wand wich langen Fensterbahnen. Seinem Bewunderer *Albrecht Dürer* kam der Turm 1520 sogar „durchsichtig" vor.

Der steigende Wohlstand der Bürger führte zu einem Aufschwung von Architektur und Malerei. Im Jahr 1436 wurde *Rogier van der Weyden* Stadtmaler von Brüssel. Er gilt als einer der Begründer der alt-niederländischen Malerei. Mit seinem Lehrer *Robert Campin* (um 1375/78–1444) und *Jan van Eyck* (um 1390–1426) bildete er das Dreigestirn der alt-niederländischen Bildkunst. Durch die Anwendung der Ölfarbe, die man im Gegensatz zur damals gebräuchlichen Tempera-Farbe in meh-

reren Schichten auftragen konnte, erreichten die Maler naturnahe Effekte und Farben mit größerer Leuchtkraft. Der Einfluss der niederländischen Künstler reichte bis nach Italien, wo die Maler der Frührenaissance voller Bewunderung von den Meistern aus dem Norden sprachen. Dem Humanisten *Cyriacus von Ancona* kam es beim Anblick der Gemälde von Rogier van der Weyden gar so vor, als sei all dies „nicht durch die Kunstfertigkeit eines Menschen, sondern von der alles erzeugenden Natur selbst geschaffen worden."

Rogier van der Weyden wurde 1399 oder 1400 in Tournai als Sohn eines Handwerkers geboren. Erst mit 27 Jahren begann er seine Lehre bei *Robert Campin*. Vorher soll er studiert haben, was für einen Maler des 15. Jh. ungewöhnlich war. Zum Stadtmaler ernannt, ließ er sich erst 1435 in Brüssel nieder und genoss bald eine hohe Reputation. 1450 trat er eine Pilgerfahrt nach Rom an, führte in Italien einige Aufträge aus und bewunderte die Werke der italienischen Malerkollegen. Ein deutlicher Einfluss der Frührenaissance auf seine Malerei ist jedoch nicht zu erkennen. Er starb 1464 hoch angesehen in Brüssel – kein niederländischer Maler wurde öfter kopiert als Rogier van der Weyden. Dennoch geriet er ein Jahrhundert später in Vergessenheit. Erst das 19. Jh. erkannte in ihm wieder den unerschöpflichen Bilderfinder.

16. Jahrhundert: Renaissance

Der spätgotische Stil hielt sich in Flandern noch bis Mitte des 16. Jh. in Architektur und Malerei. Der in Brüssel geborene *Barend van Orley* (auch *Bernard van Orley*, 1491/92–1541), Hofmaler der Statthalterin Margarete von Österreich, nahm Einflüsse der Malerei der Spätrenaissance auf. In seiner Formgebung blieb er jedoch der nördlichen Spätgotik verpflichtet. Erst

Pieter Bruegel d. Ä. konnte es mit den großen Malern der Spätrenaissance aufnehmen. Er wurde vermutlich zwischen 1525 und 1530 in Breda geboren und trat 1551 in die Malergilde von Antwerpen ein. Ein Jahr später reiste er nach Italien und besuchte dort u. a. Rom und Neapel. 1555 kehrte er nach Flandern zurück. Die letzten sechs Jahre seines Lebens, von 1563 bis 1569, verbrachte

Ein Highlight: die Renaissancefenster im Querschiff der Kathedrale

er im Brüsseler Marollenviertel (→ S. 182). Das jährliche Stadtteilfest trägt heute seinen Namen. In Bruegels Werk verschmelzen Landschafts- und Figurenmalerei, die bis dato als zwei getrennte Gattungen angesehen wurden. Vordergründig scheint es sich bei Bruegels Gemälden um Genredarstellungen des Landlebens zu handeln, was ihm den Spitznamen „Bauern-Bruegel" eintrug. Doch er war ein humanistisch hoch gebildeter Mann. Wegen seiner realistischen Auffassung der Landschaft, seiner moralisierenden Allegorien und seiner hintergründigen Genredarstellungen gilt er als der wichtigste niederländische Maler des 16. Jh.

Er ist der Stammvater einer Malerdynastie, die weit hinein in das 17. Jh. wirkte. Zu ihren bekanntesten Mitgliedern zählen seine Söhne, *Pieter d. J.*, genannt der „Höllenbruegel", und *Jan d. Ä.*, der „Blumenbruegel".

17. und 18. Jahrhundert: Barock und Klassizismus

Der Barock war der Stil der Gegenreformation und des Absolutismus. Die Ausmaße, die Dekoration und die Raumordnung barocker Bauten waren vor allem auf Außenwirkung angelegt. Sie repräsentierten die Macht und Autorität der Kirche bzw. des Staates. Dabei kam es ganz besonders auf die Fassade an. Im Unterschied zur strengen Regelmäßigkeit der Renaissance ist die typisch barocke Fassade bewegt gegliedert und reichlich mit Skulpturen und Ornamenten geschmückt. Als Paradebeispiel in Brüssel gilt die Kirche **St-Jean-Baptiste au Béguinage** auf der Place du Béguinage (→ S. 147). Ursprünglich eine kleine Kapelle für die Beginen, baute man sie im 15. Jh. aus. Ab 1657 errichtete man über dem kreuzförmigen gotischen Grundriss eine neue Kirche im barocken Stil. Die Gliederung der üppig dekorierten Fassade betont den Mittelbau und entsprach damit vollkommen dem barocken Stilempfinden.

Architektur und Kunst

Peter Paul Rubens – Malerfürst mit Sinn für Teamwork

Peter Paul Rubens (1577–1640) wuchs in Antwerpen auf und begann dort seine Malerkarriere, perfektionierte sein Handwerk aber in Italien. Inspiriert von den Werken Michelangelos und Tizians, prägten leuchtende Farben, eine alles durchwirkende Lebendigkeit und die meisterhafte Darstellung von Bewegung Rubens Bilder. Schon in Italien machte der Herzog von Mantua Rubens zum Hofmaler. Im Jahr 1608 kehrte Rubens jedoch nach Antwerpen zurück. Sein Ruf war ihm bereits vorausgeeilt: Ein Jahr später ernannte ihn das Brüsseler Statthalterpaar Albrecht und Isabella zum Hofmaler von Brüssel. Dennoch durfte Rubens seine Werkstatt in Antwerpen einrichten. Der größte flämische Maler lebte und arbeitete zwar nie in Brüssel, verkehrte aber regelmäßig am Hof. Rubens diente den Habsburgern seit 1620 nicht nur als Maler, sondern auch als Diplomat. So vermittelte er zwischen Spanien und England und versuchte in geheimer Mission, die außenpolitischen Absichten der französischen Regentin Maria von Medici auszukundschaften. Ab 1630 zog er sich auf sein Jagdschloss in der Nähe von Antwerpen zurück und starb im Mai 1640 in seiner Heimatstadt. Ein Großteil seines Werks ist heute in Brüssel in den **Musées Royaux des Beaux-Arts** zu sehen (→ S. 165). In einem vierjährigen Forschungsprojekt wurden dort die Arbeitsweisen des Genies unter die Lupe genommen. Kunsthistorisch und materialtechnisch untersuchten die Forscher Ölskizzen, Gemälde und Altarbilder aus Rubens kreativster und produktivster Schaffensperiode zwischen 1614 und 1640. Von diesen Werken befinden sich 50 im Besitz des Museums. Der Malerfürst des Barock, wichtigster Vertreter der flämischen Malerei und Zeitgenosse großer Maler wie Caravaggio, Velasquez und Rembrandt, betrieb in dieser Zeit seine Werkstatt in der Antwerpener Wapperstraße als florierendes Wirtschaftsunternehmen, dessen Output für damalige Verhältnisse an eine regelrechte Massenproduktion heranreichte. Nur 600 der 3.000 Werke, die aus seinem Atelier stammen sollen, können Rubens persönlich zugeschrieben werden. Der Großmeister arbeitete mit zahlreichen Schülern und Kollegen, darunter so illustren wie Jan Bruegel dem Älteren (ca. 30 Werke entstanden gemeinsam), Anthonis van Dyck und Cornelis de Vos. Je nach Sujet suchte er sich die passenden Experten unter den Kollegen – Landschaftsmaler, Tiermaler – oder kam eben auf den „Blumenbruegel" zurück. Je mehr Aufträge er hatte, desto häufiger gab der Meister Anweisungen für Bildteile, die er nicht selbst malte. Er definierte z. B., an welchen Stellen und in welcher Intensität Rot, Gelb oder sein charakteristisches Lapislazuli aufgetragen werden sollten, und übermalte und korrigierte mit seinem einzigartig virtuosen Pinselstrich, was andere gemalt hatten, sobald er selbst oder seine Auftraggeber nicht komplett zufrieden waren. Wie sehr sich der Meister einmischte, so fanden die Forscher heraus, hing auch von der mit dem Auftraggeber vereinbarten Bildqualität ab. Je nach Bildqualität sowie Berühmtheit und Können des Mitarbeiters gab es in Rubens Atelier fünf unterschiedliche Preiskategorien. Eine Kopie kostete ein Zwanzigstel des Originals und bei einem Altarbild war in der Regel ohnehin der Marmorrahmen zehnmal teurer als das Gemälde. Rubens wohnte und arbeitete ab 1610 am Kanal Wapper im 70 km von Brüssel entfernten Antwerpen. Heute zeigt das dortige, frisch restaurierte Museum mit jährlich im Schnitt ca. 170.000 Besuchern zehn Werke von Rubens, darunter sein berühmtes Selbstporträt. Zu sehen sind auch Werke großer Künstlerkollegen, z. B. von Snyders oder Jordaens, sowie Kunst- und Gebrauchsgegenstände aus Rubens Privatsammlung oder aus seiner Zeit. Die Wände wurden in leuchtenden Farben neu gestrichen, die zur Leucht- und Strahlkraft der Werke des Meisters passen. Zehn Gehminuten entfernt liegt das Rockoxhuis des Rubensfreunds und Bürgermeisters von Antwerpen Nicolaas Rockox. Zu sehen sind hier u. a. Werke aus der Sammlung von Rockox, darunter das „Kunstkabinett des Nicolaas Rockox" von Frans Francken.

Ein weltliches Beispiel für typische barocke Prachtfassaden sind die nach der Bombardierung von 1695 wieder aufgebauten Zunfthäuser an der Grand Place (→ S. 118 ff). Einzig die schmalen Häuserfronten bremsten den Hang zur überschwänglichen Dekoration. Brüssels bekanntestes Beispiel barocker Bildhauerei ist Volksliebling **Manneken Pis** (→ S. 115), 1619 als Bronzeskulptur von *Jérôme Duquesnoy d. Ä.* (vor 1570–1641) geschaffen.

In der Malerei stand Brüssel im 17. Jh. im Schatten Antwerpens. Dort wirkten *Peter Paul Rubens* und *Anthonis van Dyck*, die bekanntesten Vertreter der flämischen Barockmalerei. Dennoch entwickelte sich Brüssel um 1620 zu einem Zentrum der Landschaftsmalerei. *Denis van Alsloot* (um 1570–1628), *Jacques Fouquier* (um 1580/1590–1659) und *Lodewijk de Vadder* (1605–1655) waren Vertreter der Brüsseler Schule dieses Genres. Auf großformatigen Leinwänden gaben sie einem kräftigen malerischen Ausdruck den Vorrang vor der exakten Detailtreue.

Klassizismus (auch Neoklassizismus): Ab 1760 galten der Barockstil und seine höfische Ausformung, das Rokoko, zunehmend als geschmacklos. Man forderte nun eine einfachere, erhabenere Architektur. Das Bürgertum entdeckte in der griechischen Demokratie und der römischen Republik seine politischen Leitbilder. Auch in der Kunst kam die Antike wieder in Mode. Statt beschwingter Fassaden und aufwändiger Innendekoration sollten strenge Symmetrie und schlichtes, aber hochwertiges Dekor Erhabenheit und Einfachheit garantieren. In Brüssel verwirklichte der Architekt *Gilles Barnabé Guimard*

Statue der Malerzunft am Petit Sablon

1775 an der **Place Royal** die Ideen der neuen Kunstrichtung (→ S. 162). Die streng symmetrischen Fassaden, die den Platz säumen, erstrahlten schon damals im – vermeintlichen – Weiß der griechischen Tempel. Den Platz dominiert die Kirche **St-Jacques sur Coudenberg**. Ihr antiker Tempelportikus ist typisch für die Architektur des Klassizismus. Auch die Anfänge des **Palais Royal** liegen im Klassizismus. Der Bau begann 1783 noch unter den Habsburgern. Der **Palais de la Nation**, seit 1831 Sitz des belgischen Parlaments, weist ebenfalls eine typisch klassizistische Fassade auf.

Auch einer der wichtigsten Maler des Klassizismus, *Jacques Louis David* (1748–1825), machte in Brüssel Station. Mit seinem klar gezeichneten und streng komponierten Stil prägte er die Malerei seiner Zeit entscheidend. Nicht nur das: David nahm wichtige Posten in der französischen Revolutionsregierung ein. Er hatte er für die Exekution Ludwigs XVI. gestimmt und wurde später Hofmaler Napoleons. Als die Bourbonen 1815 wieder an die Macht kamen, ging der Maler ins Exil. Seine letzten Jahre verbrachte er in Brüssel. Hier fertigte er Kopien seiner größten Werke an, die heute im **Musées Royaux des Beaux-Arts** hängen (→ S. 165). Auch das wichtigste Bild aus Davids Zeit als Revolutionär kann man heute

Jacques-Louis David:
Der Tod des Marat (1793)

in diesem Brüsseler Museum betrachten: „Der Tod des Marat". In Frankreich hatte bei der Versteigerung seines Nachlasses niemand das Bild des ermordeten Agitators haben wollen ...

19. Jahrhundert: Historismus und Jugendstil

Mit dem aufkommenden Nationalgedanken zu Beginn des 19. Jh. nahm die Wertschätzung der Geschichte und alter Architektur zu. Dem neuen Gedanken der Denkmalpflege als Bewahrerin einer erhaltenswerten, die Nation formenden Geschichte fühlte sich auch *Victor Jamaer* (1825–1902) verpflichtet, als er 1873 die **Maison du Roi** (heutiges Stadtmuseum; → S. 118) an der Grand Place restaurierte. Jamaer ließ die Fassade auf den Zustand von 1515 bis 1536 zurückführen und addierte einen Bogengang nach nicht realisierten Plänen aus dem 16. Jh. In seiner Begeisterung für die Gotik ging er so weit, dass er die Fassade mit Details anderer gotischer Bauwerke verzierte.

Lange galt der Historismus durch seine Anleihen aus allen bisherigen Stilrichtungen als Geschmacksverirrung. Dennoch ist er ein durchaus eigenständiger

Jugendstildekor in der Maison Cauchie

Stil seiner Zeit. Beispiele sind der Berliner Reichstag von *Paul Wallot* (1841–1912) sowie der Brüsseler **Justizpalast** (→ S. 182) von *Joseph Poelaert*. Der gebürtige Brüsseler Poelaert (1817–1879) hatte in Frankreich studiert und wurde darauf Stadtarchitekt unter Leopold II. Er erneuerte das Opernhaus von innen und baute einige Schulen und Kirchen. 1866 gab der König ihm den Auftrag, einen überdimensionierten Justizpalast zu errichten. Poelaert mischte dabei Elemente der Renaissance und des Barocks und übersteigerte sie ins Gigantische. Beim Volk wurde er immer unbeliebter, da er viele Häuser abreißen ließ.

Man sagt, das ehrgeizige Bauwerk habe ihn in den Tod getrieben. Seine Fertigstellung erlebte er jedenfalls nicht mehr.

Erst der **Jugendstil** trennte sich konsequent von historischen Vorbildern. Es handelte sich jedoch nicht um eine einheitliche Bewegung, was landestypische Bezeichnungen wie „Nieuwe Kunst", „Stile Liberty" oder „Art nouveau" zeigen. Immer jedoch sollte die neue Kunst-

form auf die mittlerweile industrialisierte Gesellschaft bezogen sein, weswegen auch neue Konstruktionsmittel wie Eisen offen verwendet wurden.

Den Rang als Wiege des Jugendstils hat Brüssel ab 1893 maßgeblich zwei Architekten zu verdanken: *Victor Horta* (1861–1947) gelang mit dem **Hôtel Tassel** der berufliche Durchbruch. Von außen wirkt das für den Ingenieur Tassel errichtete Haus eher schlicht. Die Radikalität des Entwurfs, der seinerzeit für einen Skandal sorgte, offenbart erst das Hausinnere. Auf versetzten Ebenen in verschiedenen Stockwerken arbeitete Horta mit unverkleideten Eisenträgern und überbordendem Dekor, inspiriert durch Pflanzen und japanische Drucke. Besonders bekannt wurde sein Stilmittel einer Spirale, die in einer Schlinge mündet, „Horta-Linie" oder auch „Peitschenschlag" (ligne coup de fouet) genannt.

Schule machte auch sein eigenes Haus mit Werkstatt in Saint-Gilles, heute das

Architektur und Kunst

Musée Horta (→ S. 226). Wie schon im Hôtel Tassel entwarf er inklusive der Möbel alles selbst. Er wollte nicht einfach ein Haus bauen, sondern konsequent mit seinen eigenen Stilmitteln ein Gesamtkunstwerk schaffen. *Paul Hankar* (1859–1901), der zweite wichtige Architekt des belgischen Jugendstils, weckte ganz in der Nähe mit seinem privaten Wohnhaus und der strengeren Geometrie des **Hauses für den Maler Albert Ciamberlani** schnell internationales Interesse.

Nicht zu vergessen jedoch ein Dritter: *Henri van de Velde* (1863–1957), der spätere Architekt und Direktor der Kunstgewerbeschule in Weimar, der den deutschen Jugendstil entscheidend prägte. Er baute sich eine private Villa im englischen Cottage-Stil in Uccle: die **Bloemenwerf** in der Avenue Vanderaey. Sein Stil war strenger und schmuckloser, was hier deutlich zu erkennen ist, und er setzte sich deswegen heftig mit Victor Horta auseinander. Die Männer der ersten Stunde fanden schnell Nachahmer wie *Gustave Strauven, Vizzavona, Hamesse, Sneyers und Jules Brunfaut,* der das **Hôtel Hannon** erbaute, *Ernest Blérot,* Architekt mehrerer Häuser an der Rue Vanderschrick in St-Gilles, an der Rue de la Vallée in Ixelles und rund um die Kirche St-Boniface. In *Paul Santenoys* auffälligem Bau im reinen Jugendstil befindet sich heute das **Musée des Instruments de Musique** (→ S. 169).

Die Unterschiede im Jugendstil sind in Brüssel selbst zu sehen. *Josef Hoffmann* (1870–1956), Mitbegründer der Wiener Secession, baute 1905 das einfacher und strenger gestaltete **Palais Stoclet** (Avenue de Tervueren 281, Metro Montgomery, nur von außen zu besichtigen). Dieses Haus entwickelte er streng aus der Würfelform, ein typisches Merkmal seines Baustils, das Hoffmann in Wien den Spitznamen „Quadratl" einbrachte.

Palais Stoclet, Avenue de Tervueren

Die Ideen des Jugendstils wurzelten in englischen Bewegung Arts & Crafts. *John Ruskin* und *William Morris* hatten schon Mitte des 19. Jh. die schlecht verarbeiteten Industrieprodukte kritisiert und eine Rückkehr zum (Kunst-)Handwerk gefordert. Auf die Kritik an den Produkten folgte bald die Kritik an der Industriearbeit. Mit dem Bau von menschenwürdigen Mietskasernen und der Planung von Gartenstädten schlossen sich die Jugendstilarchitekten dieser Kritik an. Horta übernahm z. B. 1896 die Planung und Ausführung der **Maison du Peuple**, im Auftrag der sozialdemokratischen Arbeiterpartei als Versammlungs- und Verwaltungsgebäude im Jugendstil erbaut. Das Gebäude wurde trotz massiver internationaler Proteste Ende der 60er Jahre abgerissen. Trotz der festen Absicht, das Proletariat durch

Fernand Khnopff: Gepardensphinxen bevölkerten
die Phantasie eines Dandys

ihre Kunst zu unterstützen, gewannen die Künstler des Jugendstils vorwiegend das wohlhabende und geschmacklich gebildete Bürgertum als Klientel.

Malerei und Plastik: Zu Beginn des 19. Jh. kamen kaum wichtige Impulse für die bildenden Künste aus Brüssel. Die Stadt konnte zwar mit *Antoine Wiertz* (1806–1865; **Musée Antoine Wiertz** → S. 197) einen Maler der französischen, von *Delacroix* beeinflussten Romantik vorweisen, doch zur überregionalen Bedeutung gelangte Wiertz nicht. Zwar ist sein Gemälde „Die schöne Rosine" von 1847, das ein nacktes Mädchen in morbidem Staunen vor einem Skelett zeigt, sogar ein Vorgriff auf den Symbolismus, doch Wiertz malerischer Ausdruck blieb zu theatralisch an der Oberfläche.

Anders der Maler und wichtigste belgische Bildhauer des 19. Jh., *Constantin Meunier* (1831–1905): Sein Werk beeinflusste eine ganze Generation, u. a. *Auguste Rodin* (1840–1917). Die französischen Realisten um *Jean-François Millet* und *Gustave Courbet* übten starken Einfluss auf Meunier aus. Im Widerspruch zu den damaligen akademischen Gepflogenheit verließen sie ihre Ateliers, um in der Natur streng nach der Natur zu malen und dabei auch das

harte Leben der Landbevölkerung zu zeigen. Meunier entdeckte in den 70er Jahren des 19. Jh. das „schwarze Land", die Welt der belgischen Bergleute. Seither widmete er sein malerisches und bildhauerisches Werk der industriellen Arbeitswelt. In seinem Haus in Ixelles ist seit 1939 das **Musée Constantin Meunier** (→ S. 214) untergebracht.

Ganz im Gegensatz zu der sozialen Thematik im Werk Meuniers stehen die Gemälde des Symbolisten *Fernand Khnopff* (1858–1921). Der Symbolismus war als ästhetische Haltung zu Beginn der 70er/80er Jahre des 19. Jh. entstanden, geprägt durch einen gewissen Lebensüberdruss und die Ablehnung des Realismus. Stattdessen wandte man sich der Welt der Träume und der Magie zu. Der französische Romanautor *Joris-Karl Huysmans* (1848–1907) erklärte: „Die Natur hat ihren Zweck erfüllt", jetzt sei es an der Zeit, die Natur „durch Künstlichkeit" zu ersetzen. Typisch für diese Haltung ist das Hauptwerk Fernand Khnopffs, „Die Kunst oder die Liebkosung". Es zeigt eine Sphinx mit dem Körper eines Geparden Arm in Arm mit einem leicht bekleideten Jüngling. Khnopff war auch einer der Mitbegründer der einflussreichen Künstlergruppe *Les XX*. Ein weiteres wichtiges Mitglied dieser avantgardistischen Vereinigung war der Maler *James Ensor* (1860–1949). Er hielt sich allerdings nur kurz in Brüssel auf, den Großteil seiner rätselhaften Maskenbilder schuf er in seiner Heimatstadt Ostende.

Zu den Gründern von Les XX zählte auch der belgische Neoimpressionist *Theo van Rysselberghe* (1862–1926). Gestützt auf zeitgenössische Farbtheorien und die Physiologie des Sehens zerlegten die Neoimpressionisten die Farbe in Punkte, daher nannte man sie anfangs noch spöttisch „Pointillisten". Die aufgelöste Farbe sollte sich in den Augen des Betrachters wieder zu Bildflächen zusammensetzen.

20. Jahrhundert

Zu Beginn des 20. Jh. zersplitterte die Avantgarde in eine Vielzahl von Kunstrichtungen und Künstlergruppen. Eine von ihnen waren die Fauvisten. Die Maler um *Henri Matisse* beriefen sich auf die Südseebilder *Paul Gauguins* und nahmen sich deren flächige Farbigkeit zum Vorbild. Als Gestaltungsmittel verwendeten sie große, kaum abschattiete Farbflächen. Auch in Belgien fand der neue Stil Anklang. Hier gründeten sich die Brabanter Fauvisten mit *Rik Wouters* (1882–1916) als wichtigstem Vertreter. Wie seine Pariser Vorbilder malte er in leuchtenden und ungebrochenen Farben und arbeitete zudem als Bildhauer.

Glanzlichter der Malerei in Uccle

Gemälde von *James Ensor, Rik Wouters, Rogier van der Weyden* , Léon Spilliaert, Permeke G. van de Woestyne und anderen hochrangigen Malern vom 15. bis zum 20. Jh. kann man sich in dem 1928 im Art-déco-Stil erbauten Wohnhaus des Bankiers van Buuren anschauen, dem **Musée David et Alice van Buuren**. Highlight der Sammlung ist eine zweite Fassung der „Landschaft mit Sturz des Ikarus", eines der bekanntesten Gemälde von *Pieter Bruegel*. Version eins hängt in den Musées des Beaux-Arts. Außen entspricht das Haus der Amsterdamer Schule. Das Intérieur (Möbel, signierte Teppiche und Skulpturen) prägten renommierte belgische, französische und holländische Designer und Dekorateure. Man kann hier z. B. Porzellan aus Delft und Limoges und in den 1930ern beliebtes Palisanderholz aus Brasilien bewundern. Die Glasfenster mit den farbigen Karos im Treppenhaus sind von Jaap Gidding, einem holländischen Designer, der in Amsterdam (1918–21) z. B. das Theater Tuchinsky gestaltete. Die imposante bunte Glaslampe im Flur stammt von Jan Eisenloeffel, der sich von Strömungen wie der Wiener Sezession und der Neuen Kunst inspirieren ließ. Der Garten ist eher ein Park mit einem im Art-déco-Stil geometrisch angelegten Rosengarten. In dem 500 m langen Labyrinth auf 100 Quadratmetern kann man sich durchaus verirren. Alice van Buuren ließ es 1968 zum Abschied des israelischen Botschafters anpflanzen.

Öffnungszeiten Tägl. (außer Di) 14–17.30 Uhr. Garten mit Labyrinth und Skulpturenausstellung 5 €, Garten und Museum 10 €, Senioren 8 €, Studenten 5 €, Kinder bis 12 Jahre gratis. Avenue Léo Errera 41, ✆ 02/3434851, www.museumvanbuuren.com. Tram 3, 90 (Square Churchill), 91, 92 (Place Vanderkinderen), Bus 38, 60 (Cavell).

In den 30er Jahren fand Brüssel auch Anschluss an eine der wichtigsten Avantgardegruppen. Angeregt durch *Sigmund Freud* und dessen Konzept des Unbewussten fanden sich in Paris die Surrealisten um *André Breton* (1896–1966) zusammen. Ihr Ziel war, so Breton, „die künftige Auflösung dieser beiden scheinbar so gegensätzlichen Zustände von Traum und Wirklichkeit in einer Art absoluten – wenn man so will – Überwirklichkeit." Der Darstellung des Traumhaften zum besseren Verständnis der realen Welt hatte sich auch der Belgier *Paul Delvaux* (1897–1994) verschrieben. Zwar war er nie offiziell Mitglied der surrealistischen Bewegung, doch er stellte 1938 gemeinsam mit ihnen in Paris aus. Seine Gemälde mit Figuren, meist Frauen von unterkühlter Erotik, inmitten phantastischer, monumentaler Architektur zeigen die geistige Verwandtschaft mit dem Surrealismus. Auch *René Magritte* (→ Kasten) wird zu den Surrealisten gezählt, auch wenn er sich selbst dieser Zuordnung stets verweigerte.

Nach dem Zweiten Weltkrieg gründete sich 1948 die Künstlergruppe *COBRA*.

Ihr Name entstand aus den Anfangsbuchstaben der Herkunftsstädte ihrer Mitglieder: Kopenhagen, Brüssel und Amsterdam. Sie wandten sich gegen die damals vorherrschende geometrischabstrakte Malerei. Ihre Farben trugen die Maler teilweise zentimeterdick ohne komponierte Anordnung und ohne klare Formen auf die Leinwand auf. Emotion, Improvisation und Farbe waren die Schlagworte von COBRA. Ihr Brüsseler Gründungsmitglied, der 1927 geborene *Pierre Alechinsky*, entdeckte nach der Auflösung der Gruppe die chinesische und japanische Kalligrafie als Inspiration für seine meist auf Papier gemalten abstrakten Bilder. Er wandte sich auch der Kunst im öffentlichen Raum zu: Zusammen mit *Christian Dotremont* entwarf er das Wandbild in der Brüsseler **Metrostation Anneessens**. In der Architektur herrschte in der ersten Hälfte des 20. Jh. in Brüssel der Art-déco-Stil vor. *Victor Horta* war nach einem Amerikaaufenthalt wieder nach Brüssel zurückgekehrt, hatte sich vom Jugendstil abgewandt und gestaltete nun in den schwereren, strengeren Art-déco-Formen. Ein Beispiel ist das von 1920 bis 1928 erbaute **Palais des Beaux Arts**

Anne Teresa De Keersmaeker, Tänzerin und Choreografin

Anne Teresa De Keersmaeker, 1960 in Mechelen geboren, gilt als Belgiens Pina Bausch und bedeutendste Choreografin des Landes. Mit 18 ging sie an die Brüsseler Tanzschule von Maurice Béjart und stellte schon zwei Jahre später ihr erstes eigenes Stück vor: „Asch". In den USA absolvierte sie die New York Tisch School of the Arts. Wieder in Belgien machte sie mit „Fase, 4 movements to the music of Steve Reich" international Furore. Ihre Kompagnie **Rosas**, die seit den 80ern besteht, ist weltweit berühmt. 1992 trat Keersmaeker die Nachfolge von Maurice Béjart als Direktorin am Théatre de la Monnaie (Muntschouwburg) an. 1995 gründete sie die Tanzfabrik P.A.R.T.S, in der sie auch persönlich als Dozentin tätig ist. Hier lernen etwa 60 Studierende aus rund 25 Ländern vier Jahre lang die Kunst des Tanzes. Parallel arbeitet Keersmaeker permanent an neuen Produktionen. „Rain" (2001), „Just before" (1997), Bartóks „Herzog Blaubarts Burg" (1998) oder das gemeinsam mit Peter Greenaway erarbeitete Tanzvideo „Rosa" gehören zu den international bekanntesten (www.parts.be).

Führung im Musée des Beaux Arts

(→ S. 169). Der größte Art-déco-Bau in Brüssel ist jedoch die **Basilique Nationale du Sacré-Cœur** (→ S. 250) auf dem Koekelberg. Ihr Architekt *Albert van Huffel* (1877–1935) plante die monumentale Architektur mit Anklängen an den byzantinischen Kirchenbau.

In den 20er Jahren stand in Brüssel wie in allen großen europäischen Städten allerdings der soziale Wohnungsbau im Vordergrund. Es galt, menschenwürdige Wohnverhältnisse für die in den Mietskasernen lebenden Arbeiter zu schaffen. So entstanden die Gartenstädte **Le Logis** und **Floréal** in Watermael-Boitsfort in der Nähe von Schaerbeek sowie **Kapelleveld** in Woluwe-Saint-Lambert.

Heute Wahrzeichen in Brüssels Stadtmarketing, war das 1958 von *André Waterkeyn* (1917–2005) entworfene **Atomium** (→ S. 251) ursprünglich ein Symbol für den technischen Fortschritt und Ausdruck der hoffnungsvollen Zukunftserwartung seiner Zeit. Großflächig verglaste funktionale Bürotürme und lange unterirdische Autobahnzubringer prägen die städtische Architektur des 21. Jahrhunderts.

Im Wohnzimmer von René und Georgette Magritte

Das Kuckucksei René Magrittes

Der bekannteste belgische Surrealist, *René Magritte* (1898–1967), kam als Student der Akademie nach Brüssel. Von 1927 bis 1930 lebte er in Paris, wo er die Bilder Giorgio de Chiricos sowie André Breton kennen lernte. Breton, bekannt als der Verfasser des Manifests des Surrealismus, sagte einmal über Magritte: *„Was ist der Surrealismus? Das ist ein Kuckucksei, das unter Mitwissen von René Magritte ins Nest gelegt wird."* Paul Eluard, Hans Arp, Juan Miró und Savador Dalí gehörten zu Magrittes Freundeskreis, dennoch führte er an der Seite seiner Kindheitsfreundin und Ehefrau Georgette Berger ein eher bürgerliches Leben und pflegte dieses Image.

Seine Bilder zeigen immer wiederkehrende Motive wie einen Apfel, Vorhänge, einen Fesselballon, an den er sich aus der Kindheit erinnerte. Seine Mutter hatte Selbstmord begangen, und später malte Magritte immer wieder das Trauma, wie man ihre Leiche fand, mit dem Nachthemd über ihrem Kopf. Zu seinen berühmtesten Bildern gehören die verschiedenen Versionen von „Le trahison des images (Ceci n'est pas une pipe)", auf Deutsch „Der Verrat der Bilder (Dies ist keine Pfeife)". Magritte wies energisch darauf hin, dass eine Sache nicht mit ihrer Darstellung zu verwechseln sei: *„Können sie meine Pfeife stopfen? Natürlich nicht! Sie ist nur eine Darstellung. Hätte ich auf mein Bild geschrieben, dies ist eine Pfeife, so hätte ich gelogen."*

Das Haus in der Brüsseler Gemeinde Jette, in dem er 24 Jahre lang in der unteren Etage mit Garten wohnte und arbeitete, ist heute das Musée René Magritte. Hier entstand etwa die Hälfte seines Werks, das rund 1.000 Bilder umfasst. Die oberen Räume mit Dokumenten und Fotos aus Magrittes Nachlass kann man sich auf eigene Faust ansehen. Anschließend bekommt man eine englische Führung durch den unteren Teil. Die Möbel sind typisch für belgische Wohnverhältnisse der Epoche, aber die Farbgebung und das Design der Teppiche stammen von Magritte und Georgette. Einige dieser original erhaltenen Elemente findet man in Magrittes Werken wieder.

Öffnungszeiten Tägl. 10–18 Uhr. Eintritt 7 €, unter 24 Jahre 5 €, Gruppenführungen bis 15 Personen 40 €. Rue Esseghem 135, Jette, ✆ 02/4282626, www.magritte museum.be. Ⓜ Pannenhuis oder Belgica, Tram 81, 94 (Cimetière de Jette).

Multikulturelles Highlight: die Zinneke Parade

Feste, Feiertage und Events

Die Brüsseler feiern sehr gern. Spätestens von April bis November ist fast jedes Wochenende etwas los. Hier die Highlights. Über die genauen Daten kann man sich im Internet informieren (www.brusselsinternational. be) oder in den jährlich aktualisierten Broschüren des belgischen Fremdenverkehrsamts.

Sommerhits

Feuerwerk: bei den Nocturnes im Mini-Europe in Heysel; www.minieurope.be.

Rollerblading: jeden Freitagabend im Sommer vom Justizpalast bis zur Pferderennbahn Boitsfort; www.belgiumrollers.com.

Drive-In-Movies: Freitag und Samstag auf der Jubelpark-Esplanade; www.base-drivein.be.

20 km de Bruxelles: alljährlicher Stadtlauf über 20 km für Jogger, Läufer und Walker. Infos und Anmeldung bei 20 km de Bruxelles, Rue de la Chapelle 17, ☎ 02/5119000, www.20kmdebruxelles.be

Brüsseler Strandbad: August am Quai des Péniches; www.brusselbad.be; nur im Aug.

Foire du Midi: Brüsseler Kirmes von Mitte Juli bis Mitte August am Boulevard du Midi; genaue Termine sind unter www.brusselsinternational.be zu finden, der Website des Brüsseler Fremdenverkehrsamts.

Veranstaltungskalender

Januar/Februar

Antiquitätenmesse: Internationale Messe für Antiquitätenhändler und Kunstliebhaber im riesigen alten Thurn & Taxis-Gebäude, mit ca. 30.000 Besuchern und 120 Ausstellern. Tour & Taxis, Building A, Avenue du

Port, ☎ 02/5134831, www.antiques-fair.be.

Foire international du Livre: Buchmesse mit vielen Lesungen, Pyramide Rogier.

Anima: Internationales Festival des Zeichentrick- und Animationsfilms im Auditorium der Passage 44; http://folioscope.awn.com.

> **Veranstaltungen online**: Hier kann man sich im Internet über aktuelle Theaterstücke und weitere Veranstaltungen informieren: www.agenda.be, www.portail.irisnet.be www.mosqui tonet.be, www.tbx.be (Website der Zeitung „La Tribune de Bruxelles"), www.netevents.be.
> **Nachtleben:** www.noctis.com
> **Elektronische Musik:** www.boups.com

März

Ars Musica: Festival für Liebhaber zeitgenössischer ernster Musik; www.arsmusica.be.

Internationales Festival des Fantastischen Films: für alle Freunde der Filmgenres Horror, Thriller, Science-Fiction und Fantasy. Witziges Rahmenprogramm (Highlight zum Abschluss: „Ball der Vampire"). U. a. im l'Auditorium du Passage 44, Cinéma Nova, Musée du Cinéma, l'Actor's Studio; www.bifff.org.

Eurantica: Internationale Antiquitätenmesse auf dem Expo-Gelände in Heysel, Palais 5, Place de Belgique 1, www.eurantica.be.

April

Art: Messe für Gegenwartskunst, im Expo-Gelände, Hallen 11 und 12, Place de Belgique 1, www.artbrussels.be.

Concours Reine Elisabeth: Musikwettbewerb auf höchstem Niveau für Klavier, Violine und Gesang (das Fach wird jährlich gewechselt) bzw. Komposition (jedes zweite Jahr). Im Palais des Beaux Arts (Bozar) und im Königlichen Musikkonservatorium; www.concours-reine-elisabeth.be.

Printemps Baroque du Sablon: Barockmusik in den Kirchen rund um den Grand Sablon; www.pbl-festival.be.

Europäisches Filmfestival: neue europäische Filme und Autoren, Flagey, Ixelles; www.fffb.be.

Mai

Kunsten Festival des Arts: Internationales Festival für Theater, Musik, Performance,

Film und bildende Kunst; www.kunsten festivaldesarts.be und www.kfda.be.

Zinneke Parade: alle zwei Jahre stattfindendes multikulturelles Fest mit folkloristischen Umzügen mit Musikern, Kostümen und Wagen. Daneben Straßentheater und kulturelle Highlights. Wieder 2006, 2008 …; www.zinneke.org.

Nuits Botaniques: Rock, Pop, Weltmusik und Nouvelle Chanson in 2 großen Sälen und einem Zelt mit 1.000 Plätzen im Botanischen Garten (heute Kultur- und Veranstaltungszentrum der wallonischen Brüsseler); www.botanique.be.

Tag der offenen Tür in den Künstlerateliers von Saint-Gilles: Künstler im Stadtteil Saint-Gilles öffnen ihre Ateliers und Werkstätten und stellen ihre Projekte vor.

Brüsseler Jazz Marathon: Über 450 Musiker aller Stilrichtungen geben am letzten Maiwochenende über 100 Konzerte in Bars, Clubs, Cafés, auf Bühnen und Plätzen (die Veranstaltungen unter freiem Himmel sind gratis); www.brusselsjazzmarathon.be.

Belgian Lesbian and Gay Pride (BLGP): alljährliche Regenbogenparade (das belgische Pendant zum CSD); www.blgp.be.

Juni

Schlacht bei Waterloo: Um den 18. Juni lassen Kostümierte in Uniform die letzte Schlacht Napoleons (1815) wieder Revue passieren. www.waterloo-tourisme.be.

Ende Juni/Anfang Juli

Ommegang: prächtiger Umzug in historischen Kostümen zu Ehren des Kaisers Karl V. (→ Kasten S. 109); www.ommegang.be.

Sommerfestival: Konzerte und Spektakel auf der Grand Place und im Hof des Rathauses; www.brupass.be (Website nur kurz vorher im Netz).

Juli

Couleur Café: Weltmusikfestival, www.couleurcafe.be.

Belgischer Nationalfeiertag: Am 21. Juli feiert die Stadt die Unabhängigkeit von 1830 mit Prozessionen und Essständen, Kirmeskarussellen und Konzerten in den Parks und auf den Straßen. Alles ist außer Rand und Band.

Klingende Munt: Festival mit Techno-Rock, Avantgarde-Gruppen und experimenteller Musik. Die Konzerte sind gratis; www.beursschouwburg.be.

Musiksonntage im Bois de La Cambre (Ter Kameren Bos): jeden Sonntag 11–13 Uhr im Juli und August Klassik und Jazz.

August

Blumenteppich: Alle 2 Jahre schmückt ein Teppich aus 700.000 Begonien 3 Tage lang die Grand Place. Jedes Mal mit neuem Motiv, wieder 2008, 2010 …

Euritmix: Brüssel Sommermusikfestival mit vielen Konzerten zum Nulltarif, v. a. belgische Bands; www.euritmix.be.

Bellone-Brigittines-Festival: Bühnenkunst und Konzerte in der ehemaligen Brigittinen-Kirche und ihrem Double; www.brigittines.be.

Meiboom: Bemerkenswerterweise nicht im Mai, sondern am 9. August wird an der Ecke Rue des Sables/Rue des Marais eine junge Buche aufgestellt. Zum Publikum gehören die lokalen Riesen aus Pappmaschee, Mieke und Janeke. Musikkapellen spielen zum Tanz auf. Ein jahrhundertealter Brauch übrigens: Der erste Baum wurde bereits 1213 nach dem Sieg über die Leuvener gepflanzt.

September

Bierfest: sehr beliebtes alljährliches Ereignis. Auf der Grand Place kann man die Biersorten von über 50 belgischen Brauern probieren, und das zu demokratischen Preisen; www.belgianbeerweekend.be.

Flandern-Festival: klassische Musik von internationalem Rang; www.festival.be.

Europalia: Europäisches Kulturfestival. Jedes Jahr präsentiert sich ein anderes Land im Palais des Beaux-Arts. www.europalia.be.

Bruegel-Fest: Flohmarkt, Essstände und Umzüge im Marollenviertel, zweites Septemberwochenende

Journée du Patrimoine (Tag des offenen Denkmals): Etwa 100 Baudenkmäler öffnen ihre Türen gratis am dritten Septemberwochenende.

> Alles Wichtige zum Thema (ermäßigte) **Eintrittskarten** finden Sie unter „Wissenswertes von A bis Z", im gleichen Kapitel finden Sie auch die Einträge Antiquitäten, Jazz, Kindertheater, Kulturzentren, Literatur live, Veranstaltungsorte und Kleinkunstbühnen, klassische Musik und Ballett sowie Theater.

Jazz Marathon

Oktober

Brussels Marathon: Marathonlauf mit Zielpunkt auf der Grand Place; www.ingrunningtour.be.

Le Parcours des Stylistes: Modeschauen, Showrooms und Lagerverkauf. Alle 2 Jahre, 2006 am letzten Oktoberwochenende an verschiedenen Orten, organisiert von Modobruxellae; www.modobruxellae.be.

November

Die Nächte des Sablon: Antiquitätenhändler, Restaurants und Geschäfte öffnen Besuchern ihre Türen bei klassischer Musik und romantischer Beleuchtung; www.sablon.org.

Dezember

Weihnachtsmarkt und Winterspaß mit etwa 240 Holzbuden rund um Börse, Place Ste-Catherine und Fischmarkt. Weihnachtsbaum und Lichtshow auf der Grand Place. Eislaufbahn an der Place Ste-Catherine; www.plaisirsdhiver.be.

Brüssel – Praktische Infos

Am schnellsten auf der Schiene: der Thalys

Anreise

Brüssel erreicht man bequem mit dem Auto, Zug, Bus oder Flugzeug. Wer aus Nordrhein-Westfalen kommt, braucht im Durchschnitt zwei Stunden. Von Berlin, aus Nord-, Ost-, Süddeutschland oder Österreich sowie aus der Schweiz ist der Luftweg der schnellste.

Mit dem Flugzeug

Brüssels Flughafen Zaventem wird von allen internationalen Fluggesellschaften angeflogen, z. B. auch von Billig-Airlines wie *Virgin Express*, *Ryanair* und *German Wings*. Die *SN Brussels Airlines* fliegt täglich ab Berlin, Hamburg, München und seit März 2006 auch ab Frankfurt (www.flysn.de); insgesamt verbindet sie Brüssel mit mehr als 35 europäischen Zielen. Von München aus fliegt Air Dolomiti nach Brüssel, Zürich wird von Helvetic bedient, und OLT kann eine günstige Alternative ab Bremen sein.

Der **Flughafen Zaventem (BRU)** liegt 14 km außerhalb der Stadt. Der *Airport-Express* pendelt im 15-Minuten-Takt direkt zwischen dem Flughafen und den drei Brüsseler Bahnhöfen Gare du Nord, Gare Central und Gare du Midi (Fahrtdauer ca. 20 Min.). Eine Einzelfahrt kostet 3 €. Eine Alternative ist der Shuttle-Bus *Airport Line*, der direkt zur Nato und ins EU-Viertel fährt. Die Fahrt mit insgesamt sechs Zwischenstopps dauert 30 Min., Endstation Place du Luxembourg. Einfache Fahrt 3 €. Erste Abfahrt 5 Uhr, letzte Fahrt 23 Uhr (von Sept. bis Juni 24 Uhr). Ein *Taxi* vom Flughafen in die Innenstadt kostet etwa 35 €.

Flughafen-Info: *BIAC*, Brussels Airport, B-1930 Zaventem, ☎ 02/7534221, www.brusselsairport.be.

Tourist Information: In der Ankunftshalle bei *Espace Wallonie-OPT* (Office de Promotion du Tourisme Wallonie-Bruxelles, tägl.

6–22 Uhr) sowie *Brüssel International Tourismus* (tägl. 8–21 Uhr). **Erste Hilfe**: ✆ 02/7536363. **Fundbüro**: ✆ 02/7536820. **Gepäck**: ✆ 02/7236011. **Parken**: ✆ 02/7204471. **Zoll**: ✆ 02/7534801.

Ein zweiter Flughafen, **Charleroi (CRL)**, ist 46 km von Brüssel entfernt und bietet einen Shuttle-Service mit über 20 Pendelbussen pro Tag in die Hauptstadt. Infos unter www.charleroi-airport.com. Trotzdem ist es natürlich bequemer, direkt nach Zanventem zu fliegen.

Mit der Bahn

Die Bahnreise nach Brüssel geht schneller als je zuvor. Der reservierungspflichtige **Hochgeschwindigkeitszug Thalys** fährt mehrmals täglich mit bis zu 300 km/h von Düsseldorf, Köln (hier Verkaufsbüro gegenüber dem Hbf.) und Aachen zur Brüsseler Gare du Midi. Frühbucher bekommen günstige Tickets (von Köln ab 29 € hin/zurück) Darüber hinaus gibt es spezielle Tarife für Kinder, Jugendliche, Senioren und Familien sowie in unregelmäßigen Abständen Preisaktionen, wie z. B. günstige Sommertarife mit bis zu 50 % Ermäßigung. Kurioserweise sind 1.-Klasse-Tickets zu Sonderpreisen manchmal billiger als reguläre 2.-Klasse-Tickets, Snacks und leichte Gerichte sind im Preis enthalten. Ein weiterer Service der 1. Klasse: Man kann noch in letzter Minute aus dem Zug einen Mietwagen für die Ankunft in Brüssel reservieren lassen (Kostenpunkt 49 €/Tag). Ab Köln dauert die Fahrt mit dem Thalys 2:20 Std., ab Aachen 1:40 Std. Tickets und **Informationen** auch unter www.thalys.com bzw. an DB-Schaltern.

Die belgische Eisenbahngesellschaft SNCB hat etwa 650 Mio. Euro für den Bau der Strecke zwischen Lüttich und der deutschen Grenze investiert sowie 350 Mio. für den Lütticher TGV-Bahnhof des spanischen Star-Architekten Santiago Calatrava. Nach der Fertigstel-

lung der fehlenden Hochgeschwindigkeitsstrecke im Jahr 2009 trennen die europäische Hauptstadt nur noch eineinhalb Stunden Reisezeit von Köln.

Dreimal pro Tag fährt auch ein **ICE** der DB direkt von Frankfurt/M. nach Brüssel (Fahrtdauer ab 3:30 Std.), auch diese Verbindung ist durch Sonderkonditionen der DB und Vorausbuchung mittlerweile sehr preiswert (z. B. surf &rail zu 19 € einfach).

Informationen über die ICE-Verbindungen nach Brüssel sind bei der Bahnauskunft, den DB-Schaltern sowie im Internet unter www.bahn.de erhältlich.

> Die Züge von Deutschland nach Brüssel fahren übrigens an Schaerbeek vorbei. Die frisch renovierten Kugeln des Atomiums kann man vom Zug aus sehen.

Mit dem Nachtzug: Von Berlin (mit Zusteigemöglichkeit in Hannover, Wolfsburg, Bielefeld) sowie von Hamburg (mit Zusteigemöglichkeit in Osnabrück und Bremen) fährt ein Nachtzug der Deutschen Bahn nach Brüssel, wo man dann am frühen Morgen ankommt (z. B. mit dem Tarif Spar-Night 29 € im Normalwaggon sowie ab 39 € im Liegewagen) Aus dem Südwesten und der Schweiz gibt es einen direkten Zug von Basel über Straßburg und Luxemburg nach Brüssel.

Mit der Bahn in Belgien

Traditionell – in Belgien fuhr die erste Bahn auf dem europäischen Kontinent – zählt das belgische Bahnnetz zu den dichtesten überhaupt. Züge der Belgischen Eisenbahnen SNCB fahren alle Stunde oder sogar häufiger. An jedem Bahnhof gibt es Gratisfahrpläne. An vielen Bahnhöfen können Besucher Räder oder Tandems tageweise mieten. Netzkarten gelten innerhalb der Landesgrenzen und können mit Fahrkarten der DB kombiniert werden.

Reisepraktisches

Ermäßigungen in Belgien: Für Bahnfahrten im Land gilt: Für die Hin- und Rückfahrt von Freitag (ab 19.01 Uhr) bis Sonntag des gleichen Wochenendes gibt es 50 % in der 1. und 2. Klasse. Der **Go Pass** (45 €) bietet 10 Fahrscheine der 2. Klasse für Kinder und Jugendliche von 6 bis 25 Jahren. Mit dem übertragbaren **Rail Pass** kann man 10 einfache Fahrten innerhalb eines Jahres unternehmen (69 € in der 2. und 106 € in der 1. Klasse), ausgenommen sind allerdings die Grenzbahnhöfe). Die **Benelux-5-Tage-Rundfahrkarte (Benelux-Tourrail)** berechtigt zu beliebig vielen Fahrten auf dem belgischen, niederländischen und luxemburgischen Streckennetz an 5 Tagen innerhalb eines Monats. Erhältlich nur an größeren belgischen Bahnhöfen. **Seniorenfahrkarte** (ab 65 Jahren, bei Vorlage des Personalausweises) gilt ausschließlich in Zügen des Binnenverkehrs für eine Fahrt hin/zurück in der 2. Klasse und kostet 4 €; allerdings sind z. B. zur Urlaubszeit Fahrten damit gar nicht oder nur mit Ausschlusszeit möglich.

Weitere Informationen: Belgische Eisenbahnen, Im Hauptbahnhof/Goldgasse 2, D-50668 Köln, ℡ 0221/134982. Auskünfte über Fahrpläne, Routen und spezielle Angebote gibt es auch direkt bei der Belgischen Eisenbahn *SNCB*, ℡ 02/5282828, www.b-rail.be (auch auf Deutsch).

> Was viele nicht wissen: Wer nach Ankunft in Brüssel mit den Zügen der SNCB ins Landesinnere reisen möchte, kann in Deutschland gleich ein kostengünstiges Kombi-Ticket buchen („alle belgischen Bahnhöfe"). Preisbeispiel: Vom Kölner Hauptbahnhof an jeden beliebigen Bahnhof in Belgien gibt es den Fahrschein bereits ab 36 Euro (hin/zurück).

Brüssels Bahnhöfe

Die belgische Hauptstadt besitzt drei Bahnhöfe für den Fernverkehr: **Gare du Midi** (Südbahnhof), Boulevard de l'Europe. Hier halten die Züge aus Köln, Paris und London: Thalys, TGV und Eurostar. Ⓜ 2.
Gare Centrale (Zentralbahnhof), Carrefour de l'Europe 2. Hier halten kaum

internationale Züge, es dominieren die Verbindungen in alle größeren belgischen Städte wie Antwerpen, Gent oder Brügge. Ⓜ 1 a und 1 b.
Gare du Nord (Nordbahnhof), Rue du Progrès. Hier kommen die Züge aus Deutschland an, aber nicht der Thalys! Prémetro.
Die Bahnhöfe im EU-Viertel, **Gare Schuman** (Ⓜ 1 a und 1 b) sowie **Gare Luxembourg** (Place du Luxembourg; nur Busse) sind reine Inlands- bzw. Nahverkehrsbahnhöfe.
Reservierung eines Gepäckträgers an einem Brüsseler Bahnhof unter ℡ 02/224528. Pro Gepäckstück 0,99 €.

Mit dem Bus

Eurolines fährt von über 20 deutschen Städten aus zur Gare du Nord in Brüssel. Von Hamburg aus dauert die Fahrt 9 Std., von Stuttgart ist man 7 Std. unterwegs, von Berlin mehr als 10 Std. Die Busreise kostet 50–60 € einfach, daneben gibt es diverse Sondertarife.
Infos und Fahrplan: Deutsche Touring GmbH, Am Römerhof 17, 60486 Frankfurt, ℡ 069/790350, www.deutsche-touring.com.

Zudem gibt es etliche Busreiseveranstalter, die mehrtägige Busreisen mit Unterkunft anbieten, teilweise und je nach Saison zu attraktiven Paketpreisen. Fündig wird man im Internet oder im Reisebüro.

Mit dem Auto

Brüssel könnte man über Belgiens beleuchtete Autobahnen eigentlich gut im Dunkeln finden. Allerdings aufgepasst, die Mehrsprachigkeit war schon für manchen der Grund, sich zu verfahren: Aus Lüttich wird Liège und niederländisch Luik, aus Brüssel wird Brussel oder Bruxelles, und aus Bergen wird Monts. Eine Alternative zum eigenen Auto sind private Fahrgemeinschaften oder die Mitfahrzentrale.
Notruf ℡ 112 und ℡ 101 (Polizei). **Pannenhilfe**: Touring Secours (Partnerclub des

Brüssels Trams: eine gute Alternative zum eigenen Auto

ADACs), ℡ 070/344777. **Straßenzustand im Winter**: Touring Club van Belgie, ℡ 02/2332236 oder auf Französisch Infos über die Verkehrssituation unter www.info routes.be.
Verkehrsinfos der Polizei: www.police federale.be.

Papiere: Vorgeschrieben sind Führerschein und Kfz-Schein. Die grüne Versicherungskarte ist keine Pflicht, aber sinnvoll. Pflicht ist allerdings ein Länderkennzeichen oder ein EU-Schild.

Autobahnen nach Brüssel

Die sieben großen Zubringer sind: A 10/E 40 aus Ostende und Gent, A 12 aus Antwerpen, A 1/E 19 aus Antwerpen – Venlo – Ruhrgebiet, A 201 vom Brüsseler Flughafen Zaventem, A 3/E 40 aus Leuven, Lüttich, Köln, Aachen, A 4/E 411 aus Namur, Arlon, Luxemburg, Saarbrücken, A 7/E 19 aus Mons und Charleroi.

Nationale Verkehrsvorschriften

Folgende Regeln weichen von denen im bundesdeutschen Straßenverkehr ab

(ohne Gewähr auf Vollständigkeit):

Kinder unter 12 Jahren dürfen nicht vorne sitzen, wenn hinten Plätze frei sind. Wer mit über **0,5 Promille** am Steuer erwischt wird, ist seinen Führerschein für mindestens 6 Stunden los. **Öffentliche Verkehrsmittel** (z. B. Trams, Busse) haben immer Vorfahrt. Die **Nebelschlussleuchte** ist bei einer Sicht unter 100 m einzuschalten. Eine **gelbe Linie** am Bordstein bedeutet Parkverbot. **Geschwindigkeitsbegrenzungen**: innerorts 50 km/h, außerorts 90 km/h, Autobahnen 120 km (auch mit Anhänger bzw. für Motorräder). Eine Übertretung zwischen 10 und 20 km/h kostet 150 €. Wer mehr als 40 km/h zu schnell fährt (in einer Tempo-30-Zone: 20 km/h) wird mit 300 € zur Kasse gebeten.

Bußgeld: Von Touristen kassiert die Polizei bar, wenn es sein muss, geht es mit Eskorte zum Geldautomaten. Falls nicht bezahlt wird, droht eine Beschlagnahmung des Fahrzeugs. Insgesamt liegt das Niveau deutlich über dem deutschen. So kostet Falschparken 25–150 €.

Stadtführung per Bike: das Haus von Paul Hankar in Saint-Gilles

Unterwegs in Brüssel

Brüssel verfügt über ein dichtes Netz an öffentlichen Verkehrsmitteln. Mit Bussen, Straßenbahnen und der Metro lässt sich die Stadt bequem erkunden, das eigene Auto ist keinesfalls notwendig.

Mit Metro, Tram (Prémetro) und Bus

Die drei Metrolinien 1A, 1B und Linie 2 (im Buch sind die Haltestellen mit Ⓜ markiert) ergänzen 15 Tramlinien. Es gibt 58 Metro- und Tram-Haltestellen, und täglich werden auf 20 Linien über 500 Busse eingesetzt. Von 6 Uhr morgens bis 24 Uhr bestehen gute Verbindungen in alle Teile der Stadt. An Wochenenden fahren stündlich rund 20 Nachtbusse bis 3 Uhr morgens. Die Haltestellen sind durch ein N gekennzeichnet. Praktisch ist der Nachtbus 71, der die Unterstadt mit der Grand Place mit der Oberstadt und Ixelles verbindet. Ab 5.30 Uhr fahren dann wieder reguläre Busse. Betreiber des Öffentlichen

Nahverkehrs ist die *Société des Transports Intercommunaux Bruxellois* (kurz STIB) mit Infopunkten an den Haltestellen Porte de Namur, Rogier und Gare du Midi. Lassen Sie sich am besten am Schalter einen Metroplan und die Abfahrtszeiten von Tram und Bus geben (Mo–Fr 8–19 Uhr, Sa 8–16 Uhr). In der Metro werden die Abfahrten des nächsten Zuges elektronisch angezeigt.

Kundeninfo unter ☎ 02/5152000, Monats- und Jahreskarten ☎ 02/5152323, Fundbüro ☎ 02/5152394, Hotline (0,45 ct/Min.) ☎ 0900/10310.

Information im Internet zu Verbindungen, Fahrzeiten, Streckenführung, inkl. Metroplan etc. unter www.stib.irisnet.be.

„Prémetro", wie auf den Fahrplänen zu lesen ist, nennt man in Brüssel die Trams, die streckenweise unterirdisch fahren und auch teilweise unterirdische

Haltestellen haben (im Buch tragen ihre Haltestellen ebenfalls das Symbol Ⓜ). Ihre Geschwindigkeit ist dadurch wie bei der Metro vom Straßenverkehr unabhängig, Busse können schon mal im Stau stecken bleiben.

> Busfahrer erwarten in Brüssel ein Zeichen, dass man **in den Bus einsteigen** möchte. Gibt man dies nicht, fahren sie an der Haltestelle vorbei.

Fahrkarten: Die Tickets gelten grundsätzlich für alle Verkehrsmittel, man bekommt sie an Automaten und an Schaltern in der Metro. Außerdem verkaufen Bus- und Tramfahrer auch Einzeltickets im Fahrzeug. Die Tickets muss man vor dem Einsteigen in die Metro bzw. direkt nach dem Einsteigen in den Bus und in die Tram entwerten. Kontrolleure warten oft am Metroausgang oder halten Busse zwischen den Haltestellen an.

Preise: einfache Fahrt (carte Jump d'un voyage) 1,50 €, Zehnerkarte (carte Jump de dix voyages) 11 €, Tageskarte (carte d'un jour) 4 € (sie ist an Wochenenden und Feiertagen für zwei Personen gültig), Dreitageskarte 9 €, Tageskarte für Gruppen bis zu 5 Personen 6,70 €. Für Monatskarten muss man an den Schaltern lange anstehen. Man braucht ein Foto und einen Personalausweis. Monatskarte 12–24 Jahre 27,50 €, 25–59 Jahre 40,50 €, 60–64 Jahre 28,50 €. Man darf ein Fahrrad mit in die Metro und die Tram nehmen, außer Mo–Fr zwischen 7 und 9 und zwischen 16 und 18.30 Uhr. Es gibt ein Jahresabo für Fahrradtickets zu 15 €. Ansonsten zieht man für sich und das Fahrrad Einzeltickets.

Museumsbus: Jedes Wochenende fährt von März bis Mitte November ein Museumsbus (12.30–16.30 Uhr, Erwachsene 3 €, Kinder bis 12 Jahre 1,50€, Ticketverkauf im Bus). Die Haltestellen sind Gare Centrale, Bozar, Place Royale, Trône, Luxembourg, Gaulois und Cinquantenaire.

Delvaux, Alechinsky & Co. in der Metro

Als die Brüsseler Metro in den 60er Jahren gebaut wurde, beschloss die Verkehrsgesellschaft MIVB/STIB die Monotonie anderer U-Bahnen zu vermeiden und beauftragte namhafte Künstler, jede Station individuell zu gestalten. So malte kein Geringerer als Paul Delvaux für die Station Bourse/Beurs das nostalgische Wandbild mit den historischen Brüsseler Straßenbahnen. Auf dem Bahnsteig der Station Eddy Merckx erinnert ein Rennrad in einem Glaskasten an den legendären belgischen Radrennfahrer. Pierre Alechinsky und Christian Dotremont kreierten 1976 den Fries „Sept Ecritures" in der Station Anneessens. Die Station Horta wurde dem Jugendstilarchitekten benannt, schmückt ein Gitter, das von der berühmten Maison du Peuple übrig blieb (→ Seite 47). Wie ein Graffiti wirkt die Wandbemalung von Roger Somville in der Station Hankar. Für Farbe und Frohsinn sorgen auch eine Menge Figuren aus den Comics „Tim und Struppi" von Hergé. Um sie zu sehen, muss man an der Haltestelle Stockel aussteigen. Die Liste lässt sich fortsetzen: also Augen auf in der Metro.

Mit dem Taxi

Es ist in Brüssel nicht gerade leicht, ein Taxi zu bekommen. Selbst auf bestellte Taxis wartet man oft sehr lange und manchmal sogar vergeblich. Viele Fahrer kennen den Weg nicht genau, was für zusätzliche Verwirrung sorgen kann. Steigen Sie am besten in Taxis mit gelbem Schild auf dem Dach ein, denn nur sie haben feste Tarife. Alle anderen Taxis kommen von außerhalb, was sich im Preis bemerkbar macht. Da die Taxipreise schwanken, am besten vor der Fahrt verhandeln.

Fahrpreis (Richtwerte): Der Minimalpreis beträgt tagsüber 2,40 €, nachts 4,40 €. Der Fahrtpreis errechnet sich aus dem Minimalpreis plus 1,23 € pro Kilometer, nachts 2,46 € pro Kilometer. Warten kommt auf ca. 23 € pro Stunde.

Taxi-Ruf: Autolux ✆ 02/4114142, Taxis Bleus ✆ 02/2680000, Taxis Oranges ✆ 02/3494343 und Taxis Verts ✆ 02/3494949.

Reklamationen: Beschwerden nimmt der Verband Transports Taxi (Manhattan Centre) unter ✆ 0800/14795 entgegen. Merken Sie sich für einen solchen Fall die Taxinummer!

Mit dem Auto

Wer sich morgens oder abends während der Rushhour mit dem Auto

Städtischer Fahrradverleih

durch Brüssel zu bewegen versucht, bleibt leicht im Stau stecken. Immer stark befahren, ist die *Stadtautobahn Rue de la Loi* zwischen historischem Zentrum und EU-Viertel. Durch die achsenartigen Boulevards fällt die Orientierung leicht, doch biegt man in kleinere Seitenstraßen ein, wird es schnell verwirrend. Gratis parken außerhalb der gebührenpflichtigen Parkhäuser und Hotelgaragen ist möglich, aber nicht immer ganz leicht. Am besten stellen Sie das Auto einmal ab: Die wichtigsten Sehenswürdigkeiten sind alle gut zu Fuß und mit den öffentlichen Verkehrsmitteln erreichbar. An abgelaufenen Parkuhren oder in Anwohner-Parkzonen wird auch abgeschleppt. Autos werden häufig aufgebrochen: Am besten nichts im Wagen liegen lassen und das Handschuhfach ausräumen und öffnen, damit man sieht, dass es leer ist.

Auf www.quartierscommercants.irisnet.be finden Sie eine Übersicht über die zentral gelegenen **Parkhäuser**.

Mit dem Fahrrad

Brüssel ist keine wirklich fahrradfreundliche Stadt, doch die Vereinigung *Pro Velo* setzt sich dafür ein, dies zu verändern. Sie verleiht auch Fahrräder (ebenso manche Hotels) und bietet **Stadtführungen auf dem Fahrrad** an, etwa zu den Jugendstilvillen in Ixelles und Saint-Gilles oder in den Bois de la Cambre.

An vielen Stellen der Stadt gibt es Stationen mit modernen Leihfahrrädern. Man bezahlt an einem Automaten mit dem Chip auf der Kreditkarte. Mitglieder bezahlen im Jahr 10 € und für eine Woche, in der man sich ein Fahrrad leiht, 1,50 € plus 50 Cent für die ersten 30 Minuten und 1 € für jede weitere Stunde (www.cyclocity.be). Man darf das Fahrrad mit in die Metro und in den Aufzug am Palais de Justice nehmen. Zudem gibt es viele Schleichwege

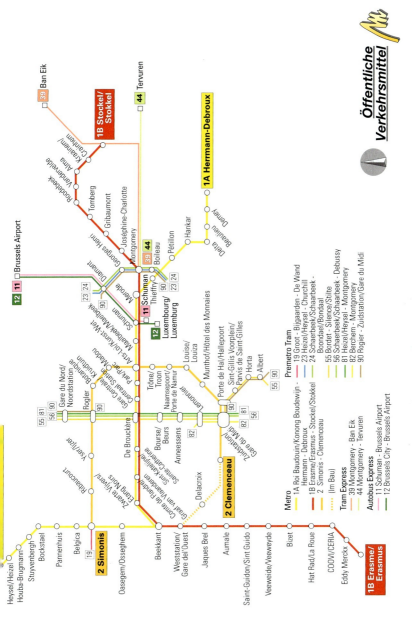

Öffentliche Verkehrsmittel

Metro
- 1A Roi Baudouin/Konong Boudewijn - De Wand
Hermann - Debroux
- 1B Erasme/Erasmus - Stockel/Stokkel
- 2 Simonis - Clemenceau
- (Im Bau)

Tram Express
- 39 Montgomery - Ban Eik
- 44 Montgomery - Tervuren

Autobus Express
- 11 Schuman - Brussels Airport
- 12 Brussels City - Brussels Airport

Premetro Tram
- 19 Groot - Bijgaarden - De Wand
- 23 Heizel/Heysel - Churchill
- 24 Schaerbeek/Schaarbeek - Boondael/Bonddaal
- 55 Bordet - Silence/Stilte
- 56 Schaerbeek/Schaarbeek - Debussy
- 81 Heizel/Heysel - Montgomery
- 82 Berchem - Montgomery
- 90 Rogier - Zuidstation/Gare du Midi

und Parks, wo man besonders im Sommer gut Fahrradfahren kann.

Pro Velo, Maison des Cyclistes de Bruxelles, Rue de Londres 15, ☎ 02/5027355, 📠 5028641, www.provelo.org, Ⓜ Porte de Namure, Bus 71. Fahrradverleih (12–16 €), aber auch geführte Stadtrundfahrten, Vermietung auch stundenweise bzw. halbe Tage.

Zu Fuß

Zu Fuß kommt man leicht von einem Stadtviertel ins andere. Man kann sogar bewusst einplanen, ob man lieber bergauf oder bergab gehen möchte. Tour 1 und Tour 3 in diesem Buch wurden so konzipiert, dass sie bergab führen. Die Stadt ist kontrastreich und unübersichtlich, ohne Stadtplan kann man sich leicht verlaufen. Besonders weitläufig sind die Viertel Ixelles, Schaerbeek und Saint-Gilles, der meiste Verkehr tost im EU-Viertel. Zahlreiche Organisationen (s. u.) bieten informative **Stadtrundgänge** mit verschiedenen Schwerpunkten an, die das Verständnis für die Brüsseler Besonderheiten wecken und direkt zu den Highlights führen. Besonders attraktiv sind die Themen „Jugendstil" und „Mode" (manchmal inkl. Atelierbesuch) sowie „EU-Viertel". Wo bei den folgenden Adressen nicht anders vermerkt, muss man sich für Führungen auf Deutsch grundsätzlich anmelden. Führungen auf Französisch und Englisch sind weitaus häufiger.

Brüsseler Fremdenverkehrsamt, Grand Place, ☎ 02/5138940, 📠 5138320, www.brusselsinternational.be. Dachorganisation von Pro Velo und der 5 folgenden Anbieter ist **Voir et Dire**: Rue de l'Hôtel des Monnaies B 120, ☎ 02/5346800, 📠 02/5376777, www.voiretdirebruxelles.be. Mo–Do von 9–13 Uhr, Fr 9–12 Uhr. Die 6 Mitglieder haben das Ziel, den kulturellen Tourismus zu fördern.

Arau (Atelier de recherche et d'action urbaines), Boulevard Adolphe Max 55, ☎ 02/2193345, 📠 2198675, www.arau.org. Kritische und sehr informative Führungen (2:30 Std., auch auf Deutsch) zu verschiedenen Themen, pro Person 10 €, Kinder unter 12 gratis, Bustouren 15 €, unter 26 Jahre 12 €, Arbeitslose 5 €. Das Büro für Stadtforschung startete seine Arbeit bereits in den

Neben der Stadtautobahn Rue de la Loi gibt es Fuß- und Fahrradwege

*Zum Bahnhof von Schaerbeek im Zuckerbäckerstil
kommt man auch mit der Tram*

60er Jahren mit Protestaktionen gegen Spekulantentum und den Abriss wertvoller historischer Bausubstanz.

Arkadia, Rue de l'Hôtel des Monnaies 120, ☎/✆ 5376777, www.asbl-arkadia.be. Führung 8 € oder für drei Führungen 15 €. Thematische Führungen, z. B. zum Surrealismus oder in sonst nicht zugängliche Gebäude wie das Hôtel Wielemans in der Rue Defacqs 14.

Bus Bavard (alias Chatterbus), Rue des Thuyas 12, ☎ 02/6731835, ✆ 675197, www.busbavard.be. Busrundfahrten und Stadtrundgänge, auch auf Deutsch.

Itinéraires, Rue de l'Hôtel des Monnaies, 157, ☎ 02/5343000, ✆ 5340214, www.itineraires.be.

La Fonderie, das Industriemuseum auf einem ehemaligen Fabrikgelände in Molenbeek organisiert Führungen zur industriellen Entwicklung der Stadt, nach Voranmeldung auch auf Deutsch. An den Wochenenden werden auch kommentierte Bootsfahrten auf dem Kanal angeboten. Rue Ransfort 27, ☎ 02/4109950, ✆ 4103985, www.lafonderie.be, Ⓜ Comte de Flandre.

Cultures plurielles, ☎ 02/5112587, www.ligue-enseignement.be. Geführte Touren auf Französisch zu Themen wie Musik, Kunst, Jugendstil und zu temporären Ausstellungen.

Bei schönem Wetter auch draußen: frische Muscheln und belgisches Bier

Essen und Trinken

„Manneken Friss" schrieb Gourmetkritiker Wolfram Siebeck einmal in einem Beitrag über die Brüsseler Küche, und er meinte dies keineswegs negativ. Die Brüsseler gehen gern aus. Sie lieben ihre gute Küche – reichlich! Und wenn es für den Besucher der Stadt ein Muss gibt, so ist es ein Restaurantbesuch. Für die zahlreichen stilvollen Restaurants außergewöhnlicher Qualität ist Brüssel berühmt.

Das enorme Angebot allein spricht Bände: Die Zahl der Restaurants auf 161 m² Stadtfläche schwankt zwischen 1.800 und 2.000, da kann und will niemand mehr wirklich mitzählen. Die Highlights der kulinarischen Metropole, berühmt für fangfrischen Fisch und Meeresfrüchte auf mehrstöckigen Eisplatten, sind schon jahrelang Institutionen. Die Adressen, wo die *Moules et Frites* am besten schmecken oder man hervorragende Weine bekommt, werden von Mund zu Mund weitergegeben. Und die kreativen Restaurantnamen wie *Ultieme Hallucinatie* (letzte Halluzination), *Qui va promener le chien* (Wer geht mit dem Hund spazieren?), *Bleu de toi* (Blau von dir) oder *La Mort Subite* (Plötzlicher Tod) bleiben hervorragend im Gedächtnis.

Ob Belgier tatsächlich im Jahresdurchschnitt 6 kg Muscheln, 100 kg Pommes und 12 kg Pralinen und Schokolade verzehren, sei dem guten Glauben überlassen. Zu den Brüsseler Stadtlegenden zählen angeblich auch tausende Frittenbuden, dabei sind die traditionellen und richtig kultigen Verkaufsstände alten

Schlags wie die *Maison Antoine* an der Place Jourdan schon vom Aussterben bedroht. Die frischen Kartoffelstäbchen sind zwar ein kulinarisches Nationalsymbol und *Fritures* – modernere Frittenbrätereien – gibt es zum Glück reichlich an jeder Ecke, doch weder kann man den belgischen Esser als Pommes-Proleten bezeichnen, noch stehen Pommes stellvertretend für die belgische Küche. Diese kann sich mit der französischen durchaus messen und ist wahrscheinlich aufgrund unerschöpflicher internationaler Einflüsse noch vielfältiger.

Auf ins Schlaraffenland!

Muscheln, Fisch und Meeresfrüchte kommen von der nahen Küste, Wild, Schinken und Pasteten, Weiß- und Blutwürste aus den Ardennen. Bauern in Brüssels Umgebung züchten die besonders zarten Poularden. Im Mittelter hatten die Brüsseler als Kriegsproviant Lachspastete, Aal und Forellen im Gepäck und jede Menge Hühner, was ihnen den Spitznamen *Kiekefretters* einbrachte. Ein klassisches Sonntagsgericht ist bis heute Huhn auf Brüsseler Art – mit Chicoree. Die Brüsseler Restaurants bereiten Huhn in verlockenden Varianten zu, mit Weißwein, Cognac oder gefüllt mit Brüsseler Käse. Noch eine empfehlenswerte Variante: mit Estragon und Schnittlauch gefüllt und mit Gueuze übergossen.

Die Speisekarten können einem den Mund wässerig machen: *Couscous* mit Rotbarbe oder Schwertfisch, Schneckenfrikassee, Gänsebraten mit Strudel, *Crevettes de Croquette* – Krabbenkroketten, die jeder Koch individuell zubereitet, Omelette mit Trüffeln, Seezunge, Seezunge und Seezunge. Die Tendenz zu kunstvollen Höhenflügen ist französisches Erbe, die reichhaltige, herzhaftdeftige Bodenständigkeit stammt aus der flämischen Linie. Dies verfeinern und variieren phantasiebegabte Köche noch mit Biersaucen-Kreationen, deren Zutaten sie der ebenfalls vielfältigen belgischen Braukunst entlehnen. Und wer zum Dessert überhaupt noch etwas verdrücken kann, dem seien die echten Klassiker empfohlen: *Profiteroles* mit Eis und Schokolade, Waffeln, *Dame Blanche* (Vanilleeis mit Schokolade) oder *Crème brulée* (Flan). Nicht dass da manches nicht auch schwer im Magen liegen könnte ...

Belgische Pommes

Echte belgische Pommes aus frischen Kartoffeln gart man erst in Öl – noch besser in hellem Rinderfett – lässt sie bis zu vier Stunden liegen, und brät sie kurz vor dem Essen noch einmal, bis sie golden aussehen und knusprig sind. Daher werden die Pommes in der echt belgischen *Fritkot* (Frittenbude) auch so schnell fertig.

Für 2 € bekommt man sie an jeder Ecke in einer Tüte *(cornet)* auf die Hand. Dazu gehört eine würzige Sauce (0,30–0,50 €), z. B. Sauce Bernaise, Andalouse, Tartare, Samurai, Pili Pili und 10 bis 15 andere. Natürlich ist auch Mayonnaise dabei, sie ist zudem die Basis für die anderen Saucen. Ketchup essen die Belgier selten zu ihren Frites. Kenner der fettigen Angelegenheit für Magen und Finger bestellen die Sauce übrigens *à part*. Dann bekommt man sie in einem separaten Schälchen als Dip und nicht über die Pommes. Ebenso empfehlenswert: die humorvolle Homepage www.frites.be auf Französisch, Niederländisch und Englisch.

Die beheizten Terrassen an der Rue des Bouchers laden zum Draußensitzen ein

Flämische Highlights und Brüsseler Spezialitäten

Doch was ist eigentlich richtig typisch flämisch? *Kipkap* (fein gehacktes Fleisch in Gelee) beispielsweise und die Karbonaden, Kräutersaucen auf Fleischbasis. Beides wird nur ausgesprochenen Fleischessern schmecken: Sie bestehen oft aus Schlachtresten und Fleischstücken zweiter Wahl. *Blinde vinken* sind mit Nähgarn zusammengehaltene, dünne Fleischscheiben, die man um Schweinehack wickelt, also eine Art Rouladen. *Brabanter Rosbief* wird mit *Chou de Bruxelles* (Rosenkohl) und Kartoffelkroketten aufgetischt. Unter *Ossestaart op Brusselse wijze* ist Ochsenschwanz mit Pflaumen zu verstehen, und *Lammeke zaut* heißt nicht etwa Lamm, sondern gebratener Hering.

Anguilles au vert: junger gekochter Aal mit würzigen Kräutern.

Brüsseler Witloof: Chicoree mit gekochtem Schinken und Käsesauce, wird als Hauptgericht serviert, und man wird gut davon satt.

> **Gemüsetipp!** Musée de la Witloof, Freilichtmuseum zum Chicoreeanbau, mit Restaurant und Bed & Breakfast (DZ 40 €) Geuzenberg, Leekaertsstraat 29, ✆ 02/2161059.

Carbonnade à la flamande: Rindfleischragout mit Gemüse, in Gueuze-Bier geschmort.

Chicon: Endivie. Der Salat wurde zusammen mit Chicoree früher in Evere angebaut.

Choesels: Nieren- und Kalbsbriesragout mit Champignons in Madeira.

Chou de Bruxelles: Rosenkohl nach Brüsseler Art mit Butter und gebratenem Speck.

Fazant op z'n Brabant: geschmorter Fasan mit Chicoree, Speck und Kräutern.

Jets de Houblon: Hopfenkeime aus dem großen Hopfenanbaugebiet um Poperinge.

Lapin à la Gueuze: Kaninchen in Gueuze-Sauce.

Lapin à la trappiste à prônes: Kaninchen mit Trappistenbier und Backpflaumen.

Mechelse Koekoek: geschmortes Huhn mit Spargel.

Moules & Frites: Miesmuscheln (Mosselen) werden fangfrisch mit den Fingern und einer leeren Muschelschale gegessen, dazu gehören Pommes. Manchmal kann man auch Dreiviertel- oder halbe Portionen bestellen, die in kleineren Schüsseln serviert werden. Die Muscheln schmecken auch mit Knoblauch gewürzt oder mit Käse gratiniert.

Potée Bruxelloise: gut gewürztes Hackfleisch-Kartoffel-Gericht.

Ragout d'agneau: Lammfleisch, mit Zwiebeln, Chicoree, und Kräutern geschmort.

Gentse stoverij: Rinderschmorbraten mit Senf.

Sole ostendaise: Seezunge mit Krabben und Miesmuscheln.

Stoemp: Püree aus Kartoffeln und einem Gemüse wie Karotten, Lauch oder Kresse, früher ein Trick, um Kindern Gemüse unterzumischen, das sie nicht mögen, heute schmackhaft zu Würsten oder Speck.

Waterzooi: „Wassersuppe", dicke Gemüse-Hühner-Suppe mit Sahne, lässt sich alternativ auch mit Fisch zubereiten.

Zubereitungen: *nature* (mit etwas Grün), *fine herbes* mit Kräutern, *provençale* mit einem provenzalischen Gemüsesud, *à la crème* mit heller Sauce und Grün, *moules parqués* roh mit Petersilie, Pfeffer und Zitronensaft, *à la bière* mit Biersauce, meistens Leffe) *au vin blanc* in Weißwein, *à la Bruxelloise* nach Brüsseler Art mit Zwiebel und einer Stange Sellerie gekocht.

Was bekommt man wo?

Sicher helfen die Tipps in diesem Buch, das sich auf die belgische Küche konzentriert. Mittags bieten fast alle Restaurants ihre Gerichte preiswerter an. **Bars** servieren oft kleine Gerichte und haben am längsten geöffnet. **Brasserien** nach französischem Vorbild sind volksnah oder schick, je nach Wirt und Gegend. Hier kann man sich in legerem Ambiente durch Alltagskost und Biersorten probieren und darf auch kommen, um nur zu trinken. Brasserien sind normalerweise größer als Bistros, haben eine ausführlichere Speisekarte und sind etwas formeller als Cafés oder Bars. Wo „petite restauration" angeschlagen steht, gibt es nur Sandwiches und Häppchen. Die urigen alten Brüsseler **Tavernen** mit meist deftiger Traditionsküche, großzügigem Bierausschank, Rauchschwaden und meist Öffnungszeiten, bis der letzte Gast gegangen ist, heißen **Estaminets**. Da bekommt man dann *Gueuze et tartine* (Bier und eine Schnitte Brot mit Frischkäse) oder *Kanibaal* (eine Scheibe Brot mit gewürztem Tartar) oder Käsewürfel mit Senf. Früher wurde in den Estaminets Politik gemacht: Parteien oder Zeitungsredaktionen hatten ihren Sitz in Separees, oder es wurde bei verbotenen Versammlungen eifrig diskutiert. Eines der ältesten Estaminets liegt im Stadtteil Uccle in der Chaussée d'Alsemberg *621: Au Vieux Spijtigen Duivel*. Hier soll der französische Exilant Charles Baudelaire seine unveröffentlichte Schimpftirade „*Pauvre Belgique*" (Armes Belgien) geschrieben haben, worin er keinesfalls die Küche aufs Korn nahm – die Belgier und das Bier kamen allerdings nicht wirklich gut davon.

Meeresschnecken: typische Brüsseler Trottoirspezialität

Street Food für Gourmets: Miekes Meeresschnecken

Vor dem Karren am Eingang zu den Galeries Saint-Hubert hat sich eine Schlange gebildet. Es dampft wohltuend. Evelyn hebt fleißig einen Schöpflöffel würzigen Sud nach dem anderen in kleine Plastikbecher. Ab und zu füllt sie frisches Wasser in den Topf und würzt nach. „Caricoles" lauten die Bestellungen. Evelyn zählt leise mit, damit sie nicht durcheinander kommt, denn die kleine Portion mit 6 Meeresschnecken aus der Bretagne kostet 3 €, die große mit 10 Schnecken 6 €. Die Brüsseler sind eben echte Gourmets: Wenn in Deutschland Currywurst auf dem Bürgersteig gegessen wird, macht man das hier mit Austern, Krabbencocktail oder eben Meeresschnecken in scharfer Selleriebouillon.

Das Rezept, erzählt Evelyn, ist ein Familiengeheimnis und wurde von der Mutter an die Tochter überliefert. Mit manchem Kunden plaudert sie ein wenig. „Mieke Caricoles" nennt man Evelyn hier liebevoll, die Karakollen-Madame. Schon ihre Tante war ein stadtbekanntes Original, und die kleine „Mieke" führte die Familientradition fort, den Verkauf von „caricoles à la charette". Am Karren hängt ein Bild der Tante, Jeanne Vertommen, 1937 noch Folies-Bergères-Tänzerin und 1958 zur Weltausstellung mit ihrer Garküche für Arme noch so gut wie konkurrenzlos. Der Großvater des Königs kaufte Jeanneke gern Matjes ab, mit ihren Schnecken durfte sie später den Königshof beliefern und bekam eine Urkunde, die die Qualität ihrer Ware bezeugt. Heute ist sie über 80 Jahre alt, lebt in einem Hochhaus am Kanal in Anderlecht und hat das Geschäft den Nichten Evelyn und Marianne übergeben. Und diese sind noch genauso geschäftstüchtig. Evelyn alias Mieke gart ihre Meeresschnecken mit Sellerie, Schnittlauch, Paprika und Salz – „ohne Fett, ohne Alkohol", mehr verrät sie nicht, redet aber gern darüber, wie gesund die jahrhundertealte Straßenküche ist.

Tatsächlich kamen die Meeresschnecken schon mit den Spaniern nach Brüssel, und Caricoles nannte man auch die zu jener Zeit todschicken, hochgesteckten Frauenfrisuren in Schneckenform. Für Meeresschnecken gibt es bis heute (wie auch für Faro, Rosenkohl, Chicoree, Blutwurst und vieles mehr) sogar eine folkloristische Vereinigung, den Ordre de la Caricole de Bruxelles. Seine Mitglieder setzen sich für die Qualität und die Vermarktung der traditionellen Trottoirspeise ein und treffen sich zum Feiern. Die Meeresschnecken in Bouillon schützen an kalten Wintertagen vor Erkältung und helfen im Sommer über Anwandlungen von Schwäche hinweg. Die Oleogene im Caricoles-Tang machen sogar schön, denn sie beleben die Haut. Und Energie verleiht die proteinreiche Kost sowieso. Vielleicht bestellen Hochzeitspaare deshalb so gern Evelyn samt ihrem Karren als festliche Attraktion. Also wenigstens einmal probieren!

In vielen beliebten Restaurants empfiehlt es sich, abends einen Tisch zu **reservieren**. Stilecht nimmt man vorher einen Apéritiv, z. B. im Falstaff oder im Café des Hotel Métropol: den *Half en half* aus Weißwein und Sekt. Die Essenszeiten am Abend sind im Grunde wie in Deutschland, ab 19 Uhr, Hochphase um 20 Uhr und um 23.30 Uhr schließen die meisten Restaurants.

Bedienung und Steuer sind auf der Rechnung mit aufgeführt, ein kleines **Trinkgeld** von 5–10 % ist üblich.

Bier: Von Kriek, Kwak und Kuriosem

Der französische Schriftsteller Victor Hugo, Verfasser von „Les Misérables", floh 1851 aus Paris und fand in Brüssel politisches Asyl. Zum Abendessen trank er regelmäßig zwei Gläser Faro, obwohl er es eigentlich abscheulich fand. Wie Baudelaire war er der Meinung, es schmecke wie „schon zweimal getrunken". Verständlich, da es aus den Wassern der Senne gebraut war, einer zur damaligen Zeit stinkenden Kloake, die die französischen Exilanten als „obszöne Seine" empfanden. Das Bier aus Leuven allerdings konnte Hugo noch weniger trinken, denn es schmeckte „nach toten Mäusen".

Keine Sorge: Heute verjagt man in den Brauereien allenfalls die Mäuse, damit sie nicht zu viele Gerstenkörner naschen. Die zahlreichen **belgischen Biersorten** werden eher bestaunt, gerühmt und im Übermaß getrunken, als dass sie ihre Konsumenten zu Abscheu reizten. McChouffe, Rulles (aus dem gleichnamigen Ardennendorf), Caracole, Fantôme oder auch Verboden Vrucht – eher diskutiert man ihre wohlklingenden Namen und ihren vielfältigen Geschmack. Es sei denn, es ginge um **Framboise** oder **Kriek**, Himbeer- oder Kirschbier. Was so manchem Verfechter des deutschen Reinheitsgebots kalte Schauer über den Rücken jagt, versetzt die Damen im Caféhaus in Entzücken, ist es doch weitaus erfrischender als ein Likörchen. Doch Vorsicht Vorurteil: Kleine Brauereien wie „Liefmans" (Oudenaard) wissen sich eben doch einem Reinheitsgebot verpflichtet und brauen Spezialbiere wie das mit bayerischem Hopfen hergestellte, bernsteinfarbene **Goudenband**. Erst dieses wird mit Sauerkirschen versetzt zum Kriek.

Das **Gueuze** allerdings perlt – in der Tat! Diese Brüsseler Kreation aus verschiedenen Lambic-Jahrgängen kann nur mithilfe der ortstypischen Mikroflora „Brettanomyces bruxelensis" produziert werden. Vollends unumstritten

Kleines ABC des belgischen Biers

Über die Qualität der belgischen Biere wacht die Vereinigung „De Objectieve Bierproevers". Ob ein Bier **obergärig oder untergärig** wird, entscheiden nicht die Zutaten wie Gerstenmalz, Hopfen und Wasser, gelegentlich auch Weizen, Hefe, Zucker und Farbstoffe, sondern die Brautemperatur. Während des Gärungsprozesses müssen bei obergärigen Bieren 24–28 °C, bei untergärigen Temperaturen unter 9 °C eingehalten werden. Zu den untergärigen gehören Pils und helle Biere. Die Obergärigen sind meist bernsteinfarben, da ihr Malz karamellisiert (oder gefärbt) wird. Dazu zählen vor allem die „Belges Spéciales". Trappistenbiere haben Kultstatus. Sie dürfen nur von Trappistenmönchen nach alten Rezepten hergestellt werden. Ob helle, dunkle, doppelte (mehr Malz) oder dreifache (noch mehr Malz und dreifach vergärt) – jede Brauerei hat ihr eigenes Rezept.

Abbaye: Dieses obergärige Bier aus einer Klosterbrauerei ist recht stark. Es gärt oft noch in der Flasche nach. Abbaye-Biere, z. B. Leffe, Ciney, gibt es als helle, goldbraune und dunkle Biere. Ein Abteibier kann auch aus einer weltlichen Brauerei stammen, wenn sie die Lizenz von einer bestehenden oder früheren Abtei übernommen hat.

Blanche: Dieses belgische Weizenbier ist oft mit Gewürzen angereichert und schmeckt ein wenig sauer. Es ist ungefiltert und deshalb leicht trüb.

Faro: Ein eigentlich saures Lambic, das gesüßt wurde mit Kandiszucker, Karamell oder auch Sirup.

Gueuze: Dieses Bier wird aus einer Mischung alter und junger Lambic-Biere gewonnen und in Flaschen abgefüllt, die über mindestens zwei Jahre kühl gelagert und wie Champagner gewendet werden. Das Gueuze ist das einzige belgische Bier ohne Hefezugabe. Traditionell wird es in der kleinen Anderlechter Brauerei Cantillon und in der Molenbeeker Brauerei Belle-Vue gebraut. Beim Ausschenken müssen die Flaschen unbedingt waagerecht gehalten werden, damit sich der „Bierstein" nicht mit dem Gerstensaft vermischt.

Kriek: Ein Lambic-Bier mit Kirschgeschmack und roter Färbung, in dem mehrere Monate lang Kirschen lagerten. Für traditionelles Kriek werden etwa 250 Liter Lambic mit 50 kg Kirschen (früher aus Schaerbeek) versetzt, wonach diese Mischung 6 Monate lang reift. Neben Kirschbier sind in Belgien auch Lambic-Biere mit Erdbeer-, Johannisbeer-, Bananen- und Mirabellengeschmack beliebt.

Lambic: Ein belgisches Bier aus Gerste, Weizen und Hopfen, gewonnen durch Spontangärung. Mikroorganismen wie Brettanomycis Lambicus und Brettanomyces bruxelensis ermöglichen den mehrtägigen Gärungsprozess. Viele Brauergenerationen bezeichneten diese natürlich vorkommenden Hefepilze als „Geschenk des Himmels", denn auf der ganzen Welt kommen diese frei in der Luft schwebenden unsichtbaren Teilchen nur in Brüssel selbst vor und im Pajottenland, der Umgebung mit einem Radius von 15 km. Das Lambic lagert zwei Jahre in Eichenfässern, schäumt nicht, sprudelt aus vielen Brüsseler Zapfhähnen und wird außerhalb von Belgien nicht verkauft.

Lie: So heißt die Hefeablagerung der Biere, die in der Flasche gären, wie z. B. Lambic.

Spéciale: Spezialbiere sind in Frankreich alle Biere mit mehr als 5 % Alkoholgehalt. In Belgien bezeichnet man so alle Biere außer Gueuze- und Pilsbieren.

Trappist: Ein belgisches obergäriges und meist dunkles Bier, gebraut von den Mönchen des Trappistenordens, der als asketischer Ableger der Zisterzienser erstand. Es gibt fünf Abteien in Belgien: Chimay, Rochefort, Orval, Westmalle und Westvleteren. Orval (www.orval.be) ist zudem für den Abteikäse bekannt, der gut zu dem hier gebrauten 6,2%igen Starkbier schmeckt. Die Bezeichnung „Trappiste" ist strengstens geschützt. Die Kontrolle übernimmt die Internationale Trappistenvereinigung, die das Markenzeichen „Authentic Trappist Product" ins Leben rief. Aus der Klosterbrauerei Abbaye Notre Dame de Scourmont (www.chimay.com) in Chimay stammt etwa das Trappistenbier „Chimay bleu" mit 9 % Alkoholgehalt. Ein Chimay Rouge hat 7 % und ein Tripel 8 %. In dieser Brauerei stammt die Gärhefe aus eigener Reinkultur und das Wasser aus dem Brunnen des Klosters.

gilt es als Champagner unter den Bieren und wird sogar in verkorkten Champagnerflaschen gelagert. In der Anderlechter Brauerei Cantillon ging schon mit Muskattrauben angesetztes Gueuze in limitierter Auflage an besondere Kunden. Und gesund scheint es auch zu sein: Bei der Gärung setzt die wilde Hefe den Zucker fast vollständig um. Man trinkt es vor, nach und zum Essen. Und es ist auch wesentlicher Bestandteil delikater Saucen, die so manches Gericht erst schmackhaft machen. In den Lokalen am Schlachthof in Anderlecht kamen z. B. früher regelmäßig *Choesels* auf den Tisch. Brüsseler liebten es, Ortsfremden zu erzählen, dies seien Stierhoden. Wer seinen Mut bewies, durfte dann nach dem Essen wieder erleichtert aufatmen, denn letztendlich hatte er nur harmloses zartes Fleisch zähneknirschend heruntergeschluckt mit Nierchen und Hammelfüßen in Sauce mit Madeira und ganz viel Gueuze.

Literaturtipp: „Unterwegs auf den Spuren des belgischen Biers", Anne-Marie Bernardt, Grenz Echo Verlag Eupen (www.gev.be), 19,80 €.

Brauereien: *Interbrew* aus Löwen ist die fünftgrößte Brauerei Europas und in Belgien marktbeherrschend. Daneben

gibt es in diesem kleinen Land noch immer über 115 vorwiegend kleine Familienbetriebe. Um 1900 – vor den beiden Weltkriegen – waren es noch 3.223 registrierte (!) Brauereien. Zuerst begannen im Mittelalter die Mönche, ihre schon 805 erstmals urkundliche

„Leffe blonde" oder „brune",
ein belgischer Klassiker

Estaminets: Brüssels
urigste Tavernen

Braukunst zu entwickeln und zu verfeinern, bis der Hopfen zum grünen Gold avancierte und Hopfenstangenwälder das Land bedeckten. Die wohlhabende Zunft der Bierbrauer hatte an der Grand Place schon während der Renaissance ein herrschaftliches Zunfthaus. Heute stehen die Belgier mit ihrem Bierkonsum international an fünfter Stelle (die Deutschen an dritter) und sind stolz auf ihre rund 500 Biersorten. Rund 95 % der Brauer schöpfen das Wasser dazu aus einer Quelle oder dem eigenen Brunnen.

Das Rezept des Brauers bleibt wohl oder übel sein Berufsgeheimnis. Dinkel, Honig, Sirup, Senf, Koriander, Nelken, Salbei, Fenchel, Anis, Zimt und andere Zutaten machen die belgischen Biere besonders würzig und reich an Aromen. Ohne das Glas zu bewegen, sollte man also bei einer **Bierprobe** zunächst den Duft des Biers zu ergründen versuchen. Man halte sich fest: Ein Bier kann mehr als 650 Aromabestandteile enthalten. Erst wenn man das Glas dreht und bewegt, werden sekundäre Aromen freigesetzt. So kann eine Verkostung zum ungeahnten Training für die Nase werden. Ist das Bier dann endlich im Mund gelandet, achte man insbesondere auf den Geschmacksunterschied zwischen Bier und Schaum. Erst im Gaumen verspürt man das alkoholische Prickeln und im Augenblick des Herunterschluckens bleibt der Grundgeschmack noch auf der Zunge und erlaubt, darüber zu urteilen, wie bitter ein Bier eigentlich wirklich ist.

Und auf jeden Fall gehört **das passende Glas** dazu, damit der Biergenuss optimal ausgekostet werden kann. Pokale passen eher zu starken Bieren, Knobelbecher zu Weißbieren, das Kriek als Aperitif kommt im Champagnerkelch, und das Kwak hat das wohl kurioseste Behältnis. Reagenzglasartig sieht es aus und weckt Assoziationen zu Labor oder Alchimie. Dabei ist es in einem Holzständer mit Griff befestigt. Man sagt, Pferdekutscher hätten sich damit auch während der Fahrt am Bier verlustigen können. Trotzdem besteht Kleckergefahr: Wenn nämlich das zu drei Vierteln leer getrunkene schwere Glas plötzlich losgelassen wird und zurückschnellt.

Wohin geht der Biertourist? Geeignete Orte für eine Verkostung findet man in Brüssel reichlich. Empfohlen sei hier das *Mort Subite*, *La Bécasse*, das *Moeder Lambic* oder *Verschueren* im Stadtteil Saint-Gilles oder – wohl am zentralsten gelegen – die Mikrobrauerei *Les Brasseurs de la Grand Place*. Aber Vorsicht: Was schnell gut schmeckt, ist häufig stärker, als man denkt, steigt leicht zu Kopf und kann einen schweren Kater verursachen.

Immer eine gute Adresse zum Probieren sind natürlich die Brauereien: *Cantillon* (→ Tour 9, S. 246) lüftet einen Teil des Geheimnisses Brüsseler Biers. Verlegt Brüssels größte Brauerei am Kanal, die **Brasserie Belle-Vue**, nicht ihren Produktionsstandort, wie bereits mehrfach diskutiert, kann man auch sie besuchen:

Brasserie Belle-Vue, Quai du Hainaut 33, ✆ 02/4101935 (Führungen nur nach Anmeldung). Ⓜ Comte de Flandre.

Kulinarischer Dolmetscher

Französisch	Flämisch (Niederländisch)	Deutsch
frit	gebakken	gebraten
cuit	gekookt	gekocht
grillé	gegrild	gegrillt
poisson	**vis**	**Fisch**
truite	forel	Forelle
brochet	snoek	Hecht
cabillaud	kabeljauw	Kabeljau
saumon	zalm	Lachs
sole	zeetong	Seezunge
carpe	karper	Karpfen
anguille	aal	Aal
huîtres	oesters	Austern
moules	mosselen	Muscheln
crevettes	garnalen	Krabben
langouste	langoest	Languste
Écrevisse/homard	kreeft	Hummer
volaille	**gevogelte**	**Geflügel**
poulet	kip	Huhn

Französisch	Flämisch (Niederländisch)	Deutsch
canard	eend	Ente
oie	gans	Gans
viandes	**vleesgerecht**	**Fleischgerichte**
escalope	oester	Schnitzel
veau	kalf	Kalb
boeuf	rund	Rind
porc	varken	Schwein
boeuf en daube	gestoofd vlees	Schmorbraten
rôti	gebraden vlees	Braten
foie	lever	Leber
rognons	nieren	Nieren
Saucisson oder saucisse	worst	Wurst
jambon	ham	Schinken
lapin	konijn	Kaninchen
chevreuil	ree	Reh
marcasson	Wild zwijn	Wildschwein
potage	**soep**	**Suppe**
légume	**groente**	**Gemüse**
salade	**sla**	**Salat**
dessert	**nagerecht**	**Nachtisch**
glace	ijs	Eis
fruits	fruit	Obst
boissons	**dranken**	**Getränke**
bière	bier	Bier
vin blanc	witte wijn	Weißwein
vin rouge	rode wijn	Rotwein
eau minérale	mineraalwater	Mineralwasser
thé	thee	Tee
café	koffie	Kaffee
lait	melk	Milch
crème	room	Sahne
chou de Bruxelles	spruitjes	Rosenkohl
chicon	witloof	Chicoree
pois	erwten	Erbsen
haricots	bonen	Bohnen
épinard	spinazie	Spinat
choucroute	zuurkool	Sauerkraut
pommes de terre	aardappelen	Kartoffeln
nouilles, pâtes	macaroni	Nudeln
riz	rijst	Reis
Croquettes de crevettes	garnaalkroketten	Krabbenkroketten
sel	zout	Salz
poivre	peper	Pfeffer
vinaigre	azijn	Essig
huile	olie	Öl
sucre	suiker	Zucker

Das Astoria: auch regelmäßig Kulisse für jazzige Livemusik

Übernachten

Brüssels Hotels sind in der Regel teuer. Die Preisskala beginnt ab 50 € für eine Übernachtung im DZ, mit etwas Glück findet man Einzelzimmer ab 40 €. Die qualitativen Unterschiede sind gerade in der unteren Preisklasse enorm (am besten das Zimmer vor dem Buchen anschauen). Eine Auswahl der besten Adressen wird hier vorgestellt. Wer mehr ausgeben kann, hat eine nach oben offene, riesige Auswahl an komfortabel und originell eingerichteten Hotels. Viele Luxushotels, die eigentlich nicht bezahlbar sind, bieten Sondertarife am Wochenende, Paketpreise oder Rabatte für Frühbucher im Internet an.

Für mittlere Ansprüche eignen sich auch die Kettenhotels. Ihre Zimmer haben einen einheitlichen Standard. Da kann man nicht viel falsch machen, es sei denn man ist auf der Suche nach persönlichem Ambiente.

Entscheidend für einen Kurzbesuch ist auch die zentrale Lage. Empfohlen seien die Straßen um die Halles-St-Géry und die Kirche Ste-Catherine, das Viertel Ixelles oder die direkte Umgebung der Grand Place. Die nobelste Hotelgegend der Stadt ist die Avenue Louise. Nur genannt, aber nicht beschrieben, weil gnadenlos teuer, seien hier das Conrad, das Hyatt Regency und das Stéphanie Bristol mit seinem schönen großen Schwimmbad. Auch Brüssels Luxushotels wurden in dieses Buch nur exemplarisch aufgenommen: Einige sind spektakulär oder haben Stadtgeschichte geschrieben, andere wiederum wurden wegen häufiger Wochenendsonderpakete hier ausgewählt.

Wie immer gilt: Preise ändern sich bekanntlich schnell und sind daher nur als Richtwerte anzusehen.

Online Hotels buchen

www.0800Brussels-hotels.com

www.bookings.de

www.brussels-hotels.com

www.brusselsinternational.be, die offizielle Website der Touristeninformation in Brüssel mit Hotels und privaten Unterkünften (auch maisons oder chambres d'hôtes genannt).

www.bruxelles.irisnet.be

www.de.hotel-brussel-belgien.venere.com, diese Seite enthält Kommentare von Gästen, die bereits in den Hotels übernachtet haben.

www.ebrusselshotels.com

www.ehotel.be

www.hotels-belgium.com

www.hotelsbelgium.net

www.hrs.de

www.opodo.de

www.traveleurope.com

www.travelinside.com

Internetadressen von Hotelketten

www.bestwestern.com

www.etaphotel.com

www.goldentulip.com

www.hilton.com

www.holiday-inn.com

www.hotelformule1.com

www.ibishotel.com

www.nh-hotels.com

www.novotel.com

Grand Place und Umgebung

(→ Karte, S. 110/111)

Zentraler kann man nicht wohnen, Parken aber ist fast nur in Parkhäusern und Hotelgaragen möglich. Nirgends in Brüssel ist die Auswahl größer. An Samstagen kann es laut werden.

Luxuriös

***** Hotel Amigo (54), einsamer Star unter den Luxushotels und für Normalsterbliche fast unbezahlbar. Die Übernachtung in einer Suite kostet 2.900 €. (Kaum zu glauben, dass es ab 1522 ein Gefängnis war.) Nach der Renovierung für 25 Mio. Euro im Jahr 1999 blieben noch die Fassade von einst und die Empfangshalle aus der spanischen Besatzungszeit. 176 neu eingerichtete Zimmer des Fünf-Sterne-Hotels der Rocco-Forte-Gruppe tragen die Handschrift der Designerin Olga Polizzi. Sie ist die Schwester und engste Mitarbeiterin von Sir Rocco Forte. Selbstverständlich mit hoteleigenem Fitnessstudio. Schallschutzfenster schützen nicht nur Staatsmänner und Rockstars. Sonderwochenendpakete mit Wellness-Behandlungen oder für Hochzeitspaare zu 165–570 €. Rue de L'Amigo 1–3, Ⓜ Gare Centrale, Tram Bourse, ✆ 02/5474747, ✍ 02/5135277, reservations.amigo@rocco fortehotels.com, www.hotelamigo.com.

***** Royal Windsor (74), dieses Luxushotel zählt zu den 100 besten Hotels der Welt. 10 der 266 Zimmer wurden von bekannten belgischen Modedesignern wie Nina Meert, Nicolas Woit, Pascale Kervan und Romy Smits eingerichtet, z. B. im Retro-Look, in Schwarzweiß oder futuristisch. Nachtclub, Luxusrestaurant, modernes Business-Center, Fitnessclub, Sauna und eigenes Parkhaus sind selbstverständlich. Sondertarife ab 229 € für zwei Personen. Rue Duquesnoy 5, Ⓜ Gare Centrale, ✆ 02/5055555, ✍ 02/5055500, http://royalwindsorbrussels.com.

***** Radisson SAS (4), das Hotel hat eine von Michel Jaspers gestaltete Art-déco-Fassade. In der riesigen verglasten Empfangshalle mit dem Restaurant ist ein Stück freigelegte alte Stadtmauer zu sehen. Man kann zwischen 281 komfortablen Zimmern und Suiten in verschiedenen Einrichtungsstilen wählen: skandinavisch, orientalisch, italienisch etc. Großes Fitnesszentrum. Es gibt Wochenendtarife ab 125 € im DZ, reguläre Preise 215–405 €. Rue du Fossé aux Loups 47, Ⓜ Gare Centrale, ✆ 02/2192828, ✍ 02/2196262, www.royal.brussels.radissonsas.com.

**** Scandic Grand Place (22), inmitten des Trubels rund um die Grand Place ist es mit 100 skandinavisch eingerichteten Zimmern mit Internet-Zugang eine erholsame Oase. Das Frühstücksbuffet ist reichhaltig. In der oberen Etage gibt es zwei Saunas. DZ 112–299 €, Wochenendtarife ab 127 €. Rue d'Arenberg 18, Ⓜ Gare Centrale, Tram Bourse, ✆ 02/5481811, ✍ 02/5481820, www.scandic-hotels.com/grandplace.

**** Le Dix-Septième (76)**, in diesem Haus residierte gegen Ende des 17. Jh. der spanische Botschafter. Aufwändig restauriertes Luxushotel, hier übernachtet man in gediegenem Ambiente mit Parkettböden, Kristallleuchtern, schweren Vorhängen und Ölgemälden. Von den Zimmern blickt man auf den ruhigen Innenhof. Einige Zimmer haben Marmorbäder, eigene Salons und Kaminfeuer, alle DSL-Zugang. Standard-DZ 180–270 €. Rue de la Madeleine 25, Ⓜ Gare Centrale, Tram Bourse, ✆ 02/5171717, 🖷 02/5026424, www.ledixseptieme.be.

Gehoben bis Mittelklasse

**** Aris (40)**, nur 20 m von der Grand Place entfernt an einer belebten Einkaufsstraße. Die 55 Zimmer lassen keinen Komfort vermissen. Das Frühstück gibt es in der Lobby. Parken in der hoteleigenen Garage kostet extra. DZ 240 €, zum Wochenendtarif 94 €. Rue du Marché aux Herbes 78–80, Ⓜ Gare Centrale, ✆ 02/5144300, 🖷 02/5140119, www.arishotel.be.

Alma (65), das neue Hotel mit 37 modern eingerichteten Zimmern liegt nur 20 m von der Grand Place entfernt. Im Zimmer gibt es Wireless LAN, einen Schreibtisch und einen Föhn. Freundlicher Service mit Beratung zum aktuellen Theater- und Kulturprogramm. EZ 89 € und DZ 100–260 €, Rabatte auf der Internetseite. Rue des Epéronnniers 42–44, ✆ 02/5022828, 🖷 02/5022829, www.almahotel.be.

**** Floris (44)**, das kleine Hotel mit nur 12 Zimmern, Aufzug und Frühstücksbuffet ist so angenehm familiär, dass man vergessen könnte, die Tür abzuschließen, wenn man in den Frühstücksraum oder an die Bar geht. Es liegt etwa 20 m entfernt von der Grand Place in einer Gasse direkt neben dem kultigen kubanischen Restaurant Havana. Das Fachwerkhaus hat niedrige Holzdecken und passt perfekt in seine historische Umgebung. DZ 75–145 €. Rue des Harengs 6-8, Ⓜ Gare Centrale, Tram Bourse, ✆ 02/5140760, 🖷 02/5489034, floris.grandplace@grouptorus.com, www.grouptorus.com.

Saint Michel (53), bestechend ist die Lage direkt an der Grand Place die man als Gast von hier aus zu jeder Tages- und Nachtzeit beobachten kann. Die Zimmer mit TV sind nicht sehr groß, aber luxuriös bis gemütlich mit rot gepolsterten Stilmöbeln. Im Erdgeschoss liegt das Restaurant La Rose Blanche. DZ inkl. Frühstück mit Blick auf die Grand Place 135–160 € (EZ 120 €), ohne Blick

99 € (EZ 65 €), Bett für zusätzliche Person 23 €. Grand Place 11, Ⓜ Gare Centrale, Tram Bourse, ✆ 02/5110956, 🖷 02/5114600, www.hotelsaintmichel.be.

Ibis (47), in unmittelbarer Nähe von Gare Central und Place de l'Agora (an Wochenenden Kunsthandwerkermarkt). Dieses funktionale Hotel der Accor-Gruppe bietet in 184 Zimmern den gewohnten Komfort. DZ 129 €, Wochenendtarife 79–170 €. Rue du Marché aux Herbes 100, Ⓜ Gare Centrale, ✆ 02/5144040, 🖷 02/5145067, www.ibishotel.com.

Novotel (58), wie das Ibis in unmittelbarer Nähe von Place de l'Agora und Gare Central gelegen. Es gilt als kinderfreundlich, bietet eine kostenfreie Hotelgarage und 136 Zimmer mit Bad und Kabel-TV. DZ 110–225 €. Rue du Marché aux Herbes 120, Ⓜ Gare Centrale, ✆ 02/5143333, 🖷 02/5117723, www.accor.com.

**** Floris Avenue (92)**, das noch relativ neue Hotel zwischen Südbahnhof und Grand Place hat 47 große, komfortable Zimmer mit Modem-Anschluss. DZ ab 120 €. Avenue de Stalingrad 25–31, Tram Anneessens, ✆ 02/5489838, 🖷 02/5134822, floris.avenue@grouptorus.com, www.grouptorus.com.

**** Carrefour de l'Europe (50)**, direkt an der "Kreuzung Europas" zwischen Gare Central und Grand Place bietet dieses Best-Western-Hotel eine strategisch günstige Lage für Einkaufsbummel und Ausflüge. Die nur 63 Zimmer sind teils stilvoll und gemütlich eingerichtet, teils großzügige Suiten für gehobene Ansprüche. Das Hotel verfügt über mehrere Konferenzräume und wird in der Woche vorwiegend von Geschäftsleuten besucht. DZ 99–270 €, auch Wochenendsondertarife. Rue du Marché Aux Herbes 110, Ⓜ Gare Centrale, ✆ 02/5049400, 🖷 02/5049500, www.carrefourhotel.be.

**** Arlequin Hotel (14)**, das Hotel in der Nähe der Grand Place bietet 92 Zimmer von denen jedes anders eingerichtet ist (z.T. mit Internet-Anschluss). Die Zimmer im oberen Stockwerk haben eine schöne Aussicht. Im Sommer kann man mit etwas Glück auf der Dachterrasse frühstücken. DZ 70–130 €. Rue de la Fourche 17–19, Ⓜ Gare Centrale, Tram Bourse, ✆ 02/5141615, 🖷 02/5142202, info@arlequin.be, www.arlequin.be.

**** Madeleine (45)**, im Vergleich zu den großen Hotels an der Place de l'Agora hat es mit nur 52 Zimmern eine persönliche Atmosphäre. Die historische Fassade im

Renaissance-Stil erinnert an Zeiten, als noch Kutschen auf der Handelsstraße von Flandern ins Rheinland fuhren und dabei in Brüssel Halt machten. Nicht alle Zimmer haben eigene Badezimmer. EZ 52 €, mit Dusche 78 €, DZ mit Badezimmer, TV und Telefon 1 110–130 €. Rue de la Montagne 20–22, Ⓜ Gare Centrale, ✆ 02/5132973, 🖷 02/5021350, www.hotel-la-madeleine.be.

*** Mozart (66), gediegenes, phantasievoll eingerichtetes Hotel mit 49 Zimmern. Das Haus aus dem 17. Jh. zeigt sich vorwiegend in Rosa mit Stilmöbeln, Gemälden, Teppichen, Skulpturen und Stuck an der Decke. Die Grand Place ist nur 10 m entfernt. EZ 75 €, DZ 95 €, Dreibettzimmer 125 € und Vierbettzimmer 140 €. Rue du Marché aux Fromages 23, Tram Bourse, ✆ 02/5026661, 🖷 02/5027758, hotel.mozart@skynet.be, www.hotel-mozart.be.

La Légende (62), seit über 40 Jahren führt die Familie De Greef dieses persönliche Hotel, ganz in der Nähe von Manneken Pis. Es ist klassisch-schlicht und funktional eingerichtet und familienfreundlich. Es gibt großzügige Familienzimmer mit Sitzecke für 105–140 €, außerdem DZ 89–120 € und EZ ab 70 €. Rue du Lombard 35, Tram Bourse, ✆ 02/5128290, 🖷 02/5123493, info@hotellalegende.com, www.hotellalegende.com.

** Opera (6), kleine, schlicht eingerichtete, aber saubere Zimmer mit Bad, TV und Internetanschluss. Nettes Frühstücksbuffet, aber man kann sich das Frühstück auch ohne Aufpreis auf dem Zimmer servieren lassen. EZ 79 E, DZ 95 €, Dreibettzimmer 115 €, Vierbettzimmer 125 €, Rabatt bei Buchung über die Homepage. Rue Grétry 53, Ⓜ De Brouckère, ✆ 02/2194343, 🖷 02/2191720, www.hotel-opera.be.

Einfach und günstig

Hôtel des Epéronniers (59), dieses kleine Hotel liegt sehr zentral, ist ein wenig laut, aber günstig und bei jungen Reisenden sehr beliebt. Die Zimmer haben bereits mehrmals neues Mobiliar und einen neuen Anstrich bekommen. Es gibt sogar Zimmer für 6 Personen (für Familien geeignet) zu 120 €, andere haben eine Kochgelegenheit. EZ ab 25 €, DZ ab 50 €, Frühstück extra (3,75 €). Rue des Éperonniers 1, Ⓜ Gare Centrale, ✆ 02/5135366, 🖷 02/5113230, infos@eperonniers.be, www.eperonniers.be.

** Mirabeau (73), das recht zentrale Hotel in Fußnähe der Grand Place ist ein alt eingesessener Familienbetrieb. Kleine Zimmer und recht durchgelegene Matratzen. Inklusive ökologisch orientiertem Frühstücksbuffet zum Preis von 63 € bis 86 € pro DZ. Place Fontainas 18, Tram Anneessens, ✆ 02/5111972, 🖷 02/5110036, www.hotelmirabeau.be.

* La Vieille Lanterne (72), das sehr kleine Hotel mit 6 Zimmern direkt gegenüber von Manneken Pis führt die Familie, die auch das Souvenirgeschäft im selben Gebäude betreibt. Alle Fenster gehen Richtung Straße hinaus, es könnte samstags nachts laut werden. Das Frühstück wird in den hell und freundlich eingerichteten Zimmern serviert. Alle haben ein Bad mit Dusche. Nach 22 Uhr kann man nicht mehr einchecken. DZ ca. 65–80 €, je nach Saison. Rue des Grands Carmes 29, Tram Bourse, ✆ 02/5127494, 🖷 02/5121397, lavieillelanterne@hotmail.com.

A la Grande Cloche (89), in einem Anfall rasender Eifersucht schoss in diesem Hotel einst der französische Dichter Verlaine auf seinen Freund Rimbaud. Das gepflegte, seit 1966 von derselben Familie geführte Hotel liegt gegenüber dem Gourmettempel Comme chez Soi. Es ist hell und freundlich eingerichtet. DZ mit Frühstück 67 €, mit einigenem Badezimmer 79 €, mit zwei separaten Betten 90 €. Place Rouppe 10, Tram Anneessens, ✆ 02/5126140, 🖷 02/5126591, www.hotelgrandecloche.com.

** Hotel Windsor (87), dieses kleine Hotel an der Place Rouppe hat 24 modern eingerichtete Zimmer mit Bad und TV. EZ 60–73 €, DZ 65–80 €, Dreibettzimmer 69–90 €. Die Preise unterscheiden sich je nach Saison. Place Rouppe 13, Tram Anneessens, ✆ 02/5112014, 🖷 02/5140942, info@hotel-windsor.com, www.hotel-windsor.com.

** Saint Nicolas (10), zwischen Oper und Grand Place gelegenes 60-Zimmer-Hotel für relativ bescheidene Ansprüche. Die Preise schließen TV, Badezimmer und Frühstücksbuffet ein: EZ 68 €, DZ 85 €, Dreibettzimmer 93 €. Rue du Marché aux Poulets 32, Ⓜ De Brouckère, ✆ 02/2190440, 🖷 02/2191721, reception@st-nicolas.be, www.st-nicolas.be.

** Aux Arcades (20), wer mitten im Gewimmel der Brüsseler Fressgassen und nur 100 m von der Grand Place wohnen will ist hier richtig. Das kleine Hotel ist mit Stilmöbeln eingerichtet, aber nicht zu gediegen. DZ ab 70 €, Frühstück plus 7 €. Rue des Bouchers 36–38, Tram Bourse, ✆ 02/5112876, 🖷 02/5112652.

* Barry, **(85)**, zur Grand Place sind es von diesem einfachen Hotel nur fünf Minuten zu Fuß. Der Preis der 37 Zimmer richtet sich danach, ob man Bad oder Dusche im Zimmer haben möchte. Man kann die Zimmer vorher anschauen. EZ 45–65 €, DZ 65–75 €. Place Anneessens 25, ℡ 02/5112795, 📠 02/5141465, hotel.barry@skynet.be.

Aristote (90), das kleine Hotel mit 25 Zimmern hat eine denkmalgeschützte Fassade und liegt direkt an der Place Rouppe. Den Südbahnhof und die Grand Place erreicht man in weniger als zehn Minuten zu Fuß. Das Restaurant ist eine Pizzeria und Taverne, die Einrichtung lehnt sich an Dantes „Göttliche Komödie" an. EZ 45–74 €, DZ 65–96 €. Avenue Stalingrad 7, ℡ 02/5131310, 📠 02/5138070, info@aristote-hotel.be, www.aristote-hotel.be.

Ste-Catherine
(→ **Karte, S. 142/143**)

Modische Boutiquen, innovative Restaurants, der Fischmarkt und das Ausgehviertel St-Géry sind nicht weit. Man wohnt hier etwas abseits vom Touristenrummel. Dennoch sind Grand Place und Gare Central über den Boulevard Anspach bequem zu Fuß zu erreichen.

Luxuriös

***** Marriott (42), das Hotel eröffnete 2002 und bietet jeden modernen Service von Bettzeug für Allergiker bis zum Rentnerrabatt. Innen ist alles hochmodern, während die Fassadenrenovierung den Stil aus dem 19. Jh. respektiert. Günstigere Wochenendsonderpakete locken auch Normalsterbliche in die luxuriöse Herberge mitten im pulsierenden Einkaufs- und Ausgehviertel St-Géry und nur wenige Schritte von der Börse entfernt. Die regulären Preise des Marriott an der Modemeile Rue Auguste Orts und Rue Antoine Dansaert liegen bei 189–399 €. Rue Auguste Orts 3–7, Tram Bourse, ℡ 02/5169090, 📠 02/5169000, www.marriott brussels.com.

Métropole (11), Albert Einstein, Jacques Brel, Charles de Gaulles und Konrad Adenauer haben hier gewohnt. Auch nach der Renovierung bewahrt dieses einzige Hotel, das 1895 eröffnet wurde, seinen luxuriösen Charme im historischen Stil. Die 305 Zim-

Fast alle Hotels sind rund um die Uhr geöffnet

mer haben teils Balkone und Klimaanlagen und sind unabhängig von ihrer Größe mit allem Komfort ausgestattet. DZ 350–450 €, Sondertarife 150 €, jede weitere Nacht 130 €, Wochenendsparpakete, Rabatte bei Internetbuchung. Place de Brouckère 31, Ⓜ De Brouckère, ℡ 02/2172300, 📠 02/2180220, www.metropolehotel.com.

Gehoben bis Mittelklasse

*** Atlas (37), reizvoll ist vor allem die zentrale und trotzdem ruhige Lage im Viertel Ste-Catherine, wenige Schritte von

Fischmarkt, Rue Antoine Dansaert und der Börse entfernt. Auf vier Stockwerken (Aufzug vorhanden) verteilen sich 88 angenehme, aber kleine Zimmer mit Bad, TV, Föhn und Minibar. Es gibt auch eine kostenpflichtige Garage. DZ mit Frühstück 199 €, Dreibettzimmer 229 €. Rue du Vieux Marché aux Grains 30, Ⓜ Sainte-Catherine, Tram Bourse, ☎ 02/5026006, ✆ 02/5026935, info@atlas-hotel.be, www.atlas.be.

Novotel Centre Tour Noire (23), das modern eingerichtete Konferenzhotel mit großzügigem Foyer, 217 Zimmern und mehreren Sälen ist mit seinem kleinen Pool, dem türkischen Bad und dem Jacuzzi auch bei Erholungssuchenden beliebt. Vom Frühstücksraum (Buffet) blickt man hinaus auf die Tour Noire, einen Teil der früheren Stadtmauer. DZ regulär 220 €, Sondertarife an Wochenenden 75 € bis 180 €. Rue de la Vierge Noire 32, Ⓜ Sainte-Catherine, Tram Bourse, ☎ 02/5055050, ✆ 02/5055000, www.accorhotels.com.

Ibis Ste-Catherine (26), in der Nähe des Fischmarkts gelegen, bietet dieses funktionale Hotel 236 modern eingerichtete Zimmer mit Internet-Zugang zu einem guten Preis-Leistungs-Verhältnis. DZ 69–165 €. Rue Joseph Plateau 2, Ⓜ Sainte-Catherine, Tram Bourse, ☎ 02/5137620, ✆ 02/5142214, www.ibishotel.com.

*** Orts (41), Zentraler am Geschehen kann man nicht wohnen. Das neue Hotel über dem Café Orts direkt an der Modemeile Antoine Dansaert, wenige Schritte von der Börse und mitten im Ausgehviertel St-Géry hat eine für besondere Anlässe ideale Suite und 13 moderne, schnörkellos eingerichtete Zimmer mit Bad (ohne Fön), Flachbildschirm, Schreibtisch und Wireless LAN. Die auf der Website en détail angegebenen Preise variieren, je nach Saison. Am besten anfragen. Man frühstückt im oberen Teil des Cafés. Ab 100 €. Rue Auguste Orts 38-40, ☎ 02/5170700, ✆ 02/5170718, www.hotelorts.com.

Einfach und günstig

Chantecler (61) obwohl im Ausgehviertel St-Géry liegt dieses Hotel dennoch ruhig nahe der Kirche des ehemaligen Klosters Riches Claires. Es ist familiär und freundlich eingerichtet, gutbürgerlich und blitzsauber.

EZ 70 €, DZ mit Dusche 78 €, größere Zimmer mit großen Badezimmern (für Familien geeignet) 79–95 €, jeweils inkl. Frühstück im Frühstücksraum, zusätzliches Bett im Zimmer 30 €. Rue de la Grande Ile 26, Tram Bourse, ☎ 02/5121151, ✆ 02/5147149, info@hotel-chantecler.be, www.hotel-chantecler.be.

*** George V (57) das herrschaftliche Haus stammt aus dem Jahr 1859. Innen ist es modern und hat eine freundliche Ausstrahlung. Grand Place und Südbahnhof sind in Fußnähe. Komfortable DZ mit Bad und Frühstück für rund 70 €, EZ 60 €. Rue t'Kint 23, Tram Bourse, ☎ 02/5135093, ✆ 02/5134493, reservations@george5.com.

Les Ecrins (7), unscheinbares Hotel im ehemaligen Beginenviertel. Ohne Frühstück kann man hier in Apartments auch für längere Zeit logieren, zu zweit für 80 € pro Tag. Ein DZ mit Bad und Frühstück kostet 85 €. Begnügt man sich mit einem Gemeinschaftsbad auf dem Flur, liegt der Preis bei 50 €. Rue du Rouleau 15, Ⓜ De Brouckère, ☎ 02/2193657, ✆ 02/2235740, les.ecrins@skynet.be, www.lesecrins.com.

** Matignon (47), das kleine Hotel an der Börse ist eher ein Gästehaus. Es existiert seit 1953 und hat 37 komfortable Zimmer. Davon sind 9 im Prinzip kleine Suiten mit eigenem Bad. Es gibt auch einen Konferenzraum und ein Restaurant namens Parisian Brasserie. DZ 85–125 €. Rue de la Bourse 10, Tram Bourse, ☎ 02/5136927, www.hotelmatignon.be.

*** Astrid (13), das Hotel mit 100 modernen Zimmern und zwei großen Konferenzräumen liegt an einem kleinen Platz, nur einen Katzensprung vom Fischmarkt, der Place Ste-Catherine oder der Oper entfernt. DZ 77–142 €. Place du Samedi 1, Ⓜ De Brouckère, ☎ 02/2193119, ✆ 02/2193170, info@astrid hotel.be, www.astridhotel.be.

Noga (4), dieses kleine Hotel in der Nähe der Kirche St-Jean Baptiste au Béguinage bietet moderne Zimmer mit Bad, TV und WC für 1–4 Personen, ein sehr herzliches Personal und ein reichhaltiges Frühstücksbuffet. Die Bar ist eine Hommage an die Titanic, die Aufenthaltsräume und Flure erinnern bis ins Detail an die historische Seefahrt. Es gibt auch ein Piano und einen kleinen Billardraum. EZ ab 75 €, DZ 85–110 €. Rue du Béguinage 38, Ⓜ De Brouckère, ☎ 02/2186763, ✆ 02/2181603, www.nogahotel.com.

Welcome (12), als dieses Hotel als kleinstes der Stadt 1960 am Fischmarkt gegründet wurde, hatte es 6 Zimmer hinter dem Fischrestaurant La Truite d'Argent (das bei Parlamentariern genauso wie bei Jacques Brel beliebt war). Michel und Sophie Smeeters übernahmen Restaurant und Hotel 1988, entschlossen sich aber 2003, das Restaurant zu schließen und das Hotel auszubauen. Das Resultat kann sich sehen lassen. Jedes der inzwischen 15 Zimmer ist authentisch und antik in einem landestypischen Stil eingerichtet (z. B. nach dem Vorbild von China, Japan, Indien, Kenia oder dem Kongo). Vom Gare du Midi oder dem Flughafen wird ein Shuttle-Service angeboten. EZ 85 €, DZ 95 €, luxuriös 115–145 € (auch für 3 Personen). Rue du Peuplier 5, Ⓜ Sainte-Catherine, ✆ 02/2199546, ✆ 02/2171887, info@hotelwelcome.com, www.hotelwelcome.com.

Auberge François (53), das kleine Hotel wird von der Familie geführt, die auch das Restaurant im Erdgeschoss betreibt. Es ist einfach, aber sehr empfehlenswert, nicht zuletzt wegen seiner zentralen Lage gegenüber den Halles St-Géry und nur wenige hundert Meter von der Börse entfernt. Die Betten sind gut, die Zimmer (TV vorhanden) sehr sauber. Wer sich in den oberen Stockwerken einmietet, hat den Vorteil der ruhigeren Nächte, sollte aber kein schweres Gepäck dabeihaben, denn es gibt keinen Aufzug. Man muss klingeln, aber die Rezeption ist rund um die Uhr besetzt. DZ ab 45 € ohne Bad, mit Bad 55 €. Rue de Borgval 15–17, Tram Bourse, ✆ 02/5111516.

Place Charles Rogier
(→ Karte „Schaerbeek", S. 235)

Zahlreiche Hotels gruppieren sich um diesen verkehrsumtosten Platz am Ende der Rue Neuve, Brüssels Fußgängerzone. Die Verkehrsverbindungen sind gut und auch zu Fuß erreicht man Oper und Grand Place relativ schnell.

Luxuriös

Crown Plaza Le Palace (14) zur Weltausstellung 1910 erstand mit diesem Hotel das erste Betonhochhaus Belgiens (35 m). Insgesamt 1800 Bodenpfeiler trieb man damals zur Stabilisierung in den morastigen Untergrund. Und als der Orientexpress noch an der Gare du Nord hielt, hatte dieses Hotel illustre Gäste wie Rita Hayworth, Gina Lollobrigida und Brigitte Bardot. Das Ambiente der Belle Epoque wird bis heute gepflegt. Die weitläufigen Empfangsräume und die Zimmer (kostenloser Internetzugang) wurden mit einem Farbkonzept nach Werken von Gustav Klimt renoviert und mit Möbeln im Art-déco-Stil eingerichtet. Direkt vor der Tür liegt die Metrostation, zur anderen Seite gelegene Zimmer bieten einen Blick auf den Botanischen Garten. DZ ab

Zentral übernachten und auf zum Shopping

200 €. Rue Gineste 3, Ⓜ Rogier, ✆ 02/2036200, 📠 02/2035555, reservations@cpbxl.be, www.crowneplazabrussels.be.

***** **Sheraton (12)**, dieses komplett renovierte Nobelhotel bietet ein elegantes, relaxtes Ambiente. Vom Frühstücksraum und den Zimmern im oberen Teil des Turms reicht der Blick weit über die Stadt. Massage, Pool und Sauna im 30. Stock sowie Kinderbetreuung zählen zu den Vorzügen. Sonderwünsche sind kein Problem. Wer Glück hat und im Internet bucht, bekommt einen Classic Room für zwei Personen ab 96 €. Place Charles Rogier 3, Ⓜ Rogier, ✆ 02/2243111, 📠 02/2243456, www.sheraton.be.

Gehoben bis Mittelklasse

*** **Comfort Art Hotel Siru (13)**, direkt an der Place Charles Rogier. Überquert man die befahrene Straße jenseits des Platzes, befindet man sich auf Brüssels Fußgänger- und Einkaufsstraße, die direkt zur Grand Place führt. Das Art-déco-Gebäude wurde mit Werken von 130 belgischen Künstlern dekoriert. Sie geben jedem der 101 Zimmer etwas Individuelles. DZ ca. 99 €, bei Sonderaktionen bekommt man das DZ aber auch schon mal für 44 € inkl. Eintritt ins Comicmuseum. Place Charles Rogier 1, Ⓜ Rogier, ✆ 02/2033580, 📠 02/2033303, www.comforthotelsiru.com.

**** **Le Dôme (16)**, Jugendstilhotel von 1902. Das Haus mit 125 individuell eingerichteten Zimmern bietet jeden modernen Standard. DZ am Wochenende ab 125 €. Boulevard du Jardin Botanique 9–13, Ⓜ Rogier, ✆ 02/2180680, 📠 02/2184112, info@hotel-le-dome.be, www.hotel-le-dome.be.

Hotel Manhattan (1), → Karte S. 110/111. In einer Parallelstraße zur Fußgängerzone Rue Neuve und in der Nähe der Metrostation Rogier liegt dieses preislich faire Hotel mit 62 sauberen und gepflegten Zimmern. Alle haben Bäder mit WC, Farbfernseher und Telefon. An der hilfsbereiten Rezeption bekommt man Sightseeing-Tipps, auch auf Deutsch. EZ 60 Euro, DZ 75 Euro, Dreibettzimmer 96 Euro, Vierbettzi. 110 Euro (mit Frühstück). Boulevard Adolphe Max, 132-140, ✆ 02/2191619, 📠 02/2232599, www.hotel manhattan.be.

Hotel Plaza (2), → Karte S. 110/111. Das elegante Hotel mit 150 Zimmern an dem parallel zur Fußgängerzone Rue Neuve verlaufenden Boulevard Adolphe Max verströmt das Flair alter Schule des gehobenen Bürgertums und lässt keinen Service

Schick und gediegen: das Le Plaza

vermissen. Die Einrichtung der Zimmer ist opulent, der Eingangsbereich weitläufig und in Bar und Restaurant wird für die Gäste Piano gespielt. Tipp: Ein Nichtraucherzimmer verlangen. DZ 120–350 €. Wochenend-Specials ab 160 € für zwei Personen. Boulevard Adolphe Max, ✆ 02/2780100, 📠 02/2780103, reservations@leplaza-brussels.be, www.leplaza-brussels.be.

Einfach und günstig

** **Sabina (20)**, kleines Hotel in einer ruhigen Wohngegend in der Nähe der Place des Barricades und leicht vom Nordbahnhof zu erreichen. Es hat nur 24 Zimmer (mit Bad, TV, Föhn). DZ ab 60 €. Rue du Nord 78, Ⓜ Madou, ✆ 02/2182637, 📠 02/2193239, www.hotelsabina.be.

Im Crown Plaza Le Palace schlief schon Brigitte Bardot

Schaerbeek   (→ Karte, S. 235)

Die Hotels zwischen Place Charles Rogier und der Kirche Ste-Marie de Schaerbeek liegen entweder in ganz normalen Wohngegenden oder in der Nähe der Prachtstraße Rue Royale. Die Verkehrsverbindungen sind gut. Zu Fuß dauert es 20 bis 30 Minuten bis zur Grand Place.

Luxuriös

Astoria (19), das Luxushotel ist für seine musikalischen Events bekannt. Schon die Fassade im Louis-XVI.-Stil beeindruckt. Durch das pompöse Foyer gelangt man zur Pullmann-Bar und in den Waldorf-Saal, wo häufig Konzerte – auch Jazz – gegeben werden (Eintritt 6,20 €). Früher logierten hier die noblen Besucher der Weltausstellung von 1909 und die Reisenden, die mit dem Orientexpress fuhren. Den Charme dieser Zeit vermitteln die 104 Zimmer und 14 Suiten noch heute. DZ 139–180 € (Sondertarife bei Internetbuchung). Rue Royale 103, Ⓜ Botanique, ☎ 02/2270505, ✆ 02/2171150, www.sofitel.com.

Einfach bis günstig

*** Hôtel du Congrès (21), die 70 Zimmer dieses Hotels verteilen sich auf 4 restaurierte Häuser aus dem 19. Jh. Komfort, individuelles Ambiente, hohe Decken und dunkle Holzmöbel. Mit Konferenz- und Veranstaltungsräumen. DZ ab 90 €. Rue du Congrès 42, Ⓜ Madou, ☎ 02/2171890, ✆ 02/2171897, www.hotelducongres.com.

* Madou (22), gegenüber dem Hôtel du Congrès. Günstige, einfache Zimmer mit Bad und TV, Kinder bis 5 Jahre gratis. EZ mit Frühstück 50–65 €, DZ 60–80 €, Dreibettzimmer 70–95 €, Vierbettzimmer 80–110 €. Rue du Congrès 45, Ⓜ Madou, ☎ 02/2173274, ✆ 02/2171897.

*** Hotel & Residence Albert (7), einfaches, aber ordentliches Hotel mit 29 Zimmern direkt gegenüber der Halles de Schaerbeek und in unmittelbarer Nähe der Kirche Ste-Marie. Mit der Tram kommt man leicht zur Place Charles Rogier und weiter ins Zentrum. Mit Frühstück ab 60 € im Hotel und 70 € in der Residenz. Für lange Aufenthalte kann man Sonderpreise vereinbaren. Rue Royale-Ste-Marie 27–29. Tram 92, 93, Bus 272, ☎ 02/2179391, ✆ 02/2192017, info@hotelalbert.be, www.residencealbert.be.

Royotel (2), in dem einfachen, modern eingerichteten Zimmern können die Tagesdecken schon mal Zebrastreifen haben. Es gibt Bäder mit Dusche im Zi., Kabel-TV und das Frühstück ist im Preis inbegriffen. Das Hotel liegt in Schaerbeek an der Kirche Saint-Marie. Vor dem Haus ist eine Tram-Haltestelle. Zum botanischen Garten sind es zu Fuß weniger als zehn Minuten. EZ 55–65 €, DZ 65–68 €, Dreibettzi. 80 €. Rue Royale

312, ☎ 02/2183034, 📠 02/2199379, brusselsroyo
tel@hotmail.com, www.memon-hotels.be.
Albergo (15), das neue Hotel in der Nähe
des botanischen Gartens hat schlichte, saubere Zimmer mit TV ab 53 €. Es gibt auch
Drei- und Vierbettzimmer. Das Frühstück ist
im Preis inbegriffen. Square Victoria Regina
11–12, ☎ 02/2187053, 📠 02/2198623, info@
hotelalbergo.be, www.hotelalbergo.be.

Quartier Louise/Ixelles
(→ Karte, S. 208/209)

Das Quartier Louise ist ideal zum
Shoppen und der mondänste Teil der
Oberstadt. Von hier aus kann man zu
jeder Tages- und Nachtzeit gut Ixelles
erkunden. Nimmt man den Aufzug am
Justizpalast, gelangt man auch zu Fuß
sehr schnell ins Marollenviertel.

Luxuriös

***** **Manos Premier (35)**, ein Haus voller
antiker Kunst und ebensolcher Möbel. In
den Zimmern und Suiten im Louis-XV- und
Louis-XVI-Stil fühlt man sich wie in einem
Palast, und auch der Garten lädt zum eleganten Relaxen ein – eines der luxuriöses-
ten Hotels in ganz Brüssel. Demselben
Besitzer gehört auch das
**** **Manos Stephanie (32)**, mit weiteren
55 Zimmern in derselben Straße, Hausnummer 28. DZ ab 290 €. Chaussée de
Charleroi 100–106, Louise, dann Tram 91,
92, ☎ 02/5379682, 📠 02/5393655, manos@
manoshotel.com, www.manoshotel.com.
**** **Floris Louise (30)**, von diesem angenehmen Hotel mit nur 36 Zimmern erreicht
man zu Fuß im Nu die elegante Einkaufsstraße Avenue Louise sowie Ixelles und St-
Gilles. Wenn das Wetter es zulässt, wird
das Frühstück auch draußen im kleinen
Garten serviert. Freundlicher Service, ver-
winkelte Flure, Aufzug und ruhige Zimmer
mit Bad, Fön und Kabel-TV. EZ 80–185 €, DZ
90–195 €. Rue de la Concorde 59–61,
Ⓜ Louise, ☎ 02/5150060, 📠 02/5033519, floris
louise@busmail.net, www.grouptorus.com.

Gehoben bis Mittelklasse

Sofitel Toison d'Or (18), das elegante Hotel
liegt unweit der Einkaufspassage Galerie
Louise und der Place Stéphanie (eine der
renommiertesten Einkaufsgegenden Brüssels). Im Hotelgarten, auf der Terrasse oder
in den Fitnessräumen kann man sich vom

großstädtischen Trubel erholen. Im Sommer
wird auch das Frühstück auf der Terrasse
serviert. Die 160 Zimmer und 10 Suiten lassen
keinen Komfort vermissen. DZ zum Sonder-
tarif ab 99 €, regulär zwischen 100 und 500 €.
Avenue de la Toison d'Or 40, Ⓜ Louise,
☎ 02/5142200, 📠 02/5145744, www.sofitel.com.
Chambord (2), Business-Hotel im Art-déco-
Stil mit großzügiger Lobby und 70 Zimmern
(mit Internetzugang). Direkt vor der Tür liegen die Porte de Namur, Boutiquen und Kinos. Vom Frühstücksraum hat man einen
schönen Blick über die Stadt. EZ ab 115 €,
DZ ab 145 €. Rue de Namur 82, Ⓜ Porte de
Namur, ☎ 02/5489910, 📠 02/5140847,
www.hotel-chambord.be.
Beau Site (33), ruhig gelegen und dennoch
nah an Avenue Louise und der Place Stéphanie mit ihren luxuriösen Boutiquen. Komfortabel und mit nur 38 Zimmern familiär. In
der Woche ist das Hotel mit Seminarraum
auch bei Geschäftsleuten begehrt und die
Preise steigen entsprechend. An Wochenenden kostet ein elegantes DZ inkl. Frühstücksbuffet ab 77 €. Rue de la Longue
Haie 76, Tram 91, 92, ☎ 02/6408889, 📠 02/
6401611, www.beausitebrussels.com.
Rembrandt (27), dieses kleine Hotel in Ixelles hat ein historisches Flair und relativ
preisgünstige Zimmer. Eine kleine Suite mit
Bad und WC kostet für zwei Personen inkl.
Frühstück 100 €, ein DZ 70 €, EZ ab 45 €.
Rue de la Concorde 42, Louise, dann Tram
93, 94 oder Bus 71, ☎ 02/5127139, 📠 02/
5117136, www.hotel-rembrandt.be.
*** **Beverly Hills (24)**, in hellen Gelb- und
Orangetönen gestaltetes komfortables
Haus, vernünftiges Preis-Leistungs-Verhältnis: Jacuzzi, Sauna, angenehmer kleiner
Fitnessbereich und zwei Hotelbars. DZ
75–139 € mit Frühstück. Rue du Prince
Royale 71, Tram 92, 93, 94, Bus 27, 95, 96,
☎ 02/5132222, 📠 02/5138777, beverlyhills@
infonie.be, www.hotelbeverlyhills.be.
The White Hotel (37), im Frühstücksraum –
ganz in Weiß – steht ein Modell eines weißen Hirschen. Das neue Designerhotel hat
sich Klarheit und Schlichtheit in Weiß verschrieben. Die 40 Zimmer sind von bekannten belgischen Designern und Architekten
gestylt. Es liegt strategisch günstig zwischen den Ixelles und Saint-Gilles und zu
renommierten Einkaufsadressen der Avenue Louise ist es auch nicht weit. DZ von
75–165 €. Avenue Louise 212, ☎ 02/6442929,
📠 02/6441878, info@thewhitehotel.be,
www.thewhitehotel.be.

Sablon-Viertel (→ Karte, S. 160/161)

Mitten im eleganten Viertel der Antiquitätenhändler zu logieren, hat seinen Preis, ist aber atmosphärisch kaum zu toppen, insbesondere dann nicht, wenn es darum geht, am frühen Morgen unter den ersten Käufern zu sein.

Luxuriös

**** Jolly Hotel (25), das Hotel liegt direkt an der Place du Grand Sablon. Antiquitätenfreunde sind sofort mitten im Geschehen. Marmorböden in der Eingangshalle und eine Piano-Bar zeugen ebenso von Stil und Komfort wie die 193 klimatisierten, schallisolierten und gut ausgestatteten Zimmer. Die Parkgarage kostet extra und ist häufig von Geschäftsreisenden belegt. DZ regulär ab 285 €, aber es gibt Sonderangebote ab 109 €. Rue Bodenbroek 2–4, Tram 92, 93, 94, Bus 27, 95, 96, ☏ 02/5181100, ✆ 02/5126766, reservation@jollyhotels.be, www.jollyhotels.be.

**** Hesperia Sablon (6), Luxus und Eleganz prägen dieses Hotel einer spanischen Hotelkette in der Nähe des Grand Sablon. Hier lässt sich aber auch gut entspannen – an der Bar oder in der Sauna – und exklusiv dinieren. EZ 112–174 €, DZ 144–265 €. Rue de la Paille 2–8, Tram 92, 93, 94, Bus 27, 95, 96, ☏ 02/5136040, ✆ 02/5118141, www.hesperia-sablon.com.

St-Gilles (→ Karte, S. 222/223)

Berckmans (1), günstiges Hotel in der Nähe der Avenue Louise. Zimmer mit TV und Telefon, saubere Gemeinschaftstoiletten. EZ 27 €, DZ 50 €. Rue Berckmans 12, Tram 91, 92: Place Stéphanie, ☏ 02/5391528.

Marollen (→ Karte, S. 178)

Den Rhythmus im einstigen Armenviertel bestimmt der allmorgendliche Flohmarkt. In der Rue Blaes und der Rue Haute gibt es viele Geschäfte mit Schmuck, Antiquitäten und Designerware.

Galia (20), optimale Wahl für Flohmarktfans direkt an der Place du Jeu de Balle. Bis 14 Uhr kann hier an Flohmarkttagen das besondere Mitbringsel ergattert werden. In direkter Umgebung kann man gleich mehrere Comic-Hauswände bewundern (Rue du Chevreuil und Rue Haute), und im Speiseraum hängen kultige Bilder aus den Comics von Franquin. Die 24 Zimmer mit Bad sind sehr klein, aber funktional. Check-In vor 20.30 Uhr. DZ ab 55 €. Place du Jeu de Balle 15–16, Ⓜ Porte de Hal, ☏ 02/5024243, ✆ 02/5027619, hotelgalia @hotelgalia.com, www.hotelgalia.com.

EU-Viertel (→ Karte, S. 188/189)

Die Hotels im EU-Viertel sind nicht gerade zahlreich, weder zentral noch in der schönsten Umgebung gelegen, zudem recht teuer und eher Business-Hotels. Aber einige sind dennoch zu empfehlen oder gewähren interessante Wochenendrabatte.

Luxuriös

Sofitel Brussels Europe (29), das recht neue, moderne Konferenzhotel direkt an der Place Jourdain im EU-Viertel bietet Wochenendtarife ab 125 €. Die regulären DZ-Preise starten ab unbezahlbaren 490 €. Das Hotel hat 149 Zimmer auf sechs Etagen, 43 Parkplätze. Es bietet jeden erdenklichen Komfort. Im Haus befinden sich ein französisches Edelrestaurant, ein Fitnesscenter und ein Hammam. Joggen kann man im Parc Léopold, direkt hinter dem Haus. Place Jourdain 1, ☏ 02/2355100, ✆ 02/2355101.

Gehoben

Silken Berlaymont (11), das Hotel liegt mitten im EU-Viertel in der Nähe des Cinquantenaire. Moderne Fotografien schmücken die Wände. Die Zimmer sind funktional und klar eingerichtet. Kunst und Eleganz lautet das Motto des Hauses und in einem kleinen Wellnessbad mit Sauna kann man sich entspannen. Im Erdgeschoss liegt eine stilvolle Coffeebar und es gibt einen Garten. DZ ab 110 €. Boulevard Charlemagne 11–19, ☏ 02/2310909, ✆ 02/2303371, hotel.berlaymont @hoteles-silken.com, www.hotelsilkenberlaymont.com.

New Hotel (10), das klassische Eurokratenhotel hat vier Sterne und 38 frisch renovierte Zimmer. Jugendstil ist das übergreifende Motto des ansprechenden und dennoch modernen Designs. DZ ab 99 €. Boulevard Charlemagne 25, ☏ 02/2302135, www.new-hotel.be.

**** Leopold (25), schmuckes Viersterne-Hotelotel mit 85 Zimmern und 2 Suiten. Es lohnt ein Blick in das hübsche Restaurant mit Glasdach. Das Hotel liegt im noch nicht verbauten Teil des EU-Viertels. Restaurants und Einkaufsmöglichkeiten gibt es direkt in der Straße und am Platz. Sauna und Solarium bieten zusätzlichen Erholungswert. DZ regulär 260 €, an Wochenenden 70–145 €, Frühstück 18 €, Haustiere 13 € und Parken in der Hotelgarage 13 € pro Tag extra. Rue du Luxembourg 35 b, Gare du Luxembourg, Ⓜ Trône, ✆ 02/5111828, ✇ 02/5141939, www.hotel-leopold.be.

Einfach und günstig

** **Derby (27)**, das kleine Hotel mit 29 Zimmern (alle mit Bad/WC) liegt direkt am Cinquantenaire und ist geeignet für alle, die es nah zu den EU-Institutionen haben wollen. Als eines der wenigen Hotels dieser Gegend ist es relativ preiswert, also auch für Familien erschwinglich. Kein Nachtleben in unmittelbarer Umgebung, dafür aber Parkflächen an der Avenue und am Cinquantenaire. DZ mit Frühstück 65–75 €, auch Drei- und Vierbettzimmer vorhanden. Avenue de Tervueren 24, Tram Montgomery, ✆ 02/7330819, ✇ 02/7337475, hotel.derby@belgacom.net, www.hotel-derby.be.

Anderlecht/Gare du Midi
(→ Karte, S. 242/243)

Am Südbahnhof ist Brüssel verkehrsreich und wirkt noch immer recht heruntergekommen. Hier sind am ehesten günstige Hotels zu finden.

*** **Ustel (3)**, eine gute Wahl unter den vergleichsweise preiswerten Hotels nahe der Gare du Midi ist dieses mehrstöckige Hotel mit 114 Zimmern. Davon eignen sich 4 Apartments und 16 Studios mit Küchenzeile auch für längere Aufenthalte. Das Restaurant La Grande Ecluse direkt nebenan im denkmalgeschützten Gebäude einer alten Schleuse gehört ebenfalls zur Hotelkette Torus. An Sommerabende kann man hier oder im lauschigen Hotelgarten auch gut draußen sitzen. Hotel rechtzeitig reservieren, da hier häufig Konferenzteilnehmer oder Schulklassen übernachten. Je nach Saison DZ mit Frühstück an Wochenenden ab 45 €. Square de l'Aviation 6–8, Gare du Midi Lemonnier, ✆ 02/5206053, ✇ 02/5203328, www.brusselshotelustel.com.

Oceanic Hotel (12). Das Treppenhaus ist sehr schmal, aber es gibt einen kleinen Aufzug. Mit Lärm von der Gare du Midi ist hier zu rechnen. Die EZ mit (teils) durchgelegenen Betten kosten 30 €, die DZ 45 €;

Galia: direkt am Flohmarkt Jeu de Balle

mit TV. Kein Frühstück. Avenue Fonsny 4, Gare du Midi, ✆ 02/5392813, ✇ 02/5391135.

Sky Inn (9) das einfache, aber saubere Hotel hat einen Aufzug und verschiedene Zimmer (mit TV), deren Preis sich danach richtet, ob eine Toilette auf dem Flur genutzt wird (31–45 €) oder Sie ein eigenes Badezimmer mit Toilette haben wollen (50–69 €). Es gibt einen Aufzug. Kein Frühstück. Lärm von der Gare du Midi. Avenue Fonsny 2, Gare du Midi, ✆ 02/5441094, ✇ 02/5343363.

Hôtel de France (8), das Gebäude in Südbahnhofnähe erinnert an die 70er und wirkt von außen nicht unbedingt einladend. Doch der Service ist gut, und die Zimmer sind groß und sauber mit Bad und TV. DZ 45 € mit Frühstück. Boulevard Jamar 21, Gare du Midi, ✆ 02/5227935, ✇ 02/5221111.

Stalingrad (6), das Hotel ist angenehm und farbenfroh im marokkanischen Stil eingerichtet. Mit nur 20 Zimmern bietet es eine warme, persönliche Atmosphäre. An der

Rezeption wird Englisch, Spanisch und Arabisch gesprochen. Alle Zimmer haben Bad und TV. Es gibt einen Konferenz- und einen Teeraum. Lärm vom Südbahnhof nicht ausgeschlossen. DZ 45–50 €. Avenue de Stalingrad 117, Gare du Midi, ℡ 02/5111132, 📠 02/5143579, hotel.stalingrad@skynet.be.

Jugendherbergen
(online unter www.logerjeune.be)

Jacques Brel (18), → Karte S. 235, bei 47 Zimmern und 169 Betten herrscht hier meist Trubel. Die Herberge liegt in der Nähe der Place des Barricades, einer eher ruhigen Wohngegend. Zur Grand Place läuft man etwa 15 Minuten. 3 Zimmer sind behindertengerecht ausgestattet. Gepäckaufbewahrung gratis. Internet-Zugang, Tischtennisplatte und Gesellschaftsspiele. Kleines Restaurant. DZ 20,50 €, EZ 26 €, Zimmer für 6 Personen (und mehr) 15,30 €, Zimmer für 3–4 Personen 17,30 €. Rue de la Sablonnière 30, Ⓜ Botanique und Rogier, ℡ 02/2180187, 📠 02/2172005, brussels.brel@laj.be, www.laj.be.

Génération Europe (3), → Karte S. 142/143, 164 Betten, attraktiv sind hier Terrasse und Garten, im Sommer gibt es Grillabende und Fußballturniere (auf dem Mini-Platz). Gepäckaufbewahrung gratis, TV, Bar mit belgischen Bieren im Ausschank, Tischtennis. Zur Grand Place 20 Min. zu Fuß. Angebot von Ausflügen und Aktivitäten. Rue de l'Eléphant 4, Ⓜ Comte de Flandre, ℡ 02/4103858, 📠 02/4103905, brussels.europe@laj.be, www.laj.be.

Vincent Van Gogh (17), → Karte S. 235, in der Nähe des Botanischen Gartens, wo häufig Konzerte stattfinden. Metro, Tram und Nordbahnhof sind leicht zu erreichen. Zur Grand Place braucht man zu Fuß 15 Min. Man kann selbst kochen, waschen und Wäsche trocknen. Es gibt einen Billardtisch, eine Veranda und einen kleinen Garten. EZ 27 €, Zimmer für 2–3 Personen 20,50 €, Vierbettzimmer 16 €, Sechsbettzimmer 15 €, Zimmer für 8–10 Personen 13 €. Gebühr für Bettwäsche 3,80 €. Rue Traversière 8, Ⓜ Botanique, ℡ 02/2170158, 📠 02/2197995, info@chab.be, www.chab.be.

Sleep Well (6), → Karte S. 142/143, in der Nähe der Partymeile Rue du Marché au Charbon und nur 5 Min. von der Grand Place entfernt. Das moderne geräumige Gebäude aus dem Jahr 1994 beherbergt immerhin 240 Betten. Neben Ein- bis Achtbettzimmern gibt es einen Fernsehraum und 4 Aufenthaltsräume. Man kann Billard spielen

und im Sommer den Garten nutzen. Preise pro Person inkl. Frühstück und Bettzeug: EZ 27 €, DZ 28 €, Dreibettzimmer 22 €, Vierbettzimmer 20 €, Achtbettzimmer 17 €. Rue du Damier 23, Ⓜ De Brouckère, ℡ 02/2185050, 📠 02/2181313, info@sleepwell.be, www.sleepwell.be.

Bruegel (2), → Karte S. 178, direkt gegenüber der Kirche Notre-Dame de la Chapelle, in der Pieter Bruegel heiratete. Die Fratzen teuflischer Dämonen blicken von der Kirche direkt auf die moderne Herberge herab. 136 Betten, verteilt auf Zimmer von 1-6 Personen und drei Schlafsäle. Preise 17–30 €. Rue du Saint-Esprit 2, Ⓜ Gare Centrale, ℡ 02/5110436, 📠 02/5120711, brussel@vjh.be, www.vjh.be.

Privatunterkünfte und Wohnen auf Zeit

Chambres d'hôtes bzw. private Zimmer (Internet/Touristeninfo) kosten pro Übernachtung im DZ 55–95 €, Einzelzimmer sind ab 35 € pro Übernachtung zu haben. Pro Woche rechnet man mit 200–400 € für das EZ sowie 300–500 € für das DZ.

Bed & Brussels, Mo–Fr 8.30–12/14–17.30 Uhr. Rue Kindermans 9, ℡ 02/6460737, 📠 02/6440114, info@bnb-brussels.be, www.bnb-brussels.be.

Taxi Stop, vermittelt neben Mitfahrgelegenheiten u. a. auch etwa 30 Familienunterkünfte (Bed & Breakfast) in Brüssel und Umgebung. Rue du Fossé aux Loups 28, ℡ 02/222292, 📠 02/2232232, www.taxistop.org.

Traineesinbrussels, Unterkünfte für mehrere Monate für Praktikanten oder Trainees. Möblierte Zimmer, Apartments oder Bed & Breakfast. Rue Kindermans 9, 1050 Bruxelles, ℡ 02/6462624, 📠 02/6440114, info@traineesinbrussels.be, www.traineesinbrussels.be.

Camping

Brüssel ist ausdrücklich kein Traumziel für Camper. Der unten aufgeführte Campingplatz in Ixelles ist Brüssels einziger Platz (keine Website, im Winter ist niemand zu erreichen).

Bruxelles Europe à ciel ouvert/Espace international, Geöffnet vom 1. Juli bis 31. August, nur wenige Plätze für Wohnwagen. Pro Zelt und Person 6 €, Chaussée de Wavre 205, 1050 Bruxelles, ℡ 02/6407967, 📠 02/6482453.

Tropisme: ein Tipp für Literaturliebhaber

Wissenswertes von A bis Z

Antiquitäten

Fündig wird man vor allem Anfang des Jahres auf der berühmten **Antiquitätenmesse** (www.antiques-fair.be), ganzjährig bei den vielen Antiquitätenhändlern rund um den Grand Sablon sowie in der Rue Blaes und der Rue Haute des Marollenviertels. Hier eine kleine Auswahl:

Boon, Rue des Minimes 24, ☎ 02/5032494, 📠 52212685, www.boongallery.com. Tram 92, 93, 94. Gemälde 19./20. Jh.

Claude-Noëlle, Place du Grand Sablon 20, ☎ 02/5114172, 📠 5121759. Antiker Schmuck.

Costermans, Place du Grand Sablon 5, ☎ 02/5122133, 📠 5118856, www.costermans-antiques.com. Tram 92, 93, 94. Möbel und Kunstgegenstände 18./19. Jh.

Uzal, Rue de la Régence 11, ☎ 02/5024406, 📠 5024406, www.gallery-uzal.com. Tram 92, 93, 94.

Arbeiten in Brüssel
Jobs und Praktika

Wie überall heißt das Zauberwort „bewerben". Am begehrtesten sind Praktika bei den Generaldirektionen der Europäischen Kommission oder beim Europäischen Parlament, und zwar entweder in der Verwaltung oder in den Büros der Abgeordneten. Aber auch bei Unternehmen, Verbänden, Landesvertretungen oder in den Auslandsredaktionen deutscher Medien gibt es Möglichkeiten. Bei den EU-Institutionen ist ein abgeschlossenes Studium zum Bewerbungszeitpunkt (zum 1. März für das fünfmonatige Praktikum im Oktober, zum 1. Oktober für einen Praktikumsbeginn im März) meist Voraussetzung. Die Kommission zahlt Praktikanten monatlich etwa 800 €. Ausgewählte Bewerber werden in das „blue book" aufgenommen, eine Datenbank, aus der sich die Generaldirektionen sozusagen bedienen. Die Generaldirektion Übersetzung (GD) hat ihr eigenes Auswahlverfahren. Man kann es auch weniger bürokratisch versuchen, womit nicht nur Juristen häufig gute Chancen haben. Man bewirbt sich gezielt persönlich bei einem Ansprechpartner. Mit der Bezahlung sieht es in diesen Fällen meist schlecht aus.

Zur Orientierung: Der Rat der Europäischen Kommission beschäftigt pro Jahr 75 Praktikanten für etwa 700 € monatlich, der

Wirtschafts- und Sozialausschuss nur 24 pro Jahr und für die etwa 1.500 Plätze bei der EU-Kommission werden 2.500 Kandidaten in das „blue book" aufgenommen und über 10.000 bewerben sich. Und um später weiterhin in Brüssel zu arbeiten, ist ein „stage" (Praktikum) die beste Basis. „Stagiaires" dürfen zwar nach ihrem Praktikum nicht direkt von der Kommission eingestellt werden, aber viele haben durch „Zeitarbeit" als vorübergehend Beschäftigte „intérimaires", z. B. bei Unternehmensberatern angefangen. Die sog. „auxiliaires" hatten das Glück, danach an Drei-Jahres-Verträge zu kommen. Berufserfahrung hilft auf jeden Fall, den „Concours" zu bestehen. So heißen die gefürchteten Wettbewerbe um die begehrten Beamtenstellen als „fonctionnaire" bei der EU. Mühe und Hartnäckigkeit lohnen, denn selbst in der niedrigsten Beamtenlaufbahn C verdient man netto mindestens 2.300 € pro Monat.

Internet-Recherche: Tipps zu Fördermitteln, Ausschreibungen und Projekten gibt es unter www.europakontakt.de. Ein wöchentlich aktualisierter Internet-Dienst mit Stellenangeboten ist www.eurobrussels.com, auch www.europeanvoice.com liefert Ausschreibungen. Jobs, Wohnungen und Tipps für Hinzugezogene findet man auf www.xpats.com sowie www.europa-digital.de (von vor Ort lebenden Journalisten).

Ärztliche Versorgung/Notrufe

Gesetzlich versicherte EU-Bürger brauchen die **Europäische Krankenversicherungskarte** (meist auf der Rückseite der neuen Versichertenkarten mit Chip untergebracht). Empfehlenswert wie bei allen Reisen ist eine Auslandskrankenversicherung. Ambulante Behandlungen im Krankenhaus sind bei gesundheitlichen Problemen verbreiteter als in Deutschland.

Notruf ☎ 112
Notarzt und Feuerwehr ☎ 100
Polizei ☎ 101
Für Notrufe von Telefonzellen braucht man weder Münzen noch eine Telefonkarte.

Ärztlicher Bereitschaftsdienst: ☎ 02/4791818. Auch die Hotels besitzen Listen von Ärzten in Bereitschaft.
Apothekenbereitschaft: ☎ 0800/20600.
Anti-Gift-Zentrale: ☎ 070/245245.
Deutsche Telefonhilfe Brüssel (DTB): ☎ 02/7682121. Hier bekommt man u. a. die Telefonnummern von deutschsprachigen Ärzten, Psychologen, Rechtsanwälten.
Zahnärztlicher Bereitschaftsdienst: ☎ 02/4261026.

Musée de la Médecine, das Museum der Universität gibt einen Überblick über die Geschichte der Medizin von den ersten Heilversuchen durch Magie und Heilpflanzen. Gruseliges Highlight der Ausstellung sind 300 Wachsfiguren von Spitzner aus dem 19. Jh.
Öffnungszeiten Mo–Fr 13–16 Uhr. Eintritt 3 €, erm. 1–2 €, Führungen 5 €. Route de Lennik 808, ☎ 02/5553431, www.medicmuseum.org. Ⓜ Erasme

Aussichtspunkte

Tolle Blicke über die Stadt hat man vom Café des Musikinstrumentenmuseums, von der Place Royale, dem Palais de Justice, dem Atomium, der Basilika von Koekelberg und von den Arkaden des Heeres- und Militärmuseums am Cinquantenaire.

Auswandern

Infos für Leute, die nach Brüssel ziehen: www.brusselslife.be, www.living-in-belgium.com, www.expatsinbrussels.com, www.expatica.com.

Brussels Card & andere Ermäßigungen

Die Brussels Card (☎ 02/5138940, www.brusselscard.be) kostet 20, 28 bzw. 32 €, gilt für 24, 48 oder 72 Std. und gewährt über alle öffentlichen Verkehrsmittel (STIB/MIVB) und den Eintritt zu fast allen wichtigen Brüsseler Museen. Dazu gibt es ein Informationsheft, in dem u. a. die Partner der Brussels Card aufgelistet sind, die Karteninhabern 25 % Ermäßigung gewähren, beispielsweise für kulturelle Einrichtungen, Läden, Restaurants und Bars. Einige Modedesigner aus der Rue Antoine

Dansaert bieten Rabatt von 5 % auf ihre Kollektionen an. Die Brussels Card bekommt man in allen Touristeninformationen, in den teilnehmenden Museen, in einigen Hotels sowie in den Büros der Brüsseler Verkehrsbetriebe (→ S. 62).

Für ein jugendliches Publikum gibt es z. B. bei der Touristeninformation oder am Atomium für 5 € den Manneken-Pass (www.mannekenpass.eu). Er gewährt die kostenlose Nutzung der öffentlichen Verkehrsmittel und Ermäßigungen auf Eintritte sowie in Bars und Geschäften. Man bekommt einen Stadtplan von Brüssel mit abreißbaren Bons.

Pass Mont des Arts: Dieser Pass gilt samstags und sonntags für sieben Museen auf dem Kunstberg. Erwachsene 11 €, Studenten und erm. 5,50 €, Kinder bis 13 Jahre gratis. Teilweise ist auch der Eintritt für Ausstellungen in diesem Pass enthalten. Man bekommt ihn am Ticketschalter im Palais des Beaux-Arts in der Rue Ravenstein (Sa 11–19 Uhr, So 10–18 Uhr).

Casino

Das 2006 neu eröffnete **Grand Casino** bietet auf 6.200 m². 13 Spieltische und 201 Automaten. Es gibt mehrere Bars, ein Restaurant und eine gediegene 1. Etage mit VIP-Club. Kein Zutritt in Turnschuhen, aber auch kein Krawattenzwang. Zutritt ab 21 Jahren (Ausweispflicht). Rue Duquesnoy 12–14, ✆ 02/2896868, www.grandcasinobrussels.be. 12–4 Uhr. Ⓜ De Brouckère, Gare Centrale.

Deutsche Adressen

Goethe-Institut, Rue Belliard 58, ✆ 02/2303970, ✆ 02/2307725. Mo 13–19, Di–Fr 10–19 Uhr, Sa 10–13 Uhr. Ⓜ Maelbeek.

DGZ (Deutschsprachiges Zentrum Brüssel), Lange Eikstr. 82, B-1970 Wezembeek-Oppem, ✆ 02/7661610. Dienstleistungs- und Kulturzentrum für Deutschsprachige in Brüssel mit angegliederter Volkshochschule.

BDG (Belgisch-Deutsche Gesellschaft), Avenue Louise 500 ✆ 02/6474135, ✆ 02/6409328, www.belgischdeutsche.be.

Internationale Deutsche Schule, Rue du Long Chêne 71, 1970 Wezembeek-Oppem, ✆ 02/7850130, www.bsbruessel.be.

Ständige Vertretung der Bundesrepublik Deutschland bei der Europäischen Union, Rue Jacques de Lalaing 8–14, ✆ 02/7871000, www.bruessel-eu.diplo.de.

Straßenkunst im Stadtzentrum

Diplomatische Vertretungen

Königlich Belgische Botschaft, Jägerstraße 52–53, 10117 Berlin, ✆ 030/206420, ✆ 20642200, www.diplobel.org/deutschland. Mo–Fr 9–17 Uhr. Konsularabteilung 9–12 und 14–16 Uhr.

Königlich Belgische Botschaft, Wohllebengasse 6, 1040 Wien, ✆ 01/50207, ✆ 5020711, www.diplomatie.be/viennade. Mo–Fr 9–12 und 14–16 Uhr.

Königlich Belgische Botschaft, Jubiläumsstraße 41, 3005 Bern, ✆ 3500150, ✆ 3500165, www.diplomatie.be/bernde. Mo–Fr 8.30–11.30 Uhr (Publikumsverkehr).

Botschaft der Bundesrepublik Deutschland, Rue Jacques de Lalaing 8–14, 1040 Brüssel, ✆ 02/7871800 (Bereitschaftsdienst für Notfälle ✆ 0475/577762), ✆ 7723692, www.

bruessel.diplo.de. Mo–Fr 9–12 Uhr, Mi auch 14.30–16 Uhr. Ⓜ Maalbeek.

Botschaft der Republik Österreich, Place du Champ de Mars 5, 1050 Brüssel, ☎ 02/2890700 (Handy Bereitschaftsdienst ☎ 0486/288104), ☎ 5136641, www.aussenministe rium.at/bruessel. Mo–Fr 10–12.30 Uhr. Ⓜ Porte de Namur.

Botschaft der schweizerischen Eidgenossenschaft, Rue de la Loi 26, 1040 Brüssel, ☎ 02/2854350, ⊛ 2303781, www.eda.admin.ch/brussels. Mo–Fr 9–12 Uhr. Ⓜ Arts-Loi.

Dokumente

Für EU-Bürger genügt der Personalausweis, ansonsten ist ein Reisepass nötig.

Eintrittskarten

Direkt bei den Veranstaltern (Vorverkauf und Abendkasse) oder über die **Tourismus-Information** auf der Grand Place im Vorverkauf erwerben oder reservieren lassen (z. B. www.bozar.be).

Last-Minute-Tickets zum halben Preis für kulturelle Veranstaltungen am selben Abend bietet Arsène50, Galerie de la Reine 26 (im Cinéma Arenberg), www.arsene50.be. Di–Sa 12.30–17.30 Uhr. Ⓜ Gare Centrale. Ein zweiter Verkaufspunkt ist an der Place Ste-Croix (Ticketverkauf für das Flagey). Tram 81, 82, Bus 71.

Feiertage

Geschäfte und Museen dürfen an Feiertagen öffnen, Banken und Postämter sind geschlossen. Belgiens gesetzliche Feiertage sind: Neujahrstag, Ostermontag, Tag der Arbeit (1. Mai), Christi Himmelfahrt (6. Donnerstag nach Ostern), Pfingstmontag, Fest der flämischen Gemeinde (11. Juli, für Flandern), belgischer Nationalfeiertag (21. Juli), Mariä Himmelfahrt (15. Aug.), Fest der wallonischen Gemeinschaft (27. Sept., nur Wallonien), Allerheiligen (1. Nov.), Gedenktag zum Endes des 1. Weltkriegs (Waffenstillstandstag, 11. Nov.), Weihnachten (25./26. Dez.).

Fundbüros

Für **Metro** oder **Bus**: STIB-Fundbüro in der Metrostation Porte de Namur, ☎ 25152394, Mo–Fr 8.30–16 Uhr.

Am Flughafen: in der Besucherhalle, ☎ 7233929 oder 7536820. Im Flugzeug etwas vergessen: Avia Partners, ☎ 27536820.

Französische Chansons

Le Cabaret aux Chansons, Rue Marché aux Fromages 22, ☎ 02/5125192, www.cabaretauxchansons.be. Nähe Grand Place. Tram Bourse.

La Péchiche Fulmar, Quai des Péniches 22, ☎ 02/6737011, www.penichefulmar.be. Ⓜ Yser.

Le Jardin de ma sœur, Rue du Grand Hospice 54, ☎ 02/2176582, www.lejardin demasoeur.be. Ⓜ Sainte-Catherine.

L'os à Moelle, Avenue Emile Max 153, ☎ 02/2162568, www.osamoelle.be. Vielleicht Brüssels ältestes Café-Théâtre (von 1960). Hier traten bereits Barbara, Higelin und Le Mîme Marceau auf. Schaerbeek, Tram 23, 90 (Meiser oder Diamant), Bus 12, 21, 63 (Plasky).

Le Bouche à l'Oreille, Rue Félix Hap 11, ☎ 02/7422921, www.bad.be Etterbeek, Ⓜ Mérode.

Galerien

Xavier Hufkens, Rue Saint-Georges 6–8, ☎02/6396730, www.xavierhufkens.com. Di–So 12–18 Uhr. Eine der größten Brüsseler Kunstgalerien mit regelmäßigen Ausstellungen. Liegt ein bisschen außerhalb und ist am besten mit dem Auto zu erreichen.

Galerie Jonas, Rue de Flandre 35, ☎02/5035055, www.jonasgallery.com. Do 14–18, Fr, Sa 14–20 Uhr. Kleine Galerie in der Nähe der Kirche Sainte-Catherine. Ⓜ Sainte-Catherine.

Geld

Die belgische Währung ist der Euro. Mit Kreditkarten und EC-/Maestro-Karten kommt man auch in vielen Geschäften und Restaurants und gut zurecht.

Information in Brüssel

Tourismus-Information Hôtel de Ville, Grand Place, 1000 Bruxelles, ☎ 02/5138940, ⊛ 5138320, www.brusselsinternational.be. Tägl. 9–18 Uhr, So von Jan. bis Ostern geschlossen, sonst im Winter 10–14 Uhr, im Sommer ebenfalls 9–18 Uhr.

Place Royale: Am Mont des Arts gibt es seit Mai 2008 ein neues Info-Büro.

Im Flughafen: Office de Promotion du Tourisme, Ankunftshalle, tägl. 8–21 Uhr, geschlossen 25.12. und 1.1.

Im Südbahnhof (Gare du Midi): Infopoint, Mo–Do 8–17 Uhr, Fr 8–20 Uhr, Sa 9–18 Uhr, So und Feiertage 9–14 Uhr; im Sommer tägl. 8–20 Uhr und Fr bis 21 Uhr.

Im Europaparlament: Rue Wiertz 43 (Gebäude P.A. Spaak), Mo 13–17 Uhr, Di–Do 9–17 Uhr, Fr 9–12 Uhr.

Info Toerisme Vlaanderen: Rue du Marché aux Herbes 61, ☎ 02/25040390, www.visit flanders.com. Das große Infoamt ist meist wesentlich leerer als die Info an der Grand Place und bietet denselben Service für Brüsselbesucher (Broschüren, Stadtpläne, Hotelvermittlung). Der Schwerpunkt liegt bei Informationen zu Flandern. Mo–Sa 10–17 Uhr, im Sommer auch an Wochenenden, 25. Dez.–1. Jan. geschlossen.

Information in Deutschland

Belgien Tourismus Wallonie-Brüssel, Cäcilienstr. 46, 50667 Köln, ☎ 0221/27059-0, ✉ 0221/27059-100, www.belgien-tourismus.de.
Tourismus Flandern, Cäcilienstr. 46, 50667 Köln, ☎ 0221/277590, ✉ 0221/2709777, www.flandern.com.

Information im Internet

Neben der Websites der oben genannten Tourismusämter finden Sie hier einige andere Internetadressen, die über die Stadt, ihre Einrichtungen und Attraktionen informieren:

Tourismus

www.belgien-tourismus.de
www.brusselsmuseums.be
www.bruxelles-tourisme.be
www.brussels-international.be
www.ilotsacre.be
www.schwarzaufweiss.de/bruessel

Leben und Politik

www.brüsselrundschau.be
www.belgieninfo.net
www.brussels-online.com

Europa

www.eurobru.com
www.europa-digital.de

Restaurants

www.ebru.be

Nachtleben und Events

www.noctis.com
www.boups.com
www.netevents.be

Information in Österreich

Tourismuswerbung Flandern-Brüssel, Mariahilfer Straße 121 b, 1060 Wien, ☎ 01/5960660, ✉ 5960695, www.flandern.co.at

Jazz

Aktuelles über Life-Konzerte und Musikerszene erfährt man unter www.jazzinbelgium.org. Jazz hört man in Brüssel in Grand-Place-Nähe am besten im Music Village (→ Tour 1) oder Archiduc (→ Tour 2), in Ixelles in der Maison Flagey (→ Tour 6) oder Sounds. In Saint-Gilles im Atelier de la Dolce Vita.

Sounds Jazz Club, Rue de la Tulipe 28, ☎ 02/5129250, www.soundsjazzclub.be. Kleines Restaurant, Live-Jazz oder Salsa Nights. Tägl. (außer So) 20–4 Uhr. Bus 38, 54, 60, 71.

Art-ô-bases, Rue Ulens 43, ☎ 02/486056015. In Molenbeek, Live-Musik jeden Donnerstag. Ⓜ Sainte Catherine.

Le Bouche à Oreille, Rue Félix Hap 11 (Place Van Meyel), ☎ 02/7422921, www.bao.be. Mitten im EU-Viertel im großen Gebäudekomplex eines alten Klosters, mit großem Restaurant, manchmal Life-Musik (→ Veranstaltungskalender). Ⓜ Mérode, Bus 80.

Brüsseler Jazzgeschichte

„Toots" — mit vollem Namen Jean Baptiste „Toots" Thielemans (geb. am 29.4.1922 in Brüssel) ist der vielleicht bekannteste belgische Jazzmusiker überhaupt. Der Meister der Mundharmonika, des Akkordeons, der Gitarre und des Pfeifens spielte mit Benny Goodmans All Star Band und vielen internationalen Größen, wie z. B. Bill Evans, Ella Fitzgerald, Quincy Jones, Billy Joel etc. 2004 wurde er für sein Lebenswerk mit der German Jazz Trophy ausgezeichnet und bei jedem seiner Konzerte kann man mit einem Riesenandrang rechnen.

Kindertheater

Théâtre Royal du Peruchet, Kindertheater mit Marionettenmuseum in Ixelles, Avenue de la Forêt 50, ☎ 02/6738730, www.theatre peruchet.be. Das Museum des Theaters zeigt 4.000 Marionetten aus der ganzen

Welt. Die älteste aus Indien ist 150 Jahre alt. Eintritt für Theaterbesucher gratis, Besichtigungen sonst auf Anfrage. Tram 94.

Kino

Wer Englisch oder Französisch spricht, wird Brüssels Kinoszene zu schätzen wissen, denn die Filme laufen im Original, oft mit englischen oder niederländischen Untertiteln. Das aktuelle Kinoprogramm finden Sie unter www.cinebel.com bzw. www.cinenews.be.

Cinéma Arenberg, Programmkino. Galerie de la Reine 26, ☎ 02/5128063, www.arenberg.be. Ⓜ Gare Centrale.

Auch die **Kulturzentren** (s. u.) und das **Flagey** in Ixelles (→ S. 211) sind Programmkinos und zeigen belgische Filme.

UGC de Brouckère, Besonderheit: Sa nachmittags beaufsichtigte Kindervorstellungen. Place de Brouckère 38. **UGC Toison d'Or**, 12 Säle. Avenue de la Toison d'Or 8, ☎ 02/90010440. Ⓜ De Brouckère.

Musée du Cinéma: täglich Stummfilme und Klassiker (→ S. 169).

Kinépolis Bruparck, Riesen-Multiplex-Kino am Atomium. ☎ 0900/00555. Ⓜ Heysel.

Klassische Musik und Ballett

Opéra National (Théâtre Royal de la Monnaie), Rue Léopold 4, Vorverkauf Oper und Ballett Di–Sa 11–18 Uhr, ☎ 070/233939, www.lamonnaie.be. Ⓜ De Brouckère.

Dank Gérard Mortier, der das Haus von 1981–1991 führte und der mittlerweile die Pariser Oper leitet, stieg die Opéra National La Monnaie (De Munt) im Théâtre Royal de la Monnaie zu den besten Opernhäusern Europas auf. Die Bühne ist daneben auch die künstlerische Heimat von Anna Teresa Keersmaeker, die zu den besten internationalen Choreographen zählt, und ihrem Tanzensemble „Rosas". Jedes Jahr ist Brüssel Schauplatz des Concours Musical International Reine Elisabeth, der zu den weltweit wichtigsten klassischen Musikwettbewerben zählt (→ S. 54).

Symphonieorchester: Es gibt in der Stadt 4 große Orchester, das des Théâtre Royal de la Monnaie, das Orchestre National de Belgique und die der beiden Rundfunkanstalten VR (VRO, Vlaams Radio Orkest) und BRT.

Grand Auditoire Paul-Emile Janson, Konzertsaal der Freien Universität Brüssel.

Avenue Franklin D. Roosevelt 48, ☎ 02/6504041. Tram 93, 94.

Maison de la Radio, Art-déco-Saal, Place Eugène Flagey 18, ☎ 02/6271640. Tram 81.

Conservatoire Royal de Musique, Orchester des Konservatoriums und Gastensembles. Rue de la Régence 30 a, ☎ 02/5110427, www.conservatoire.be. Tram 90, 92, 93, 94.

Palais des Beaux-Arts (Bozar), im von Victor Horta erbauten Konzertsaal präsentieren sich bekannte Ensembles. Rue Ravenstein 23, ☎ 02/5078444, www.bozar.be. Ⓜ Gare Centrale.

Halles de Schaerbeek, Klassik, Moderne und Ballett in den ehemaligen Markthallen der Gemeinde Schaerbeek. Rue Royale-Ste-Marie 31, ☎ 02/2182107, www.halles.be. Tram 90, 92, 93, 94.

Centre Culturel de la Communauté Française Wallonie-Bruxelles, im Botanique. Rue Royale 336, ☎ 02/2183732, www.botanique.be. Ⓜ Botanique.

Kaaitheater, u. a. regelmäßig neue Musik. Square Sainctelette 20, ☎ 02/2015959, www.kaaitheater.be. Ⓜ Yser.

La Chapelle des Brigittines, Petite Rue des Brigittines, ☎ 02/5064300, www.brigittines.be. Ⓜ Anneessens.

Klima und Reisezeit

In Brüssel herrscht ein feucht-gemäßigtes Klima. Die Tagesdurchschnittstemperaturen liegen bei 4,8 °C im Januar und bei 22,4 °C im Juli. Im Winter wird es selten kälter als -7 °C. Im Sommer und Spätherbst kann es zu heftigen Regengüssen kommen. Im Frühling und Spätsommer scheint meist die Sonne (jährliche Sonnenstunden ca. 1.600, das ist in etwa deutsches Niveau). Über das Wetter der nächsten Tage können Sie sich im Internet informieren (www.meteo24.de oder www.wetteronline.de).

Kulturzentren

Centre Culturel Jacques Franck, Chaussée de Waterloo, ☎ 02/5389020, www.ccjacquesfranck.be. Ⓜ Parvis de Saint-Gilles.

Espace Senghor, Centre Culturel d'Etterbeek, Chaussée de Wavre 366, ☎ 02/2303140, www.senghor.be. Musik, Kino, Theater, Lesungen in der Nähe der Place Jourdan im EU-Viertel. Ⓜ Maelbeek, Bus 59.

Pelgrims, Rue de Parme 69, ☎ 02/5345605. Ausstellungen, Konzerte. Ⓜ Parvis de Saint-Gilles.

Les Riches-Claires, Rue des Riches Claires 24, ☎ 02/5482570, www.lesrichesclaires.be. Tram: Bourse.

Comics: Die neunte Kunst gehört zur belgischen Kultur

Literatur live

Maison Internationale des Littératures Passa Porta, Rue Antoine Dansaert 46, ☎ 02/2260454, www.passaporta.be. Ausstellungen, Lesungen, Workshops Buchhandlung. Tram: Bourse.

> In den heutigen Bestsellerlisten taucht der Name der äußerst produktiven Nachwuchsschriftstellerin **Amélie Nothomb** auf, der man zufällig in einer der Kneipen Ixelles begegnen könnte. Die Tochter des belgischen Botschafters Patrick Nothomb verbrachte ihre Kindheit in Japan, China, New York und verschiedenen Ländern Asiens. Sie studierte an der ULB in Brüssel und begann in wie eine Besessene zu schreiben. Seit 1992 bekam sie mehrere Literaturpreise. Verfilmt wurde der Roman „Stupeurs et Tremblements" („Mit Staunen und Zittern", 2003, Regie Alain Corneau), der die japanische Arbeitswelt aufs Korn nimmt.

La Maison du Conte, Rue du Rouge-Cloître 7 d, ☎ 02/7366950, www.lamaisonducontedebruxelles.be. Tipp für Freunde französischer Erzählkunst: Mit Nacht-

lesungen und Freilufttheater, Kinderprogramm. Tram Rouge-Cloître.

Quartiers Latins, Place des Martyrs 14, ☎ 02/2273400, www.cfc-editions.be. Di–Sa 10–18 Uhr. Ausstellungen, Lesungen, geführte Touren und ein großes Sortiment an Literatur (Sachbuch und Belletristik) zu Brüssel. Ⓜ Rogier oder De Brouckère.

Cook and Book, Place de Temps Libre 1, Woluwe, ☎ 02/7612600, www.wolubilis.be/fr/cook_book. Di–Fr 10–17 Uhr. Buchladen mit acht Räumen und Erlebnisrestauration. Die Chefin kocht selbst. Ⓜ Roodebeek.

Lesezeichen, Rue Vander Elst Straat 38, 1950 Kraainem, ☎ 02/7842334, 🖷 02/7842335, www.lesezeichen.be. Di–Fr 10–18.30 und Sa 10–16 Uhr. Deutschsprachige Buchhandlung, in einem Vorort, in dem sich viele Deutsche niedergelassen haben. Mit Veranstaltungsprogramm. Ⓜ Stockel.

Literaturtipps

Conscience, Henrik: Der Löwe von Flandern. Lübbe Verlag, 1995. Ein ideales Werk zum Geschichtsverständnis, leider ist der historische Roman nur als Kinderbuchfassung oder antiquarisch erhältlich.

Döpfner, Mathias: Brüssel. Das Insider-Lexikon. C.H. Beck Verlag, 1993. 157 Seiten. Alphabetisch geordnete Reportagen, schon älteres Buch, aber immer noch lesenswert. Der Autor war Benelux-Korrespondent der FAZ.

Döring, Jörg, Schütz Erhard: Wie Miss Clavell erschossen wurde. Universitätsverlag Siegen, 2007. Zeugnisse zu Gottfried Benns Anwesenheit bei der Hinrichtung einer Krankenschwester in Brüssel während der Nazizeit.

Die Sprache des Kleinbürgertums
Heute hört man fast nur noch im volkstümlichen Theater, wie die Leute im alten Belgien sprachen. Zu den Klassikern, über die Generationen Brüsseler Tränen lachten, zählen „Bossemans et Coppenolle" (von Paul van Stalle und Joris d'Hanswijck) und „Le mariage de Mademoiselle Beulemans" (von Jean-François Fonson und Fernand Wicheler). Auf Marollisch kann man einen weiteren Klassiker erleben – „Les fables de Pitje Schramouille" von Roger Kervyn de Marcke ten Driessche.

Kieffer, Rob: Büßer, Bürokraten und Bierologen. Belgische Eskapaden. Picus, 2000. 130 Seiten. Originelle Reportagen über Belgien und seine Hauptstadt.

Hanotte, Xavier: Das Bildnis der Dame in Schwarz. Dtv, 2002. 431 Seiten. Der erste Brüssel-Krimi mit Inspektor Dussert. Vom selben Autor: Von verschwiegenem Unrecht. DTV, 1999. 458 Seiten.

Heine, Ernst W.: Brüsseler Spitzen. Btb, 1999. 351 Seiten. Krimi über politische Intrigen in der EU-Metropole.

Hergé, Tim und Struppi. Das Geheimnis der „Einhorn". Carlsen, 1998. Dieser Band der Comic-Klassiker-Reihe spielt nicht in weiter Ferne, sondern in Belgien.

Brüssel für Bibliophile! In der **Bibliotheka Wittockiana** des Textilfabrikanten Michel Wittock sind etwa 2.000 antike und 400 moderne Einbände zu bewundern, u. a. von Henri van de Velde und dem mittelalterlichen Buchbinder Jean Grolier (1479–1565). Öffnungszeiten: Di–Sa 10–17 Uhr. Eintritt 3 €, erm. 2 €. www.wittockiana.org. Rue du Bemel 21–23, Woluwé-Saint-Pierre. Ⓜ Thierry, dann Bus 36.

Mertens, Pierre: Der Geblendete. Luchterhand, 1992. Beschäftigt sich literarisch mit Gottfried Benn und Edith Clavells Hinrichtung.

Schuiten, François und Peeters, Benoît: Die geheimnisvollen Städte. Brüssel. Egmont Ehapa, 2002. So sehen Comics für Erwachsene mit Sinn für Architektur aus.

Simenon, Georges: Der Verdächtige. Diogenes, 1991. Dieser Krimi mit Kommissar Maigret spielt im Stadtteil Schaerbeek.

Vermeulen, John: Die Elster auf dem Galgen. Ein Roman aus der Zeit Pieter Bruegels. Diogenes Verlag, 1995. 491 Seiten. Roman über Leben und Werk des sog. Bauernbruegels.

Märkte

Flohmärkte: *Place du Jeu de Balle*, täglich 7–14 Uhr. Ⓜ Porte de Hal.
Gare du Midi, jeden So 7–13 Uhr. Ⓜ Gare du Midi.
Abbattoirs Anderlecht, jeden So 7–13 Uhr. Ⓜ Clemenceau.
Antiquitäten: *Place du Grand Sablon*, Sa 9–18 Uhr, So 9–14 Uhr. Tram 92, 93, 94.
Marrokanische Einkaufsstraße: *Schaerbeek*, Rue de Brabant, So 8–13 Uhr. Ⓜ Gare du Nord.
Wochenmarkt: *Parvis Saint-Gilles*, Textilien und Lebensmittel, So 9–13 Uhr. Ⓜ Parvis de Saint-Gilles.

Musiktipps: Rock & Pop

Der 1954 in Brüssel geborene New-Wave-Musiker mit dem Künstlernamen Plastic Bertrand landete 1977 mit „Ça plane pour moi" einen Riesenhit, der sogar ins Thailändische übersetzt wurde. In den 1980ern war Brüssel das Zentrum einer aktiven und populären Independent-Szene (z. B. Hector Zazou, Aksak Maboul oder Tuxedomoon, Anna Domino und Blaine L. Reininger). Sehr beliebt ist Arno. Der Sänger startete seine Karriere in Ostende, war Mitglied der Gruppen Freckle Face, Tjens Couter und TC Matic und ist seit 1986 Solokünstler. Er singt flämisch, französisch und englisch, Diverses von Pop über Jazz bis zu Walzer und Filmmusik und gibt seit den 1980ern u. a. in Brüssel zahlreiche Konzerte (Hörprobe unter www.arno.be). Weitere aktuelle Tipps belgischer und Brüsseler Gruppen zum Reinhören: Hooverphonic, Vive la Fête, Mud Flower, Front 242, Ghinzu

Brüssels Bewohner: eine bunte Völkermischung

(aus Brüssel), dEUS und Admiral Freebee (aus Antwerpen), De Mens, Goose, Ozark Henry, An Pieré und Soulwax (www.soulwax.com).

Öffnungszeiten

Banken und Ämter in der Regel Mo–Fr 9–16 Uhr. Postämter und kleinere Museen machen Mittagspause (12–14 Uhr). Geschäfte sind bis 20 Uhr und an der Grand Place und in den Marollen vielfach auch sonntags geöffnet. Nachts gewährleisten Night Shops die Grundversorgung mit Getränken und einigen Lebensmitteln. An Sonntagen haben nur Geschäfte mit Sondergenehmigung in der Nähe der Grand Place und anderer touristischer Punkte geöffnet, außerdem Museumsshops, Kioske und Geschäfte in Bahnhöfen.

Parks

Bois de la Cambre: im Süden der Stadt. Es gibt dort Seen, Cafés und an den Sommerwochenenden werden Durchfahrtsstraßen gesperrt, was Fahrradfahrer und Skater freut. Tram Legrand, Bus Bascule, Réservoir.

Forêt des Soignes: schließt sich im Prinzip südöstlich an den Bois de la Cambre an. Empfehlenswert sind Spaziergänge zu den Baumschulen von Tervuren oder Groendael oder zum Kloster Rouge-Cloître aus dem Jahr 1369, einem Naherholungsziel mit Restaurant und Ausstellungsräumen. Ⓜ Herrmann-Debroux (Endhaltestelle), Bus/Tram Rouge-Cloître.

Park Woluwe Saint-Pierre: Den Ausflug in diesen Park östlich der Innenstadt kann man mit einem Besuch des Trammuseums Musée du Tram verbinden (→ S. 249). Der Park ist 71 ha groß und lädt zum Skaten, Fahrradfahren, Picknicken, Sonnen und Entenfüttern ein. Als zweiter Park schließt sich östlich davon (jenseits der Avenue de Tervuren) der **Parc Parmentier** an mit weiteren zwei Seen, einem norwegischen Pavillon, einer neogotischen Kapelle und versteckt liegenden Villen im Stil englischer Cottages. Tram: Dépôt de Woluwe, Bus: Dépôt de Woluwe, Kelle.

Parc de Laeken: Der große königliche Park im Norden Brüssels. Im Park von Laeken liegen der streng bewachte Königspalast und der Pavillon du Belvédère, in dem König Albert II. wohnte, bis er König wurde. Beide sind nicht zu besichtigen. Die meisten Besucher zieht es im April/Mai hierher, wenn die Gewächshäuser von Laeken geöffnet sind (→ S. 253). Weitere Attraktionen des Parks sind der japanische und der chinesische Pavillon. Die Eingänge liegen in der Avenue de la Dynastie, der Avenue du Parc Royal und der Avenue des Trembles. Tram De Wand, Bus De Wand.

Parteien

Auch Belgiens Parteienlandschaft spiegelt den Konflikt zwischen Flamen und Wallonen wider. So spalteten sich die flämischen und wallonischen Flügel der großen Parteien zu selbstständigen Parteien auf. Wegen dieser Zersplitterung zählen in Belgien bereits Parteien, die zwischen 10 und 15 % der Stimmen erreichen, zu den großen Parteien.

Christdemokraten: Christen-Democratisch en Vlaams Partij (CD&V; bis 2001 Christelijke Volkspartij, CVP) und Centre Démocrate Humaniste (CDH; bis 2002 Parti Social Chrétien, PSC).

Sozialisten: flämische Sociale Progressief Alternatif (SP.A; bis 2001 Socialistische Partij, SP) und Parti Socialiste (PS).

Liberale: Vlaamse Liberalen en Demokraten (VLD) und Parti Réformateur Libéral (PRL)

Grüne: Anders Gaan Leven De Vlaamse Groenen (AGALEV) und Écologistes confédérés pour l'Organisation de Luttes Originales (ÉCOLO).

Nur in **Brüssel**: Front Démocratique des Francophones (FDF),

Rechtsextreme: Vlaams Blok (VB).

Polizei

Polizeidirektion, Rue du Marché au Charbon 30, ✆ 02/2797979, www.polbru.be. Hier erfahren Sie auch die Adresse des für die jeweiligen Stadtbezirke zuständigen Kommissariats. **Notruf** → „Ärztliche Versorgung".

Post

Postämter haben meist Mo–Fr 9–17 Uhr geöffnet. Man hier auch Faxe versenden. Briefmarken sind meist auch in Tabakläden erhältlich. Postlagernde Sendungen erhält man nur in folgenden großen Postämtern: Brüssel-City, Rue Neuve 123, Mo–Fr 8–18 Uhr, Sa 10–13 Uhr.

De Brouckere, Boulevard Anspach 1, Mo–Fr 8–18 Uhr, Sa 10.30–16.30 Uhr.

Brüssel-Süd, Avenue Fonsny C 32.4, Mo–Fr 7–19 Uhr, Sa 10–15 Uhr, im Juli/August länger sowie sonntags.

Religion

Über 81 % der Belgier sind katholisch, rund 8 % protestantisch. Zu den religiösen Minderheiten zählen über 300.000 Muslime und rund 35.000 Juden.

Sport

Schwimmen: *Piscine communale d'Ixelles*, Rue de la Natation 10, ✆ 5156931. Tägl. 8–18 Uhr, Mo bis 21 Uhr. Über 100-jähriges, denkmalgeschütztes Schwimmbad. Sportbecken 29,2 x 14,40 m. Bus 71, Flagey.

Aquamarine, Schwimmbad mit Tauchclub. Route de Lennik 1041, Anderlecht, ✆ 02/5278495.

Piscine Victor Boin, Rue de la Perche 38, Saint-Gilles, ✆ 02/5390615. Jugendstilschwimmbad mit 33 m langem Becken.

Piscine de la VUB, Boulevard du Triomphe 8, Ixelles, ✆ 02/6292311, 25-m-Becken.

Centre sportif d'Etterbeek, Rue des Champs 69, 1040 Etterbeek, ✆ 02/6403838, 25-m-Becken. Weitere Schwimmbäder in Brüssel Website www.natabel.com/nager.

Tauchen: *Nemo*, Rue de Stalle 333, Uccle, ✆ 02/3320067, www.nemo-33m.com. Ab Mittag geöffnet. Laut Werbung der tiefste Pool der Welt (33 m). Mit Tauchschule. Ausrüstung im Preis (20 €/Tauchgang) enthalten. Kinder unter 12 Jahren haben keinen Zutritt!

Tennis: *Smash Tennis*, Rue du Roseau 60, Uccle, www.smashtennisacademy.be, ✆ 02/3721818.

Badminton, Squash & Fitness: *Stadium*, Avenue Sippelberg 1, Molenbeek-Saint-Jean, ✆ 02/4144041, Ⓜ Sainte-Catherine.

Bowling: *Crosly Super Bowling*, Boulevard de l'Empereur 36, ✆ 02/5120874.

Indoor-Climbing: *Les Salles d'Escalade New Rock*, Chaussée de Watermael 136, Auderghem, ✆ 02/6751760, www.newtoprock.com.

Reiten: *Fédération Royale Belge des Sports Equestres*, Avenue Houba de Strooper 156, Laeken, www.equibel.be, ✆ 02/4785056.

Stadtmagazine

„Kiosque" in französischer Sprache, „Bulletin" auf Englisch mit Veranstaltungstipps in der Beilage „What's on", „Humo" in niederländischer Sprache.

Tipp: Sonnen an Deck oder Tagestour nach Antwerpen

Stadtrundfahrten

Brussels City Tours: Visit Brussels Line und City Sightseeing: Die Tickets gelten 24 Stunden und man kann beliebig ein- und aussteigen. 16 € für Erwachsene, 8 € für Kinder. Es werden auch Ausflüge nach Antwerpen, Gent, Brügge und in andere belgische Städte angeboten. Rue de la Colline, ✆ 02/5137744, ✉ 5025869, www.brussels-city-tours.com. Die Busse halten direkt vor der Börse, wo man auch die Tickets kaufen kann.

Rivertours: Quai des Péniches 2bis, ✆ 02/2185460, ✉ 2185450, www.rivertours.be. Von Mai bis September: Bootstouren durch Brüssel führen über den Kanal vorbei an einer recht industriellen Landschaft bis zum Park von Laeken und Brüssels Yachthafen. Es werden auch zahlreiche geführte Tagesausflüge mit Schiffen angeboten, z. B. nach Antwerpen mit zwei Schleusendurchfahrten (Erwachsene 20 €, Kinder über drei Jahre 15 €). Abfahrt: Bruxelles les Bains. Ⓜ Yser

Kutschfahrten: Calèches Carlos Moens-Stassens, ✆ 02/53700504, ✉ 53786327. Im Sommer warten die Kutschen an der Rue Charles Buls oder zwischen Grand Place und Börse.

Stadtspaziergänge

→ „Unterwegs, zu Fuß" (ab S. 66)

Strandleben

Bruxelles Les Bains, der Sommerspaß von Mitte Juli bis Ende August: Salsa-Bars, Life-Konzerte, Wasserspiele und Animation am Kanal. Tägl. (außer Mo) 11–22 Uhr. www.bruxelleslesbains.be. Ⓜ Yser.

Telefonieren

Internationale Vorwahlen: nach Belgien ✆ 0032, nach Deutschland ✆ 0049, nach Österreich ✆ 0043, in die Schweiz ✆ 0041.

Brüssel: Vorwahl ✆ 02 muss immer mitgewählt werden, auch in der Stadt selbst. Wenn man allerdings von zu Hause in Brüssel anruft, fällt die Null weg. Man wählt dann ✆ 00322 und die Nummer des Teilnehmers.

Die jeweiligen **Telefontarife** sind in den Telefonkabinen angegeben. **Telefonkarten** bekommt man in Postämtern, Bahnhöfen und bei einigen Zeitungskiosken zu 5–25 €.

Telefonauskunft national ✆ 1407, international ✆ 1404.

Theater

Hier eine Auswahl aus mehr als 40 Bühnen. Noch mehr Bühnenkunst finden Sie weiter oben unter „Veranstaltungsorte und Kleinkunstbühnen" sowie unter „Klassische Musik und Ballett".

Théâtre du Méridien, Chaussée de la Hulpe 200, ✆ 02/6633211, ✉ 6633212, www.theatredumeridien.be. Tickets 20 €. Bus 95, Middleburg.

Théâtre La Montagne magique, Rue du Marais 57, ☎ 02/2101590, 🖷 2101599, www.theatremontagnemagique.be. Ⓜ Bourse. Kindertheater und Kurse.

Théâtre National, Boulevard Jacqmain 111–115, ☎ 02/2035303, www.theatrenational.be. Ⓜ De Brouckère. Das Theater der wallonischen Gemeinschaft.

Théâtre 140, Avenue Eugène Plasky 140, ☎ 02/7339708. Ⓜ Schuman. Experimentelles Theater, Tanz, Kabarett, Musik.

Théâtre de Poche, Chemin du Gymnase 1 a, ☎ 02/6491727. Avantgardistisches, experimentelles Theater.

Théâtre Royal du Parc, Rue de la Loi 3, ☎ 02/5053030, www.theatreduparc.be. Traditionelles Theater und Volksstücke. Ⓜ Parc.

Beursschouwburg, Rue Auguste Orts 2, ☎ 02/5500350, www.beursschouwburg.be. Ⓜ Bourse. Experimentelles flämisches Theater, Konzerte etc. (→ Tour 1).

KVS (Koninklijke Vlaamse Schouwburg), Rue de Laeken 146, ☎ 02/4127040, www.kvs.be. Ⓜ Bourse. Flämisches Theater. Eher traditionelles Repertoire.

Théâtre des Martyrs, Place des Martyrs 22, ☎ 02/2233208, www.europictures.com/martyrs. Klassische und moderne Stücke. Ⓜ Rogier.

Théâtre Varia, Rue du Sceptre 78, ☎ 02/6408258, www.varia.be. Ⓜ Trône. Zeitgenössische französischsprachige Autoren.

Théâtre du Rideau, Rue Ravenstein 23, ☎ 02/5078361. Ⓜ Gare Centrale. Französischsprachig und eher gediegen.

Théâtre des Tanneurs, Rue des Tanneurs 75, ☎ 02/5121784, www.lestanneurs.be. Französischsprachiges Off-Theater, auch Tanz und Performances. Ⓜ Porte de Hal.

Kaaitheater, Square Sainctelette 20, ☎ 02/2015959, www.kaaitheater.be. Ⓜ Yser. Progressive Talentschmiede für Theater, Tanz, Performance und Musik (→ „Klassische Musik und Ballett").

Veranstaltungsorte und Kleinkunstbühnen

Cirque Royal, Saal mit 3.000 Plätzen, Rue de l'Enseignement 81, ☎ 02/2182015, www.cirque-royal.org. Tram 92, 93, 94.

Forest National, mit 7.000 Plätzen der größte Veranstaltungsort des Landes. Ave-

nue du Globe 36, ☎ 0900/00991, www.forest national.be und www.sherpa.be. Tram 18.

Ancienne Belgique, Boulevard Anspach 100, ☎ 02/5482424 (Ticket-Shop), www.abconcert.be, Ⓜ Bourse.

Le Jardin de ma soeur, Rue du Grand Hospice 54, ☎ 02/2176582. Volkstümliche Kleinkunst, das Publikum wird stets mit einbezogen.

De Markten, Rue du Vieux Marché aux Grains 5, ☎ 02/5123425, www.demarkten.be, Tram: Bourse.

Quat'Sous (Théâtre Roland Ravez), Rue de la Violette 34, ☎ 02/5121022. Chansons, Musicals, Cabaret. Tram Bourse.

TOF-People, unter Unter www.brusselstofpeople.eu stellen sich Brüsseler aus allen EU-Mitgliedsländern vor, die Interessierten gern ihre Stadt zeigen oder per Mail Fragen beantworten.

Zeitungen und Zeitschriften

Internationale Presse bekommt man in Brüssel problemlos an Zeitungskiosken und in vielen Buchläden.

Die wichtigsten **belgischen Zeitungen** sind „Le Soir", „La Dernière Heure" (beide unabhängig) und „La Libre Belgique" (katholisch-monarchistisch). Sie erscheinen auf Französisch. „Het Laatste Nieuws" (unabhängig), „De Standaard" (katholisch-konservativ) und „De Morgen" (links orientiert) auf Flämisch. „The Bulletin" ist eine englischsprachige Zeitschrift mit lokalen Infos zur Tagespolitik und zahlreichen Tipps und Adressen.

„Le Soir" gibt donnerstags in einer Beilage einen Überblick zu aktuellen kulturellen Veranstaltungen, Konzerten und Aufführungen.

Infos und Adressen der **deutschsprachigen belgischen Presse** finden Sie unter www.press-guide.com. In Brüssel erscheinen die Brüssel-Rundschau für die in Brüssel lebenden Deutschen (www.bruesselrundschau.be), das debelux Journal für Entscheidungsträger aus Politik und Wirtschaft, das Belgische Staatsblatt (hrsg. vom belgischen Justizministerium) und der Paulus-Rundbrief der katholischen deutschsprachigen Gemeinde.

Galeries St-Hubert: eine der ersten europäischen Shopping Malls

Brüssel – Stadtspaziergänge

Grand Place: die schönste Bühne der Welt

Brüssels historisches Zentrum

Highlight jedes Brüssel-Besuchs ist die Grand Place, umgeben von laby-rinthartigen, verkehrsberuhigten Gassen mit vielen Geschäften. Von der Börse oder der Gare Centrale ist der Platz gut zu Fuß zu erreichen. Ab 23 Uhr gehört das gesamte Viertel den Nachtschwärmern.

Diese Tour nähert sich der Grand Place von der Kathedrale in der Oberstadt aus durch Einkaufspassagen und Brüssels berühmte Fressgassen. Man erlebt den Platz zu jeder Zeit anders: am Sonntagvormittag beim Blumenkauf, tagsüber beim Kaffee auf den Terrassen, bei bunter abendlicher Fassadenbeleuchtung mit Musik (März bis Okt. 22.30–23 Uhr) oder beim Bummel über den Weihnachtsmarkt im Dezember. Die Grand Place war viele Jahrhunderte Marktplatz und politisches Zentrum der Stadt und ist seit 1998 Weltkulturerbe der UNESCO. Sie zieht Besucher aus aller Welt in ihren Bann, was Porträtmaler und Geschäftemacher aller Art zu nutzen wissen. Im Sommer erklingt klassische Musik, wenn unter freiem Himmel Bühnen für hochrangige

Künstler aufgebaut werden. Alle zwei Jahre (2008, 2010 …) setzt im August ein prächtiger Blumenteppich farbenfrohe Akzente. Auf 1.800 m² Fläche verarbeitet ein Heer von Helfern innerhalb weniger Stunden etwa 700.000 Begonien zu einem eindrucksvollen Motiv.

Die Straßennamen in Brüssels historischem Zentrum zeugen von regem Handel. Verkauft wurden hier Butter (Rue au Beurre), Hering (Rue des Harengs), Fleisch und Brot (Rue Chair et Pain), Stoff (Rue de l'Étuve), Käse (Rue du Marché aux Fromages), Gemüse (Rue du Marché aux Herbes) und Kohle (Rue du Marché au Charbon). Mit dem Aufschwung der Tuchindustrie bauten die Zünfte bis zum 14. Jh. Brot-, Fleisch- und Tuchhallen. Im 15. Jh. war das Rathaus bereits vergrößert, die

Holzhäuser durch Steinhäuser ersetzt. Verordnungen hatten dafür gesorgt, dass ein großes Viereck vor dem Rathaus unbebaut blieb: die Grand Place, auf niederländisch der Groote Markt. Sie misst 110 mal 68 m, besitzt aber statt rauer Marktatmosphäre die Ausstrahlung eines feinen Salons. Die prunkvollen Zunfthäuser entstanden nach der Zerstörung von Markt und Unterstadt 1695 durch die Kanonen Ludwigs XIV. Von der Grand Place aus führt Tour 1 weiter zu Manneken Pis, zu weniger belebten, aber gemütlichen Plätzen und durch das Saint-Jacques-Viertel mit seinen Modeboutiquen und Schwulenkneipen.

Brüssels historisches Zentrum
Karte S. 110/111

Kaiserliche Pracht – der Ommegang

Ganze 5 m hohe Giganten auf Stelzen sowie Reiter und Bläser, die direkt dem 16. Jh. entsprungen sein könnten, Renaissance-Flair pur – Gaukler, Feuerschlucker und Zauberer. Jedes Jahr Ende Juni/Anfang Juli führt ein prächtiger Umzug vom Grand Sablon zur Grand Place – der Ommegang. Auf dieses aufwändige Ereignis bereiten sich Mitglieder des belgischen Adels und etwa 1.500 Brüsseler Bürger das ganze Jahr über vor. Nachfahren der Schützengilden, Adelige und Bürgerliche sowie Vertreter des Klerus scheuen weder Kosten noch Mühe, ihre historischen Kostüme absolut detailgetreu aussehen zu lassen. Highlights des Festes sind die Künste der Fahnenschwinger und das Defilee des kaiserlichen Hofstaats über die Grand Place bei Dämmerung. Darunter sind natürlich die kaiserlichen Schwestern Maria von Österreich, Königin von Ungarn und Statthalterin der Niederlande, sowie Eleonore, Königin von Frankreich. Auch die edlen Ritter des Ordens vom Goldenen Vlies fehlen nicht. Der Ommegang wird zu Ehren Karls V. zelebriert, Kaiser des Heiligen Römischen Reichs und Herrscher über 17 niederländische Provinzen. Mit seinem Gefolge zog er am 2. Juni 1549 prunkvoll in Brüssel ein. Im 21. Jh. beeindrucken jedes Jahr wieder die kaiserlichen Insignien die Zuschauer ebenso wie die stolzen Reiter, die in die Rolle von Karl V. und seinem damals 22-jährigen Sohn (dem späteren Philipp II. von Spanien) schlüpfen. Und an einem hat sich nichts geändert, die wichtigsten Ehrengäste betrachten das Spektakel wie eh und je von den Balkonen des Rathauses. Das Volk steht jubelnd und staunend am Straßenrand.

Karl V. verlieh zahlreichen Organisatoren dieses Festes seinerzeit den Adelstitel. So kam es, dass es ihm später gewidmet wurde. Der Ommegang selbst hat noch ältere, religiöse Wurzeln: Mitte des 14. Jh. feierte man mit ihm die Ankunft eines in Antwerpen gestohlenen, wundertätigen Bildnisses der Jungfrau Maria (selbstverständlich geschah alles im göttlichen Auftrag). Per Ruderboot wurde es seinerzeit von einer wagemutigen Brüsselerin bei widerwärtigem Wind und Wetter in die Stadt gebracht, wo das Gnadenbild dann in der Kirche der Armbrustschützen, der Liebfrauenkirche am Grand Sablon, aufgestellt und seitdem verehrt wurde.

Tickets Länge des Umzugs 2 km, Platzkarten für die VIP-Tribüne (Grand Place) 65 €, vor dem Rathaus 40 €, weitere Plätze ab 30 €. Reservierungen schriftlich oder telefonisch bei Ommegang – Brussels Events, Rue des Tanneurs 180, 1000 Bruxelles, ✆ 02/5121961, ✉ 5026835, www.ommegang.be. Hier kann man auch den aktuellen Verlauf der Route erfahren. Wer sich rechtzeitig an die Straße stellt, findet in dem karnevalsartigen Gedränge kostenlose Plätze.

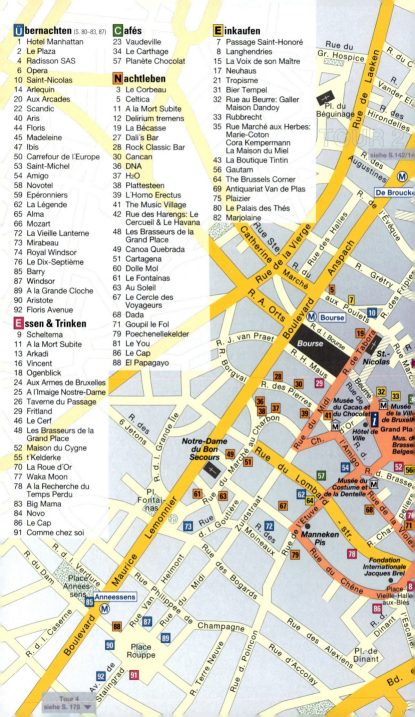

Ü bernachten (S. 80–83, 87)

1 Hotel Manhattan
2 Le Plaza
4 Radisson SAS
6 Opera
10 Saint-Nicolas
14 Arlequin
20 Aux Arcades
22 Scandic
40 Aris
44 Floris
45 Madeleine
47 Ibis
50 Carrefour de l'Europe
53 Saint-Michel
54 Amigo
58 Novotel
59 Epéronniers
62 La Légende
65 Alma
66 Mozart
72 La Vieille Lanterne
73 Mirabeau
74 Royal Windsor
76 Le Dix-Septième
85 Barry
87 Windsor
89 A la Grande Cloche
90 Aristote
92 Floris Avenue

E ssen & Trinken

9 Scheltema
11 A la Mort Subite
13 Arkadi
16 Vincent
18 Ogenblick
24 Aux Armes de Bruxelles
25 A l'Imaige Nostre-Dame
26 Taverne du Passage
27 Fritland
46 Le Cerf
48 Les Brasseurs de la Grand Place
52 Maison du Cygne
55 t'Kelderke
70 La Roue d'Or
77 Waka Moon
78 A la Recherche du Temps Perdu
83 Big Mama
84 Novo
86 Le Cap
91 Comme chez soi

C afés

23 Vaudeville
34 Le Carthage
57 Planète Chocolat

N achtleben

3 Le Corbeau
5 Celtica
11 A la Mort Subite
12 Delirium tremens
19 La Bécasse
27 Dali's Bar
28 Rock Classic Bar
30 Cancan
36 DNA
37 H2O
38 Plattesteen
39 L'Homo Erectus
41 The Music Village
42 Rue des Harengs: Le Cercueil & Le Havana
48 Les Brasseurs de la Grand Place
49 Canoa Quebrada
51 Cartagena
60 Dolle Mol
61 Le Fontainas
63 Au Soleil
67 Le Cercle des Voyageurs
68 Dada
71 Goupil le Fol
79 Poechenellekelder
81 Le You
86 Le Cap
88 El Papagayo

E inkaufen

7 Passage Saint-Honoré
8 Langhendries
15 La Voix de son Maître
17 Neuhaus
21 Tropisme
31 Bier Tempel
32 Rue au Beurre: Galler Maison Dandoy
33 Rubbrecht
35 Rue Marché aux Herbes: Marie-Coton Cora Kempermann La Maison du Miel
43 La Boutique Tintin
56 Gautam
64 The Brussels Corner
69 Antiquariat Van de Plas
75 Plaizier
80 Le Palais des Thés
82 Marjolaine

TOUR 2

siehe S.142/1

siehe S.178

Die Maison des Ducs de Brabant: eine Fassade für mehrere Zunfthäuser

Tour 1

Dauer der Tour ohne Museumsbesuche: ca. 4 Std.

Die Tour beginnt an der **Kathedrale St-Michel** (→ S. 121). Ab 1225 zog sich der Bau über 300 Jahre hin, ein Musterbeispiel für die Entwicklung der Brabanter Gotik. Verwendet wurde vorwiegend Kalksandstein aus der Region. Rein gotisch nach französischem Vorbild sind die prägenden 65 m hohen Türme aus dem 15. Jh. Brüssels Kathedrale ist dem Erzengel Michael geweiht. In der christlichen Tradition ist er der Anführer der Himmlischen Heerscharen, Verteidiger der Kirche gegen die gefallenen Engel und den Drachen der Apokalypse. Außerdem stand er natürlich in besonderer Weise den Brüsselern bei. So soll er z. B. im 11. Jh. Lambert II. zur Flucht verholfen haben. Der Graf von Löwen und Gouverneur von Brüssel hatte die Verlobte seines Vaters Heinrich I. entführt, wofür dieser ihn mit dem Tod bestrafen wollte. Lambert entkam und

erklärte den Erzengel zum Dank zu Brüssels Schutzpatron. Seit 1229 ziert sein Bild das Siegel der Stadt, seit 1455 schmückt seine Statue als Wetterfahne den Rathausturm. Das von dem Kupfergießer Martin van Rode gefertigte Original, längst durch eine Kopie ersetzt, wird im Rathaus an der Grand Place aufbewahrt.

Durch die **Rue Ste-Gudule** geht es bergab quer über den breiten **Boulevard de l'Impératrice** in die **Rue d'Arenberg** und weiter durch die vornehmen **Galeries St-Hubert**, 1837 von dem jungen Architekten Jean-Pierre Cluysenaar im Stil der florentinischen Renaissance entworfen, 10 Jahre später von König Leopold I. eingeweiht: 213 m Eleganz unter gläserner Dachkuppel mit 70 Luxusboutiquen und 100 Wohnungen. Brüssels nobler „Regenschirm" war fortan Flaniermeile und Treffpunkt der guten Gesellschaft. Mit Zeitungsredaktionen und literarischen Zirkeln zog es die Intellektuellen hierher, darunter berühmte Exilanten wie Victor Hugo, Charles Baudelaire und Alexandre Dumas. Hindurch schreiten durfte lange Zeit nur, wer Eintritt bezahlte, donnerstags und sonntags 25 Centimes, sonst 10. Dies ist heute nicht mehr so, auch die Zahl der Geschäfte hat abgenommen, aber vornehm, teuer und traditionsbewusst sind sie noch immer. Man bekommt hier Pralinen, Leder, Tuch und Spitze vom Feinsten.

Rechter Hand geht es in die **Galerie des Princes** mit der legendären Buchhandlung Tropisme. Und schon ist es vorbei mit Ruhe und Eleganz, am anderen Ende beginnt das Getümmel der „Fressgassen". Trotzdem – den Spaß, Brüssels weibliches Pendant zum Manneken Pis zu betrachten, sollte man sich gönnen (von der Galerie des Princes links in die **Rue des Dominicains**, dann rechts in die Rue des Bouchers und nach 100 m wieder rechts). Die viel fotografierte kleine Skulptur **Jeanneke Pis** hockt, wahrscheinlich damit sie nicht gestohlen wird, hinter Gittern am Ende der lärmigen Sackgasse **Impasse de la Fidélité**. Anders als Brüssels männlicher pinkelnder Ehrenbürger ist sie jedoch keine historische Figur. Händler stellten sie 1987 auf, um mehr Laufkundschaft anzuziehen. Zurück geht es, meist durch Gedränge, entlang der Restauranttische in der **Petite Rue des Bouchers** bis zum Grasmarkt, der **Rue du Marché aux Herbes**. Von beiden Straßen aus ist das alte Marionettentheater **Toone** zugänglich (→ Kasten S. 124/125).

Abstecher Attraktive Geschäfte an der Rue du Marché aux Herbes mit dem Kunsthandwerkermarkt an ihrem Ende (Richtung Gare Centrale) laden zum Bummeln ein. Hier steht auch eine Skulptur des früheren Bürgermeisters Charles Buls, mit der sich die meisten Touristen gern zusammen auf lustigen Fotos verewigen. Doch diese Tour überquert die Rue du Marché aux Herbes nur und es geht weiter Richtung Grand Place.

96 Meter hoch: der Rathausturm mit Schutzpatron Michael als Wetterfahne

Von der **Petite Rue des Bouchers** ist nach ca. 300 m durch die **Rue Chair et Pain** oder die **Rue des Harengs** die **Grand Place** erreicht. Jean Cocteau bezeichnete den Platz nicht ganz zu Unrecht als „schönste Bühne der Welt". Hier kann man Stunden verweilen, allein um die Kulisse zu bewundern. Imposante barocke Zunfthäuser demonstrieren den Reichtum und Einfluss ihrer einstigen Erbauer und beeindrucken durch Detailreichtum und harmonische Geschlossenheit (→ S. 109). Sie überragt der Turm des gotischen **Rathauses**. Drei Häuser rechts neben dem Rathaus mit seiner imposanten Fassade logiert

Wohl der berühmteste Brüsseler, ...

das **Musée des Brasseurs Belges**, das Brauereimuseum des belgischen Brauerverbands. Die gesamte Südostseite des Platzes prägt die Fassade des Hauses der Herzöge von Brabant, **Maison des Ducs de Brabant**.

Als Symbol für die städtische Autonomie wurde das **Rathaus (Hôtel de Ville)** mit zunehmendem Wohlstand der Stadt im Verlauf des 15. Jh. bedeutend vergrößert. Zuerst ergänzte 1402 der östliche Flügel an der Rue-Charles-Buls den ersten Belfried. Vier Jahrzehnte später entstand der westliche Flügel Richtung Rue de la Tête d'Or und 1449 der heutige, etwa 96 m hohe Turm. Sein Architekt verstärkte den Portalvorbau des alten Belfrieds, um als stabiles Fundament für den neuen Turm zu nutzen und nahm dabei in Kauf, dass das Eingangsportal zum Turm versetzt liegt. Die beiden Flügel um den viereckigen Innenhof entlang der Rue de la Tête d'Or und der Rue de l'Amigo stammen

von 1712. Sie dienten als Tagungsort der Brabanter Ständeversammlung. Wer den Hof betritt, gelangt zum geografischen Nullpunkt Belgiens: ein Stern im Bodenmosaik zwischen den beiden Brunnen Maas (La Meuse) und Schelde (L'Escaut). Etwa in der Mitte des linken Flügels befindet sich die Löwentreppe, Haupteingang des ursprünglichen Rathausbaus, nur die Löwen wurde erst 1770 aufgestellt.

Dem Rathaus gegenüber liegt das **Musée de la Ville de Bruxelles** (Stadtmuseum) in der **Maison du Roi**. An dieser Stelle stand zunächst ein hölzernes Haus der Bäcker, wo die Brüsseler ihr Brot kauften – auf Niederländisch heißt der stattliche Bau deswegen heute noch „Broodhuis" (Brothaus). Danach residierte hier der Gerichtshof des Königs von Spanien, die Richtstätte lag direkt vor der Tür. Karl V. ließ im 16. Jh. ein neues Gebäude auf einer Pfahlkonstruktion errichten, die dem sumpfigen Gelände trotzen konnte. Er beauftragte Brabants beste Architekten: Philipp II. nutzte es ebenfalls als Gerichtshof, und im 17. Jh. ließ Isabella es aus Stein neu errichten. 1695 wurde es im Kanonenhagel der Franzosen zerstört. Im 19. Jh. baute man es nach alten Stichen und Gemälden im gotischen Stil mit klassizistischen Merkmalen wieder auf. Neun Bögen bilden die Galerie des Erdgeschosses, über den sich zwei Stockwerke mit schmaleren Bögen erheben. Die Fassade schmücken Statuen der Maria von Burgund, Karl V., Johann I. und Heinrich I., der Brüssel 1229 das Stadtrecht verlieh. Zu entdecken sind ebenfalls Armbrust- und Bogenschützen sowie Waffenherolde und ein Koch. Er erinnert an den Spitznamen „Kiekenfretters": Die Brüsseler nahmen ihre geliebten Hühner als stärkende Wegzehrung überall mit hin, selbst als sie zum Schloss des Grafen von Gaasbeek aufbrachen, um ihren aufständischen Helden *Everard 't*

Serclaes zu rächen. Vor der Bronze-skulptur dieses Märtyrers an der gegen-überliegenden Seite der Grand Place neben dem Rathaus an der Ecke **Rue du Charles Buls** steht fast immer eine Traube von Menschen. Die Plastik stammt übrigens von dem Brüsseler Bildhauer *Julien Dillens* aus Saint-Gilles (→ S. 222), und die Hühner auf dem Relief darüber symbolisieren die Hilfe der tapferen Brüsseler, die mit ihm in den Kampf zogen. Es hat sich bis nach Fernost herumgesprochen, dass es Glück bringt, über den schon ganz blank polierten Bronzearm zu strei-chen. Wer daran glaubt, so heißt es, bleibt bei guter Gesundheit und kommt sein Leben lang immer wieder nach Brüssel zurück. Kaum jemand, der die-sen verheißungsvollen Moment nicht mit der Kamera festhält.

Everard't Serclaes vertrieb im Jahr 1356 die Truppen des Grafen Ludwig van Maele erfolgreich aus der Stadt (→ „Stadt-geschichte", S. 28). Er wird hier als sterben-der Märtyrer dargestellt, da man ihn 1388 ermordete, als er seine Stadt zum zweiten Mal verteidigen wollte. Die Mordszene wie-derum ist im linken Rathausflügel (Innen-hof) an der Löwentreppe dargestellt und die gerechte Strafe gleich dazu: Den Mörder holt der Teufel.

Folgt man von hier der **Rue du Charles Buls** bis zur Ecke **Rue de l'Étuve/Rue du Chêne**, gelangt man zu der rekord-verdächtig häufig fotografierten Kultfi-gur **Manneken Pis**. Die bronzene Brun-nenfigur gab der Stadt schon seit Jahr-hunderten ihren symbolischen Urinse-gen. Devotionalienläden säumen den Weg hierher mit ganzen Armeen des unverfrorenen Mannekens in allen denkbaren Größen. Aus weißer, hell-brauner und dunkler Schokolade oder als bronzen, silbern oder golden gefärb-te Korkenzieher – die Spirale munter zum Penis gewunden – kann man den kleinen Kerl als mehr oder weniger fri-voles Souvenir erwerben. Manneken Pis ist nicht ohne Grund berühmt und oft

... mit dem sich alle Welt gern fotografiert

als Brüssels ältester Bürger bezeichnet worden: Schon 1388 stand an derselben Stelle eine urinierende Brunnenfigur und in der Rue de l'Étuve sind drei öf-fentliche Badeanstalten dokumentiert, die zugleich Bordelle waren. Die meis-ten Zuschauer drängen sich heutzutage hemmungslos vor dem Brunnen, wenn der nur 60 cm hohe Nackedei aus-nahmsweise zu seltenen feierlichen An-lässen mal angezogen wird (Auskunft bei der Touristeninfo). Spannend ist, auf welches der über 750 Kostüme, die der Kleine seit 1698 geschenkt bekam, die Wahl wohl fallen wird. Sein erstes Kleidungsstück war ausgerechnet eine blau-weiße bayerische Tracht, ein Ge-schenk des bayerischen Kurfürsten Max Emmanuel, der als Statthalter der Nie-derlande in Brüssel 1698 die Tradition der Kleiderspende begann. Vom Prin-zengewand aus dem Kölner Karneval bis zum Elvis-Look und der Uniform

Zentral gelegen: das Tourismusamt im Rathaus an der Grand Place

Napoleons – die Gewänder von Manneken Pis werden vom Stadtmuseum aufbewahrt, ausgestellt und restauriert. Ob typische Landestracht eines ausländischen Staatschefs (wie etwa Oberst Gaddafis) oder Pilotenuniform – gemeinsam haben alle diese Outfits die gewisse Öffnung, auf die es ankommt, damit Manneken Pis, alias „Le Petit Julien", auch angekleidet ununterbrochen Wasser lassen kann. Einer populären Legende nach pinkelte das freche Bürschchen kess im letzten Moment auf eine zündende Lunte, als Belagerer vor der Stadtmauer das Rathaus in Flammen setzen wollten. Geraubt und entführt wurde der kleine Held bereits

mehrmals, zuletzt bei Studentenunruhen der 60er. Bewohner des ostflandrischen Geraardsbergen identifizierten den Brüsseler Lausbub im 18. Jh. im unrechtmäßigen Besitz fremder Soldaten. Für seine Rettung bekamen sie eine Kopie. Ludwig XV. entschuldigte sich sogar für den Diebstahl seiner Soldaten 1747, indem er dem Manneken ein Brokatgewand mit Goldstickerei und Orden schenkte. 1817 zerbrach die Bronze von Jérôme Duquesnoy d. Ä. bei einem weiteren Diebstahlversuch. Doch man fertigte aus den aufgesammelten Teilen einen neuen Guss.

Die **Rue du Chêne** führt von Manneken Pis zur **Place de la Vieille Halle aux Blés**. Hier erinnert die **Fondation Jacques Brel** (siehe Kasten S. 238) an einen weiteren internationalen Star aus Brüssel, dessen Charme seit seinem bewegenden Abschiedskonzert im Pariser Olympia (1966) allerdings für viele etwas verblichen sein mag. Restaurants mit kreativer Küche und Cocktailbars laden zum Ausgehen ein, im Sommer sind die Terrassen auf diesem verkehrsberuhigten Platz noch nicht überfüllt. Rechter Hand in der **Rue de Dinant** stehen noch Reste der zweiten Stadtmauer. Die Tour führt jedoch weiter in entgegengesetzter Richtung über die **Place Saint-Jean** durch die **Rue de la Violette** zum **Musée de la Dentelle**, dem Museum der Brüsseler Spitze. Von hier aus geht es weiter durch die **Rue de l'Amigo** an dem gleichnamigen Luxushotel vorbei und dann nach links in die **Rue du Marché au Charbon** mit Brüssels größter Dichte an Schwulenbars und Clubs. Tagsüber gibt es coole Läden, hippe Boutiquen, Designermode, Comic-Hauswände (Ecke Plattesteen) und nette Cafés und Kneipen zu entdecken. Und die Kirche **Notre-Dame du Bon Secours**. Sie war im Mittelalter Etappenziel auf dem Jakobsweg nach Santiago de Compostela, daher wird die nähere Umgebung als **Saint-Jacques-Viertel (Jakobsviertel)** bezeichnet. Der **Boulevard Anspach** eignet sich für die Jagd nach Souvenirs. Man bekommt hier auch belgische Comics und Comic-Devotionalien. Nach links, Richtung Boulevard Lemonnier und Gare du Midi, werden die Läden immer billiger und verkaufen Ware aus zweiter Hand. Von der **Place Rouppe** mit Brüssels Gourmetrestaurant Comme chez soi aus verläuft nicht ganz so breit und einschneidend die **Rue du Midi**. Sie führt in nordöstliche Richtung zurück zum Hintereingang der Börse (→ S. 143) und zur letzten Sehenswürdigkeit dieser Tour, der Kirche **St-Nicolas**.

Sehenswertes an der Grand Place

Hôtel de Ville (Rathaus): Das Rathausportal schmücken Skulpturen der Heiligen Georg, Sebastian, Christopherus und des Erzengels Michael. Berühmte belgische Bildhauer wie Charles-August Fraikin (1817–1839), von dem das Denkmal für die Grafen Egmont und Hoorne stammt (heute auf dem Petit Sablon), und Georges Minne gestalteten die eindrucksvolle Fassade mit ihren allegorischen und historischen Figuren. Die Originale stehen zum Teil im Stadtmuseum. Georges Minne verewigte z. B. den bekannten Architekten Jacques Francquart (1582–1651). Zu den unvergessenen VIPs an der Brüsseler Rathausfassade gehören auch Maria von Ungarn und der Stadtmaler Rogier van der Weyden (1399–1541) sowie natürlich die Herzöge und Herzoginnen von Brabant. Die Fassade besitzt ganze 137 Nischen für Plastiken. Wie Szenen aus einer Satire gestaltete Konsolen und Kapitele des Westflügels zeigen einen türkischen Haremswächter und daneben ein Liebespaar sowie zechende Mönche, einer ist in einen Bottich ge-

Im Sommer feiern die Brüsseler gern auf der Grand Place

fallen. Sie erinnern an die Häuser „De Moor" (Mohr) und „Papenkeldere" (Mönchskeller), die für den Bau abgerissen wurden. Männer mit Schaufeln, die Stühle übereinanderstellen, markieren die Stelle, wo früher das Haus „Sänfte" (Scupstoel) stand, vermutlich die Unterkunft der Sänftenträger.

Das Rathaus kann man besichtigen, allerdings nur im Rahmen einer Führung oder anlässlich einer Ausstellung und wenn dies den Dienst der Stadtangestellten nicht stört. Alle Säle der ersten Etage werden täglich für Sitzungen, Empfänge und insbesondere am Samstagvormittag für Eheschließungen genutzt. Im Trauungssaal tagte bis zum 19. Jh. das Brüsseler Schöffengericht.

Zu den Highlights zählt der gotische Saal, 1868 im neugotischen Stil umgestaltet. Vor 1830 wurden hier die belgischen Herrscher inthronisiert, zuletzt Wilhelm I., König der Niederlande im Jahr 1815. Im Preis inbegriffen ist auch der Besuch des Ausstellungsraums, den man von der Grand Place aus betritt.

Führungen (auf Englisch) April bis Sept. Di/Mi 15.15 Uhr und So 12.15 Uhr, Okt. bis März Di/Mi 15.15 Uhr, 4 €, erm. 3 €, Schüler 1 €, Kinder bis 12 Jahre gratis. Wechselnde Ausstellungen tägl. (außer Di) 10–17 Uhr. ✆ 02/2794365, 🖷 2794091. Kombi-Ticket mit La Centrale Eléctrique 6 €. Ⓜ Bourse oder Gare Centrale.

Musée de la Ville de Bruxelles (Stadtmuseum): Zu den beliebtesten Attraktionen des kleinen Brüsseler Stadtmuseums zählt die Sammlung historischer Kleider des Manneken Pis. Die aus allen Teilen der Welt reich beschenkte, populäre Kultfigur besitzt mittlerweile immerhin 790 verschiedene Garderoben – (Strich nach oben ans Zeilenende) allerdings präsentiert das Stadtmuseum nur eine Auswahl. Der Besuch lohnt auch wegen der Aussicht auf die Grand Place aus der zweiten Etage, wo im Übrigen auch die Termine für die Bekleidung des Manneken Pis aushängen. Im großen Prunksaal geben alte Stadtpläne, Karikaturen aus Zeitungen, ein Modell der mittelalterlichen Stadt, Holzschnitte, historische Schriftstücke und Fotos exemplarische Einblicke in Brüssels Stadtentwicklung und Geschichte. Leider sind die Exponate nicht auf Deutsch beschriftet. Prächtige Wandteppiche mit Motiven bekannter Legenden (15.–17. Jh.), u. a. nach Vorlagen von Peter Paul Rubens, Fayencen aus dem 18. Jh., Keramik und Brüsseler Porzellan aus dem 19. Jh. veranschaulichen, was Brüssel zu internationalem Ruf in Sachen feinster Handwerkskunst verhalf. Im Saal mit den gotischen Skulpturen aus dem 14. und 15. Jh. sind neben Fragmenten des Rathauses und der Kirche Notre-Dame de la Chapelle auch Teile

der Rathausfassade zu sehen. Hier stehen die Originale der acht Propheten, die ursprünglich das Rathausportal schmückten. Weitere Highlights sind die Gemälde und Altarbilder aus dem 15. und 16. Jh., darunter der „Hochzeitszug", vermutlich von Pieter Bruegel d. Ä.

Tägl. (außer Mo) 10–17 Uhr, ✆ 02/2794350, 🖷 2794362, www.brucity.be. Eintritt 3 €. Ⓜ Bourse oder Gare Centrale.

Musée des Brasseurs Belges: Im Brauereimuseum des belgischen Brauerverbandes CBB kann man ein Glas selbstgebrautes Biers kosten. Tradition verpflichtet: Die Gilde der Brauer baute das schmale Haus L'Arbre d'Or (s. o.) an der Grand Place als Mischung aus italienischem Klassizismus und flämischen Barock wieder auf. Das Museum im Keller zeigt eine aus dem 18. Jh. erhaltene Brauerei und eine Ausstellung zur heutigen Brautechnik.

Tägl. 10–17 Uhr. Eintritt 5 €, Gruppen ab 20 Personen 3 €. Grand Place 10 (L'Arbre d'Or), ✆ 02/5114987, www.beerparadise.be (Verbands-Website). Ⓜ Bourse.

Zunfthäuser an der Grand Place

Der Brüsseler Bürgermeister Charles Buls stellte die Grand Place Ende des 19. Jh. unter Denkmalschutz, seinen harmonischen Gesamteindruck verdankt die Grote Markt aber schon dem Brüsseler Magistrat, der sich bereits 1697 die Pläne für die Neubauten nach der Zerstörung durch die Kanonen des Sonnenkönigs vorlegen ließ. 1998 nahm die Unesco die Grand Place in ihre Liste des Weltkulturerbes auf. An den Fassaden dieses aufwändig und authentisch restaurierten Bilderbuchmarktplatzes wimmelt es von Wappen, Statuen, allegorischen Szenerien, Zunftsymbolen und weiteren dekorativen Elementen. Wer genau hinschaut, entdeckt viele aufschlussreiche Details. Diese Beschreibung ausgewählter Häuser bietet eine kleine Seh- und Orientierungshilfe.

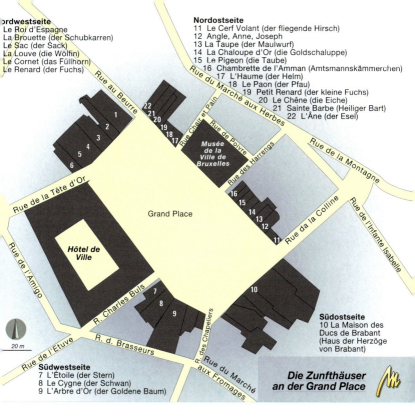

Die Zunfthäuser an der Grand Place

Nordwestseite
Le Roi d'Espagne
La Brouette (der Schubkarren)
Le Sac (der Sack)
La Louve (die Wölfin)
Le Cornet (das Füllhorn)
Le Renard (der Fuchs)

Nordostseite
11 Le Cerf Volant (der fliegende Hirsch)
12 Angle, Anne, Joseph
13 La Taupe (der Maulwurf)
14 La Chaloupe d'Or (die Goldschaluppe)
15 Le Pigeon (die Taube)
16 Chambrette de l'Amman (Amtsmannskämmerchen)
17 L'Haume (der Helm)
18 Le Paon (der Pfau)
19 Petit Renard (der kleine Fuchs)
20 Le Chêne (die Eiche)
21 Sainte Barbe (Heiliger Bart)
22 L'Âne (der Esel)

Rue au Beurre
Rue du Marché aux Herbes
Rue Chair et Pain
Rue de Poivre
Rue des Harrengs
Rue de la Montagne
Musée de la Ville de Bruxelles
Rue de la Tête d'Or
Grand Place
Rue de la Colline
Rue de l'Infante Isabelle
Rue de l'Amigo
Hôtel de Ville
R. Charles Buls
R. d. Brasseurs
R. des Chapeliers
Rue du Marché aux Fromages
Rue de l'Étuve

20 m

Südwestseite
7 L'Étoile (der Stern)
8 Le Cygne (der Schwan)
9 L'Arbre d'Or (der Goldene Baum)

Südostseite
10 La Maison des Ducs de Brabant (Haus der Herzöge von Brabant)

Im Haus **Le Roi d'Espagne** war vom 13. bis 15. Jh. die Bäckerzunft zu Hause, die reichste Gilde Brüssels, heute beherbergt es ein Restaurant. „König von Spanien" wird es genannt, weil es zur Regierungszeit Karls II. erbaut wurde, woran eine Büste erinnert. Italienische Vorbilder prägten Kuppel und Balustrade. Im ersten Stock zeigen Medaillons die vier römischen Kaiser Marc Aurel, Nerva, Decius und Trajan. Die Symbole der Wetterfahne sind Krone und Brot.

La Brouette („Der Schubkarren") einst das Haus der Fettmacher und ebenfalls Jean Cosyn zugeschrieben, blieb weitgehend im italienisch-flämischen Stil erhalten. In einer Nische steht der Heilige Ägidius, Schutzpatron der Gilde. Eine dreifache Säulenordnung bestimmt die Architektur und die namengebenden Schubkarren symbolisieren den Arbeitsalltag der Fettmacher.

Le Sac („Der Sack"): Über der Tür dieses Hauses ist ein Mann abgebildet. Er steckt seine Hand in einen Sack, den ein anderer trägt. Der Globus mit dem Zirkel, einem Tischlerwerkzeug, krönt den Giebel. Den auffällig dekorierten oberen Teil des Hauses gestaltete Antoine Pastorana, ein Schreiner, der hier nach 1695 seine Werkstatt hatte.

La Louve („Die Wölfin"): So heißt das Haus der Bogenschützen, weil über dem Eingang ein Flachrelief angebracht ist, das die römische Wölfin mit ihren Zöglingen Romulus und Remus zeigt. Die Gilde der Bogenschützen, deren Embleme ebenfalls an der Fassade zu erkennen sind, kaufte es erst nachträglich. Der erste Stock weist mit den vier kannelierten Wandsäulen Merkmale der Renaissance auf.

Le Cornet („Das Füllhorn"): Das Haus erhielt seinen Namen und das Relief mit dem Füllhorn im Zwischenstock erst, als die Gilde der Flussschiffer es in Besitz nahm. Der Schreiner Antoine Pastorana hatte es für sie neu aufgebaut. Den Giebel gestaltete er wie ein Schiffsheck, das Medaillon zeigt Karl II. von Spanien. Darunter begleiten zwei Seepferdchen mit Reitern einen Meeresgott mit Fischschwanz (Triton) beim Fischfang.

Le Renard („Der Fuchs"): Den Namen erhielt das Haus nach de Vos, dem Künstler der Flachreliefs. Armorgestal-

*Le Cornet, das Haus
der Flussschiffergilde*

ten, die Tierfelle bearbeiten, und Geschäfte für getöpferte und gefärbte Waren sowie Tücher schmücken das Haus der Kurzwarenhändler. Vom Giebel blickt der heilige Nikolaus herab, der Schutzpatron der Gilde. Fünf Statuen verkörpern Justitia mit verbundenen Augen sowie die Erdteile Europa, Afrika, Asien und Amerika.

L'Étoile („Der Stern"): Bereits im 13. Jh. erwähnt, wäre dies eines der ältesten Gebäude am Platz. 1852 wurde es abgerissen, da es den Verlauf einer Straße behinderte. 1897 ließ Charles Buls, damals Bürgermeister, das kleinste Haus der Grand Place auf einem Säulengang wieder aufbauen.

Le Cygne („Der Schwan"): Über dem Eingang breitet ein Schwan seine Flügel aus und macht das Haus sehr leicht erkennbar. Ab 1720 war es das Innungshaus der Fleischer. Drei Statuen symbolisieren Überfluss, Landwirtschaft und Fleischerwandwerk. Der seit 1845 in Brüssel im Exil lebende Karl Marx und Friedrich Engels trafen sich hier häufig im Vereinslokal des von ihnen gegründeten „Deutschen Arbeitervereins". Es ist heute ein teures Gourmetrestaurant und der Sitz des Cercle Ommegang, der das gleichnamige jährliche Fest vorbereitet.

L'Arbre d'Or („Der Goldene Baum"): Die Brauer erwarben das Haus einst von der Zunft der Teppichweber und ließen es von Guillaume de Bruyn komplett umbauen. 1752 kam das Reiterstandbild von Karl von Lothringen auf den Giebelaufbau. Die Flachreliefs an der Fassade zeigen u. a. die Hopfenernte und den Biertransport. Heute beherbergt es das Biermuseum **Musée des Brasseurs Belges** (→ S. 118).

Die **Maison des Ducs de Brabant** („Haus der Herzöge von Brabant") war niemals Regierungssitz, sondern erhielt seinen Namen wegen der 19 Büsten der Herzöge von Brabant, die auf Wandpfeilern den ersten Stock schmücken. Was aussieht wie ein einziger Bau ist nur die Fassade, hinter der sich mehrere Zunfthäuser (Müller, Gerber, Maurer und Steinmetze, Wagner und Zimmerleute) verbergen.

Le Cerf Volant („Der fliegende Hirsch") ist ein Wohnhaus und ein schönes Beispiel für die flämische Architektur des 17. Jh. Die Nachbarhäuser mit gemeinsamer Fassade sind schlichtere Wohnhäuser. **La Chaloupe d'Or** („Die Goldschaluppe", heute ein Restaurant) und **La Taupe** („Der Maulwurf") gehörten der Schneiderinnung. Eine Büste der heiligen Barbara an der Fassade der Goldschaluppe erinnert an die Schutzpatronin der Schneider. Den Giebel schmückt der in Brüssel um 1180 geborene heilige Bischof Bonifaz von Lausanne. Im einstigen Haus der Malergilde **Le Pigeon** („Die Taube") wohnte 1852 Victor Hugo, der wegen seiner Kritik an Napoleon III. aus Frankreich fliehen musste. **La Chambrette de l'Amman** („Amtsmannskämmerchen") ist ein typisches Beispiel für den klassischen Stil. Die dorische Säulenreihe wurde dreifach übereinander gesetzt. Die Fassade schmückt u. a. das Wappen von Brabant.

*La Chaloupe d'Or,
das Haus der Schneidergilde*

Sehenswertes rund um die Grand Place

Kathedrale St-Michel: Neben St-Romuald in Mechelen ist sie seit einer Neuorganisation des Erzbistums seit 1962 zweite Kathedrale des Erzbistums Mechelen-Brüssel. Im Rahmen dieses Aufstiegs wurde die heilige Gudula, immerhin Patronin der Stadt, offiziell aus dem Kirchennamen entfernt, durchgesetzt hat sich diese Veränderung aber nicht einmal auf der Website des Gotteshauses, www.cathedralestmichel.be. Um Brüssels inoffizielle Schutzpatronin rankt sich bis heute die hübsche Legende, der Teufel habe ihre Laterne auf dem Weg in die Kapelle immer wieder ausgeblasen, woraufhin Gudulas Schutzengel sie jedes Mal wieder anzündete.

Ab 1225 wurde über 300 Jahre an der Kirche gebaut (110 m lang, 50 m breit, 26,5 m hoch) und sie zeigt die ganze Palette gotischer Stilelemente. Bei Restaurierungsarbeiten gelang es in den 80er-Jahren, die romanische Krypta aus der Mitte des 11. Jh. vollständig freizulegen. Viele Grabsteine und Kunstwerke verschwanden während des Bildersturms im 16. Jh. und durch die Plünderungen während der französischen Revolution.

Die Treppe zum Eingangsportal entstand erst 1860. Die Kathedrale besitzt 49 Glocken, darunter die sieben Tonnen schwere Glocke „Salvator" aus dem Jahr 1481. Über der mittleren Eingangstür sind die heiligen drei Könige in Stein gehauen, weitere Skulpturen zeigen die Apostel. Auch im Kircheninneren sind die Apostel als imposante Skulpturen (von Luc Faid'herbe und Jérôme Duquesnoy d. J.) dargestellt, deren Säulen das Hauptschiff tragen.

Der kunsthistorisch wertvollste und älteste Teil der Kathedrale (Triforium von 1273) ist der Chor, der den Übergang von der Romanik zur Gotik zeigt. Das gotische Spitzbogengewölbe ist mit Laubwerk verziert, und oben sind der Michael, Gudula, das Lamm Gottes und ein Pelikan dargestellt. Die Glasfenster (16. Jh.) stammen von Margarete von Österreichs Glasmaler. Hinter dem Hauptaltar aus vergoldetem Kupfer

Brüssels Kathedrale hat eine romanische Krypta

liegen die Grabstätten der Herzöge von Brabant und des Erzherzogs Ernst von Österreich.

Das Mittelschiff stammt aus dem 14. Jh. Die Türme an der Vorderseite entstanden erst ab dem 15. Jh. und zeigen den französischen Einfluss. Im 17. Jh. wurde die Kirche um mehrere Kapellen erweitert. In der Marienkapelle (1649–1655) steht vor dem barocken Hauptaltar aus schwarzem Marmor (1666) ein kupferner Pelikanaltar von Simon Lewi aus dem Jahr 1975. Der Pelikan wurde bereits im 4. bis 5. Jh. von Bischof Eusebius und dem heiligen Augustinus als Symbol für Christus den Erlöser eingeführt. Die Fenster in der Kapelle von 1649 entstanden nach Vorlagen des Rubens-Schülers Theodor van Thulden und zeigen Szenen aus dem Leben der Muttergottes.

In der Maes-Kapelle befindet sich einer der ersten Steinaltäre aus rosa Marmor und Alabaster, die nach der Blütezeit der niederländischen Holzaltäre (im Stil der Mailänder Renaissance) errichtet wurden.

Die Kirchenfenster lassen das Innere bei schönem Wetter hell erstrahlen. Die 16 Fenster enthalten erstaunliche 1.200 Glasgemälde, ein Großteil ist aus dem 16. Jh. erhalten. Besonders eindrucksvoll sind u. a. die Renaissancefenster (1537) des Querschiffs. Das an der Nordseite war ein Geschenk Karls V. an seine Gattin Isabelle von Portugal und stammt von Meister Jean Haeck nach einem Entwurf von Bernard van Orley. Der Kaiser kniet im Brokatmantel vor Gottvater, hinter ihm steht sein Beschützer Karl der Große. Er hält eine Weltkugel mit Kreuz und ein Zepter. Auch Isabella von Portugal betet und die heilige Elisabeth reicht dem demütigen Karl eine Krone.

In der Kathedrale fand 1993 der Trauergottesdienst für König Baudouin statt; 1999 heirateten hier traditionsge-

Hier heirateten 1999 Prinz Philippe und Prinzessin Mathilde

mäß Kronprinz Philippe und Prinzessin Mathilde. Dreimal trat in der Kathedrale die Domversammlung des Ordens vom Goldenen Vlies zusammen, 1516 wurde Karl V. hier zum König Spaniens ausgerufen, 1815 feierte man mit einem „Te Deum" den Sieg in Waterloo.

Die Kanzel aus Eichenholz wurde 1699 von dem Antwerpener Bildhauer Henri-François Verbruggen geschaffen. Sie stellt den Baum der Erkenntnis im Paradies mit Adam und Eva dar.

Der neue Hochaltar, ein Werk des Bildhauers Michel Smoldres, wurde am 1. Juni 2000 durch Kardinal Danneels geweiht: Dieser drei Tonnen schwere Monolith aus Granit stellt einen Baum dar, der Himmel und Erde verbindet.

Ein Teil der Schatzkammer der Kathedrale ist in der Sakramentskapelle untergebracht, die unter Karl V. von Lodewijck van Bodeghem (wollte ihn wegen Schreibung googeln, gibt aber nur einen Treffer und den ohne c?) erbaut wurde. Kunsthistorische Highlights der Schatzkammer sind z. B. eine Darstel-

lung der Legende der heiligen Gudula von dem flämischen Künstler Michel Coxi, das angelsächsische Reliquienkreuz und die Skulptur „Die Jungfrau und das Kind", die der Bildhauer Konrad Meit für die Statthalterin Margarete von Österreich fertigte. Im Unterbau des Altars liegen die Grabstätten des Erzherzogs Albert, Statthalter der Niederlande (1598–1621), und seiner Frau Isabella sowie von Prinz Karl von Lothringen.

Öffnungszeiten **Kathedrale** tägl. 7–19 Uhr (im Winter 18 Uhr), Sa/So ab 8.30 Uhr, Eintritt frei. **Archäologische Ausgrabung** 8–18 Uhr, Eintritt 1 €. **Romanische Krypta** 2,50 €, nur nach Voranmeldung unter ✆ 02/2197530 bzw. info@act-asbl.be. **Schatzkammer** Mo–Fr 10–12.30/14–17 Uhr, Sa 10–12.30/14–15 Uhr, So 14–17 Uhr, 1 €. **Führung mit Turmbesteigung** (anstrengend!) jeden zweiten Sa im Monat (10–12 Uhr) auf Englisch oder Französisch 5 €, Anmeldung am Empfang der Kathedrale Mo, Mi und Do 14–17 Uhr. Ⓜ Gare Centrale oder Parc, Tram 93, 94.

Maison de la Bande Dessinée: Die Ausstellungen dieses kleinen Museums sind Jijé (1914–1980) gewidmet, einem der

Mal verboten, mal geadelt: das Marionettentheater Toone

Faust kreuzt wild seinen Säbel mit dem *Deuvel*. Ein Gueuze hat er in einem Zug ausgetrunken, bevor er Mut fasste, sein *Margueritesche* mit des Teufels Juwelen geschmückt auf der Foire du Midi, der Kirmes am Brüsseler Südbahnhof, zu entjungfern. Und jetzt macht der „Deuvel" den beiden immer schwerer zu schaffen ...

Frei parodiert nach Goethes „Faust", gesprochen in frechem Brusseleir, knüpfen die Stücke im Toone-Theater an eine nun mehr als 175-jährige Tradition an. Ob Karl der Große, die Musketiere, Carmen, der Cid oder Christoph Kolumbus – die Holzpuppen im Toone spiegelten stets die gesellschaftlichen Verhältnisse und standen ihrem Publikum sehr nah. Eine Figur fehlt zudem in keinem Stück: der kleine Wallone *Woltje* mit seiner schief sitzenden Schirmmütze, immer in kurzen Hosen und schwarzweiß kariertem Jackett. Er ist der Inbegriff des *Ketje*, des Brüsseler Lausbuben. Eben ein Narr, wie bei Shakespeare, aber noch ein bisschen mehr, denn der freche Bengel von der Straße hat in Brüssel Fetischcharakter, spricht dem Volk aus dem Herzen und bricht Tabus. So sehr, dass Bürgermeister Adolphe Max das Theater in den 30ern für einige Tage schließen ließ, nachdem der Woltje skandalöserweise einmal ohne Bekleidung hölzern vor dem gutbürgerlichen Publikum agiert hatte.

Dabei hatte alles so harmonisch begonnen, Bühnen- und Staatsgründung liefen nahezu parallel: Der erste Vorhang des Marionettentheaters hob sich 1830 in einer Sackgasse der verarmten Marollen. Sein erster Prinzipal war Antoine Genty. Alle nannten den erst 24-jährigen Analphabeten beim Vornamen, was sich schnell gesprochen wie „Toone" anhörte. So nennt sich die inzwischen achte Puppenspielergeneration noch immer, und auch ihr jüngster Vertreter Nicolas Géal und seine Puppenspieler sind nicht viel älter. Nicolas Géal weiß, was sein Erbe bedeutet: „Von den etwa 100 Brüsseler Puppentheatern überlebte nur das unserer Familie. Die anderen verschwanden alle nacheinander durch das Kino und Fernsehen." Heute rentieren sich Puppentheater nicht mehr, früher spielten sie aber für die kleinen Leute eine ungeheuer wichtige Rolle, und das nicht als Kindertheater. Da wurden mit derbem Humor aktuelle Missstände vor Augen geführt. Und ein Stück war auch nicht an einem Abend zu Ende, erzählt Nicolas, denn für einen neuen Akt brauchten die Marionetten erst neue Kostüme: „Heute wechselt man einfach die Kulisse aus und es gibt für jedes Kostüm eine neue Puppe." Blütezeit der Marionettentheater war die Regentschaft des spanischen Königs Philipp II. Er hatte die großen Theater geschlossen, weil ihre Stücke die Besatzer lächerlich machten. Dies übernahmen dann sofort die Holzfiguren.

Und wie kam es zu so klassischen Figuren wie „Faust" oder „Carmen"? Die Puppenspieler nahmen sich eben gern die großen Bühnen zum Vorbild und gingen schon mal ins Théâtre de la Monnaie, um sich dort von klassischen Aufführungen inspirieren zu lassen, auf dass ihren meist ärmeren Zuschauern auch etwas Kultur zuteil würde. Das ist heute anders und das Toone spielt auch nicht mehr in den engen Sackgassen oder Kellern der Marollen. Die Marionettenbühne steht im Dachgeschoss eines Hauses von 1696 mitten in der touristischen Ilot Sacré, wo Toone VII. alias José Géal 1966 mit seiner Bühne einzog. Bald darauf besuchte sogar Königin Paola mit Nachwuchs seine damaligen Kindervorstellungen. Als leidenschaftlicher Sammler besitzt Géal schätzungsweise 1.300 Marionetten, weitere gehören der Theaterstiftung bzw. deren Mäzenen. Ritter, verschiedene Woltjes, Teufel, die drei Musketiere und viele weitere Puppen hängen in dem urigen Estaminet im Erdgeschoss, in dem kleinen Marionettenmuseum (Eintritt frei) und über dem Zuschauerraum. Weitere verwahrt und restauriert Toone VII. in seiner Werkstatt in Schaerbeek. 1994 erhielt er von Albert II. die Erlaubnis, das Adjektiv „königlich" vor den Namen seines Theaters zu setzen. Die Nachfolge übergab er bereits 2003 an seinen Sohn Nicolas Géal, der sein Werk mit jugendlicher Verve weiterführt. Als Übervater, der auch eine Menge von Marketing versteht, bleibt er jedoch unvergessen, und wer ihn zufällig in dem verrauchten Estaminet treffen sollte, erkennt ihn sofort. Denn im Outfit hat er sich mit den Jahren der Figur des Woltje bis zum Verwechseln angenähert. Und sehr gern weist er darauf hin, auch der berühmte Comiczeichner Hergé habe sich von dessen verschmitzten Zügen inspirieren lassen, als er seinen Tintin schuf.

Estaminets und Museum durchgehend geöffnet, Vorstellungen Do, Fr, Sa um 15 und 20.30 Uhr (Eintritt 10 €, ermäßigt 7 €). Café 12–24 Uhr. Théâtre de Toone, Petite Rue des Bouchers 6, Reservierungen ✆ 02/5117137 oder 5135486, www.toone.be. Ⓜ Bourse.

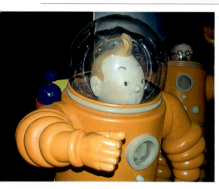

Tintin (Tim) als Astronaut

Pioniere von Spirou (ab 1938), Belgiens Comicheft der ersten Stunde, bei dem sich später 150 Zeichner und 25 Szenaristen der Schule von Marcinelle ihre Sporen verdienten. Jijé ist der Schöpfer von Figuren des realistischen Genres wie Blondin und Cirage, Kommissar Major, Don Bosco etc. Er zählt zu den produktivsten Comiczeichnern. Gezeigt werden auch Werke von Franquin (Spirou, Gaston Lagaffe, Marsupilami), Morris (Lucky Luke) und Peyo (Les Schtroumpfs). Zweimal im Jahre sind zudem temporäre Ausstellungen zu sehen. Der große, gut sortierte Laden bietet auch berühmte Klassiker anderer Zeichner wie Tim und Struppi auf Deutsch, Englisch und etlichen weiteren Sprachen. Laden und Ausstellungsraum befinden sich im Gebäude der Gare Centrale Richtung Monts des Arts.
Eintritt wird nur bei Ausstellungen erhoben, dann ca. 2 € (die Preise variieren). Boulevard de l'Impératrice 1, ☏ 02/5029468, www.jije.org. Ⓜ Gare Centrale.

Musée du Cacao et du Chocolat: Große Attraktion für Kinder in diesem kleinen Schokoladenmuseum ist die Vorführung eines Maître chocolatier, der heiße Schokolade in Formen gießt und die Zuschauer probieren lässt. Jo Draps, die aus der dritten Generation einer Familie belgischer Chocolatiers stammt, erin-nert mit einer Ausstellung an die Geschichte der Schokolade seit den Azteken: Bilder von Kakaoplantagen, Erntewerkzeuge und historische Werbung, die die belgische Schokolade international bekannt machte.
Tägl. (außer Mo) 10–16.30 Uhr. Eintritt 5 €, erm. 4 €, Kinder bis 12 Jahre in Begleitung der Eltern frei, Kindergruppen ohne Eltern 2,50 €. Rue de la Tête d'Or 9–11, ☏ 02/5142048, www.mucc.be. Ⓜ Bourse.

Fondation Internationale Jacques Brel: France Brel, die Tochter der Chanson-Legende, richtete die Stiftung in der einstigen Domäne der Getreidehändler ein. In einem kleinen Kinosaal erleben Besucher hier Filme oder Konzertmitschnitte. Im Vorraum werden wechselnde Ausstellungen (oft mit Tondokumenten) gezeigt. In einem kleinen Raum ist auch die Künstlergarderobe Jacques Brels nachgebildet, so als könne man ihn dort noch nach einem Konzert besuchen. Die Fondation und die Musikverlage Editions Jacques Brel sowie Editions Musicales Pouchenel verkaufen hier Bücher und CDs und halten die Erinnerung an den Chansonnier lebendig (→ Themenkasten Schaerbeek, Seite 238).
Geöffnet 11–18 Uhr (letzter Einlass 17 Uhr), So/Mo geschlossen, Vorstellung jede volle Stunde. Eintritt 5 €, erm. 3,50 €. Place Vieille Halle aux Blés 11, ☏ 02/5111020, www. jacquesbrel.be. Ⓜ Gare Centrale.

Musée du Costume et de la Dentelle (Kostüm- und Spitzenmuseum): Kleider, Decken und Accessoires aus echter Brüsseler Spitze in einem restaurierten Haus aus dem 17. Jh. Drei Jahrhunderte lang florierte in Brüssel der Handel mit geklöppelter Spitze, die wegen ihrer Qualität an den Höfen Europas höchst begehrt war. Nach dem Ersten Weltkrieg ging die Ära der echten Spitze zu Ende. Der Preisdruck der maschinell hergestellten Produktion war einfach zu hoch. Fortan wurden selbst die traditionellsten Motive nur noch in Fabriken produziert. Das Museum zeigt in Glasvitrinen originale Spitzenware vom 17. Jh. bis zur Mitte des 19. Jh., darunter Porträts, Krawatten, Deckchen, Hauben, Schleier, spektakuläre Abendgarderobe, Kostüme, liturgische Gewänder, Taschentücher für Hochzeitspaare, ein Schultervelum, das die Einsegnung der Wallfahrtskirche von Laeken darstellt – alles in akribischer Handarbeit entstanden und unschätzbar wertvoll. Im zweiten Stock bekommt man eine fachkundige Einführung mit beispielhaften Handarbeiten. Was international als flämische Spitze gehandelt wurde, fächerte sich nach regionalen Schulen auf. Die Brüsseler Spitzenklöpplerinnen arbeiteten nach Mechelner Art, während sich in Antwerpen die Technik aus Valenciennes durchgesetzt hatte. Im 18. Jh. orientierten sich die Klöpplerinnen mit ihren Mustern an den damals modernen Strömungen aus Architektur und Möbeldesign.

Tägl. (außer Mi) 10–12.30/13.30–17 Uhr, Sa/So 14–16.30 Uhr. Eintritt 6,50 €. Rue de la Violette 6, ✆ 02/5127709. Ⓜ Bourse.

Notre-Dame du Bon Secours: Neben dem Wappen Karls von Lothringen, des Großmeisters des Deutschritterordens, erinnern über dem Portal dieser Kirche Jakobsmuschel und -stab daran, dass über den Kohlenmarkt (Rue du Marché au Charbon) im Mittelalter der Pilgerweg nach Santiago de Compostela verlief. Bevor die Kirche 1664 nach italienischen Mustern erbaut wurde, stand hier bereits die Kapelle des Hospitals St-Jacques. Es war an die erste Umwallung der Stadt gebaut und nahm vor allem Pilger auf. Der Name „Unserer Lieben Frau zur Guten Hilfe" stammt von einer Statuette aus Eichenholz, die schon im Mittelalter verehrt wurde. Sie steht auf dem marmornen Hochaltar. Eine Muttergottes mit Kind in einer Muschel dominiert die Kirchenmitte. Der Grundriss ist sechseckig, daran schließen sich drei Apsiden an, die mittlere beherbergt den Chor. Die Ausschmückung lehnt sich noch stark an die Renaissance an.

Tägl. 9.30–17 Uhr. Rue du Marché au Charbon 91. Ⓜ Anneessens.

St-Nicolas: An die Kirche schmiegen sich schmale Geschäftshäuser. Schon im 12. Jh. spendete ihr Schutzheiliger Nikolaus Binnenschiffern und Kaufleuten Mut und Trost. Sie diente als Marktkirche und wurde mehrmals zerstört, z. B. während er Religionskriege. Eine Kanone steckt noch von der Bombardierung von 1695 durch die französischen Truppen Ludwigs XIV. in der Wand. Bis auf den dreimal zerstörten Turm wurde die Kirche immer wieder aufgebaut. Bei der Erneuerung der Fassade im gotischen Stil 1956 erhielt sie das hintere Fenster (Mariä Himmelfahrt von Guy Chabrol). Im rechten Teil des Portals sind noch romanische Reste erhalten sowie die viereckigen Teile der ersten Säulen des Hauptschiffes. Drei Schiffe laufen auf den schräg angesetzten Chor mit Kapelle zu. Hochaltar, Beichtstühle, Kanzel und Chorgitter sind aus dem 18. Jh. Der Chor selbst stammt noch aus dem Jahr 1381. In das Gestühl eingelassene Medaillons stellen die Nikolauslegende dar. Eine weitere Besonderheit in dieser Kirche sind die Reliquien der Märtyrer von Gorkum. Diese 19 Märtyrer wurden in der Nacht vom 26. zum 27. Juni 1572 von den Geusen gefangen genommen, misshandelt und im Namen der päpstlichen Autorität gehenkt, 1867 jedoch von Papst Pius IX. heiliggesprochen. Ihre Reliquien kamen in diese Kirche, als das gegenüberliegende Franziskanerkloster Mitte des 19. Jh. dem Bau der Börse weichen musste. Sie wurden in einem wertvollen Schrein aus vergoldetem Kupfer geborgen, der von dem Künstler Höllner aus Kempen in Deutschland stammt. Das Gemälde von B. Stallaert zeigt die letzte Kommunion der Märtyrer.

Tägl. 10–17 Uhr. Rue au Beurre 1. Ⓜ Bourse.

Praktische Infos

Essen und Trinken

Das richtige Restaurant zu wählen, ist in Brüssels kulinarischen Altstadtgassen (Rue des Bouchers und Petite Rue du Boucher) nicht gerade leicht. Im Folgenden sind jedoch die Adressen angegeben, auf die nicht nur Touristen, sondern auch die Brüsseler schwören. Die Kneipen haben bis nach Mitternacht geöffnet und ziehen ein trinkfreudiges Publikum an. Abseits der großen Touristenströme liegt die Place de la Vieille Halle aux Blés. Von hier aus gelangt man in wenigen Schritten zur Rue des Alexiens mit einigen netten Restaurants (→ Tour 3, Sablon).

> Wo nicht anders vermerkt, erreicht man die Lokale am leichtesten ab der Ⓜ Bourse.

A la Mort Subite (11): Einen „Plötzlichen Tod" zu trinken, ist in Brüssel ein Muss. Die Kneipe existiert unter diesem Namen schon seit 1928. Die Vorgängerin „La Cour Royale" an der Ecke Rue d'Assaut/Rue Montagne aux Herbes Potagères war das Stammlokal von Journalisten und Bankangestellten. Damit die Mittagspause nicht zu lange dauerte, wenn sie beim Bier Karten spielten, war ein Spiel nach nur einer Runde zu Ende. Man sagte, es starb eines plötzlichen Todes. Und der berühmte Choreograf Maurice Béjart nannte eine Choreografie und ein autobiografisches Buch „La Mort Subite", denn hier im Lokal traf er seinen Vater zum letzten Mal, der kurz darauf bei einem Autounfall starb. Rue Montagne aux Herbes Potagères 7, ✆ 02/5131318. Tägl. 10–24 Uhr. Ⓜ Gare Centrale.

Fritland (29): Man kann sich in oder vor einer modernen Bar à la McDonald's niederlassen und mit Blick auf die Börse neben hausgemachten frischen Fritten mit großer Saucenauswahl auch Salat, Sandwiches, Burger und Bagels verzehren. Rue Henri Maus 49, Sandwichs 7–18 Uhr, Friterie 11–1 Uhr, Fr/Sa bis ca. 5 Uhr.

A L'Imaige Nostre-Dame (25): In einer schmalen Sackgasse versteckt, die von der Rue du Marché aux Herbes abgeht, liegt diese urige Brüsseler Kneipe. An alten Holztischen oder auf Barhockern schmeckt das Bier hier wie ehedem, und man fühlt sich in alte Tage zurückversetzt. Das rustikale Lokal ist bei älteren Brüsselern beliebt. Hier kann man starke Biere probieren wie etwa „Bourgogne de Flandres" (5,5 Vol.-%) oder „Chimay bleu" (9 Vol. %). Am Wochenende wird erst geschlossen, wenn der letzte Gast gegangen ist. Impasse des Cadeaux. Tägl. 14–24 Uhr, Sa/So bis ca. 2 Uhr.

La Bécasse (19): Von der Straße ist nur das Schild zu sehen, und deshalb bleiben die Brüsseler hier oft unter sich. Nur durch einen schmalen Gang zwischen Häusern gelangt man in dieses urige, zu später Stunde gern von Studenten besuchte Brüsseler Estaminet mit 2 Wirtsstuben auf 2 Stock-

Den „Plötzlichen Tod" kann man in Brüssel trinken

werken. Lambic, Gueuze und Kriek (Lambic mit Kirschen aus Saint-Trond), also typische Weißbiere, nach alter Tradition gebraut, gehören zu den Spezialitäten. Dazu gibt es leichte Bistroküche. Rue de Tabora 11. Tägl. 14–24 Uhr, Sa/So bis 2 Uhr.

Vincent (16): Eines der wirklich empfehlenswerten Restaurants in Brüssels Altstadtgassen. Es liegt schräg gegenüber dem Ausgang der Galerie des Princes und man findet es am besten, indem man diese von der Galerie aus durchquert. Einen großzügig überkuppelten Speisesaal schmücken große Mosaike an den Wänden, z. B. Fischer auf rauer See. Exzellent sind hier die Muscheln, Meeresfrüchte und Fischgerichte, aber auch das Wild. Hauptspeisen ab 17 €. Rue des Dominicains 8–10, ✆ 02/5112607, www.restaurantvincent.com. Tägl. 12–14/18.30–23.30 Uhr, So 12–15/18.30–22.30 Uhr, die ersten beiden Wochen im Jan. und Aug. geschlossen.

Ogenblick (18): Gänseleber in Portgelee steht in diesem erlesenen Restaurant ebenso auf der Karte wie Lachsfilets mit einer Mousseline (Fischpüree) und Spinat oder Seewolf mit Kaviar oder Fasan nach Brabanter Art … Es gehört zu den besseren Adressen, serviert saisonale französische Küche und ist nicht gerade preiswert (45 €). Galerie des Princes 1, ✆ 02/5116151, www.resto.be/ogenblik. Tägl. (außer So) 12–14.30/19–24 Uhr.

Vaudeville (23): Das edle Café in den Galeries St-Hubert wurde restauriert und 2004 wiedereröffnet. An den runden Tischen in der Galerie kann man die Passanten beobachten und sich gut von der Hektik draußen erholen. Der Saal im ersten Stock ist gediegen und nobel-gemütlich. Hier wird ein reichhaltiges Buffet angeboten. Galerie de la Reine 11, ✆ 02/5112345. Tägl. 9–24 Uhr.

Taverne du Passage (26): Zu diesem Traditionsrestaurant (seit 1928) gibt es einen Eingang von den Galeries St-Hubert und einen von der Rue des Bouchers. Auf der Speisekarte stehen Moules (Muscheln), Austern und Dinge für Kenner wie „Arduillet" (Innereien). Fleisch wird am Tisch flambiert. Besonders lecker sind die Croquettes de Crevettes (Krabbenkroketten) mit gerösteter Petersilie und die Muscheln in Weißwein. Vol au Vent ist ein köstliches, mit Gemüse angereichertes Hühnergericht in einer Blätterteigtasche. Hauptgerichte ab 16 € und guter Service. In Sachen Wein wird man fachkundig beraten (die Weinkarte hat

Restaurant Vincent

schon einen Preis bekommen). Galerie de la Reine 30, ✆ 02/5123731, www.tavernedupassage.com. Tägl. 12–24 Uhr, im Juni und Juli Mi/Do geschlossen.

Scheltema (9): Seit 1972 ist dieses renommierte Restaurant eine Institution. Es hat sich auf Fisch und Meeresfrüchte spezialisiert, die in dem Jugendstildekor besonders gut munden. Trotz der ebenfalls edlen Preise stets gut besucht, daher reservieren. Die hochprofessionelle Bedienung bahnt sich immer einen Weg, um die frischen und verlockend kreativ arrangierten Platten sicher zu den Tischen zu bringen. Rue des Dominicains 7, ✆ 02/5122084, www.scheltema.be. Tägl. (außer So) 11.30–15/18–23.30 Uhr.

Aux Armes de Bruxelles (24): Hummer, Austern, Muscheln und Fritten oder Escargots (Schnecken) in bewährter Brüsseler Qualität, daneben kann man rustikale und traditionell mit Gueuze zubereitete Fleischgerichte probieren. Für den normalen Appetit reicht eine Vorspeise, zum Beispiel „Coquille Ostendaise" (in einer Muschelform werden verschiedene Fischsorten, Krabben und Champignons mit Käse überbacken). In den zwei großen Speisesälen, die meist gut gefüllt sind, eilen die Kellner hektisch herum. Wer aber schon früh am Abend oder mittags hierher kommt, braucht nicht zu reservieren. Rue des Bouchers, ℡ 02/5115598, www.armesde bruxelles.de. Tägl. (außer Mo) 12–23.15 Uhr.

Arkadi (13): Dieses zweistöckige Café am Ende der Galeries St-Hubert ist immer gut besucht. An eng gestellten runden Tischen bekommt man zu zivilen Preisen, was jeder Belgier gern isst: hausgemachte Quiches und große Tortenstücke, Pasta. Dazu schmeckt ein Gueuze-Bier oder ein Blanche de Hoegarden. Rue d'Arenberg 18, ℡ 02/5113343. Tägl. 11–19 Uhr.

't Kelderke (55): Ein Besuch im Kellergewölbe der Maison des Ducs de Brabant lohnt, wenn man die herzhafte belgische Kost mag: Rinderschmorfleisch in Bier-Zucker-Brühe gehören zu den Spezialitäten des Hauses. Etwas leichter: der Miesmuschelauflauf. Im Estaminet im ersten Stock sitzt man ebenfalls nett und kann die Speisen aus dem Kellerrestaurant bestellen. Grand Place 15, ℡ 02/5137344. Tägl. 12–2 Uhr.

Maison du Cygne (52): Wo einst Marx und Engels die Thesen aus dem Kommunistischen Manifest diskutierten, speist man heute vorzüglich und luxuriös mit Blick auf die Grand Place. Besonders empfehlenswert: Garnelen und Hummer, garniert mit Haselnüssen und Esskastanien oder Entenleber und Entenbrust. Das 5-Gänge-Menu kostet 90 €, dreigängige Mittagsmenüs gibt es ab 40 €. Urteil eines Gourmets vom Fach: „großbürgerlich, vornehm, distinguiert". Grand Place 9, ℡ 02/5118244. 12–14/19–22 Uhr, Sa mittags, So ganztägig geschlossen.

Le Cerf (46): Schon 1710 existierte dieses angenehme Restaurant namens „Hirsch" in dem schmalen Haus mit rustikaler Eichenbalkendecke. Aus dem zweiten Stock hat man den besten Blick auf die Grand Place. Chef de cuisine Yves de Smet würzt den Fisch gern mit Paprika und bereitet die Gerichte bevorzugt mit Grimbergen (Bier aus der gleichnamigen Abtei) zu. Jakobs-

muscheln oder Kaninchen in Kriek sind weitere Highlights der Speisekarte. Gerichte ab 18 € und eine große Weinauswahl. Grand Place 20, ℡ 02/5114791. Bar ab 11 Uhr, Küche 12–15/18-23.30 Uhr, Sa/So geschlossen.

Les Brasseurs de la Grand Place (48): In dieser Mikrobrauerei werden vor Ort vier Biersorten in Kupferbottichen gebraut. Nach alten Rezepten aus Brüssel und Brabant, versteht sich. Und zu den etwas schweren, traditionellen Spezialitäten gehören hier natürlich auch typische Saucen mit Bierzusatz. Menü ca. 15 €. Rue de la Colline 24, ℡ 02/5139843, www.brasseurs-brouwers. be. Tägl. 11–22 Uhr.

Planète Chocolat (57): In diesem Traditionscafé mit Terrasse hinter dem Haus kann man echte belgische Schokolade probieren: heiß, naturbelassen ohne Farbstoffe oder Konservierungsmittel. Manchmal gießt der Chocolatier in recht avantgardistische Formen. Lakritz-, Veilchen- und Pfeffergeschmack rufen häufig Erstaunen hervor. Und sonntagnachmittags wird im Raum nebenan zum Tanztee geladen. Die Gäste sind wider Erwarten jung, Seniorentanz ist Do 15–20 Uhr. Rue du Lombard 27, ℡ 02/5110755, www.planetechocolat.be. Laden tägl. Mo– 10–18.30, So 11–18.30 Uhr, Probiersalon Mo–Fr 13– 18.30 Uhr, Sa um 16 Uhr Pralinengießen, So16–22 Uhr (Tanztee).

A la Recherche du Temps Perdu (78): „Auf der Suche nach der verlorenen Zeit" heißt dieses Restaurant in Gedenken an Marcel Proust, dem das französische Gebäck Madeleine seitenweise Kindheitserinnerungen aus der Feder lockte. In einem kleinen bürgerlichen Saal im Stil des 19. Jh. werden klassisch französische Gerichte serviert: Wildente, Hummer, Filet à la Rossini. Etwas für Genießer, die den Preis nicht bedauern. Rue du Lombard 25, ℡ 02/5137884. 12–14.30/19–22 Uhr, Sa/So geschlossen.

Le Cap (86): einer der raren Orte in Brüssel, wo man auch nach Mitternacht noch etwas anderes zu essen bekommt als Pita: von einer Auswahl an Pasta bis zu Salaten und Steaks. Muscheln à la Marinière 21 €. Hierher zieht es am Wochenende Scharen ausgehungerter Nachtschwärmer. Im Sommer ist auch die Terrasse auf dem belebten Platz beliebt. Place de la Vieille Halle aux Blés 28, ℡ 02/5129342, www.le-cap.be. Tägl. 12–3 Uhr, Fr/Sa bis 5 Uhr. Ⓜ Gare Centrale.

Plattesteen und Marché au Charbon eignen sich tags und nachts zum Ausgehen

Comme Chez Soi (91) – Gourmettempel mit Familientradition

Drei Michelin-Sterne, eine prächtige Glasdecke stilecht nach Victor Horta, livrierte Angestellte – da sind Sakko und Krawatte auch bei den Gästen Pflicht. Dieser Gourmettempel mit dem koketten Namen „Wie zu Hause" ist zwar für Normalsterbliche nicht erschwinglich, aber eben das berühmteste Restaurant Brüssels. Besondere Gäste wie die Rolling Stones oder Schachweltmeister Karpow dürfen an extra in der Küche gedeckten Tischen Platz nehmen und den Chef Pierre Wynants persönlich zusehen bei seiner Arbeit – oder doch eher bei der Kunst des guten Geschmacks? Matjes als Amuse gueule, getrüffelte Jakobsmuscheln, Filet de Sole cardinale mit Hummermedaillon und Tomatencreme oder auch Austern mit Chicoree, Schinkenmousse aus den Ardennen? Was darf es sein? Pierre Wynants führt das Restaurant in der vierten Generation und heute gehört es zu den zwölf höchstbewerteten der Welt. Seit 1926 ist es im Familienbesitz, doch erst Pierres Vater Louis, ein Autodidakt verwandelte es vom Bistro in einen Sternetempel. Den ersten Michelin-Stern bekam er 1953. Er war übrigens auch ein leidenschaftlicher Weinkenner und -sammler und etliche der heute rund 35.000 Flaschen im Weinkeller stammen noch von ihm.

Sohn Pierre dirigiert heute mit Kompagnon und Schwiegersohn Lionel Rigolet eine 13-köpfige Brigade. Interviews und Fernsehauftritte ist er gewöhnt, doch sein Ruhm ist ihm nicht zu Kopf gestiegen. Als Junge flog er aus „Mangel an Talent", so der Brief an den Vater, aus der Hotelfachschule. Danach begannen harte Lehr- und Wanderjahre. Er arbeitete in den Hotels „Savoy" und „Carlton", verdingte sich als Schiffskoch und lernte in Paris, u. a. bei Claude Terrail. Als das „Comme chez soi" 1966 den zweiten Stern bekam, war Pierre schon wieder zu Hause. 1973 übernahm er das Restaurant und 1979 durfte er sich über den dritten Stern freuen. Der Laden brummte, und 1988 investierte Pierre Wynants in das perfekte Jugendstilambiente des Lokals. Seine Frau Marie-Thérèse bringt ihr Organisationstalent ein, er widmet sich der Kochkunst und einer weiteren Leidenschaft, dem Fußball. Auf dem Fußballplatz feuert er den FC Anderlecht an und isst dabei liebend gern Pommes. Einmal im Jahr kocht er nach der Pariser Tradition der „restaurants du coeur" für Brüssels Obdachlose.

Nur mit Reservierung, 12–13.30/19–21.30 Uhr, So/Mo geschlossen, Place Rouppe 23, ☎ 02/5122921, www.commechezsoi.be. Gerichte 80 €–120 €. Ⓜ Anneessens.

Big Mama (83): Von frischen Nudelgerichten über gebratene Kalbsleber bis zu Scampi und Fisch bietet der Wirt etwas für jeden Geschmack und Geldbeutel, recht beliebt sind auch die Kinderteller. Im Sommer kann man mit einem kühlen Getränk auf der Terrasse sitzen. Gerichte 10–15 €.Place de la Vieille Halle aux Blés 41, ℘ 02/5133659, www.bigmama.be. Mo/Di geschlossen. Ⓜ Gare Centrale.

Novo (84): In dieser modernen Bar, die neben einer Terrasse auf dem Platz auch einen kleinen Garten im Hinterhof hat, wird das Bier Vedett ausgeschenkt. Der beliebte Treffpunkt am Nachmittag und am Abend zieht ein ähnliches Publikum an wie das Ausgehviertel St-Géry jenseits des Boulevards Anspach. Gerichte ab 10 €. Place de la Vielle Halle aux Blés 37, ℘ 02/5030905. Tägl. 11–24 Uhr, Fr/Sa bis 2.30 Uhr. Ⓜ Gare Centrale.

Waka Moon (77): Das Haus mit der Zebrastreifenfassade war früher ein Buchladen. Heute beherbergt es ein beliebtes afrikanisches Restaurant mit gut sortierter Cocktailbar. Cooles Ambiente, cooles junges Publikum. Rue des Éperonniers 60–62, ℘ 02/5021032. 12–15/19–23 Uhr, Sa mittags und So geschlossen.

La Roue d'Or (70): Kleines klassisches Lokal nahe der Grand Place mit Holzmöbeln und Jugendstilelementen. Die Wand und die Deckenfresken sind eine Hommage an René Magritte, die dekorativen Fenster mit farbigem Glas waren typisch für die Belle Epoque. Saisonale Gerichte und Gerichte nach Großmutters Art kann man hier genauso probieren wie sechs Austern (15 €), Gänsepastete, Stoemp mit frischer Landwurst oder Waterzooi mit Fisch (21 €). Rue des Chapeliers 26, ℘ 02/5142554, www.resto.be/rouedor. Tägl. 12–15/18–23 Uhr.

Nachtleben

Le Corbeau (3): Hier wird am Wochenende nach dem Restaurantbetrieb auf den Tischen getanzt. Die dafür nötige Heiterkeit ist nicht zuletzt dem Tequila zu verdanken oder den Chevaliers, die es hier ein bisschen aussehen lassen wie in einem Labor: 50 cm hohe Reagenzgläser für über einen Liter belgisches Bier. Welches, das muss man schon selbst entscheiden ... Rue Saint-Michel 18, ℘ 02/2170506, www.lecorbeau.be. Tägl. (außer So), Café 10–1 Uhr (Sa/So viel länger), Restaurant 12–15/18–22 Uhr.

Le Cercueil (42): Ein langer Gang führt von der Gasse Rue des Hareng direkt in „den Sarg". Diese morbide Kneipe ohne Fenster ist seit 1973 Kult. In schrillen Neonfarben sitzt man um einen Sarg herum und kann sich Bier in einer Schädelattrappe servieren lassen. Cocktails haben Namen wie „Sperme du Démon" (Dämonensperma) oder „Urine de Cadavre" (Leichenurin). Fans von Marilyn Manson werden hier ihre Freude haben. Rue des Harengs 10–12. Tägl. 14–1 Uhr.

Goupil le Fol (71): In allen verwinkelten Räumen dieses labyrinthartigen mehrstöckigen Hauses kann man gesellig in bunten Sofas versinken. Piaf-Chansons oder Jacques Brel erschallen aus der Jukebox mit über 3.000 Titeln, an der Wand nostalgische Fotos. Märchenhafter Ort für ein Date und immer gut für einen Late-Night-Drink. Allerdings gibt es keine Cocktails und nur eine Sorte Bier (2,50 €) sowie billigen Wein.

Rue de la Violette 22. Tägl. (außer So) 20–1.30 Uhr, Fr/Sa bis 5 Uhr.

Auch die Wandcomics thematisieren das Nachtleben

The Music Village, einer der bekanntesten Brüsseler Jazzclubs

Dali's Bar (27): House-Bar mit guter Auswahl an Cocktails. In der überfüllten Gasse leicht zu übersehen, aber am späten Abend durchaus sympathisch. Das Interieur huldigt dem spanischen Surrealisten und seinen Werken, die man von lippenförmigen Sofas aus betrachten kann. Meist wird heftig getanzt. Petite Rue des Bouchers 35, www.dalisbar.com. Di–Sa 22–5 Uhr.

Delirium tremens (12): Auch wenn es 1.000 andere Touristen tun, diese Kneipe mit großem Bierkeller, die von sich behauptet, man könne dort weltrekordverdächtige 2.004 Biere aus 60 Ländern probieren, muss man einfach besuchen. Alte Werbetafeln an den Wänden, Fässer und Joël Pêcheur sorgen hier für die richtige Bierseligkeit. Kurios ist auch die Lage in der Sackgasse von Jeanneke Pis. Impasse de la Fidélité 4 A, www.deliriumcafe.be. Tägl. 10–4 Uhr, So bis 1 Uhr.

Poechenellekelder (79): Michel de Triest, der Besitzer, kann sich die Hände reiben, denn seine Brüsseler Bierkneipe liegt direkt gegenüber vom Manneken Pis. Und wenn seine Gäste im Sommer auf der Terrasse sitzen und die Pis-Pilger beim Fotografieren beobachten, steigt die Bierlaune. Die Auswahl ist groß, vom Chimay über Faro vom Fass bis zum La Chouffe mit einem Gartenzwerg auf dem Flaschenetikett. Beliebt ist die Tartine au fromage frais, ein herzhaftes Frischkäsebrot mit Zwiebeln und Radieschen. Rue du Chêne 5. Tägl. bis 2 Uhr.

The Music Village (41): einer der bekanntesten Brüsseler Jazz Clubs, ganz nach New Yorker Vorbild. Meist von Mittwochs bis Samstags, manchmal aber auch an anderen Tagen geben hier Jazzgrößen und Bands verschiedener Stilrichtungen Life-Konzerte. Eintritt ab 7 €. Das Programm und die Karten bekommt man an der Abendkasse oder per Reservierung. Einlass ab 19.30 Uhr, reservierte Plätze werden bis 20.30 Uhr frei gehalten. Rue des Pierres 50, ☎ 02/5131345, www.themusicvillage.com.

Au Soleil (63): beliebter Treffpunkt für Tag- und Nachtschwärmer. Auf der Terrasse scheint an schönen Tagen tatsächlich lange die Sonne. Nach Mitternacht geht die Party drinnen weiter. Die Küche ist schlicht, gut und günstig: Salat mit Ziegenkäse, Gemüsetorte („Tarte de Legume"), Hackbraten („Pain du viande") und Ardenner Leberpastete („Pâte d'Ardennes"). Rue du Marché au Charbon 86, Tägl. 10–1 Uhr.

Plattesteen (38): Von der Terrasse aus kann man ausgiebig zwei Comic-Hauswände bewundern. Das Haus mit Bogenfenstern stammt aus dem Jahr 1903. Der Name dieser gut besuchten Kneipe, die schon seit 1968 besteht, geht auf eine Sackgasse in der Nähe zurück. Sie führte zu einem Patrizierhaus aus Ziegelsteinen aus dem 17. Jh. Gerichte ab 8 €, auch leckere Tagessuppen. Rue du Marché au Charbon 41. Tägl. (außer So) 12–15/18–22 Uhr.

Canoa Quebrada (49): Um 22 Uhr ist die Tanzfläche noch leer, aber um Mitternacht vibriert hier alles in brasilianischen Rhythmen. Die heiße Luft und die süffigen Cocktails lassen den kleinen Raum im Samba- oder Salsa-Schritt flirren und bunt und aufregend wirken. An der kleinen Bar im hinteren Teil kann man Atem holen. Rue du Marché au Charbon 53. Fr/Sa 22–6 Uhr.

Le Fontainas (61): neuer, aber genauso beliebt wie das Soleil. Auf der Terrasse sitzt man direkt neben der Kirche Notre-Dame du Bon Secours, im Frühjahr genießen Homos und Heteros nebeneinander die ersten Sonnenstrahlen. Das heutige Publikum hört gern Musik, tanzt ab und zu, wenn DJ's auflegen, und bekommt am Nachmittag ein hart gekochtes Ei zum nachgeholten Frühstück. Rue du Marché au Charbon 91. Tägl. 14–2 Uhr, Sa/So bis 3 Uhr.

DNA (36): In den 80ern trafen sich hier Punks und Hardrock-Freaks. Heute geht es weitaus ruhiger zu. Es läuft Hip-Hop oder moderner Rock. Jeden Donnerstag gibt es von 9–22 Uhr Konzerte kleiner belgischer Rockbands. Ab und zu legen DJs auf. Rue des Pierres. Tägl. ab 18 Uhr, Ende offen.

Le Havana (42): In einer Seitengasse der Grand Place verlockt diese nostalgische, kubanische Bar Liebhaber von Rum, echten kubanischen Zigarren und Salsa. An der Wand hängen Bilder von Che Guevara, dem hier eifrig zugeprostet wird. Nach dem Essen wird am späteren Abend getanzt. Rue des Harengs 16. Tägl. (außer Mo) 12–24 Uhr.

Cancan (30): Club und Disko im Ausgehviertel der Schwulen in der Nähe des Kohlenmarkts. Lederfans kommen bei Karaoke und kitschigem Dekor auf ihre Kosten. Rue des Pierres 55, www.le-cancan.be. Tägl. (außer Mo) ab 16 Uhr.

L'Homo Erectus (39): Dieser Homosexuellentreff mit Disko hat seine Scheibe mit einem Bild zur menschlichen Evolution dekoriert. Ein paar Schritte weiter an der Straße gibt es eine ruhigere Barvariante zum Reden mit dem Namen „classicus". Rue des Pierres 57, www.lhomoerectus.com. Tägl. ab 15 Uhr Teatime.

Le Cercle des Voyageurs (67): angenehmes Traveller-Café mit Sinn für Kunst und Fotografie und Stuck an der Decke. Von runden Ledersesseln kann man das Weltkartenrelief oder die Fotos an der Wand betrachten und sein Fernweh pflegen. Brüsseler Snacks und Nichtraucherraum mit Glasdach. Rue des Grands Carmes 18, ✆ 02/

5143949, www.lecercledesvoyageurs.com. Tägl. ab 11 Uhr (Küche 12–14/19–22.30 Uhr).

El Papagayo (88): Nostalgiker und Fans von Indiana Jones werden diese kleine Latino-Tanzbar sicher mögen. Ambiente zum Verlieben, auch Homosexuelle kommen gern hierher. Es gibt Cocktails und kleine südamerikanische Gerichte. Place Rouppe 6. Tägl. 16–2 Uhr, Sa/So 8–2 Uhr.

H_2O (37): Hier treffen sich gern Paare oder Mondsüchtige, die es bei klassischer Musik und Kerzen romantisch haben möchten. Phantasievolle Einrichtung mit Skulpturen und Aquarien. Cocktails, Salatbar und Pastagerichte. Rue du Marché au Charbon 27. Tägl. 19–24 Uhr.

Cartagena (51): Tanzschuppen für Fans von Salsa, Mambo, Merengue und anderen Latinorhythmen. Gute Cocktails. Eurokraten, Praktikanten, Hausfrauen und Latinos bilden ein kurios gemischtes Publikum. So richtig gefüllt erst ab 23 Uhr. Rue du Marché au Charbon 70. Tägl. (außer Mo) ab 20 Uhr, Fr/Sa 2.30–5 Uhr.

La Mort Subite hat auch abends viel Flair

Rock Classic Bar (28): Kellerbar mit Rockmusik und dünner, rauchiger Luft zum Tanzen und Trinken bis in die Puppen. Rue des Pierres 55, ✆ 02/5121547, www.rockclassic.be. Fr/Sa 20–6 Uhr.

Dada (68): Das alteingesessene Dada aus der Rue du Fossé aux Loups hat hier einen neuen Standort gefunden. Der Szenetreff hat ein ähnliches Publikum wie das Dolle Mol und bietet manchmal auch Livekonzerte oder Lesungen. Rue de la Violette 34. Tägl. 12–2 Uhr.

Celtica (5): Angelsächsisches übermütiges und alkoholisiertes Socialising eines tendenziell jungen Publikums auf der Tanzfläche im Obergeschoss. Vorteil: Hat täglich bis in die Puppen geöffnet. Nachmittags irischer Pub. Rue du Marché aux Poulets 55, www.celticpubs.com. Tägl. 13–5 Uhr, am Wochenende bis 7 Uhr.

Dolle Mol (60): Man munkelt, ein flämischer Minister zahle die Miete für die Kneipe des belgischen Nationalprovokateurs, Anarchisten und Enfant terrible Jan Bucquoy, der 2005 und 2007 wegen Demonstrationen und Versuch eines Staatsstreichs festgenommen wurde. Der Filmregisseur (z. B. „Das wahre Sexualleben der Belgier", 1994, und „La vie est belge", 2007) veröffentlichte zahlreiche Bücher, darunter Comics, gilt als Bürgerschreck und ist eine Ikone der 1960er. Er verbrannte öffentlich ein Bild von Magritte, ließ eine Skulptur des Königs enthaupten und so mancher ist ihm dafür dankbar, dass er es durch seine zahlreichen Provokationen immer wieder versteht, die Fronten zwischen Flamen und Wallonen aufzulockern. Das heutige Dolle Mol (dt. „der verrückte Maulwurf") tritt in die Fußstapfen des gleichnamigen jahrelang geschlossenen roten Szenelokals, das schon in einem Comic von 1982 vorkommt („Au Dolle Mol – une aventure de Gérard Craan"). Geöffnet ist übrigens nur, wenn Jan Bucquoy dazu aufgelegt ist. Doch dann trifft man hier sicher ein interessantes, buntes Publikum und vielleicht auch den Regisseur persönlich. Rue des Eperonniers 52. Tägl. 11–1 Uhr.

Le You (81): Das psychedelische Design ertrinkt in Pink und Frottee. In dieser Disko wird viel House und Funk gespielt, aber auch Techno. Rue Duquesnoy 18, www.le you.be. Do–Sa ab 22 Uhr, sonntags 18–3 Uhr Gay Night.

Einkaufen

Galler (32): Hoflieferant für belgische Schokolade. Rue au Beurre 44, ☎ 02/5020266, tägl. 10–21.30 Uhr.

Marie-Coton (35): hochwertige Brüsseler Spitze, Rue du Marché aux Herbes 66.

Rubbrecht (33):Brüsseler Spitze mit traditionellen Mustern und in großer Auswahl gibt es in diesem Geschäft direkt an der Grand Place neben dem Chocolatier Neuhaus. Grand Place 23.

Maison Dandoy: Hoflieferant nicht nur für Spekulatius

Stepptanz auf der Straße

Gautam (56): Juwelier. Diamanten und Gold. Hat auch einen Duty-free-Shop am Flughafen. Grand Place 12.

Plaizier (75): hochwertige Kunstpostkarten, Poster, Bücher und Geschenkartikel für Liebhaber von Kunst und Fotografie. Rue des Éperonniers 50.

Neuhaus (17): Pralinen, Galeries St-Hubert, Grand Place 27.

Cora Kempermann (35): kreative Damenmode, Rue du Marché aux Herbes 16.

La Boutique Tintin (43): gut sortiertes Comic-Geschäft. Rue de la Colline 13.

Bier Tempel (31): Rue du Marché aux Herbes 56. Souvenirs rund um das belgische Bier.

Maison Dandoy (32): Rue au Beurre 31, ✆ 02/5110326. Es gibt noch mehr Filialen – eine in der Rue Charles Buls 14 (✆ 02/5126588), eine in der Rue Rollebeek am Grand Sablon und eine im vornehmen Uccle –, aber diese ist die sehenswerteste. Kronleuchter hängen von der Kassettendecke und Laden und Backstube dahinter sehen noch genauso aus wie anno dazumal. Die traditionsreiche Biscuiterie stellt seit 1829 köstliches Backwerk her und darf sich seit langem Hoflieferant nennen. Dekorativ sind besonders die Spekulatiusfiguren vom Weihnachtsmann bis zum Manneken Pis, und wer selbst gern edel backt, kann hier auch die Formen erwerben.

Langhendries (8): Brüsseler Käse, auch zum Probieren. Ziegenkäse mit Kräutern oder Herve, ein belgischer Rohmilchkäse, den man mit Sirup aus karamellisiertem Obst isst. Rue de La Fourche 41.

La Maison du Miel (35): Honigprodukte. Rue du Marché aux Herbes 11.

Marjolaine (82): Puppen, Spitze, Antiquitäten in einem Jugendstilschaufenster von 1904, Rue de la Madeleine 7.

The Brussels Corner (64): Postkarten, T-Shirts, Euro-Devotionalien in hochwertiger Aufmachung, Rue des Grands Carmes, Rue de l'Étuve 27 und Rue du Marché aux Herbes 54.

Tropisme (21): Galerie des Princes 11, gut sortierte französischsprachige Buchhandlung.

La Voix de son Maître (15): bekannt für eine Riesenauswahl an Klassik-Cds, gegenüber dem Mokafé in den Galeries St-Hubert. Auch DVDs und Pop. Galerie du Roi 14.

Passage Saint-Honoré (7): günstige CDs belgischer Interpreten.

Le Carthage (34): orientalische Patisserie und Teestube, auch sehr nett, um vor Ort die verlockend bunten, süßen Backwerke zu probieren. Rue du Chair et Pain 3, ✆ 02/5132727.

Le Palais des Thés (80): 250 Teesorten sowie Kaffee, Tee- und Kaffeekannen, Geschenkartikel. Place de la Vieille Halles aux Blés 45, www.palaisdesthes.com.

Antiquariat Van de Plas (69): Bücher. Rue des Eperonniers 10.

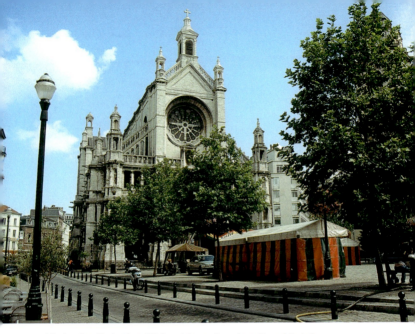

Kirche Ste-Catherine, Wahrzeichen eines trendigen Viertels

Vom Quartier Saint-Géry ins Quartier la Monnaie

Authentisches Flair, trendige Bars und Boutiquen verführen auf dieser Tour jenseits der Grand Place. Es geht durch alt eingesessene Viertel in Aufbruchstimmung und zu Nationalsymbolen wie dem Opernhaus, der Place des Martyrs und dem Comicmuseum.

Bis vor einigen Jahren waren die Straßen zwischen Boulevard Anspach und Kanal bei den Brüsseln selbst fast in Vergessenheit geraten: marode Bausubstanz, halb-rustikale flämische Gaststuben, Eisenwarenhändler neben Änderungsschneidereien und Secondhandläden, ein kleines Chinatown und etliche Werbeschilder für Telefonate in alle Welt. Die Gegend trug den Spitznamen Chicago und galt als nicht besonders besuchenswert. Inzwischen haben Kreative, Geschäftstüchtige und Nachtschwärmer die Rue Auguste Orts, die Rue Antoine Dansaert, die Gegend um die Plätze Nouveau sowie Vieux Marché aux Grains und die Rue de Flandre für sich entdeckt. Renovierte Fassaden erstrahlen in frischem Glanz, und dennoch ist noch viel von dem echten, ganz entspannten Gefühl eines überschaubaren Brüsseler Viertels geblieben. Diese Tour führt von hier aus weiter auf die andere Seite des Boulevards Anspach mit der Fußgängerzone Rue Neuve und dem Opernhaus. Spannungsreich zeigt sie, wie nah sich Alt und Neu in Brüssel sind und was die hiesige Lebensart seit eh und je geprägt hat: handeln, beten und genießen.

Tour 2

Dauer der Tour ohne Museumsbesuche: 3 Std.

Startpunkt dieser Tour ist die **Börse** (Ⓜ Bourse), bereits seit dem 19. Jh. der wichtigste Handelsplatz des Landes. Der Eingang befindet sich am hinteren Teil des Gebäudes (Nicht-Börsianer haben keinen Zutritt). Im klassizistischen Stil nach einem Entwurf von Léon Suys erbaut, erinnert sie an einen griechischen Tempel. Die Stufen der Freitreppe vor der Hauptfassade mit sechs imposanten korinthischen Säulen laden Flaneure schon bei der ersten Frühjahrssonne zum Ausruhen ein. Es sei denn, Demonstranten machen an diesem zentralen Ort gerade lautstark auf ihr Anliegen aufmerksam. Über den **Boulevard Anspach**, der die architektonische Einheit des Stadtzentrums als markanteste Längsachse durchschneidet, rauscht der Stadtverkehr, Passanten in Arbeitsanzügen und mit Einkaufstüten eilen vorbei.

Erst im Jahr 1988 stießen Bauarbeiter zufällig auf die Überreste eines Franziskanerklosters aus dem Jahr 1238. Bei Ausgrabungen fand man u. a. auch die Gruft des 1294 verstorbenen Herzogs von Brabant. Teile der alten Gemäuer des heutigen **Musée Bruxella 1238** sind von der Rue de la Bourse aus der Vogelperspektive durch eine Glasscheibe zu sehen.

Wer die Börse rechter Hand umrundet, kann in etwas ruhigerer Lage gleich zwei alteingesessene Brüsseler Tavernen im Art-déco-Stil entdecken: das Jugendstilcafé **Le Falstaff** und das **Café Cirio**. Jenseits des Boulevards Anspach schließt sich an die **Rue Auguste Orts** die **Rue Antoine Dansaert** an. Nicht weit vom Mariott Hotel und dem flämischen Kulturzentrum **Beursschouwburg** haben sich zahlreiche belgische Modemacher, darunter Martin Margiela,

Annemie Verbeke, Nicolas Woit, Idiz Bogam und Olivier Strelli, sowie einige modische Restaurants angesiedelt. Auf der Suche nach dem gewissen Schick mit Hang zum Innovativen wird man hier bestimmt fündig. Aber es gibt auch traditionelle Orte mit Flair, wie z. B. die Schachspielerkneipe **Greenwich** oder das **Archiduc**. Hier jazzte schon Nat King Cole, wenn er in Brüssel zu Gast war.

In den Terrassencafés, Musikkneipen, Cocktailbars und Restaurants linker Hand entlang der **Rue du Pont de la Carpe** und sternförmig rund um die **Place St-Géry** trifft sich das junge und ausgehfreudige Brüssel vom frühen Nachmittag bis weit in die Nacht. Kaum vorstellbar, dass dieser lebhafte Platz einst die Insel zwischen den Flussarmen der Senne war, wo der heilige Gaugerich der Legende nach vor etwa 1.000 Jahren seine Hand an Brüssels Wiege gelegt haben soll. Die alten Markthallen aus dem Jahr 1881 wurden in den 90ern zu einem beliebten Ausstellungszentrum mit Bistro umgebaut (**Halles-Saint-Géry**).

Wer sich ein Stück der ansonsten überdeckelten Senne ansehen und im Innenhof der früheren Bäckerei und Brauerei des ehemaligen Klosters **Riches-Claires** (heute Wohnanlage, direkt hinter dem Eingang liegt die Senne) ein Glück bringendes Geldstück in die Senne fallen lassen möchte, gelangt linker Hand an den Markthallen vorbei dorthin. Ein päpstliches Edikt hatte es den Nonnen im 16. Jh. erlaubt, Bier und Backwaren zu verkaufen. Die gleichnamige Kirche im Stil des Brabanter Barock brannte 1989 ab, wurde aber restauriert. Bei einem Abstecher in die **Rue des Chartreux** kann man die Skulptur **Zinneke** bestaunen, eine freche Promenadenmischung, die hier als Pendant zum Manneken Pis am

Straßenrand das Bein hebt. Sie stammt von Tom Frantzen, der noch weitere Figuren der Brüsseler Volkskultur schuf. So steht an der Ecke Rue Midi und Rue des Moineaux die Skulptur von Madame Chapeau, einer Figur aus dem Brüsseler Volkstheaterstück „Bossemans et Coppenolle" (siehe S. 100 Wissenswertes).

Die Tour geht weiter über die **Rue Antoine Dansaert** zur **Place du Nouveau Marché aux Grains** mit dem Atelier des Modeschöpfers Christophe Coppens, der extravagante Hüte und Taschen entwirft, oder zum weiteren Schaufensterbummel bei diversen Modeschöpfern. Nächstes Ziel der Tour ist die **Rue de Flandre**. Einkaufslustige finden in dieser gemütlichen Einkaufsstraße des Katharinenviertels neben Delikatessen und Schuhen auch kultige, handgefertigte Mützen in der **Maison de la Casquette**. Architekturliebhaber bestaunen lieber die Fassade (18. Jh.) im Innenhof der **Maison de la Bellone** (Schauspielhaus) von Jean Cosyn, einem der Baumeister der Häuser an der Grand Place. Die Tour führt über die **Rue de Flandre** zur gemütlichen **Place du Vieux Marché aux Grains**.

Der von Brasserien und Restaurants gesäumte Platz bietet einen schönen Blick zum Eingangsportal der Kirche **Ste-Catherine**. 1854 begann man mit dem Bau und verwendete dabei Elemente aus Romanik, Gotik und Renaissance. Der Bauplatz war ein zugeschüttetes Stück des alten Hafens, nachdem die Fundamente der baufällig gewordenen Vorgängerkirche aus dem 14. Jh. in dem sumpfigen Untergrund zu versinken drohten. Von ihr ist noch der isoliert stehende Glockenturm erhalten. Die **Tour Noire** (Schwarzer Turm) hingegen, an der Rückseite der Kirche von einem

Bürohaus bedrängt, ist ein Überrest der früheren Stadtmauer. Dahinter liegt der Eingang zu dem Ausstellungsforum für moderne Kunst **La Centrale Electrique**. An die Nordwestseite der Kirche schließt sich mit dem **Fischmarkt** der alte innerstädtische Hafen an, – das letzte Becken wurde 1910 überdeckt. Wo einst der Handel mit Fisch, Lebensmitteln, Brennholz und Baumaterial florierte, reihen sich heute die Fischrestaurants aneinander.

Die **Rue du Peuple** führt vom **Quai au Bois à Brûler** zur **Place du Béguinage**, direkt auf die eindrucksvolle Fassade der barocken Kirche **St-Jean-Baptiste au Béguinage** zu. Um die klösterliche Ruhe des Beginenhofviertels noch ein wenig länger zu genießen, kann man den Weg linker Hand zum Hospice Pacheco fortsetzen, einem Seniorenheim, das bereits im 19. Jh. die nicht mehr zeitgemäßen Beginenhöfe ersetzte.

Ansonsten geht es linker Hand über die kleine **Place du Samedi** weiter zur hektischen **Place De Brouckère** mit dem traditionsreichen Luxushotel Metropole. Durch die noble Passage du Nord aus der Zeit der Belle Epoque (→ S. 157) erreicht man das neuzeitliche Brüssel mit der meist überfüllten Fußgängerzone **Rue Neuve** und dem Opernhaus **Théâtre Royal de la Monnaie**. Das benachbarte alte Postgebäude wurde 1965 durch das Einkaufszentrum Centre La Monnaie ersetzt. Die Tour führt links weiter, in nordöstliche Richtung durch die Fußgängerzone Rue Neuve zur Kirche **Notre-Dame du Finistère** in opulentem flämischem Barockstil, die zwischen Mediamarkt und H&M etwas verloren wirkt.

Rechter Hand geht es in wenigen Schritten zur **Place des Martyrs**, einer

streng symmetrisch angelegten Oase der Ruhe inmitten einer Betonlandschaft aus Verwaltungsgebäuden und Konsumtempeln. Hier lag früher eine Wiese zum Trocknen von Wäsche und zum Bleichen von Tuch, bevor die Stadt 1774 den Architekten Claude Fisco bürgerliche Wohnhäuser im klassizistischen Louis-XVI.-Stil errichten ließ. Lange Zeit wuchsen Bäume aus den Fenstern, denn die Restaurierung durch die wallonische Stadtverwaltung verzögerte sich um Jahre wegen eines Streits mit den Flamen um Raum für Verwal-

tungsbüros, eine Bibliothek und ein Kulturzentrum. Der heutige Kompromiss schließt die Nutzung der renovierten Bausubstanz durch Luxusappartements ein. Das Denkmal in der Mitte erinnert an die etwa 445 Unabhängigkeitskämpfer der Septemberrevolution von 1830: Die Patria mit dem flämischen Löwen schmückt die Krypta, zwei weitere Denkmäler sind dem revolutionären Grafen Mérode und dem Dichter der belgischen Nationalhymne Jenneval gewidmet. Einen heiteren Abschluss findet diese Tour mit dem Be-

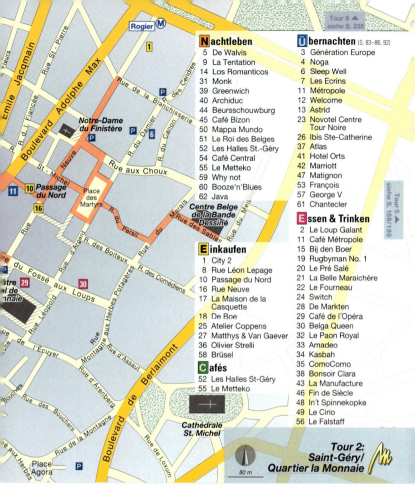

such eines keinesfalls weniger bedeutsamen belgischen Nationalsymbols, dem **Comicmuseum** (Centre Belge de la Bande Dessinée) in der **Rue des Sables**, von der Place des Martyrs zu erreichen durch die Rue du Persil.

Sehenswertes

La Bourse de Commerce (Börse): Seit dem 8. Juli 1801 war das reich verzierte Bauwerk Sitz der Brüsseler Waren- und Wertpapierbörse, seit 2000 agiert hier Euronext, ein Zusammenschluss der Börsen von Paris, Brüssel und Amsterdam zur ersten europäischen Handelsbörse. Erbaut wurde es von *Léon Suys* zwischen 1868 und 1873. Dieser Architekt ließ sich von den klassizistischen Bauformen der Antike inspirieren und beauftragte für den Gebäudeschmuck das von dem renommierten Franzosen Albert-Ernest Carrier-Belleuse geführte Atelier, das viele bedeutende Bildhauer beschäftigte. Sogar der Pariser

Börse: Die Löwen an der Treppe stehen für Kraft und Intelligenz

Bildhauer *Auguste Rodin* arbeitete ab 1871 nach dem Fall der Pariser Kommune für das Atelier.

Zwei Figuren mit Flügeln repräsentieren das Gute und das Böse; die beiden Löwen neben der Treppe und an den Seiten des Giebeldachs stehen für Kraft und Intelligenz (wie andernorts Bulle und Bär). Sie stammen von *Jean-Joseph Jacquet*, der gemeinsam mit seinem Bruder *Jacques* den Giebelschmuck gestaltete. Die Skulpturengruppen „Afrika" und „Asien" von *Rasbourgh* (zu sehen von der Rue Henri Maus) verweisen auf die internationale Reichweite der belgischen Wirtschaft im 19. Jh. Das Portal schmücken ebenfalls Allegorien. Der Sims mit der Aufschrift „Bourse de Commerce" wird von acht korinthischen Säulen getragen. Eine Girlande aus Blumen und Früchten symbolisiert Wohlstand und Überfluss. Darüber erhebt sich ein Giebel mit einem Flachrelief des Bildhauers Jacquet: das „aufrechte Belgien", umgeben von Allegorien zu Seefahrt und Industrie. Jacquets

Skulptur „Belgien gibt Unterricht in Handels- und Industrieentwicklung" überragt alles von oben. An der Rue Henri Maus im Süden sind das Brüsseler Stadtwappen zu entdecken sowie weitere Allegorien, z. B. der Kunst, Wissenschaft, Hüttenindustrie, Landwirtschaft und Feldarbeit.

Besichtigungen für Gruppen kann man schriftlich oder per Telefon bei Euronext beantragen. Place de la Bourse, ☎ 02/5091211, www.euronext.com, Ⓜ Bourse.

Musée Bruxella 1238: Das kleine archäologische Museum, in das man durch eine Glasscheibe hineinblicken kann, zeigt einige Grabgewölbe und die Überreste eines 1238 an dieser Stelle gegründeten Franziskanerklosters, das Ende des 18. Jh. abgerissen wurde. Seine Kirche, Klostergebäude und Gärten erstreckten sich früher bis zur Rue Tabora.

Nur nach Voranmeldung im Tourismusamt an der Grand Place sind Führungen (3 €) zwischen 10 und 16 Uhr möglich. Rue de la Bourse, www.brucity.be, ☎ 02/2794350. Ⓜ Bourse.

Brüssels Modebranche hat Rückenwind

Nach Antwerpen hat sich mittlerweile auch Brüssel zum Modemekka ge-
mausert. Immer mehr Modedesigner der 1986 gegründeten und hoch ange-
sehenen „Ecole de La Cambre" und Absolventen der „Haute Ecole Francisco
Ferrer" machen von sich reden.
Beispielsweise La-Cambre-Absolvent
Olivier Theyskens, der das Kleid entwarf, das Madonna zur Oscarverlei-
hung 1998 trug. Viele Nachwuchsde-
signer bekamen Auszeichnungen auf
dem internationalen Modefestival im
französischen Hyères. Auch das *Atelier Lannaux*, *St. Luc* und *Syntra* sind
in Fachkreisen Begriffe. *Elvis Pompilio*
schaffte den internationalen Durchbruch bereits 1987 mit einer extravaganten Hutkollektion. Olivier Strelli
kreierte 1989 und 1999 die Uniformen
der Sabena-Stewardessen und 1997 das
Outfit für Mick Jaggers Welttournee
„Bridges to Babylon". In weltweit über
500 Boutiquen verkauft er seine erfolgreichen, von Afrika inspirierten
Farbkreationen. Auch Königin Paola,
Prinz Philippe und Prinzessin Mathilde
ließen sich von ihm einkleiden.

ModoBruxellae (www.modobruxellae.be) fördert bereits seit 1994 viele
versprechende Modeschöpfer und organisiert Events, Ausstellungen, Mode-
schauen und Kontaktbörsen, Schwerpunkt Prêt-à-porter statt Haute Couture.
Ehrgeiz wird beim Brüsseler Nachwuchs groß geschrieben. Es gilt dem Er-
folg der sechs extravaganten Antwerpener *Marina Yee, Dries Van Noten,
Ann Demeulesmeester, Walter van Beiredonck, Dirk Bikkembergs* und *Dirk
Van Saene* nachzueifern, denn sie brachen das Monopol der mächtigen
Achse Paris – London – Mailand.

Ein Magnet für Modebegeisterte in Brüssel ist die Rue Antoine Dansaert.
Renommierte Markenkreateure wie *Christophe Coppens, Olivier Strelli,
Annemie Verbeke* und *Johanne Riss* und viele andere siedelten sich hier mit
ihren Ateliers und Boutiquen an. Sie lieben den frischen kreativen Wind die-
ser Straße im Fieber von Renovierung und Aufbruch, den Austausch mit den
Kollegen, die neugierige internationale Klientel direkt aus dem Mariott oder
von der Grand Place, die hier dennoch weniger dünkelhaft daherkommt als
an der großen Avenue Louise. Und auch die großzügigen Lofts mit hohen
Räumen, die weiten Flächen zum Sehen und Gesehenwerden (z. B. beim
Stylistenparcours mal eben um die Ecke in der Beurschouwburg).

Daneben werden natürlich auch klassische Geschmäcker fündig: Eine gedie-
genere Adresse sind die Galeries Saint-Hubert mit den Geschäften des größten belgischen Lederwarenherstellers *Delvaux* und der scheinbar aus dem
Reich der Märchen entsprungenen *Kaat Tiley*.

Kirche Notre-Dame aux Riches-Claires: Die Kirche im italo-flämischen Stil hat eine barocke Ausstattung nach Plänen von *Luc Fayd'Herbe* mit auffällig vielen Putten und weißem Stuck. Sehenswert ist der wertvolle Altar mit einer Marienfigur aus dem 16. Jh. Das Gebäude grenzt unmittelbar an das frühere Kloster.
So 10–12.30 Uhr. Rue des Riches Claires 23. Ⓜ Bourse.

Maison de Bellone: Das Patrizierhaus, im 18. Jh. von *Jean Cosyn* errichtet, einem Bildhauer und Architekten, der auch die Grand Place gestaltete, dient als Dokumentationszentrum für Thea-

Blick vom Fischmarkt zur Kirche Ste-Catherine

terkunst und beherbergt ein Café, eine Bibliothek sowie Verwaltungs- und Veranstaltungsräume. Die Büste über dem Portal unter der Glaskuppel im Innenhof stellt die römische Kriegsgottheit Bellona dar, daher auch der Name des Hauses. In der Darstellung geht es um den Sieg der Österreicher über die Türken in der Schlacht von Zenta 1697.
Di–Fr 10–18 Uhr. Rue de Flandre 46, www.bellone.be. Ⓜ Bourse.

Kirche Ste-Catherine: Baumeister dieser Kirche aus einer Mischung verschiedener Stilrichtungen war Joseph Poelaert, der auch den gigantischen Justizpalast schuf. Bis vor etwa 20 Jahren fanden sich hier am 25. November noch unverheiratete Frauen zu einer Prozession ein, um von der hl. Katharina einen Ehemann zu erbitten. Die Idee für die Prozession stammte nicht ganz uneigennützig von den Besitzern der Nähateliers, die die Frauen beschäftigten. Sie veranstalteten auch den Ball nach dem Gottesdienst, um ihre Angestellten so wenigstens etwas für die miserable Bezahlung entschädigen. Im dreischiffigen Inneren hängt noch ein bedeutsames Gemälde von *Gaspard de Crayer* (1584–1669) aus dem Vorgängerbau, „Die Aufnahme der heiligen Katharina in den Himmel". Die Verkündigungsszene neben dem Hauptaltar und die „Brüsseler Chronik" stammen von dem Brüsseler Maler *Theodor van Loon* (1585–1650). Zu den wertvollsten Kirchenschätzen zählt „La Vierge Noire" aus dem 14. Jh. Ursprünglich war diese schwarze Madonna weiß, doch die Zeit färbte den Stein schwarz.
Tägl. 8.30–17.30 Uhr, im Sommer bis 18 Uhr, So nachmittags geschlossen. Place Sainte-Catherine, Führungen unter ☎ 02/2180069. Ⓜ Ste-Catherine.

La Centrale Electrique: Seit 2006 sind in diesem europäischen Zentrum für moderne Kunst internationale Wechselausstellungen zu sehen. Das Gebäude war im 19. Jh. ein Elektrizitätswerk und bietet 1.000 m² Ausstellungsfläche.

Mi–So 11–18 Uhr. Eintritt 5 €, erm. 4 €, Kinder bis 15 Jahre gratis. Kombi-Ticket mit Stadtmuseum 6 €. Place St-Catherine 44, ✆ 02/22796444 oder -35, Führungen mit Anmeldung ✆ 02/22796444, Infos unter www.brussel.be. Ⓜ Ste-Catherine.

St-Jean-Baptiste au Béguinage: Der Baumeister dieser Kirche, die als eines der schönsten Beispiele der reich verzierten flämisch-italienischen Barockbauten in Belgien gilt, soll *Luc Fayd' Herbe* gewesen sein, jedenfalls vollendete er sie zwischen 1657 und 1676. Prachtvolle Reliefs an der dreigeteilten Fassade stellen das heilige Abendmahl und Jesus auf dem Ölberg dar. Eine Statue der heiligen Begga über dem Portal erinnert an die Begründerin des Beginenordens, der im Viertel vom 12. Jh. bis zur Französischen Revolution eine religiöse Gemeinschaft bildete. Die Beginen wohnten, arbeiteten und beteten zusammen, bildeten aber durch die jeweils nur für ein Jahr abgelegten Gelübde eher eine Art „Kloster auf Zeit", aus dem die (meist wohlhabenden) Frauen ohne Probleme auch wieder austreten konnten. Ende des 13. Jh. lebten hier ca. 1.200 Beginen, und die starke Ausdehnung ihrer Gemeinschaft gab Anlass zum Bau einer großen gotischen Kirche, die gegen Ende des 16. Jh. mehrmals von den Calvinisten geplündert und zerstört wurde. Die heutige Kirche hat noch den gotischen Grundriss in Form eines lateinischen Kreuzes.

Das hohe und helle Langhaus der Kirche ist barock ausgestattet und entsprechend opulent verziert. In der Chorapsis unter dem Gewölbe steht der Schutzpatron der Kirche „Johannes der Täufer". Die geschnitzte Kanzel von 1757 stammt vom Mecheler Bildhauer *Lambert-Joseph Parant*. Die Kirche enthält außerdem sechs restaurierte Gemälde des Brüsseler Malers *Théodor van Loon*. Über die Herkunft der sechs

Beichtstühle in den Seitenschiffen ist nichts bekannt, doch man nimmt an, dass sie aus dem 18. Jh. stammen, da bereits ein verdeckter Sitz für den Beichtvater vorgesehen ist, was bei früheren Beichtstühlen noch nicht der Fall war.

Tägl. (außer Mo) 10–17 Uhr, Sa bis 17 Uhr, So und bei Messen bis 20 Uhr . Place du Béguinage. Ⓜ De Brouckère oder Ste-Catherine.

Kirchentor der St-Jean-Baptiste au Béguinage

Théâtre Royal de la Monnaie: In der Brüsseler Oper begann 1830 die Revolution, welche die holländischen Besatzer vertrieb (→ Stadtgeschichte, S. 34). Der Name geht auf ein Stadthaus zurück, in dem man Geldmünzen prägte. Das Giebeldreieck und der Vorbau mit den acht ionischen Säulen stammen noch von dem Pariser Architekten dieses Vorgängerbaus.

Der Zuschauerraum orientiert sich an französischen Theatern mit Rängen und Logen im Louis-XIV.-Stil. An der Kuppel stellt eine Allegorie Belgien als Beschützerin der Künste dar. In den 80er Jahren des letzten Jahrhunderts leitete der belgische Architekt *Vandenhoove* die Modernisierungsarbeiten. Damals wurde auch die Decke des Theatersaals um 4 m erhöht, was man aus größerer Entfernung von außen sehen kann. Fußboden und Decke des Foyers gestalteten *Sol LeWitt* und *Sam Francis*, zwei zeitgenössische amerikanische Künstler. Der Weltruf der belgischen Staatsoper ist insbesondere mit den Namen *Maurice Béjart* und *Anna Teresa de Keersmaeker* verbunden (→ „Wissenswertes von A bis Z/Klassische Musik und Ballett" sowie Kasten S. 50).
Jeden Sa 12 Uhr werden geführte Touren angeboten. Die Tickets (10 €) bekommt man eine Stunde vorher im Buchgeschäft am Haupteingang. Place de la Monnaie, www.lamonnaie.be. Ⓜ De Brouckère.

Notre-Dame du Finistère: Die flämisch-barocke Kirche wurde im 18. Jh. anstelle einer Kapelle errichtet, die sich am äußersten Stadtrand befand und daher den Namen „finis terrae" erhielt. Eine Marienstatue aus dem spanischen Finisterre, am Ende des Jakobswegs, die hier in einer Kapelle schon im 15. Jh. verehrt wurde, verlieh der Kirche ihren Namen. Sehenswert: sind die drei Altäre aus weißem Marmor von *A. Leclerc*. Das Chorgestühl ist im Louis-seize-Stil, die zwölf Medaillons stellen die Apostel dar. Die Kirchenfenster stammen von *Pluys* und *Richard Berns* aus den Jahren 1853 bis 1870. Zudem kann man in dieser Kirche einige alte Gemälde bewundern. In der nachträglich angebauten Kapelle steht eine Statue der wundertätigen Magd Maria. Sie ist schottischen Ursprungs und ein Geschenk an die Erzherzogin Isabella. In dieser Kirche wird sie seit 1814 aufbewahrt. Sie lockte so viele Gläubige an, dass man 1852 die Seitenkapelle errichtete.
Tägl. 8–18 Uhr, Sa bis 19 Uhr, So bis 12 Uhr. Rue du Finistère. Ⓜ De Brouckère.

Centre Belge de la Bande Dessinée (Nationales Comicmuseum): Nicht im ebenso comicbegeisterten Frankreich, sondern in Brüssel wurde 1989 Europas erstes Comicmuseum eröffnet. Und dies in einem der schönsten Jugendstilbauten der ganzen Stadt, was die Wertschätzung, die die „neunte Kunst" in Belgien genießt, noch unterstreicht. Die 1903 von *Victor Horta* gestaltete Maison Waucquez mit ihrer großen Dachkuppel beherbergte ursprünglich Lager und Geschäftsräume eines reichen Tuchhändlers und stand in den 70er Jahren leer, bevor das Kulturministerium sie zum Museum ausbauen ließ. Im Erdgeschoss erinnert eine Dauer-

Das Zinneke, freche Promenadenmischung

Highlight der Jugendstilarchitektur: das Comicmuseum

ausstellung an den Jugendstil-Architekten Victor Horta. Sie zieht auch viele Besucher an, die sich mehr für Jugendstil als für Comics interessieren.

Das Museum gibt einen Überblick über die Geschichte des Genres in Belgien (→ Kasten S. 150/151) von 1929 bis 1960 inklusive der im Comic bitterböse reflektierten Kolonialpräsenz im Kongo. Man trifft natürlich auf die berühmtesten Belgier, *Tintin* und *Milou* (so heißen *Tim* und *Struppi* im Original). Ihrem Schöpfer *Hergé* ist gleich ein separater Pavillon gewidmet: Hier lassen sich die Arbeitsschritte detailliert nachvollziehen, die den berühmten Comichelden Tintin zum Leben erweckten. Auch die Geschichte des Comics in anderen europäischen Ländern ist im Comicmuseum dokumentiert. Das Museum besitzt um die 7.000 Originalzeichnungen. Da sie nicht zu lange dem Tageslicht ausgesetzt werden dürfen, ist stets nur eine kleinere Auswahl von rund 200 Originalen zu sehen. Ein

Bereich ist dem Zeichentrickfilm gewidmet, wo ein Drehkino veranschaulicht, wie ein Zeichentrickfilm entsteht. Hier wird an *Winsor McCay* und „Little Nemo" erinnert, Amerikas ersten, aus dem gleichnamigen Comicstrip entwickelten Trickfilm, sowie an den später folgenden „Gertie, der Dinosaurier". Im oberen Stockwerk kann man das Werk der berühmtesten unter den Hunderten von belgischen Comiczeichnern kennenlernen. Die Bibliothek besitzt über 21.000 Bände, und auf jeden Fall lohnt auch ein Besuch im **Museumsshop**, wo sogar die Entstehungsgeschichte des Museums in Comicform verkauft wird. Zudem zeigt das Museum wechselnde Ausstellungen und hat ein beliebtes Jugendstilrestaurant, in dem auch nach Rezepten aus belgischen Comics gekocht wird.

Tägl. 10–18 Uhr. Eintritt 7,50 €, erm. 3–6 €. Rue des Sables 20, www.comicscenter.net. Brasserie-Restaurant Horta Di–So 10–18 Uhr, www.brasseriehorta.be. Ⓜ Gare Centrale.

Tim, Struppi, Lucky Luke und bunte Hausfassaden

Den Namen George Remy kennt fast niemand, dafür aber seine Helden Tim und Struppi und seinen Künstlernamen – Hergé. Urspünglich war er Zeitungszusteller. Seine ersten i Comicstrips erschienen in Pfadfinderheften und in der erzkatholischen konservativen Tageszeitung *Le Petit Vingtième*. Seinen Tintin, der als rasender Reporter die kommunistische Hölle durchquerte, fertigte er als Auftragsarbeit für den Chefredakteur. Das war in den 20er Jahren, als der Comic sich mit dem Zeitungswesen rasant verbreitete. Hergé hatte noch viel vor sich: eine Karriere als Erfinder der gern imitierten Stilrichtung „ligne claire" und eine bis dato rekordverdächtige Auflage von mehr als 150 Millionen Comics. Willy Vandersteen, einen Kollegen mit sprudelnden Ideen für über 1000 Alben, u.a. zwei Folgen des flandrischen Thyl Eulenspiegel, bezeichnete Hergé schmunzelnd als „Bruegel des Comics". Marc Sleen brach mit burlesken Serien Rekorde, indem er seiner Hauptfigur Nero über 200 Storys auf den Leib schrieb, voller Anspielungen auf politische Ereignisse und bekannte Politiker.

Mit Erfolg: Brüssels Comicszene will hoch hinaus

Im Jahr 1938 erschien beim Dupuis-Verlag in Charleroi *Spirou*, die erste auflagenstarke Wochenendzeitschrift, als reines Comic-Heft. Nach dem Krieg zog 1946 mit *Tintin* die Konkurrenz nach. Lucky Luke, der schneller schießt als sein Schatten, und die Dalton-Brüder (von Morris alias Maurice de Bevere) wurden internationale Stars. Sie eröffneten dem Comic die Welt des Kinos. Lucky Lukes Zigarette ersetzte Morris durch einen Strohhalm und wurde dafür von der Weltgesundheitsorganisation belohnt. Die beiden Reporter *Spirou* und *Fantasio* und das *Marsupilami*, ein gelb-schwarz geflecktes Tier mit einem 8 m langen Schwanz, der gefährliche Zykloptrop und der Redaktionsbote *Gaston* eroberten ebenfalls die Herzen der Comicfans. Sie alle sind Geschöpfe des Zeichners André Franquin (1924–1997). Er habe das Lachen am liebsten wie eine Droge gekauft, sagte der begabte Erzähler zu Lebzeiten einem Journalisten.

André Franquins ausdrucksstarker Stil prägte die Schule Marcinelle (Dupuis-Verlag). Neben Hergés „ligne claire" prägte sie als zweite maßgebliche Stilrichtung den Comic der Zukunft. 1958 kamen die *Schlümpfe* (Peyo alias Pierre Culliford) auf den Markt und verkauften sich über 400 Millionen Mal. Wenig später galt der Comic bereits als „Neunte Kunst".

Und heute? Da wären Jean Van Hamme und noch viele weitere berühmte Zeichner. Belgien ist die Comic-Nation Nr. 1. Der Löwenanteil der europäischen Comicproduktion stammt aus Belgien und die Verlagsbranche (Casterman, Dargaud, Dupuis, Le Lombard, Standaard, Uitgeverij ...) erwirtschaftet mit Comics etwa die Hälfe ihres Umsatzes, Tendenz steigend! Das renommierte Brüsseler Institut Saint Luc (gegründet 1969) bildete schon mehrere Zeichnergenerationen aus. Über 650 Comiczeichner arbeiten in Belgien höchst kreativ. Vor ihrer beißenden Ironie ist gar nichts sicher, weder die politische und gesellschaftliche Prominenz, noch manch Brüsseler Immobilienspekulant (eine Spezialität von François Schuiten). Auch auf den Hausfassaden der EU-Metropole sorgt die belgische Comic-Kultur in überdimensionalem Format für Farbe und Aufmerksamkeit. So begegnen Passanten in der Rue Marché-au-Charbon z. B. Francis Carins Detektiv Victor Sackville, der im Auftrag des belgischen Königs ermittelt. Die Zahl der Comic-Fassaden wächst. Das Brüsseler Fremdenverkehrsamt hat Comic-Rundgänge konzipiert, die gezielt zu den Wandmalereien führen.

Infos zu den Comics und Comic-Touren im Netz unter www.brusselsbdtour.com/ dbbd.htm und in der Tourismusinfo an der Grand Place.

Morris Lucky Luke und die Daltons, Rue de la Buanderie

Le Falstaff: prächtiges Jugendstildekor und Möbel von Victor Horta

Praktische Infos

Essen und Trinken

Asiatische Küche ist besonders rund um die Place St-Géry zu finden. Zahlreiche, aber nicht immer billige Fischrestaurants (Austern und Hummer) gibt es am alten Fischmarkt (Quai aux Briques), traditionelle belgische Bistroküche rund um die Place du Vieux Marché aux Grains.

> Wenn nicht anders vermerkt, sind die Restaurants von der Ⓜ Bourse aus bequem zu Fuß zu erreichen.

Le Cirio (49): neben der Börse. Brasserie im Jugendstil von 1900, gegründet von dem Italiener Francesco Cirio, der angeblich auch das Tomatenmark erfunden haben soll. Fotos aus seiner Fabrik schmücken die Wände. Man sitzt teilweise vor Spiegeln auf roten Polstern und draußen mit Blick auf die Börse. Hiesige Spezialität: Das erfrischende „Half-en-half", halb Sekt, halb Weißwein. Rue de la Bourse 18–20. Tägl. 10–24 Uhr.

Le Falstaff (56): In hohen Räumen erwartet den Besucher klassisches Jugendstildekor, die Möbel designte Victor Horta. Die Terrasse mit Blick auf die Börse ist von einer Markise überdacht und wird bei Bedarf beheizt. Große Bierauswahl und belgische Bistroküche. Rue Henri Maus 15–25. Tägl. 11.30–5 Uhr.

Le Metteko (55): Hier kann man tagsüber nach dem Einkaufen einkehren oder die ausliegenden Zeitungen auf der Terrasse lesen. Es gibt Kleinigkeiten zu essen, eine große Auswahl besonderer belgischer Biere und abends oft Konzerte (Salsa, Funk). Boulevard Anspach 86, www.metteko.com. Tägl. ab 9 Uhr.

Bonsoir Clara (38): modisch gestyltes, aber gemütlich abgedunkeltes Restaurant mit zwei großen Sälen und jungem Look in Börsennähe. Gehobene französisch-belgische Trendküche und guter Service. Komplettes Menu für ca. 50 € vergleichsweise preiswert. Gerichte ca. 12 €. Man fühlt sich wie im mondänen Madrid oder Paris, sollte aber vorher reservieren, da es sich um ein

In-Restaurant handelt. Rue Antoine Dansaert 22, ℡ 02/5020990, www.bonsoirclara.be. Tägl. (außer Sa) 12–14.30/19–23.30 Uhr, So nur am Abend.

Kasbah (34): Man denkt sofort an Aladins Wunderlampe, denn das schicke marokkanische Restaurant ist mit glitzernden Lampen dekoriert. Wie ein orientalisches Märchen sind auch die Tajines und Couscous-Gerichte. Mittlere Preisklasse. Rue Antoine Dansaert 20, ℡ 02/5024026. Tägl. 12–14/19–23 Uhr, Sa nur abends.

ComoComo (35): Wie in einer Sushi-Bar defilieren in dieser baskischen Tapasbar (erschwingliche 15–25 €) die Portionen an den Gästen vorbei. Man isst hier mit den Fingern und wählt Fisch, Fleisch oder Gemüse nach der Farbe des Tellers. Rue Antoine Dansaert 19, Tägl. (außer So) 12–15/19–23 Uhr, Fr/Sa nonstop 12–24 Uhr. ℡ 02/5030330, www.comocomo.com.

In't Spinnekopke (48): „Die kleine Spinne" ist angeblich Brüssels ältestes Gasthaus. In entsprechend rustikaler Atmosphäre werden hier opulente, aber sehr schmackhafte Gerichte mit Bier zubereitet. Wie das Lokal tragen sie amüsante Namen in flämischer Mundart. Es ist berühmt-berüchtigt für sein hausgemachtes Faro, das sich Bierliebhaber nicht entgehen lassen sollten. Place du Jardin aux Fleurs 1, ℡ 02/5118695, www.spinnekopke.be. Tägl. 12–15/18–23 bzw. 24 Uhr, Sa nur am Abend.

La Manufacture (43): Dieses Restaurant in einer ehemaligen Lederfabrik verbindet raffinierte Küche mit viel Ambiente. Die Küche lässt Einflüsse aus Fernost oder Italien zu, auch wenn es um französische Klassiker geht. Mittags isst man hier besonders gut und günstig: Tagesmenüs inklusive Dessert und Kaffee 14 €. Abends liegen die Preise im Durchschnitt bei 30–65 €. Zu empfehlen: Viktoriabarsch gefüllt mit Fenchel und Orangen oder die Langusten. Rue Notre-Dame du Sommeil 12–20, ℡ 02/5022525, www.manufacture.be. Tägl. (außer So) 12–14/19–23 bzw. 24 Uhr, Sa nur am Abend.

Le Paon Royal (32): belgisches Bier und belgische Küche in einem hohen, u. a. mit einem Pfau dekorierten Raum mit Ziegelsteinwänden. Man bekommt hier z. B. Aal und Pferdefleisch sowie ein großes Châteaubriand. Rue du Vieux Marché aux Grains 6, ℡ 02/5022525, www.paonroyal.com. Tägl. 11.30–14.30 und 18–21.30 Uhr.

La Belle Maraîchère (21): belgisches Spezialitätenrestaurant mit Terrasse und schönem Blick zur Kirche Ste-Catherine. Einen Schwerpunkt bildet die Fischküche; zu empfehlen sind z. B. die Krabbenkroketten oder das Hummerfrikassee. À la carte etwa 50 €, aber auch Tagesgerichte ab 12 €. Place Ste-Catherine 11, ℡ 02/5129759. 12–14.30/18–21.30 Uhr, Sa 13–23 Uhr, Mi/Do geschlossen. Ⓜ Ste-Catherine.

De Markten (28): In diesem flämischen Lokal und Kulturcafé mit der großen Terrasse unter den Platanen auf dem gemütlichen Platz werden flämische Gerichte ab 8 € serviert. Place du Vieux Marché aux Grains 5, ℡ 02/5146604. Tägl. (außer Mo) 12–23 Uhr.

Rugbyman No. 1 (19): Das erste Restaurant dieses Namens am Fischmarkt (Rugbyman No. 2 gibt es erst seit 1969) existiert seit über 50 Jahren und wird noch von der

Karussel vor der Kirche Ste-Catherine

Enkelin der Gründer geführt. Es ist auf Hummer spezialisiert, bietet aber auch eine große Auswahl anderer Meeresfrüchte und Fischgerichte mit frischem Gemüse. Tradition ist hier teuer, Gerichte à la carte kosten bis 80 €, Menus sind ab 35 € zu haben. Austern und frische Hummer sind immer vorrätig – und auch der kleine Saal in der ersten Etage (14 Plätze) leuchtet hummerfarben. Den besten Blick im gelben Laternenschein zu den zahlreichen benachbarten Fischrestaurants bietet die Terrasse. Quai aux Briques 4, ☎ 02/5125640, www.rugbyman1.com. Tägl. 12–14.30/18–23 Uhr. Ⓜ Ste-Catherine.

Le Loup Galant (2): In diesem Haus aus dem 19. Jh. an den Ausläufern des Fischmarkts servieren Köche aus der Schule von Auguste Escoffier und Daniel Molmans feine und schmackhafte Gerichte. Fisch und Meeresfrüchte bilden einen klaren Schwerpunkt. Menüs ab 30 €. Es gibt einen Hinterhof mit überdachter Terrasse. Quai aux Barques 4. ☎ 02/2199998, www.resto.be/loupgalant. 12–14.30/19–22 Uhr. So/Mo geschlossen. Ⓜ Ste-Catherine.

Café Métropole (11): Im Café des gleichnamigen Belle-Epoque-Hotels an der Place de Brouckère verkehrten schon zu Jacques Brels Zeiten Prinzessinnen, Schauspieler und Kamerateams. Hier wärmen selbst im Winter Heizstrahler die Gäste auf der Terrasse und innen kann man sich unter Stuck und Kronleuchtern auf dem Ledersofa ein Gläschen genehmigen. Tägl. 9–1 Uhr. Ⓜ De Brouckère.

Café de l'Opéra (29): nostalgische Brasserie aus den 20er Jahren, direkt neben der Oper aus dem 19. Jh., mit klassischem Dekor und häufig klassischer Musik. Auf der Terrasse mitten im Stadtzentrum ist für 200 Gäste Platz. Hier kann man ein Leffe brune trinken oder zu jeder Tageszeit etwas essen (5–20 €). Place de la Monnaie. Tägl. 8–23 Uhr. Ⓜ De Brouckère.

Belga Queen (30): Richtung Oper liegt ein von Antoine Pinto gestaltetes In-Restaurant. Sofort nach seiner Eröffnung mit 300 Plätzen (!) in einer ehemaligen Bank machte es Furore bei der begüterten Jeunesse dorée. Man verspeist hier auf Ledersitzen zwischen tragenden Säulen unter einer Glaskuppel aus dem 19. Jh. Meeresfrüchte, Meeresschnecken und Austern. Auch Vegetarier finden etwas zwischen den frischen saisonalen belgischen Gerichten. Im Untergeschoss, wo früher der Tresorraum der Bank war, können die Restaurantbesu-

cher nach dem Essen relaxed Jazz hören. Tagesgericht mittags 10–14 €, Abendkarte 33–80 €. Rue du Fossé aux Loups 32, ☎ 02/2172187. Tägl. 12–14.30/19–24 Uhr, www.resto.be/belgaqueen. Ⓜ De Brouckère.

Le Pré Salé (20): Typischer und reichhaltiger kann man in Brüssel kaum essen, und so ist das Lokal auch nicht eben leise. Croquette de Crevettes – Krabbenkroketten (6,50 €) sind hier ebenso köstlich wie Muscheln (ab 9,90 €). Fisch- und Fleischgerichte 12–24 €. Die Tische sind weiß eingedeckt, und im hinteren Teil kann man der Chefin beim Zubereiten der Bestellungen zusehen. Wer freitags kommen möchte, sollte mindestens 3 Wochen vorher reservieren, denn dann werden die Gäste mit Kabarett im uralten Brüsseler Dialekt unterhalten. Rue de Flandre 20, ☎ 02/5136545. 12–14.30/18.30–22.30 Uhr, Mo/Di geschlossen. Ⓜ Ste-Catherine.

Switch (24): süß, vegetarisch oder eher fixiert auf Fisch? In diesem hochmodern gestylten Restaurant kann man sehr individuell zusammenstellen, was man essen möchte. Pommes mit Salat, ein großes Steak und zum Nachtisch Dame Blanche zum Beispiel für 24 €. Rue de Flandre 6, ☎ 02/5031480. 12–14.30/18–22.30 Uhr, So/Mo geschlossen. Ⓜ Ste-Catherine.

Le Fourneau (22): Ungewöhnlich: Die Küche liegt mitten im Speiseraum. Die Gäste sitzen an einer Theke auf hohen Hockern im Kreis um die Köche herum. Minimalistisch und modern – dies gilt für die Einrichtung und die Speisen. Das Konzept kommt gut an, und die kleinen, leckeren Gerichte und Tapas auch. Baskische Chipirones z. B. kosten 10 €. Place Ste-Catherine 8, ☎ 02/5131002. Tägl. (außer So, Mo) 12–14.30/19–22 Uhr.

Fin de Siècle (46): In diesem bei den Brüsselern beliebten, persisch-iranisch geführten Restaurant gibt es keine Speisekarte: Man liest auf einer Tafel, was es gerade gibt, und verzehrt an langen Tischen genüsslich Salate und belgische sowie internationale saisonale und gesunde Küche zu fairen Preisen (ab 20 €). Rue des Chartreux 10. Tägl. 12–14 und 19–23 Uhr.

Amadeo (33): Dieses große Restaurant ist eine Bibliothek mit enorm vielen (gespendeten) Büchern in den Wandregalen. Man bekommt belgische Biere und belgische Küche und vor allem so viele Spare-Ribs, wie man essen kann. Ca. 15–25 € und ein Tipp für Familien oder größere Gruppen.

Rue Sainte-Catherine 26. Tägl. (außer Dienstag) 19–23 Uhr.

> **Tipp! Bij Den Boer (15)**: Das beliebte alteingesessene Restaurant liegt am Fischmarkt. Jede Woche wird ein neues Menü für 25 € geboten. Empfehlenswert sind als Erstes die Muscheln, dann die Fischsuppe und/oder Fischlasagne und Viktoriabarsch mit Chicorée. Reservierung empfohlen. Quai aux Briques 60, ✆ 02/5126122. Tägl. (außer So) 12–15/18–23 Uhr. Ⓜ Ste-Catherine.

Nachtleben

Archiduc (40): Schon Nat King Cole und Miles Davis waren hier gern gesehene Besucher. Zum Bier in großer Auswahl gibt es in dieser alteingesessenen Szenemusikkneipe mit Art-déco-Interieur abends oft Jazz am Piano und am Wochenende Konzerte (Platz für 75 Personen), oder man tanzt einfach ein bisschen zur Konserve. In der Anfangszeit, 1937, soll hier ein Bordell gewesen sein. Die art-déco-begeisterte und legendenumwobene erste Besitzerin Mme Alice verwandelte es in ein Prominentencafé. Die heutige Einrichtung ist neu, die Beliebtheit jedoch geblieben. Rue Antoine Dansaert 6. Tägl. 16–3.30 Uhr.

Beursschouwburg (44): In dem renovierten Gebäude ziehen auf mehreren Etagen Ausstellungen, Theater und Konzerte ein junges, kulturell orientiertes Publikum an. Am Wochenende legen in einem geräumigen Saal häufig DJs auf, und man kann bis spät in die Morgenstunden tanzen. Unten gibt es eine Theaterbar, oben eine im Sommer angenehme Terrasse. Rue Auguste Orts 20–28, ✆ 02/5500350, www.beursschouwburg.be.

Les Halles St-Géry (52): In den restaurierten Markthallen (1881) haben zwei Brüsseler Vereine ihren Sitz. Der Obelisk und der Brunnen in der Mitte standen schon hier, bevor die Markthallen darüber erbaut wurden. Die Kaffeehausstühle drinnen und draußen sind ein äußerst beliebter Treffpunkt für Nachtschwärmer. Verschiedene Flächen und Räume bieten Platz für Ausstellungen, Konzerte und Veranstaltungen, die z. B. im Magazin „Kiosque“ angekündigt werden. Place St-Géry 25, ✆ 02/5024424, www.hallessaintgery.be.

Halles St-Géry

Le Roi des Belges (51): ruhigere Bar an der Place St-Géry mit schickem, nostalgischem 1900-Dekor. Im Erdgeschoss werden zu Acid House, Jazz oder Afro-Beat lateinamerikanische Cocktails serviert. Die erste Etage mischt an Wochenenden zu späterer Stunde häufig ein DJ auf. Avenue Jules van Praet 35.

Greenwich (39): Bereits René Magritte kam gern in diese schon zu Zeiten des Surrealismus altmodische Bierkneipe, um Schach zu spielen. Die hohen Räume mit stuckverzierten Decken sind hellgelb gestrichen und wirken alles andere als düster. Ein Treffpunkt für eingeschworene Spieler. In dem Saal hinter einem schweren Vorhang werden manchmal Rollenspiele veranstaltet oder Kartenlegerinnen geben Seminare. Haus und Einrichtung stammen von 1914

Zu jeder Stunde beliebt: frisch geschnitzte Pommes

bzw. 1916(,) und auch die Toiletten im Keller sind aus architektonischen Gründen sehenswert. Rue des Chartreux 7. Tägl. 13 Uhr bis zum Morgengrauen.

Mappa Mundo (50): In dieser Bar kann man auf zwei Etagen oder draußen auf der Terrasse Cocktails trinken, sich vor der Kneipentour mit auf auffälligen Tellern servierten Gerichte stärken oder sich einfach von der kreativen Ausstrahlung der anderen jungen Gäste mitreißen lassen. Rue du Pont de la Carpe 2–6.

Los Romanticos (14): sehenswert und romantisch verspiegelt. Hier unter Stuckdecken und im nostalgischen Stil der Belle Epoque ist jeder, der gern Salsa tanzt, bestens aufgehoben. Die Türsteher vermitteln die Atmosphäre eines exklusiven Clubs, lassen einen jedoch anstandslos vorbei (Einritt frei). Es gibt regelmäßig Salsa-Live-konzerte, Salsakurse und Tanzwettbewerbe. So macht ein DJ Musik und Mo ist Tango-Nacht. Quai du Bois à Brûler 5–7. Tägl. 14 Uhr bis zum Morgengrauen.

Monk (31): In dieser beliebten und kommunikativen Studentenkneipe ist immer noch ein Stehplatz frei, im hinteren Teil gibt es einen immer viel leereren Nichtraucherraum. Das Bier holt man sich an der Theke. Ein guter Ausgangspunkt für Streifzüge durch das Brüsseler Nachtleben (hier liegen Ver-

anstaltungsmagazine in mehreren Sprachen aus) oder auch eine Anlaufstelle für den letzten Absacker. Rue Ste-Catherine 42, www.monk.be. Tägl. 16–2 Uhr.

Café Bizon (45): In dieser Blueskneipe mit New-Orleans-angehauchtem Dekor gibt es Livekonzerte, gekonnt gemixte oder gezapfte Drinks (vom Cocktail Bizon Blood bis zu mehreren Trappistenbieren) und Kneipenspaghetti. Rue du Pont de la Carpe 7, www.cafebizon.com. Tägl. ab 18 Uhr geöffnet.

Café Central (54): Im sogenannten Pentagon ist es die Kneipe für Leute mit Sinn für Kleinkunst. Donnerstags bis samstags treten hier oft Livebands auf. Es werden häufig kultige Filme gezeigt(,) und auf der Terrasse draußen ist es recht abgeschieden. Rue Borgval 14, www.cafecentral.com. Tägl. ab 16 Uhr.

Booze'n'Blues (60): Auf der Terrasse dieser authentischen Bar kann man manchmal den Sonnenuntergang beobachten. Der Inhaber, Eddy, spielt Musik aus den 50er- und 60er-Jahren(,) und es gibt eine legendäre Jukebox. An den dunkelroten Wänden hängen in schummerigem Licht Fotos einiger Bluesgrößen.Rue des Riches Claires 20, ✆ 02/5139333 . Tägl. bis spät in die Nacht.

Java (62): Diese Bar ist seit Langem ein Mythos, was nicht zuletzt dem Sänger Arno zu verdanken ist, der heutzutage aber nur noch sehr selten persönlich hier weilt. Die farbenfrohe Bar erinnert an Gaudí und manchmal wird auch auf der Terrasse vor dem alten Haus in einer verwinkelten Ecke getanzt. Rue de la Grande Ile 22. Tägl. 17.30–4 Uhr, am Wochenende bis 5 Uhr.

Why not (59): Diese kleine Discobar zählt zu den wenigen Bars , die bis zum Morgengrauen geöffnet haben. Typisches Publikum: junge schwule Männer. Gespielt wird vorwiegend Techno und House. Rue Riches Claires 7, www.welcome.to/whynot. Tägl. ab 23 Uhr.

La Tentation (9): Angenehm geräumig und mit großer Tanzfläche und Bühne präsentiert sich das kulturelle Zentrum der Galizier in Brüssel. Bar, Restaurant, Salsa-Abende, Flamenco-Konzerte, Tanzkurse und andere, oft spanienbezogene Events. Junges multikulturelles Publikum. Rue de Laeken 28, www.latentation.org. 12–15/19–23 Uhr, Sa/So geschlossen.

De Walvis (5): Diese Kneipe liegt am Ende der Rue Antoine Dansaert direkt am Kanal. Sie ist spartanisch mit schlichten Tischen und Stühlen aus Holz eingerichtet und zieht ein junges Szenepublikum aus Kunst-, Kultur- und Modewelt an. Im Sommer sind die Temperaturen auf der großen Terrasse am angenehmsten. Fred Nicolay traf mit dieser die Kulturen verbindenden Bar den Zeitgeist, was er bereits mit anderen erfolgreichen Locations bewies wie Mappa Mundo, Le Roi des Belges und dem Café Belga an der Place Flagey in Ixelles. Rue Antoine Dansaert 209. ✆ 02/2199235. Tägl 11–2 Uhr. Ⓜ Comte de Flandre.

Einkaufen

Viele interessante **Modegeschäfte** gibt es direkt in der Umgebung der Ⓜ Bourse :

Olivier Strelli (36): Rue Antoine Dansaert 44; **Annemie Verbeke**: Rue Antoine Dansaert 64 ; **Nebu**: Rue Antoine Dansaert 27 ; **Stijl**: Rue Antoine Dansaert 74 ; **Jean Paul Knott (8)**: Rue Léon Lepage 3 ; **Aznif Afsar (8)**: Rue Léon Lepage 28 ; **Atelier Coppens (25)**: Place du Nouveau Marché aux Grains 23, **La Maison de la Casquette (17)**: Rue de Flandre 28 B. Originelle Schirmmützen für Fußball- und andere Fans. Ⓜ Ste-Catherine.

De Boe (18): Rue de Flandre 36. Feinkost, Kaffee, Wein. Ⓜ Ste-Catherine.

Passage du Nord (10): Die nostalgische Einkaufspassage (1881/1882) verbindet die

Spannende Lektüre im Laden des Comicmuseums

Rue Neuve (Fußgängerzone) mit dem Boulevard Adolphe Max und lädt unter einem Glasdach zum Einkaufsbummel in historischem Ambiente ein. Die 32 Karyatiden stammen von dem Bildhauer Joseph Bertheux. Auch eine kulinarische Attraktion, die vorwiegend Eingeweihte wahrnehmen, fehlt hier nicht: In der Oyster Bar kann man entweder sechs oder zwölf Austern verkosten. Ⓜ De Brouckère.

City 2 (1): In dieser neuzeitlichen Shopping Mall in der Nähe der Metrostation Rogier finden Sie Zara, viele Markenartikel und die FNAC (CDs, Comics, Bücher und DVDs). Ⓜ Rogier.

Rue Neuve (16): Fußgängerzone mit allen gängigen Ketten von Zara bis H&M. Ⓜ Rogier.

Brüsel (58): Boulevard Anspach 160, www. brusel.com, Comic-Shop. Ⓜ Bourse

Matthys & Van Gaever (27): Rue Melsens 26. Feinkost, Wild und Pastete. Ⓜ De Brouckère.

Entspannend: die terrassierten Gärten zwischen Ober- und Unterstadt

Kunstberg, Königspalast und Sablon-Viertel

Diese Tour steht ganz im Zeichen von Kunst und Genuss. Sie führt ins Brüssel der schönen Künste und in das Sablonviertel, das „quartier chic" der Galeristen und Antiquare. Place Royale, Rue de la Régence und Rue Royale verkörpern das klassizistische Brüssel der Monarchie.

Über der Unterstadt erhebt sich der **Coudenberg** (dt. „kalter Berg", nach dem mittelalterlichen Namen Frigidus Mons). Ab dem 13. Jh. lagen hier die Herzogsresidenzen. Was nach dem Brand 1731 übrig blieb, diente als Fundament für den **Palais Royal**. Der heutige König Albert II. hat im Palast seine Büros, doch die Königsfamilie lebt im Palast in Laeken.

In den 13 ha großen **Parc de Bruxelles** kommen die Brüsseler gern zum Joggen, Flanieren, Sonnen oder Plaudern. Die langen Alleen, weiten Sichtachsen und hübschen Brunnen lassen nicht ahnen, dass sich hier 1830 heftige Kämpfe

mit niederländischen Soldaten abspielten. Die Statuen stammen teilweise aus dem Schloss von Tervueren und aus dem Stadtpalais der Familie Thurn und Taxis. Im Sommer kann man im Park mittags Jazz- oder Klassikkonzerte hören. Am anderen, nördlichen Ende des Parks liegt der Sitz des belgischen Parlaments, der **Palais de la Nation**, in klassizistischem Stil 1778–1783 von Barnabé Guimard erbaut. Hier tagen die beiden Kammern der belgischen Volksvertretung. Der Architekt soll wie der österreichische Statthalter Karl von Lothringen Freimaurer gewesen sein und z. B. auch die Place Royale nach den Regeln dieser Geheimgesellschaft gestaltet haben. Ein Symbol der Freimaurer ist die Inschrift V.I.T.R.I.O.L. am Parkeingang gegenüber dem Königspalast. Die Abkürzung steht für die lateinische Alchimistenformel *Visita interiora terrae, rectificando invenies occultum lapidem* und ist eine Anregung, in der materiellen Welt das Spirituelle zu entdecken.

Wer neben Museumsschätzen und großer Kunst Antiquitäten und kuriose Sammlerstücke mag, findet diese rund um die **Place du Grand Sablon**. Jeder Antiquar und Galerist, der in Brüssel etwas auf sich hält, hat sich in der Nähe dieses Platzes niedergelassen. Früher war die Place du Grand Sablon Übungs-

platz der Armbrustgilde, Pferdemarkt, gefürchtete Hinrichtungsstätte und Spielfläche für das auch in Brüssel beliebte baskische Pelota. Schon vor Jahrhunderten lebten hier vorwiegend Aristokratenfamilien wie die von Thurn und Taxis und die des Grafen Egmont. Die Kirche **Notre-Dame du Sablon** zwischen Place du Grand Sablon und Place du Petit Sablon gilt als prächtiges Beispiel der spätgotischen Sakralarchitektur in Belgien. Nach der so genannten „Sablonisierung", dem Wegzug der alteingesessenen Bewohner durch kostspielige Restaurierungen und Mietspekulation in den 80er -Jahren, gehört das Sablon-Viertel heute wieder den Betuchten.

Tour 3

Dauer der Tour ohne Museumsbesuche: ca. 4 Std. Die Tour beginnt an der Metrostation **Porte de Namur**. Alternativ kann man auch am Endpunkt dieser Beschreibung starten, an der Gare Centrale. Wer sich jedoch entscheidet, sie umgekehrt zu gehen, muss die Treppen des Kunstbergs erklimmen, statt bequemer bergab zu gehen und dabei die Aussicht zu genießen.

Von der **Porte de Namur** überquert man den verkehrsreichen **Boulevard de Waterloo** und durchquert die **Jardins d'Egmont** (Eingang neben dem Hotel Hilton). Mit dem Terrassencafé der Orangerie ist dieser kleine Park eine Insel der Ruhe im hektischen Quartier Louise der Oberstadt. Die **Rue aux Laines** führt an der anderen Seite wieder hinaus und rechter Hand zur Place du Petit Sablon. Durch Gitterstäbe kann man im Vorbeigehen in den Hof des **Palais d'Egmont** blicken. Die Spanier hatten ihn nach der Enthauptung des Grafen vorübergehend beschlagnahmt, bevor er wieder an seine Witwe zurückgegeben wurde. Später genossen Persönlichkeiten wie Königin Christine

von Schweden, Ludwig XV., Rousseau und Voltaire wieder die Gastfreundschaft der adligen Familie Arenberg-Egmont. Heute gehört der Palast dem belgischen Außenministerium und ist häufig Schauplatz internationaler Konferenzen. Die **Place du Petit Sablon**, ein kleiner Park in Hanglage, existiert seit 1890. Im oberen Teil erinnern in der Mitte eines Brunnens die Statuen der Grafen Egmont und Hoorn an den Widerstand gegen die spanische Herrschaft (→ „Stadtgeschichte"). Am Wegesrand oberhalb des Brunnens sind zehn berühmte Humanisten als Statuen verewigt, darunter der Geograf und Mathematiker Mercator, der Kartograf Ortelius, von dem der erste Weltatlas in Buchform stammt, und der Erbauer des Kanals von Willebroeck. Von den 48 gotischen Säulen am Petit Sablon blicken Statuen aus Bronze auf die Passanten hinab. Es sind die Vertreter der Handwerksgilden aus dem 16. Jh., Fischhändler, Perückenmacher, Leinenschneider. Der Polsterer ist an der Garnrolle zu erkennen, der Fetthändler hält Schlachtgans und Flasche, der

Zimmermann trägt eine Axt, der Schmied einen Hammer. Am Fuße des Parks erstreckt sich die **Rue de la Régence**. Linker Hand sieht man von weitem den monumentalen Justizpalast. In diese Richtung gelangt man zu dem renommierten Musikkonservatorium und der Synagoge von 1875. Die Tour führt jedoch über die Straße zur Kirche **Notre-Dame du Sablon**.

Bevor die Zunft der Armbrustschützen im Jahr 1304 am Ende ihres Übungsplatzes, der heutigen Place du Grand Sablon, eine Kapelle errichten ließ, befand sich hier nicht viel mehr als eine weite, sandige Fläche (sablon, dt. „Sand"). Ab dem 15. Jh. wurde die heutige Kirche errichtet, erhalten als eindrucksvolles Beispiel der belgischen Spitzbogengotik. Elf 15 m hohe Glasfenster erhellen den Innenraum. Die 1549 angebaute **Grabkapelle** gehörte der Adelsfamilie von *Thurn und Taxis*, die Brüssel im frühen 16. Jh. an den internationalen Postdienst anschloss.

Rund um die **Place du Grand Sablon**, wo früher noch Kutschen über das Kopfsteinpflaster klapperten, drehen die Brüsseler heute gern mit dem Auto ihre Runden, im Sommer am liebsten mit offenem Verdeck. Bei schönem Wetter füllen sich die Straßencafés schon am Nachmittag. Den großzügigen Platz säumen Häuser aus dem 16. bis 19. Jh., elegante Galerien, Antiquitäten- und Traditionsgeschäfte, Boutiquen und Restaurants, nicht zu vergessen der Chocolatier Pierre Marcolini und die Edel-Pâtisserie von Henri Wittamer. An den Wochenenden kann man Antiquitäten und Bücher auch auf dem Markt um die Kirche unter rotgrünen Zeltdächern erstehen. Neben Raritäten, Porzellan und antikem Mobiliar wird auch hochwertiger Schmuck verkauft.

Über dem **Brunnen** in der Mitte der Place du Grand Sablon ist Minerva dargestellt. Sie hält ein Medaillon mit den

Porträts des Kaiserpaares Franz I. und Maria Theresia von Österreich. König Baudouin erlebte auf der Place du Grand Sablon, wo unter der spanischen Regentschaft Aufständische geköpft wurden, noch im Jahr 1951 das letzte Pelota-Turnier, ein Relikt aus den lange vergangenen Besatzungszeiten. Heute

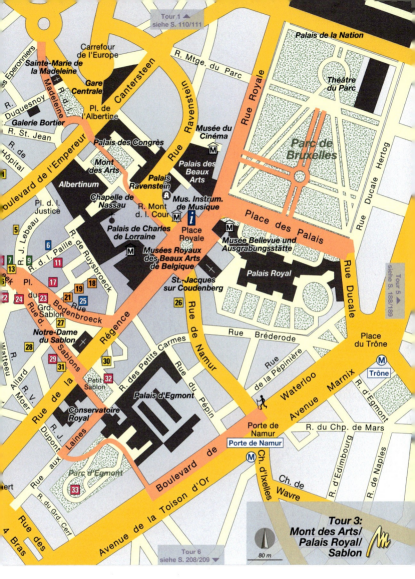

Tour 3:
Mont des Arts/
Palais Royal/
Sablon

parken hier Autos, wenn sie noch eine Lücke finden.

Kunstliebhaber und Fans antiker Schätze können am Sablon ihr Faible für Afrika entdecken. Handwerk und Kunst aus früheren Kolonien und deren Nachbarländern ist in den Galerien reichlich vertreten. Es lohnen Streifzüge durch die kleinen Seitengassen und Straßen wie die Rue de Rollebeek, Rue Lebeau und die Rue des Minimes, eine weitere Hochburg der Galeristen und Antiquare. Und schon hat man den Fuß in das benachbarte Marollenviertel gesetzt …

Diese Tour führt aber von der Place du Grand Sablon aus über die **Rue de la**

Régence Richtung Place Royale. Schon von hier aus gibt das herrschaftliche Reiterstandbild in der Mitte der Place Royale die Richtung vor. Das Denkmal, 1848 von Eugène Simonis geschaffen, erinnert an Gottfried von Bouillon, Herzog von Niederlothringen und Führer des Ersten Kreuzzugs ab 1096, der 1099 zur Eroberung Jerusalems führte. Auf dem Weg von der Place du Grand Sablon zur Place Royale liegen linker Hand die **Musées Royaux des Beaux-Arts de Belgique**. Seit 1984 verbindet ein Forum die in zwei Gebäuden ausgestellten Sammlungen für alte und neue Kunst. Architekt Roger Bastin entwarf einen spektakulären Lichtschacht, der von der **Place du Musée** aus acht Stockwerke tief in die Erde führt. Hierher gelangt man durch die **Rue du Musée** und befindet sich bereits mitten auf dem **Mont des Arts** (Kunstberg) und direkt vor die prächtige Fassade des **Palais de Charles de Lorraine**, den der Statthalter Karl von Lothringen , der hier auch eine eigene Kapelle hatte, einst bewohnte. Der Jugendstilbau des **Musée des Instruments de Musique** liegt wenige Schritte weiter, doch die Tour führt zunächst ins königliche Brüssel und erst später (s. u.) hier vorbei.

Die symmetrisch im neoklassizistischen Stil angelegte **Place Royale** macht ihrem königlichen Namen alle Ehre. Obwohl hier ständig Straßenbahnen und Autos vorbeirauschen, strahlt sie durch ihre Weitläufigkeit majestätische Ruhe aus. Und von hier aus genießt man immer noch eine geradezu herrschaftliche Aussicht über die Unterstadt mit dem Rathausturm. Der Platz war ein Prestigeprojekt der Österreicher. Ab 1774 ließen sie hier die Pläne des französischen Architekten Barnabé Guimard verwirklichen. Er orientierte sich an französischen Vorbildern wie der Place Stanislas in Nancy und der Place Royale in Reims. Torbögen zwischen einigen der Palais verstärken die geschlossene Wirkung des hellen architektonischen

Ensembles. Den Platz säumen insgesamt acht große Palais im Louis-XVI.-Stil. Dazu zählt der **Cour d'Arbitrage** (Schiedsgerichtshof), zuständig für Streitigkeiten zwischen flämischen und wallonischen Institutionen. Im Gebäude des **Cour des Comptes** (Rechnungshof) wurde am 8. April 1875 König Albert I. geboren. Korinthische Säulen tragen das imposante Giebelfeld und die kupferne Haube des Portikus der königlichen Hofkirche **St-Jacques sur Coudenberg**. Vom **Hôtel Bellevue** mit dem historischen Museum führt eine Treppe hinab zur **Ausgrabungsstätte** des Palais du Coudenberg. Besucher wandeln hier durch unterirdische Gänge unterhalb von Rue Royale und Place Royale.

Der Brüsseler **Königspalast** an der **Place des Palais** entstand nach dem Brand von 1731 über den Fundamenten des früheren Palastes. Hier regierte der niederländische König Wilhelm I. Aus der Zeit Leopolds II. stammt die Allegorie Belgiens über dem Portikus. Weilen der heutige König oder die Königin in ihren Arbeitsräumen, wird Flagge gezeigt. Im Palast sind königliche Ämter untergebracht, u. a. wird hier das Jahresbudget des Königshauses verwaltet. In den Prunksalons veranstaltet das Königspaar große Empfänge. Für hohen Besuch von Staatsoberhäuptern gibt es im Palast Gästeapartments. Im Sommer (Ende Juli/Mitte September) lässt der König die Innenräume zur kostenlosen Besichtigung öffnen.

Dem Palast gegenüber liegt der **Parc de Bruxelles**, früher herzogliches Jagdgehege und heute idealer Ort für eine Pause vor einem Museumsmarathon am Mont des Arts. An diesem Punkt der Tour muss man sich entscheiden. Man könnte eine Ausstellung in dem von Victor Horta gestalteten **Palais des Beaux-Arts (Bozar)** besuchen oder sich im **Musée du Cinéma** einen Stummfilm ansehen. Auf dem Dach des Bozar-

Gebäudes errichtete der Luxemburger Architekt Bert Theis einen vielflächigen Glaspavillon im Art-déco-Stil mit Aussichtsterrasse. Die Tour führt zurück zur Place Royal und durch die **Rue Montagne de la Cour**. Bald steht man vor den verspielten Türmchen der Jugendstilfassade des **Musée des Instruments de Musique** (MIM) in dem ehemaligen Kaufhaus Old England. Unterhalb erstreckte sich früher das alte Brüsseler Judenviertel. An der **Rue Ravenstein** blieben die **Delacre-Apotheke**, 1898–1900 von *Paul Saintenoy* erbaut, und das **Hôtel Ravenstein** aus der Renaissance erhalten. Dieser letzte Brüsseler Palast aus dieser Epoche stammt noch aus der burgundischen Zeit.

Der maßlose Monarch Leopold II. wollte zu Füßen der Place Royal eine der größten Kunstsammlungen der Welt ansiedeln und verwendete die Bezeichnung „Berg der Künste" (Mont des Arts) bereits für den Coudenberg, bevor er hier die Wohnhäuser abreißen ließ. Nach plötzlichem Meinungsumschwung entstand hier jedoch auf sein Geheiß eine prächtige Gartenanlage für die Weltausstellung von 1910. Erst 40 Jahre später wurde das **Albertinum** gebaut. Das dominante Bibliotheksgebäude erhielt den Namen des Königs Albert I., der 1934 bei einer Kletterpartie tödlich verunglückte. Die Treppen, Terrassen und Gärten wurden zwischen 1954 und 1965 angelegt. Sobald die Temperaturen es zulassen, finden sich hier Straßenmusiker ein oder die Menschen lauschen auf den Bänken zwischen den Blumenrabatten dem erfrischenden Säuseln der Springbrunnen. Rechter Hand liegt der **Palais des Congrès** von 1958, heute u. a. Veranstaltungsort für Brüssels internationales Filmfestival. Die Tour endet am Fuß der Gare Centrale und des Kunstbergs gegenüber der **Chapelle de la Madeleine** in der **Galerie Bortier** (Rue de St-Jean). Freunde antiquarischer Bücher fühlen

Das Musikinstrumentenmuseum, ein Jugendstilbau von Victor Horta

sich hier wohl: Tageslicht fällt von oben durch die Glaskuppel der nur 65 m langen Buchhändlerpassage. Sie wurde 1848 eröffnet, nach Plänen von Jean-Pierre Cluysenaar, der auch die Galeries St-Hubert entwarf, und ist von innen mit Renaissance-Motiven verziert.

Schokolade und Buttercreme, Suchtgefahr mit zartem Schmelz

Für ihr Bier haben die Belgier zwar kein Reinheitsgebot, dafür aber ein nationales Gütesiegel für ihre Schokolade. Obwohl Schokolade bis zu 5 % anderer Fette beigemischt werden dürfen, halten sich die belgischen Chocolatiers an die teure reine Kakaobutter. Die erste Praline kreierte übrigens in Brüssel der aus der Schweiz eingewanderte Apotheker Jean Neuhaus, der bald darauf offizieller Hoflieferant wurde. Das 1857 in der Galerie de la Reine eröffnete Geschäft gibt es bis heute. Hände in weißen Handschuhen packen hier behutsam Luxuspralinen in Schachteln. Doch auf den Geschmack belgischer Pralinen bringt einen auch Leonidas, eine der gängigsten und günstigsten Marken, vertreten in vielen Metrostationen (www.leonidas.com).

Godiva, Mary, Corne Porte Royale, Marcolini wiederum zählen zu den bekanntesten unter den luxuriösen Köstlichkeiten. Inklusive der Exportware, die sogar in Australien und auf Papua-Neuguinea verkauft wird, produzieren belgische Schokoladenfabriken etwa 220.000 Tonnen zart schmelzende und verführerische Kreationen aus Buttercreme, Nüssen, Marzipan und Schokolade.

Brüssel – die erste Adresse für Chocolatiers

Nirgends gibt es mehr Chocolatiers pro Einwohner als in Belgien. An der Brüsseler Grand Place und in den Gassen haben Besucher die größte Auswahl. Belgier selbst verschenken eher Pralinen als Blumensträuße, aber auch im Eigenverbrauch sind sie groß (statistisch über 12 kg im Jahr). Da wird auch schon mal im Gehen auf der Straße aus der soeben erstandenen Tüte genascht. Die Auswahl ist riesig, Meister und Fabriken erfinden unermüdlich neue Rezepte, über 100 Varianten in einem Sortiment sind keine Rarität. Bei so viel Phantasie und Kunstsinn kann sich der süße Zahn freuen und jede Praline einzeln auswählen und einpacken lassen. Wer sich für eine 250 g oder 500 g schwere Schachtel entscheidet, findet darin aufwändige Beschreibungen für jedes einzelne der Kunstwerke aus Schokolade.

Schoko-Tipp! **Mary Chocolatier**: Die Hoflieferantin wird von Feinschmeckern aus aller Welt geschätzt. Schöne Verpackungen, verführerischer Inhalt, schwindelerregende Preise (ab 20 € bis über 100 €). Rue Royale 73, ✆ 02/2174500, www.marychoc.com. Tram 92, 93, 94. Weitere gute Adressen unter www.neuhaus.be, www.galler.com, www.godiva.com, www.leonidas.com, www.marcolini.be.

Sehenswertes

Kunstberg-Pass

Samstags und sonntags kann man damit sieben Museen auf dem Kunstberg für 11 € (erm. 5,50 €, Kinder bis 13 gratis) besuchen; erhältlich an den Museumskassen und am Ticketschalter im Palais des Beaux-Arts in der Rue Ravenstein (Sa 11–19 Uhr, So 10–18 Uhr). Er gilt u. a. für den Palast der Schönen Künste, das Musikinstrumentenmuseum, die Königliche Bibliothek (Albertinum), den Palast von Charles de Lorraine und das Bellevue-Museum mit der Ausgrabungsstätte. Mehr unter www.montsdesarts.be.

Notre-Dame du Sablon: Die Wallfahrtskirche verdankt ihre heutige Erscheinung einer Restaurierung im Flamboyantstil Ende des 19. Jh. Damals entstanden der reichhaltige Fassadenschmuck aus Statuen, Erker- und Glockentürmen. Über dem Südportal mit Szenen der Auferstehung Christi beeindruckt die Fensterrose. Innen am Eingangsportal sind ein Mann und eine Frau mit einer Marienstatue in einem Boot dargestellt. Dies erinnert an die Entführung der Madonna von Antwerpen nach Brüssel im Jahr 1348. Am Tag ihrer Ankunft im Juli wird bis heute der Ommegang zur Grand Place gefeiert (→ S. 109).

Durch bunte Maßwerkfenster erleuchtet das Tageslicht die Gewölbedecke. In der Kirche erinnert ein Grabmal an den französischen Dichter und Dramatiker Jean-Baptiste Rousseau. Er starb 1741 im Exil in Brüssel. Weißer und schwarzer Marmor demonstriert den Reichtum der Familie von Thurn und Taxis, die sich in der Kirche gleich zwei Kapellen im Barockstil errichten ließ. Die Grabkapelle der Familie ist mit allegorischen Figuren geschmückt, die insbesondere die Treue symbolisieren – verständlich bei ihren Bemühungen um Zuverlässigkeit im Postdienst: Im 15./16. Jh. organisierten die Thurn und Taxis die kaiserliche Kurierpost im deutschen Reich, in Burgund und in den Niederlanden. 1695 waren die Dienste der Familie Kaiser Leopold I. die Erhebung der Thurn und Taxis in den Reichsfürstenstand wert.

Musées Royaux des Beaux-Arts de Belgique: Ohne Wegweiser und Plan verläuft man sich in dem riesigen Komplex, doch eins sei zur Orientierung gesagt: Je tiefer das Stockwerk, desto moderner die ausgestellten Werke. Die

Notre-Dame du Sablon

Räume des Museums beherbergten ursprünglich den Hofstaat Karls von Lothringen, 1801 ließ Napoléon Bonaparte in 15 seiner Départements Kunstmuseen gründen, um den Pariser Louvre zu entlasten. Seit 2003 bietet das Hôtel Gresham mehr Raum sowie Museumscafé, -restaurant und -shop. Die neue Fläche ermöglichte ebenfalls, Werke der Niederländischen Schule auszustellen, die zuvor im Magazin lagerten.

Die Rundgänge durch das Museum sind farbig gekennzeichnet: Blau weist den Weg durch das 15./16. Jh. im alten Gebäudeteil des früheren Palais de Charles de Lorraine, Braun durch das 17./18. Jh., Gelb durch das 19. Jh. und Grün durch das 20./21. Jh. Zu den Highlights der Moderne zählen die Werke der Fauvisten sowie der Surrealisten *Paul Delvaux* und *René Magritte*. Im Jahr 2008 eröffnet nach Restaurierungsarbeiten ein weiterer Saal mit Werken des Surrealisten René von Magritte. Der Surrealismus soll im Übrigen auch den gebürtigen Brüsseler *Marcel Broodthaers,* der eigentlich Dichter war, zu seinen „Roten Muscheln im Topf" (1965) inspiriert haben, zu sehen im unterirdischen achten Stockwerk.

Das Wertvollste an alter Kunst repräsentiert die Sammlung alter Meister; exemplarisch genannt seien nur *Bernard van Orley, Rogier van der Weyden, Hans Memling* und *Hieronymus Bosch* für das 15. Jh. sowie *Pieter Bruegel d. Ä.* für das 16. Jh., eines der Highlights des Museums (siehe S. 179). In der Sammlung des 17. und 18. Jh. sind zahlreiche Werke der niederländischen Maler *Peter Paul* Rubens (etwa 50 Gemälde, siehe S. 43/44) und *Anthonis van Dyck* zu bewundern. Wer dem gelben Rundgang folgt, lernt die Werke zahlreicher belgischer Symbolisten kennen, insbesondere des Brüsselers *Fernand Khnopff* (z. B. „Les Caresses", Streicheleinhei-

ten). Er arbeitete in seinem Bildern mit einem neuen Frauentyp zwischen Femme Fatale und Engel und gehörte u. a. zu den Gründungsmitglieder der avantgardistischen Brüsseler Künstlervereinigung *Les XX* von 1883.

Tägl. (außer Mo) 10–17 Uhr. Eintritt 5 €, erm. 2/3,50 €. Café/Restaurant tägl. 10.30–16.30 Uhr. Place Royale 3, ✆ 02/5083211, www.fine-arts-museum.be. Ⓜ Gare Centrale, Tram 92, 93, 94.

Palais de Charles de Lorraine (Musée du XVIIIe siècle): Karl von Lothringen, Großmeister des Deutschritterordens und Schwager der Habsburgerkaiserin Maria Theresia, regierte ab März 1744 bis 1780 als Gouverneur der österreichischen Niederlande in Brüssel. Bis Juli 1794 stand sein Denkmal in der Mitte der Place Royale. Die französischen Revolutionäre stürzten es und schmolzen es ein, um Münzen zu prägen.

Im Jahr 1756 erwarb Karl von Lothringen das ursprünglich gotische Palais de Nassau von der Prinzessin von Oranien und ließ ihn zu einer riesigen Schlossanlage im Louis-XVI.-Stil umbauen. Vom ursprünglichen Bau blieb dabei letztendlich nur die dem hl. Georg geweihte Kapelle übrig. Von Karls Schloss ist der rechte Flügel an der Place du Musée erhalten. Die fünf Innenräume des ehemaligen Sommerappartements haben eine filmreife Ausstattung aus dem 18. Jh. In dem prächtigen Treppenhaus steht eine kompakte Herkulesstatue aus weißem Marmor von Laurent Delvaux mit den Gesichtszügen des Gouverneurs. Auf der Keule befinden sich Karls Monogramm sowie das lothringische Doppelkreuz und das Kreuz des Deutschritterordens. Die protestantische Kapelle kann man besichtigen.

Rue du Musée 1, ✆ 02/5195371, www.kbr.be (Museums-Link). Für unbestimmte Zeit wegen Umbauten geschlossen, Infos bei der Touristeninfo an der Grand Place. Ⓜ Gare Centrale, Tram 92, 93, 94.

St-Jacques sur Coudenberg: Die heutige Kirche aus dem Jahr 1787 prägt die

Musée BELvue

Place Royale und ist dem hl. Jakobus von Santiago de Compostela geweiht. Sie stammt von den französischen Architekten Nicolas Barré und Barnabé Guimard. Der heutige König erreicht seine Loge im Chor durch eine Galerie in den Palastgärten. Hier wurde 1831 der erste belgische König Leopold I. gekrönt, 1999 heirateten hier Prinz Philipp und Mathilde d'Udekem d'Acoz. Der Glockenturm von 1849 geht auf Tilmann François Suys zurück. Den Eingang säumen die alttestamentarischen Figuren Moses und David. Mit der Französischen Revolution nutzte man die Kirche weltlich und gab den Figuren Namen von Denkern und Reformern aus der Antike, Solon und Lykurgos. Das Flachrelief des Giebeldreiecks wurde zerstört und erst 1852 durch das Fresko „Maria als Trösterin der Betrübten" von Jan Portaels ersetzt. Von ihm stammen auch zwei Gemälde im Querschiff, „Die Kreuzigung" und „Das trostspendende Kreuz". Die Figuren über dem Giebeldreieck stellen Jakobus, Andreas und Johannes den Täufer dar. Von innen wirkt die Kirche schlicht, hell und großzügig und enthält mehrere sehenswerte Gemälde.

Tägl. 10–17 Uhr. Place Royale/Impasse du Borgendael 1. Ⓜ Trône, Tram 92, 93, 94.

Musée BELvue (Musée d'Histoire de la Belgique) und Ausgrabungsstätte: Das Museum zur Geschichte Belgiens vermittelt in zwölf Sälen unkompliziert und eingängig ein Bild von Belgien – mit Brüssel als Hauptstadt. Was in Brüsseler Museen eher selten ist: Es gibt Beschriftungen und Audioguides in deutscher Sprache und man kann sich an PCs ganz individuell selbst informieren. Historische Fotografien und Dokumente sowie spannende Filmfragmente bringen Besuchern die belgische Geschichte seit der Staatsgründung 1830 nahe. Die Pracht der Belle Epoque lässt sich ebenso lebhaft nachvollziehen wie das städtische Wachstum Brüssels, die Entstehung seiner Boulevards, der wirtschaftlichen Hochs und Tiefs während der Industrialisierung und Nachkriegszeit. Der frühere Haupteingang über die Place Royale wurde wiedereröffnet und im Sommer lädt der Innenhof mit attraktivem Café zu einer Pause ein.

Eine Treppe führt vom Museum zu den unterirdischen Ausgrabungen der eindrucksvollen Reste des Palasts der Herzöge von Brabant. Sie stammen von einer Burg, an der ab der zweiten Hälfte des 11. Jh. bis ins 12 Jh. als Alternative zur feuchten Residenz auf der Senne-Insel gebaut wurde. Die nachfolgenden Herzöge von Brabant bauten die Burg auf dem Coudenberg allmählich zu einem prunkvollen Palast aus. Die Archäologische Gesellschaft Brüssels legte die Grundmauern der alten Burgunderresidenz erst 1995 frei. Die prächtige Aula Magna (40 x 16,30 m) entstand unter dem Burgunderherzog Philipp dem Guten zwischen 1452 und 1461. Kaiser Karl V. wurde in der Aula Magna 1515 als 15-Jähriger mündig gesprochen und dankte hier 40 Jahre später feierlich wieder ab. Er ergänzte den Palast durch eine Kapelle und einen Galeriegang zum Park. Die prächtige Kapelle (angelehnt an die Ste-Chapelle in Paris) widmete Karl V. seinen Eltern Philipp dem Schönen und Johanna von Kastilien. Doch in der Nacht vom 3. auf den 4. Februar 1731 fiel der Coudenberg-Palast einem Brand zum Opfer, der in den Gemächern der Statthalterin, Erzherzogin Maria Elisabeth, ausgebrochen war. Das Militär ließ die zu Löscharbeiten herbei geeilte Bürgerwehr nicht durch. Es befürchtete einen Anschlag. Und schon war das Feuer nicht mehr einzudämmen. Ab 1775 ließ Kaiserin Maria Theresia den Coudenberg nach französischem Vorbild neu bebauen (→ S. 162).

Tägl. (außer Mo) 10–18 Uhr, Okt. bis Mai nur bis 17 Uhr. Eintritt: Musée BELvue 3 € (erm. 2 €), Coudenberg 4 € (erm. 3 €), Kombiticket für Musée BELvue und Coudenberg 5 € (erm. 4 €); Kinder bis 12 gratis. Place des Palais 7, ✆ 02/70220492, www.belvue.be. Ausgrabungsstätte Coudenberg, Place des Palais 7, ✆ 02/5450800, www.coudenberg. com. Ⓜ Trône, Tram 92, 93, 94.

Königspalast: Nach dem Nationalfeiertag am 21. Juli bis Anfang September öffnet der König den Palast zur Besichtigung (kostenlos!). Fotoapparate und Taschen müssen am Eingang abgegeben werden, allenfalls das Fotohandy kann man unbemerkt behalten. Dann folgt man den Besucherscharen auf einer abgesteckten Route. Ein Höhepunkt am Ende des Besuchs sind die an der Decke des Spiegelsaals angebrachten Skarabäenpanzer des international bekannten Antwerpener Künstlers *Jan Fabre*. Der Skarabäus wurde im alten Ägypten gottgleich verehrt und ist ein uraltes Symbol der Schöpferkraft. Fabre integriert ihn häufig in sein Werk, um das Thema des „weichen Kerns in harter Schale" herauszuarbeiten. Zudem war sein Stiefgroßvater der berühmte Insektenforscher Jean-Henri Fabre.

Leopold II. ließ den prächtigen Saal einst als Hommage an den Kongo errichten, die Spiegel ließ später Albert I. anbringen. An ihrer Stelle hatte Leopold II. einst Allegorien für Afrika vorgesehen.

Die Große Galerie mit Mobiliar aus dem 19. Jh. und Deckengemälde mit Motiven des Louvre und des Versailler Schlosses dienen zu Staatsempfängen und Diners. Im heutigen Musiksaal ließ König Wilhelm I., Herrscher des Vereinigten Königreichs der Niederlande eine Kunstgalerie einrichten, wo Wertgegenstände und Gemälde ausgestellt wurden. Highlights sind der Kaiserreichssaal aus der Zeit der niederländischen Herrschaft, die Wandteppiche aus Madrid nach Entwürfen von Goya im Goya-Salon, ein Geschenk der Königin Isabella II. von Spanien an Leopold I., sowie der Thronsaal mit vier Basreliefs von *Auguste Rodin*.

Meist vom 22. Juli bis Anfang Sept. Di–Fr 10.30–16.30 Uhr. Eintritt frei. Place des Palais. Ⓜ Trône, Tram 92, 93, 94. Wenn der Palast geschlossen ist, kann man ihn jederzeit virtuell besuchen: www.monarchie.be/sites/de/visites-palace.html.

Klassizistisch und mondän: der Amtssitz der Monarchie

Palais des Beaux-Arts (Bozar): Jugendstilarchitekt *Victor Horta* entwarf den Palast der Schönen Künste, der von 1923–1928 gebaut wurde. Seit der Renovierung 2002 sieht er auch von innen wieder so aus, wie Horta es ursprünglich geplant hatte. Da die Auflage bestand, die Ansicht von der oberhalb gelegenen Place Royal zu erhalten, erhielt das Gebäude überdurchschnittliche unterirdische Dimensionen. Der Henri-Le-Boeuf-Saal, der den Namen des Bankiers trägt, der das Bauprojekt damals initiierte, bietet Platz für 2.200 Personen. Der Kammermusiksaal mit seiner hervorragenden Akustik ist Schauplatz des berühmten Musikwettbewerbs Concours Reine Elisabeth. Die Brüsseler Philharmonie und die Organisatoren der Kulturtage Europalia haben ebenfalls ihren Sitz im Palais des Beaux Arts. Zudem ist er Hochburg aktueller wechselnder Kunstausstellungen bester Qualität, z. B. zu so bedeutenden Anlässen wie dem Jubiläum „175 Jahre Belgien" 2005.
Tägl. (außer Mo) 10–23 Uhr, je nach Event. Eintritt wechselt je nach Ausstellung oder Konzert. Rue Ravenstein 23, ✆ 02/5078200, www.bozar.be. Ⓜ Gare Centrale, Tram 92, 93, 94, Bus 27, 29, 71.

Musée du Cinéma: Die vorgeschichtliche Ära des Kinos in 40 Vitrinen. Einige Apparate der Ausstellung sind beweglich, was ihre Funktionsweise demonstriert. Eine beachtliche Büchersammlung und über eine Million archivierter Fotografien zählen zu den Beständen des Dokumentationszentrums. In einem Lesesaal kann man sie an Wochentagen einsehen. Eins wird Filmbegeisterte besonders freuen: Das Museum hat zwei Kinosäle und zeigt täglich drei Tonfilme und zwei Stummfilme mit Klavierbegleitung.
Tägl. 17.30–22.30 Uhr, Do 14.30–21 Uhr. Eintritt 2 €. Rue Baron Horta 9, Programmansage ✆ 02/5078370, www.cinematheque.be. Ⓜ Gare Centrale oder Parc, Tram 92, 93, 94.

Musée des Instruments de Musique (MIM): Dieses Museum ist leicht zu finden, die grün schimmernde und großzügig verglaste Jugendstilfassade fällt am Kunstberg von weitem auf. Es war früher das Kaufhaus Grand Magasins Old England. Paul Santenoy baute es

1898/99. Die Kunstkeramiken und das Erkertürmchen wurden bei der Renovierung nachempfunden. Zwischendurch hatte das Gebäude schon schlechtere Zeiten gesehen, besonders 1938, als man es weiß anstrich, um es der klassizistischen Nachbarschaft anzugleichen. Dachcafé und Terrasse bieten einen schönen Blick Richtung Rathausturm auf der Grand Place.

Die Sammlung mit einigen echten Raritäten zählt zu den größten ihrer Art und verspricht spannende Hörerlebnisse. Am Eingang bekommt man Infrarotkopfhörer, die eine Auswahl der mehreren tausend ausgestellten Instrumente aus aller Welt auch erklingen lassen. Die Museumsbestände stammen zu großen Teilen aus der Sammlung des ersten Konservatoriumsdirektors Jean-François Fétis. Dazu gehören insbesondere Werke berühmter Instrumentenbauer wie etwa Spinette der Antwerpener Familie Ruckers, Instrumente des Saxophon-Erfinders Adolphe Sax aus Dinant und eine Viola da Gamba von Gaspard L'Effoprugcar aus dem 16. Jh. Neben nostalgischen Akkordeons und indischen Seiteninstrumenten kann man auch eine Schulterharfe aus dem alten Ägypten (1500 v. Chr.) bewundern. Von der Antike bis heute folgt die Ausstellung der chronologischen Reihenfolge. Die wertvollsten Instrumente befinden sich im Spiegelsaal.

Tägl. (außer Mo) 9.30–16.45 Uhr, Sa/So erst ab 10 Uhr. Letzter Einlass für die Aussichtsterrasse 16.15 Uhr. Eintritt 5 €, ermäßigt 2–3,50 €. Rue Montagne de la Cour 2, ✆ 02/5450153, www.mim.fgov.be. Ⓜ Gare Centrale, Tram 71, 95, 76.
Eine Stunde vor Beginn der Abendkonzerte um 19 Uhr (siehe Kiosque-Programmvorschau oder Website) werden die beteiligten Instrumente vorgestellt.

Albertinum: Das riesige Gebäude der Königlichen Staatsbibliothek am Fuße des Kunstbergs ist nach König Albert benannt. Es integriert die **Chapelle de Nassau**, die am Ende des 15. Jh. von

Engelbert II., Graf von Nassau und flandrischer Statthalter, errichtet wurde und heute manchmal für Ausstellungen genutzt wird. Das Albertinum umfasst neben der größten und wichtigsten Bibliothek des Landes mit mehr als 5 Mio. Büchern sowie einer Musikabteilung und einem Kammermusiksaal auch mehrere Museen: das **Buchmuseum und Schenkungskabinett** (Musée du Livre et des Donations), das **Museum der Drucktechnik** (Musée de L'Imprimerie) und das **Literaturmuseum** der französischsprachigen belgischen Gemeinschaft (Archives et Musée de la Littérature).

Für Buch- und Kunstliebhaber ist wohl das Buchmuseum und Schenkungskabinett das interessanteste. Es informiert über die Geschichte von Schrift und Buch von der altägyptischen Papyrusrolle über romanische Schriftstile bis zu Beispielen der Buchdruckerkunst. Darüber hinaus kann man hier die original rekonstruierten Arbeitszimmer des Dichters *Max Elskamp* und des Jugendstilarchitekten *Henri van de Velde* sowie der flämischen Dichter *Emile Verhaeren* und *Michel de Ghelderode* besichtigen (nur nach Anfrage beim Bildungsdienst; Eintritt frei). Im Druckereimuseum sind rund 400 Maschinen und Druckerutensilien sowie Einband- und Vergoldungsmaterial und -werkzeug vom Ende des 18. Jh. bis zur Mitte des 20. Jh. ausgestellt. Alle Museen sind nur nach vorhergehender Anmeldung zugänglich oder im Rahmen temporärer Ausstellungen.

Bibliothek Mo–Fr 9–20, Sa 9–17 Uhr, im Juli/August nur bis 16.50 Uhr, Leserkarte 5 € pro Woche, 20 € pro Jahr (Studenten 10 €). Museen Mo–Fr 9–16.45 Uhr. Führungen auf Anfrage unter ✆ 02/51953-72 (Bildungsdienst). Mit Art-Shop, Cafeteria und Restaurant. Boulevard de L'Empereur 4, www.kbr.be. Ⓜ Gare Centrale. Tram 92, 93, 94.

Sainte-Marie-Madeleine: Diese Kirche ist eine der ältesten der Stadt. Die Brüder der Barmherzigkeit gründeten sie ursprünglich Mitte des 13. Jh. Bei

Antiquitätenmarkt am Grand Sablon

Ausgrabungen in den 1960ern entdeckte man Fundamente eines noch älteren Altarraums, der vom Templerorden erbaut wurde. Bei dieser Renovierung verlegte man die St.-Anna-Kapelle mit ihrer schönen barocken Fassade aus der Rue de la Montagne hierher. Der Zugang zu dem neuen Gebäudeteil mit der Kapelle, die der hl. Rita geweiht ist, liegt im linken Seitenschiff.

Die Seitenschiffe stammen von Anfang des 15. Jh. Eindrucksvoll sind die fünf gotischen Fenster des Chors. Sie stellen die Erlösung von den Sünden im Zusammenhang mit dem Leben der hl. Magdalena dar.
Tägl. 10–17 Uhr. Rue des Braves 21. Ⓜ Gare Centrale.

Praktische Infos

Essen und Trinken

Von der zentralen Grand Place sind es zu Fuß etwa 15 Minuten zum kulinarisch ebenso lohnenswerten Place du Grand Sablon. Von der Place de la Vieille Halle-aux-Blés erreicht man schnell die Rue des Alexiens mit einigen netten Lokalen. Von hier aus überquert man den Boulevard de l'Empéreur und steigt durch die von Restaurants gesäumte Rue de Rollebeek hinauf in die Oberstadt zum Grand Sablon. Aber man kann auch die Trams zur Rue de la Régence nehmen, direkt an der Place du Grand Sablon halten die 92, 93 und 94.

L'Orangerie (33): Im Sommer ist vor allem die große Terrasse unter Bäumen in den Jardins d'Egmont erholsam und attraktiv. Durch die großen Fenster fällt viel Licht in das modern restaurierte Innere. Eine rot gestrichene Wand setzt einen Akzent in der sonst farblich neutralen Gestaltung. Die Speisekarte richtet sich ganz nach der Verfügbarkeit saisonaler Produkte. Gerichte im Schnitt ab 9 €. Jardins d'Egmont. Tägl. 10.30–17.30 Uhr. Ⓜ Porte de Namur.
Wittamer (9): Das hausgemachte Eis sollte sich niemand entgehen lassen. Absolutes Highlight sind die Kuchen, Torten, Pralinen und anderen süßen Verführungen eines der berühmtesten belgischen Konditoren (seit vielen Jahren Hoflieferant). Place du Grand Sablon 12–13, ✆ 02/5123742. Mo 9–18 Uhr, Di–Sa 7–19 und So 7–18 Uhr.

Kunstberg, Königspalast und Sablon-Viertel
Karte S. 160/161

Tour d'y Voir (17): Der Name ist ein Wortspiel aus Elfenbeinturm und Durchblick und wohl mit Absicht ein wenig elitär. Von den gemütlichen Sesseln der Bar, an der die Gäste auf ihren Tisch warten und einen Aperitif trinken können, blickt man auf den Grand Sablon herab. Der Clou: Der eigentliche Speiseraum ist wie eine alte Kapelle eingerichtet. Place du Grand Sablon 8/9 b. ✆ 02/5114043, www.tourdyvoir.com. Geöffnet 12–13.45 und 19–22.45 Uhr (Fr/Sa mindestens bis 23.45 Uhr), So/Mo ganztägig, Sa mittags geschlossen.

Am Grand Sablon

La Tortue du Zoute (15): Flämische Spezialitäten, Bouillabaisse, Langusten, Trüffel, Hummer nach Art des Hauses und Jakobsmuscheln lassen einem in rustikalem Ambiente das Wasser im Mund zusammenlaufen. Plat du jour (Tagesgericht) ab 15 €, Mittagstisch 25 €, abends Menu ab 40 €. Rue de Rollebeek 31, ✆ 02/5131062, www.latortueduzoute.be. Di ganztägig und So abends geschlossen.

Bocca d'Oro (13): Die rot gestrichenen Fensterrahmen passen gut zu diesem schlicht und elegant eingerichteten Italiener mit familiärer Atmosphäre und Küche à la mamma. Dunkle Lederstühle und Kunst an den Wänden werten die Einrichtung auf. Nudeln mit Trüffelsauce oder die große Auswahl an Antipasti begeistern nicht nur Italo-Gourmets. Rue de Rollebeek, ✆ 02/5112469. Tägl. (außer Mo) 12–14.30/19–22 Uhr, So nur mittags.

Et qui va promener le chien (8): Die Speisekarte ist so attraktiv, dass sich der Gast fragen lassen muss: Und wer geht mit dem Hund spazieren? Dies zumindest suggeriert der Name. Geboten wird internationale Küche mit französisch-belgischem Einfluss zu fairen Preisen ab 13 € pro Gericht. Roquefort, Pistou, Kräuter der Provence, aber auch Curry, Basmati-Reis und Caramel machen die Auswahl nicht leicht. Rue de Rollebeek 2. ✆ 02/5032304. Tägl. bis 24 Uhr.

Bleu de toi (4): Belgische Spezialitäten wie Hummer, Folienkartoffeln oder gefüllte Bintjes kann man hier im Sommer auf einer großen Terrasse mit Markise genießen. Käse, Krabben, Kaviar oder Schnecken schmecken auch in den zwei romantisch geprägten Etagen. Nicht gerade preiswert: Menu 40–50 €. Rue des Alexiens 73, ✆ 02/5024371, www.bleudetoi.be. Tägl. (außer So) 12–14/19–23 Uhr, Sa nur abends.

Estrille du Vieux Bruxelles (12): Schon vor über 350 Jahren wurde hier in Innenhof und Keller belgisch-französische Kost zum Bier serviert. Früher war das Wirtshaus ein Treffpunkt für Politiker und Poeten und sogar zwei Zeitungen hatten hier einst ihre Redaktionsräume, 2002 wurde das Lokal neu eröffnet und ist nun deutlich touristischer. Rue de Rollebeek 7, ✆ 02/5125857. Tägl. 12–14/19–22 Uhr, Fr/Sa bis 22.30 Uhr, So nur mittags.

Le Forestier (10): Die Kacheln mit der Aufschrift Bières Wielemans an der Fassade stammen noch von der früheren Brauerei. Das Haus soll 400 Jahre alt sein. Hier servieren Hamet und sein Bruder Nabil einfache belgische Bistroküche mit ansprechender Auswahl an Quiches ab 8 €. Es wird auch Deutsch gesprochen. Auf der Terrasse finden im Sommer rund 60 Leute Platz. Rue de Rollebeek 1, ✆ 02/5137297. Tägl. (außer Di) ab 11.30 Uhr bis spät. Küche bis 23.30 Uhr.

Lebeau Soleil (14): In dieser kleinen Werkstatt eines Gitarren- und eines Geigenbauers kann man nett frühstücken, Kaffee trinken, ein Häppchen essen, Weine der „bar au vin" probieren und kommt leicht ins Gespräch. Es stehen auch ein paar Stühle draußen. Rue de Rollebeek 25–27, ✆ 0479420382 (Handy), www.lebeausoleil.be. Tägl. (außer Mo) 9–19 Uhr.

Königliche Aussicht vom Dach des Musikinstrumentenmuseums

L'Entrée des Artistes (22): eines der günstigeren Restaurants mit Terrasse an der Place du Grand Sablon. Französisch-belgische Küche zwischen Kabeljau und Carpaccio für Künstler, Lebenskünstler oder solche, die es werden möchten. Sogar Froschschenkel stehen auf der Speisekarte, aber auch einige klassische italienische Gerichte, mittags ab 7 €, abends ab 22 €. Place du Grand Sablon 12, ✆ 02/5023161. Tägl. 12–15/18.30–24 Uhr.

Lola (29): beliebt und hektisch. An langen Tischen und an der Theke wird inzwischen seit über 10 Jahren pausenlos und erfolgreich französisch-belgische Küche serviert: Austern, Hummer, Croquettes aux Crevettes oder Muscheln gehören dabei zu den Klassikern, die man hier eben etwas cooler in weniger bürgerlich-rustikalem Ambiente verzehren kann. Menu abends ab 40 €. Place du Grand Sablon 33, ✆ 02/5142460. Tägl. 12–15/18.30–23.30 Uhr, Sa/So 12–24 Uhr.

Vert de Gris (3): ein romantisches Lokal, das die beiden Inhaber sehr interessant und kontrastreich eingerichtet haben. Jeder Raum hat seinen eigenen Charakter, und im Sommer kann man auch auf der Terrasse essen. Die Küche ist stark italienisch und provenzalisch orientiert. Dazu gibt es eine große Weinauswahl. Zum Abschluss eines Essens kann man sich Havannazigarren bestellen. Rue des Alexiens 63, ✆ 02/5142168, www.resto.be/vertdegris. Tägl.

(außer Sa) 12–14/19–23 Uhr, So nur abends.

Chez Marius en Provence (32): beispielhafte mediterrane Küche des Chefkochs Marius in einem gepflegten Haus aus dem 17. Jh. Zu empfehlen sind Bouillabaisse, Seewolf oder Zucchini mit Lobster. Place du Petit Sablon 1, ✆ 02/5111208. Tägl. (außer So) 12–14.30/19–22.30 Uhr.

Trente Rue de la Paille (11): André Martigny führt dieses edle französische Restaurant gehobener Preisklasse seit über 20 Jahren. Auf der Speisekarte stehen viele Delikatessen wie gebratene Tauben, Entenleber und Langusten. Rustikale Holzbalken und Ziegelsteinwände erzeugen ein warmes Ambiente. Rue de la Paille 30, ✆ 02/5120715. Tägl. 12–14.30/19–23.30 Uhr.

Au Vieux Saint-Martin (24): populäre Brasserie mit großer Terrasse und typischen belgischen Gerichten. Besonders empfehlenswert sind Stoemp oder Wurst aus den Ardennen. Place du Grand Sablon 38, ✆ 02/5126476. Tägl. 10–24 Uhr.

Nachtleben

Café Leffe (7): Die Terrasse mit Blick über die Place du Grand Sablon oder der typisch mit Holz verkleidete Innenraum dieser Taverne sind ideal, um gut zu essen und um das Abteibier Leffe oder auch ein Weißbier Blanche de Hoegaarden zu probieren (Betreiber der belgischen Café-Kette ist die

Brauerei Interbrew). Große Auswahl an belgischen Gerichten auf der Speisekarte, ab 20 €. Place du Grand Sablon 46. Tägl. 10–23 Uhr.

Karaoke Bar: gute Stimmung, engagierte Sänger

La Fleur en Papier dorée (2): Dieser frühere Treffpunkt der Brüsseler Surrealisten gehörte einem Original, Geert van Bruaene (1891–1964). Der Galerist und Filou trat sogar mal als Schauspieler am Flämischen Volkstheater auf. Die Kneipe war eine seiner Galerien. Er zeigte und verkaufte hier u. a. Werke von Otto Dix, Paul Klee, Wassily Kandinsky, René Magritte, Hans Arp und Max Ernst. Bilder, die Originalen nicht unähnlich waren, sammelte er auf Flohmärkten und signierte sie selbst, z. B. mit dem Namen des flämischen Expressionisten Constant Permeke. Und dieser weigerte sich vor Gericht wegen Fälschung gegen den beliebten Kneipier auszusagen. Dessen Spezialität: Rosé belge, gemischt aus Rotwein- und Weißweinresten. An den Wänden erinnern Bilder und Sprüche aus diesen guten alten Zeiten und an van Bruaene („Jeder hat das Recht auf 24 Stunden Freiheit pro Tag"). Das Lokal ist auch ein Veranstaltungsort für Cabaret und Lesungen. Rue des Alexiens 53–55, ✆ 02/5111659. Tägl. 11–24 Uhr, Fr/Sa bis 2 Uhr.

Le Grain de Sable (21): Die Bar oder die Terrasse sind ein beliebter Treffpunkt für nachmittägliche Drinks mit Freunden oder für Nachtschwärmer. Es läuft aktuelle Musik, und man kann hier besonders an Samstagen bis spät in die Nacht einkehren,

wenn viele andere Restaurants längst geschlossen sind. Die Küche ist schlicht, aber gut. Place du Grand Sablon 15–16, ✆ 02/5140583. Tägl. bis 24 Uhr, Sa bis 3 Uhr.

La Canne à Sucre (23): gemütliches kleines Restaurant mit kreolischer Küche (Fisch, Meeresfrüchte, Geflügel) von den Antillen. Es geht eine schmale Treppe in ein Kellergewölbe hinunter. Ab 22 Uhr wird es hier in der Late-Night-Bar erst richtig lebendig. Das kontaktfördernde Ambiente mit Rhum-Cocktails zu karibischen Rhythmen zieht späte Gäste an, die hier ihr letztes Gläschen trinken möchten und dann doch noch das Tanzbein schwingen. Rue des Pigeons 12, ✆ 02/5130372, www.lacanneasucre.be. So/Mo geschlossen.

Diamond Club (18): Die Bar dieses Nachtclubs ist bei einem hip gestylten jungen Publikum beliebt. Am Wochenende häufig Veranstaltungen oder besondere DJs. Dann drängen sich hier nach Mitternacht um die 400 Leute. Mittwochs eher Lounge, Sa eher Clubbing. Es lohnt ein Blick in den Veranstaltungskalender, da es hier häufig Konzerte oder Theatervorführungen gibt. Rue Ste-Anne 20–22, www.clubdiamond.be. Mi 17–21.30 Uhr, Do Salsa mit Anfängerkurs gratis ab 19 Uhr, Fr, Sa ab 22 Uhr.

Karaoke Bar (19): Von außen verfehlt man sie leicht, denn Haus und Eingang wirken unscheinbar bis heruntergekommen. Auch wer zu später Stunde noch hier einkehrt, erlebt ein zauberhaftes Ambiente und Brüssels einmalige Internationalität musikalisch und mit Herz. Von „Skandal um Rosi" bis „La vie en rose" begeistern sich Belgier, Deutsche, Engländer, Franzosen, Italiener etc. in dem schmalen Raum lautstark für ihre liebsten Schnulzen, Lieder und Chansons. Einige recht Geübte kommen öfter her und werden von den Zuhörern spontan als Stars der Chanson des Abends gefeiert. Kein Eintritt. Getränke ab 3 €. Rue Sainte-Anne 34. Di–Sa ab 21 Uhr.

Einkaufen

Die Place du Grand Sablon mit Umgebung ist die erste Adresse der Stadt für **Antiquitäten:**

Sablons Antiques Center: hochwertige Antiquitäten auf mehreren Etagen, Rue des Sablons 39, www.antiquessablon.com; **Sablons Shopping Gardens:** 30 Läden, u. a. Antiquitäten und Haushaltswaren, Rue des Minimes; **Galerie des Minimes:** Trödel

Rue des Minimes; **Atmosphères**: Antiquitäten en miniature – sehr schöne kleine Stücke, auch Schmuck, Rue de Rollebeek 17, tägl. (außer Mo) 11–19.30 Uhr, So bis 14 Uhr; **Claude-Noëlle**: antiker Schmuck, Place du Grand Sablon 20; **Costermans (27)**: Möbel und Antiquitäten vom 17. bis 19. Jh., Place du Grand Sablon 5; **Bernard de Grunne (30)**: afrikanische und andere Volkskunst, Place du Petit Sablon 2; **Emmanuel Zada (31)**: Wandteppiche und antike Teppiche, Rue des Sablons 15.

Pierre Marcolini (16): große Auswahl edler Pralinen auf zwei Etagen. Sac intense (Riesensortiment mit 50 Pralinen 64 €). Pierre Marcolini gewann 1995 die Pâtisserie-Weltmeisterschaft in Lyon. Place du Grand Sablon 39, www.marcolini.com. Mo–Sa 10–19 Uhr, So 9–20 Uhr.

Emery & Cie (1): Möbel, Stoffe, Gemälde, Lampen etc. der bekannten Brüsseler Dekorateurin und Designerin Agnès Emery in einem sehr schönen Gebäude. Rue de l'Hôpital 27. Tägl. (außer So) 11–19 Uhr.

Godiva (13): Pralinen und Schokolade. Place du Grand Sablon 47, www.godiva.be.

The Linen House (27): feine Tischdecken und Co. Rue Bodenbroek 10.

La Vaisselle au Kilo (27): Porzellan, Glas und Keramik für Küche und Wohnzimmer. Rue Bodenbroek 8 A.

M. Frey Wille (27): Juwelier, seit 1951 spezialisiert auf Emaille-Schmuck, mit Motiven von Hundertwasser, Klimt und anderen Künstlern. Place du Grand Sablon 45, www.frey-wille.com.

Charlotte aux Pommes (16): extravagante Kleider u. a. von Prada, Jil Sander und Issey Miyake. Rue de Rollebeek.

Nakaseso (20): Mode, Geschenke, Schuhe, Dekoration und Möbel. Rue Joseph Stevens 37.

Emporio Armani (27): Place du Grand Sablon 37.

Senses (5): Schmuckreproduktionen aus der Zeit des Jugendstils, Deko-Objekte und Bücher. Rue Lebeau 31, www.senses-art-nouveau.com.

La Tarterie de Pierre (27): Riesenauswahl origineller und traditioneller Backwaren. Place du Grand Sablon 39.

Claire Fontaine (28): Feinkostladen mit großer Auswahl an Kräutern, Olivenölen und Antipasti. Rue Ernest Allard 3. Mo/So geschlossen.

Aux Antipodes (26): Dekoration und antike Objekte in einer Seitenstraße der Rue de la Régence, Rue de Namur 22.

Le Pain Quotidien (27): „Täglich Brot" heißt eine internationale Frühstückskette mit der Filiale am Grand Sablon (und vielen weiteren). Frisches Bio-Brot, Antipasti, leckeren Sirup, Marmelade kann man hier beim Frühstück oder gegen den kleinen Hunger zwischendurch genießen und als Mitbringsel einkaufen. Dabei hilft es, ein paar belgische Brotspezialitäten zu kennen: *Koekebrod* ist mit Rosinen, *Pain à la grecque* hat nichts mit Griechenland zu tun, sondern ist ein schweres, fruchtiges flämisches Brot, das an den Grachten gebacken und an Arme verteilt wurde. Ausgewählte Adressen: Rue des Sablons 11, Rue Antoine Dansaert 16, Avenue Louise 124, Chaussée de Waterloo 515, www.lepainquotidien.com.

Kulinarischer Tipp, auch für Mitbringsel

Attraktion in den Marollen: Trödelmarkt an der Place du Jeu de Balle

Die Marollen

Das noble Sablon-Viertel und die Marollen, das Viertel des einfachen Volks, gehen fast ineinander über. Brüsseler Urtypen mit Gesichtern wie aus den Gemälden alter flämischer Meister sind hier zu Hause, auch wenn sich immer mehr Designer und Yuppies ansiedeln. Der Flohmarkt auf der Place du Jeu de Balle ist eine Institution.

„Quartier Bruegel" nennt man die Marollen: Das Wohnhaus des berühmten Malers erhielt im Zuge der Renovierungen entlang der beiden Lebensadern dieses Viertels, Rue Haute und Rue Blaes, ein Fassaden-Lifting. Nichts erinnert mehr daran, dass hier vor Jahrhunderten hauptsächlich Bettler und Prostituierte lebten und an der Place Poelaert Menschen hingerichtet wurden.

Seit eh und je gelten die Marolliens als feierlustig und renitent. Wer den rustikalen und herzlichen typischen Brüsseler Menschenschlag noch beim Plausch an der Straßenecke oder beim Feilschen auf dem Trödelmarkt antreffen möchte, muss sich allerdings beeilen. Die eigene Mundart gibt es in Brüssel nur noch in den Marollen, deren bereits aussterbende Ur-Bewohner mit dem „Brusseleir" ihre eigene Sprache entwickelten, eine Mischung aus Wallonisch, Flämisch und spanischen Einflüssen. Echte Marolliens, die ihr Leben im Viertel verbrachten, sprechen von schleichender „Sablonisierung": Die Marollen sind „in" und wie im Sablon-Viertel vertreiben steigende Mieten und zunehmende Spekulation mit Wohn- und Geschäftsflächen die alteingesessenen Bewohner.

Der Name Marollen leitet sich von einer Marianischen Kongregation ab. Deren Mitglieder hatte es sich im 17. Jh. zum Ziel gesetzt, vor Ort die

Prostituierten zu bekehren und den Menschen in sozialen oder gesundheitlichen Schwierigkeiten zu helfen. Erst 1870 bekam das übervölkerte Stadtviertel fließendes Wasser. In dem jahrhundertealten armen Viertel mit seinen beklagenswerten Wohnverhältnissen befand sich auch die Wiege des sozialen Wohnungsbaus. Die Vorzeigesiedlung Cité ouvrière Hellemans des gleichnamigen Architekten ist heute saniert, doch Richtung Gare du Midi und an den Randgebieten unterhalb des Justizpalastes reihen sich triste, graue und vielfach verwahrloste Wohnblocks aneinander. Hier wohnen heute vorwiegend Immigrantenfamilien aus Nordafrika. Seit der Errichtung des kostenlosen Aufzugs (Place Brueghel, Rue des Minimes, siehe Karte) zur Place Poelaert in der Oberstadt sind die Marollen leichter zugänglich und besser an die Ⓜ Louise angebunden.

Tour 4

Dauer der Tour ohne Museumsbesuche: 2 Std. Ausgangspunkt für diese Tour ist die Ⓜ Porte de Hal.

Noch auf dem Terrain der Nachbargemeinde Saint-Gilles steht das einzige, allerdings neogotisch veränderte Brüsseler Stadttor (→ S. 225), das von der Stadtbefestigung erhalten blieb. Es diente seinem Zweck bis etwa 1782 und wurde danach nicht abgerissen, weil man es als Gefängnis brauchte. Im Mittelalter kamen Arbeiter, Handwerker und Händler nur durch dieses Tor und durch die Porte Rouge der inneren Stadtmauer in die Marollen. Abends wurden beide Tore geschlossen, damit Dirnen und Gesindel nicht in die anderen Viertel gelangten. Von der **Porte de Hal** (mehr dazu → Tour 7) geht es linker Hand ein Stück über den **Boulevard de Waterloo** direkt in die **Rue Blaes** Richtung Place du Jeu de Balle. Rechts beginnt ab der **Rue Pieremans** die **Cité ouvrière Hellemans**. Bis zur **Rue de la Rasière** erstrecken sich sechs schmale verkehrsberuhigte Straßen mit 272 Sozialwohnungen. Die großzügig angelegten roten Ziegelsteinbauten wurden ab 1912 innerhalb von drei Jahren im Stil des Historismus nach den Plänen des Architekten Hellemans erbaut. In der Rue Haute 298 A kann man nach Voranmeldung ein Kuriosum entdecken: das kleine **Musée du Centre public d'Aide sociale** (Museum der öffentlichen Wohlfahrt). Es befindet sich im Gebäude des Hospitals St-Pierre. Das Krankenhaus wurde einst an der Stelle einer früheren Leprastation errichtet, die ab dem 13. Jh. zum morbiden Ruf der Gegend beitrug. Von der **Rue Haute**, die schon die alten Römer beschritten haben sollen, gelangt man abwärts durch die **Rue des Renards** zur **Place du Jeu de Balle**. Vormittags weist bereits das Stimmengewirr der Trödler, Käufer und Schaulustigen den Weg. Ein buntes Völkergemisch tummelt sich zwischen Akkordeonklängen, antiken Stühlen, Spiegeln mit Goldrahmen oder einfach auf dem Boden ausgebreitetem Nippes von Haushaltsauflösungen oder aus Pfandhäusern. Die meisten Händler kennen sich: Manche kamen schon mit ihren Großvätern hierher, andere reisen mehrmals pro Woche aus der Umgebung an. Gelassenheit gleicht jegliche Hektik aus und verführt dazu, sich hier viel Zeit zu nehmen.

Die Kirche **Immaculée Conception** von 1861 im Westen der Place du Jeu de Balle, im Volksmund „die Kapuzinerkirche", war 1943–1944 während der Nazizeit wiederholt eine Zuflucht für Verfolgte. Die Kapuzinermönche holten sie von dem umstellten Platz in ihre

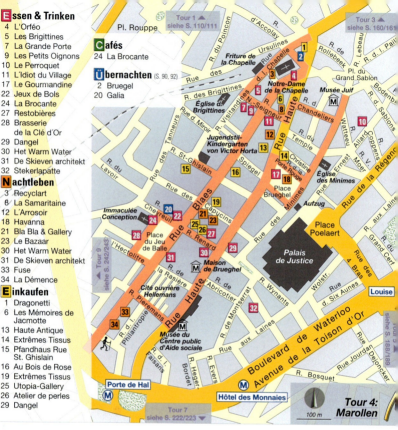

Tour 1 siehe S. 110/111

Tour 3 siehe S. 160/161

Tour 7 siehe S. 222/223

Tour 4: Marollen

siehe S. 242/243

siehe S. 188/189

100 m

Kirche und zeigten ihnen den Weg durch unterirdische Gänge zur Rue des Tanneurs.

In der dort abzweigenden Rue De Lenglentier stand noch bis 1957 eine Synagoge, an die nur noch eine Gedenktafel erinnert.

Die Feuerwehrkaserne aus dem Jahr 1863 an der Place du Jeu de Balle beherbergt Antiquitätenläden und Galerien. Wo die **Rue de Chevreuil** auf den Platz mündet, gibt es auf zwei Etagen noch ein öffentliches Wannenbad mit altertümlichem Charme und Becken auf zwei Etagen (Mo, Mi und Fr 8–17 Uhr, Di und Do 7.30–17 Uhr, Sa 8–12 Uhr). Entlang der Rue Blaes reihen sich kleine Läden. Ein Abstecher in die **Rue St-Ghislain** führt zu einem **Jugendstilkindergarten**, Victor Hortas erstem Werk in Brüssel. Die Kirche **Notre-Dame de**

la Chapelle am Ende der Rue Blaes war ab dem 13. Jh. eine viel besuchte Pilgerstätte. Pieter Bruegel d. Ä. heiratete hier Mayken Coecke, die Tochter seines Meisters. Die Statue der „Madonna de la Soledad" brachte die Infantin Isabella hierher. Heute verweilen Besucher meist mit einer Tüte Fritten von der **Friture de la Chapelle** auf dem renovierten Platz. Ein Abstecher in die **Rue des Brigittines** führt zur früheren **Église des Brigittines** mit italienischflämischer Barockfassade, Schauplatz von Konzerten, modernem Tanz, Events und Ausstellungen. Die Kirche stammt aus dem Jahr 1663 und wurde von dem Architekten Léon van Heil fertiggestellt. Seit dem 20. Jh. gehört sie der Stadt Brüssel und seit 1997 ist sie ein künstlerisches Zentrum für zeitgenössischen

Tanz und Gesang (Programm unter www.brigittines.be). Im Jahr 2007 errichtete der italienische Architekt Andrea Bruno zum Teil aus EU-Fördermitteln das Double aus Glas und Stahl direkt daneben. Es spiegelt Optik und Maße der alten Kirche auf zeitgenössische und funktionale Weise. Das Gebäude beherbergt auf sieben Etagen einen Saal mit 100 Plätzen, Aufnahmestudios, ein Restaurant und Büros. Verbunden sind der neue und der alte „Zwilling" durch einen gläsernen An-

bau. Bis Ende 2008 entstehen hier auch Wohnungen für internationale Künstler, die darin eine Zeit lang als Stipendiaten wohnen und arbeiten können. Den Garten gestaltet der Gartenarchitekt Benoît Fondu. Die ersten Schritte sind getan, ein lange vernachlässigtes Viertel künstlerisch und architektonisch aufzuwerten. Dieselbe Funktion haben auch das Théâtre des Tanneurs und der für Partys und Konzerte genutzte Bahnhof la Chapelle, etwas weiter den Beg hinunter.

Ein früher Meister des Absurden – Pieter Bruegel der Ältere

„Die Sau entfernt den Zapfen" (soll heißen „Nachlässigkeit rächt sich") oder „Er kann nicht von einem Brot zum anderen gelangen" (sprich „Er kommt nicht mit seinem Geld aus"). Mehr als 100 solcher Redensarten hat Pieter Bruegel d. Ä. in seinem Gemälde „Die Niederländischen Sprichwörter" umgesetzt. „De Drol", den Drolligen oder „Bauernbruegel" nannte man den Meister der flämischen Renaissance. Als hätte er es vorausgesehen, malte er, nachdem er 1563 ein zweites Mal nach Brüssel gezogen war, den Turmbau zu Babel: winzige, sprachverwirrte Menschen, gescheitert an einem riesigen Turm in bäuerlicher Landschaft. Zur heutigen EU-Metropole mit Bewohnern aus fast 180 verschiedenen Nationen passt es besser denn je.

Wie kein Zweiter bannte Bruegel Alltägliches aus seiner oft derben persönlichen Umgebung auf Leinwand. Er liebte das Absurde im menschlichen Verhalten und detailgetreues Beobachten war seine Stärke. Ob er gar Medizin studiert hat? Den französischen Arzt Antoine Torrilhon hätte dies nicht gewundert: Ihm gelang es, die Augenleiden der Personen auf Bruegels Bild „Die Parabel von den Blinden" (1568) genau zu diagnostizieren und dies rund 400 Jahre nach der Entstehung des Werks. Ein weißer Film auf der Hornhaut ließ den Arzt auf ein Leukom schließen, auch die Folgen unbehandelten grünen Stars erkannte er auf dem Bild. „Wenn aber der Blinde den Blinden führt, fallen beide in die Grube" – Matthäus 15, Vers 14 hatte Bruegel zu diesem Werk inspiriert. Mit ebenso diagnostisch scharfem Blick stellte er auch immer wieder Bucklige und Krüppel dar. Inspiration und Motive fand Bruegel im Pajottenland vor den Toren Brüssels. Alpine Impressionen von seiner Italienreise zwischen 1552 und 1555 verarbeitete er später in seinen Jahreszeitenstudien.

Von 1563 bis zu seinem Tod im Jahr 1569 lebte Bruegel im Marollenviertel. Wann und wo genau er geboren wurde, weiß niemand so genau. Er soll etwa 30 Jahre gewesen sein, als er die 18-jährige Mayken ehelichte, die Tochter seines Lehrmeisters Pieter Coecke van Aelst. Sie lebten mit der Schwiegermutter, die selbst Malerin war, in der Rue Haute. Doch Bruegel ging es so wie vielen berühmten Malern: Die Öffentlichkeit nahm seine Werke erst wahr, nachdem er nicht mehr lebte. Sie stiegen rasant im Wert, und er hätte ungeheuer reich werden können.

Die Marollen
Karte S. 178

Von der Rue des Brigittines aus führt die **Rue Notre-Seigneur** wieder hinauf zur **Rue Haute**. Linker Hand geht es nur ein Stückchen über die wahrscheinlich älteste Straße Brüssels – es gab sie schon in der Römerzeit – und dann nach rechts durch die **Rue des Chandeliers** zur **Rue des Minimes**, die auf die Place du Grand Sablon mündet. Antiquitätenläden und Verkaufspassagen reihen sich hier aneinander. Eine renovierte Villa beherbergt das **Musée Juif de Belgique** mit umfangreichen Dokumentationen zur jüdischen Kunst und Geschichte. Richtung Justizpalast steht die **Église des Minimes**, sozusagen mitten im Kiez. Sie gehörte zum Kloster der Minimen (dieser Paulanerorden bezeichnete sich bescheiden selbst als die „Mindesten Brüder") und übernahm bald die Funktion einer Sozialstation für die Marollen. Infoblätter lokaler Vereinigungen und Initiativen liegen hier aus und zeigen: Sozialer Zusammenhalt und gegenseitige Hilfe schreiben sich in den Marollen nach wie vor groß. Die **Rue de la Porte Rouge**, benannt nach dem „roten Tor" der inneren Stadtmauer, verbindet die **Rue des Minimes** wieder mit der **Rue Haute**. Nummer 132 mit der herausgeputzten roten Fassade war von 1563–1569 die Adresse von Pieter Bruegel d. Ä. Die Tour führt nach links zum **Square Brueghel l'Ancien**, überragt von der gigantischen Fassade des Justizpalastes. Mit dem Aufzug an der **Rue de l'Épée** ist der Höhenunterschied von etwa 20 m schnell überwunden. Von der Plattform auf der **Place Poelaert**, mit 155 x 50 m der größte Platz Brüssels, reicht der Blick über die Marollen und weit über die Stadt. Bei gutem Wetter strahlt die Sonne die Kugeln des Atomiums auf dem Heysel-Plateau an. Durch die **Rue des Quatre Bras** erreicht man schnell den Endpunkt dieser Tour, die Metrostation Louise.

Sehenswertes

Musée du Centre public d'Aide sociale: Die Ausstellungen dieses Museums befinden sich im dritten Stock des Krankenhauses St.-Pierre. Es war zuerst eine Leprastation, dann ein Kloster und seit 1783 ein Krankenhaus. Schon vor der Gründung der Brüsseler Universität leistete es einen wichtigen Beitrag zur medizinischen Ausbildung und Forschung. Vom Aufzug aus wendet man sich nach links und klingelt am Ende des Flurs. David Guilardian, verantwortlich für das Museum und das Archiv, gibt Gästen gern auch auf Deutsch Erklärungen zu den Exponaten und zur Geschichte der Wohlfahrt und des Krankenhauswesens in Brüssel. So ist es z. B. erst der französischen Revolution zu verdanken, dass nicht mehr vier Kranke zusammen in einem Bett Platz finden mussten, und schon im 13. Jh. wiesen Texte auf die Existenz von Findelkindern hin. Zu sehen sind hier Kinderkennzeichen aus dem 16. Jh., z. B. Handschuhe, Hauben und kleine Bilder. Gemälde zeigen z. B. historische Krankenhäuser, Operationen ohne Handschuhe und Schwestern, die sich um ihre Patienten kümmern. Eine Darstellung der heiligen Gudula geht auf die Schule von Rogier van der Weyden zurück. Ein Porträt von Lucie Lambert erinnert an den bedeutenden Mediziner Léon Le Page, der in den 1920ern in diesem Krankenhaus wirkte.

Das wertvollste Stück der Ausstellung ist neben mehreren sehr wertvollen Retablen aus Brüssel und Antwerpen ein aufklappbares Polyptikon aus dem Jahr 1521, ein eindrucksvolles Beispiel aus der Brüsseler Schule aus den Anfängen des 16 Jh. Zwei leitende Beginen bestellten es als Auftragsarbeit im Atelier von Bernard van Orley, dem Hofmaler

Margarete von Österreichs. Dargestellt sind u. a. die hl. Katharina und die hl. Gertrudis aus Nivelles. Innen zeigt es Bilder zum Leben und Sterben der Maria. Auf dem Flur und in den drei Sälen ist aus Platzgründen derzeit nur ein kleiner Teil der Sammlung des Museums zu sehen. Sie stammt aus dem Besitz verschiedener Wohlfahrtsvereinigungen des 15. und 16. Jh.

Mo–Do 14–16 Uhr. Eintritt frei. Führungen vorher anmelden unter dguilardian@cpasbru.irisnet.be. Rue Haute 298 A, ✆ 02/5436055, 📠 02/5436106. Ⓜ Porte de Hal.

Notre-Dame de la Chapelle: Diese Kirche (ursprünglich aus dem 13. Jh.) war schon früh eine Pilgerstätte. Heute pilgern statt den Wallfahrern Kunstliebhaber zur Grabkapelle Notre-Dame du Rosaire. Man dachte lange Zeit, hier lägen die Gebeine des berühmten flämischen Malers *Pieter Bruegel d. Ä.* und seiner Ehefrau *Mayken,* die sich in dieser Kirche 1563 auch das Ja-Wort gaben. Doch es erinnert hier nur eine marmorne Gedenktafel mit Grabinschrift an sie. 1676 renovierte der Großenkel die Tafel und stiftete zugleich den Marmorrahmen für das Gemälde „Christus überreicht Petrus die Himmelsschlüssel". Das Original von Rubens wurde bereits 1765 verkauft und durch eine Kopie ersetzt. Wie die Brüsseler Kathedrale prägen Merkmale der Brabanter Gotik diese Kirche. Chor und Querschiff repräsentieren den romanisch-gotischen Stil. Die Chapelle St-Croix mit ihren romanischen Türmchen wurde zuerst errichtet, und das Langhaus (1421–1483 erbaut) ist bereits rein gotisch. Der Glockenturm mit barocken Elementen entstand erst 1699. Nach dem Beschuss der Stadt 1695 wurde er wieder aufgebaut, der frühere Turm auf dem Querschiff jedoch nicht. Wer die Kirche betritt, bemerkt sofort: Querschiff und Chor erscheinen im Vergleich zum auffällig hellen Langhaus mit seinen hohen

Immaculée Conception, die „Kapuzinerkirche"

Maßwerkfenstern im Flamboyantstil recht dunkel. Während die Kunstwerke im Kircheninneren den Heiligen huldigen, schmücken das Südportal an der Außenseite beeindruckende Darstellungen des Bösen: An einem Fries sowie an Stützmauern oberhalb des Chors grüßen Fratzen, grimassenschneidende Sünder und wasserspeiende Köpfe unheimlicher Höllenwesen.

Juni bis Sept. 9–17 Uhr, So 8–19.30 Uhr, Okt. bis Mai 12.30–16.30 Uhr. Place de la Chapelle. Ⓜ Anneessens, Bus 20, 48.

Église des Minimes: Bevor das Kloster der Minimenbrüder errichet wurde, stand hier das Wohnhaus des Anatomen *Andreas Vesalius* (1514–1564) und später ein Bordell. Vesalius soll sich die Leichen, die er sezierte, heimlich vom Hinrichtungsplatz an der Place Poelaert geholt haben. Das Kloster war eine wichtige Sozialstation für das Viertel. Erhalten blieb nur die Klosterkirche (Bauzeit 1700–1715). Ihre Architektur zeigt den Übergang vom flämischen Barock zum Klassizismus. Sie wurde in den vergangenen Jahren innen restauriert, auch die wertvolle Orgel. Ihrer Tradition nach ist die Kirche noch immer eine hilfreiche Anlaufstelle für die Marollenbewohner. Eine Empfehlung

Titanische Ausmaße –
der Justizpalast

für Besucher sind die klassischen Konzerte, die hier stattfinden.
Tägl. 10–13 Uhr. Rue des Minimes 63. Ⓜ Louise oder Tram 92, 93, 94 zum Grand Sablon.

Musée Juif de Belgique: Das Jüdische Museum zeigt Exponate und Ausstellungen zum Leben und zur Kultur der Juden in Brüssel, Belgien und in der Diaspora seit dem 17. Jh. Zu den Museumsbeständen zählen Fotos, Plakate, eine riesige Büchersammlung, Textilien und Wandteppiche mit religiösen Motiven sowie die Sammlung Dahan-Hirsch zur Geschichte der marokkanischen Juden. Dem Museum gehören insgesamt etwa 1.250 Kunstwerke, darunter Bilder von *Marc Chagall, Max Liebermann*, Vertretern der Jerusalemer Schule Bezalel sowie zeitgenössischer Künstler.
Tägl. (außer Sa) 10–17 Uhr. Eintritt 5 €, erm. 3,50 €. Rue des Minimes 21, ✆ 02/5121963. Tram 92, 93, 94 zur Place du Grand Sablon.

Maison de Brueghel: Das Haus, in dem Pieter Bruegel d. Ä. von 1563–1569 lebte, ist in Privatbesitz und derzeit nicht zu besichtigen. Werke des Künstlers befinden sich im Museum für Alte Kunst am Mont des Arts. Rue Haute 132.
Verbindungen Ⓜ Porte de Hal.

Palais de Justice : Die Titanen hätten in diesem größenwahnsinnigen Bauwerk, das im Europa des 19. Jh. durch kein anderes übertroffen wurde, genügend Platz gehabt. 26.000 m² unter einer etwa 100 m hohen Kuppel. Zum Vergleich: Mit 15.160 m² ist die Peterskirche in Rom erheblich kleiner. Den Palais de Justice gab der machtbesessene Leopold II. in Auftrag, die Bauzeit dauerte von 1866 bis 1883. Im Inneren des Justizpalastes befanden sich nach der Einweihung 27 Gerichtssäle, 245 Räume und acht Innenhöfe. Der „Saal der verlorenen Schritte" ist 42 m hoch und wird von Spöttern – nicht immer ganz ohne Stolz – Brüssels Akropolis genannt. In Lima (Peru) wurde seinerzeit eine kleinere Replik errichtet und ebenfalls als Gerichtsgebäude genutzt. Architekt *Joseph Poelaert,* der 1879 starb, bevor der Bau abgeschlossen war, soll während der Arbeiten seinen Verstand verloren haben. Er war überaus unbeliebt, da ein großer Teil des Marollenviertels (3.000 Häuser!) für den Justizpalast weichen musste. Fast jeder dritte der Marollenbewohner verlor damals sein Dach über dem Kopf. 1969 protestierten die Bewohner erfolgreich gegen Bürobauten, die den Palast erweitern sollten.

Die Kuppel hatte Poelaert ursprünglich als Pyramide geplant. Über die Benennung des Stilgemisches streiten sich Architektursachverständige immer noch. Die symmetrische Anlage im Inneren passt jedoch zumindest symbolisch zu der Justitia-Idee von Ausgewogenheit und Balance. Eine kafkaeske Kulisse für Orson Welles Film „Der Prozess", der sich dann doch für einen anderen Drehort entschied.

Mo–Fr 8–17 Uhr, Eintritt frei. Führungen auf Anfrage, ☎ 02/5086410. Place de Poelaert. Ⓜ Louise, Bus 20, 48.

Stuf & Janry zwischen Lucifer und Petrus zu Füßen des Justizpalastes

Die Marollen
Karte S. 178

Praktische Infos

Essen und Trinken

In Rue Haute und Rue Blaes sowie rund um die Place du Jeu de Balle lässt es sich gemütlich und mit viel Flair speisen. Über die Metrostation Porte de Hal oder von der Place du Grand Sablon aus (Tram 92, 93 und 94) durch die Rue des Minimes ist das Viertel leicht zu erreichen. Oder man fährt bis zur Ⓜ Louise und nimmt den Aufzug vom Justizpalast zur Square Brueghel l'Ancien/Rue des Minines/Rue de l'Épée.

Jeux de Bols (22): Viertelflair erlebt man in diesem Eckrestaurant an der Place du Jeu de Balle, zu erkennen an den bunten Karos der Hausfassade. Von der Terrasse hat man gut die Passanten und den Platz im Blick. Viele Besucher kennen sich seit langem und fühlen sich in dem familiären Gedränge pudelwohl. Einfache, aber schmackhafte Gerichte ab 6 €, von kalter Linsensuppe mit Koriander zu Ziegenkäse und Tomaten-Mozzarella-Salat. Rue Blaes 163, www.jeuxdebols.com. Tägl. 7–15 Uhr.

Café La Brocante (24): An Markttagen herrscht hier ein fröhliches Gewimmel. Die Band „Le Ray et Chris" spielt hier schon mal belgische Volksschlager auf der Elektroorgel. Ein Ort, um doch noch auf volkstümliche Gesichter zu treffen oder ins Gespräch zu kommen. Einfache, schmackhafte Küche. Rue Blaes 170. Tägl. 5–19 Uhr.

De Skieven architekt (31): Als „schiefen Architekten" (sprich: hinterhältig) bezeichneten die Marollenbewohner den verhassten Joseph Poelaert, der den Justizpalast erbaute. Es gibt historische Wandgemälde, die teilweise auch zum Verkauf angeboten werden, und eine Leseecke. Man kann hier direkt an der Place du Jeu de Balle frühstücken oder zu jeder Tages- und Nachtzeit

Ein Einkehrtipp in den Marollen

Brüsseler Küche probieren. Vorsicht Nepp: Wenn man nicht aufpasst, steigen zu Marktzeiten die Preise. Place du Jeu de Balle 50, ℡ 02/5144369. Tägl. 5–22 Uhr.

L'Idiot du Village (11): Das kleine Restaurant mit zwei Sälen und antikem Chic liegt etwas versteckt in einer Seitenstraße der Rue Blaes. Es bietet gehobene, innovative Küche. Die karminroten Ziegelwände sind teils blau gestrichen und mit Gemälden dekoriert. Gerichte ab 20 €. Gute Weinkarte. Vorher reservieren. Rue Notre-Seigneur 19, ℡ 02/5128998. Tägl. (außer So) 12–15/18–2 Uhr.

Les Petits Oignons (9): Das Milchlamm mit Thymian ist hier eine echte Empfehlung. Belgisch-französische Küche mit mediterranem Touch. Auch von außen wirkt das alte weinbewachsene Haus aus dem 17. Jh. mediterran. Es gibt eine kleine Terrasse im Hof. Menus ab 40 €. Zu empfehlen: Ziegenkäse mit Thymian und Chicoree oder Lachs mit Zitrone und Lavendelhonig. Rue Notre-Seigneur 13, ℡ 02/5124738. Tägl. (außer So) 12–14.30/19–23 Uhr.

Restobières (27): Der Wirt Alain Fayt hat nicht nur 2004 den Prix cuisine belge gewonnen, sondern sorgt dank seiner Sammlerleidenschaft für eine kuriose und nostalgische Dekoration. Im Erdgeschoss und im oberen Stockwerk hängen über 100 Jahre alte Werbungen und Fotos der Königsfamilie, auf den Regalen stehen Dosen und andere antiquarische Schätze. Auch Kneipenspiele von 1903 kann man hier bewundern. Auf Wunsch führt der Wirt sie vor. Auch wenn sie nicht ganz „jugendfrei" sind, wie etwa „mijole", benannt nach dem weiblichen Geschlecht, weil es – wie er gern schmunzelnd erklärt – darum geht, in ein Loch zu zielen. Aber keine Angst, was das Essen angeht, allzu deftig ist es auch wieder nicht. Es gibt Foie gras, Scampi in Kriek frittiert und viele belgische Biere. Rue des Renards 32, ℡ 02/5027251, www.resto bieres.be. Do–So mittags, Do abends nur mit Reservierung.

Het Warm Water (30): Nette ruhige Kneipe in der Nähe der Place du Jeu de Balle, in der man auch angenehm frühstücken kann. Zu essen gibt es typische Brüsseler Bistroküche ab 7,50 €. Auch Käse, Salate und vegetarische Kost in reichhaltiger Auswahl. Donnerstags um 20 Uhr führt hier manchmal eine flämische Gruppe politisches Kabarett auf, das Crejateef Complot. Rue des Renards 25, ℡ 02/5139159, www.hetwarm water.be. Tägl. (außer Mi) 8–19 Uhr, Do–Sa bis 21 Uhr (Café bis 22 Uhr).

Dangel (29): Das kleine Feinkostgeschäft des Fischhändlers Dangel serviert an kleinen Tischen leckere Portionen Muscheln,

Krebse oder Hummer – ganz frisch. Spezialitäten sind auf einer Tafel notiert, aber man kann auch direkt aus der Auslage auswählen. Rue Haute 246, ☎ 02/5122945. Mo–Sa 10–17 Uhr, So 10–14 Uhr.

Brasserie de la Clé d'Or (28): Sonntagvormittag ist Partytime mit Akkordeonmusik. Dann drängen sich hier Flohmarktgäste und Händler. Man hört vielleicht noch die eigene Sprache der Marollenbewohner, denn bei ihnen ist diese Kneipe äußerst beliebt. Küche fast wie zu Hause: Croque Monsieur, Suppe, Salate, Spiegelei oder belegte Brote. Place du Jeu de Balle 1, ☎ 02/5119762. Tägl. (außer Mo) 5–15 Uhr.

Le Perroquet (10): Oberhalb der Eglise des Minimes liegt dieses Jugendstilcafé im Erdgeschoss eines Eckhauses. Die Fensterdekoration mit Papagei macht dem Namen alle Ehre: Exotismus als ein typisches Jugendstil-Element. Hier kann man zur Frühstücks-, Nachmittags- oder Nachtzeit das gelassene Ambiente der Marollen genießen. Es gibt Quiches oder Tortenstücke und natürlich auch Kriek oder Leffe. Rue Watteeu 31, ☎ 02/5129922. Tägl. 10.30–1 Uhr.

La Grande Porte (7): Dieses einfach eingerichtete Estaminet neben der Brigittinenkirche erkennt man leicht an der gelb gestrichenen Ziegelfassade. Innen hängen nostalgische Plakate. Die Brüsseler lieben es, denn es ist gut und günstig und man bekommt von Schnecken bis zu flämischem Fischeintopf (Waaterzooi) alles, was die traditionelle Küche zu bieten hat. Gerichte 8–17 €. Rue Notre-Seigneur 9, ☎ 02/5128998. Tägl. (außer So) 12–15/18–2 Uhr, Sa erst abends. Ⓜ Anneessens

Le Gourmandine (17): Auch von innen wirken die für die Marollen typischen Ziegelsteinwände sehr dekorativ. Im Jahr 1855 war hier noch eine Metzgerei. Heute serviert Jean-Bernard Houw seine feinsinnige Küche. Zu empfehlen: Langusten-Carpaccio, Kaninchen mit Honig oder Bresse-Poularden. Menus ab 45 €, Gerichte ab 19,50 €. Rue Haute 152, ☎ 02/5129892. Sa mittags, So ganztägig und Mo abends geschlossen.

Les Brigittines (5): Aus dem Fenster sieht man Notre-Dame de la Chapelle, doch auch drinnen bietet sich dem Auge nicht nur Kulinarisches. Lampen, Leuchter und Spiegel, Bilder und Möbel versetzen einen in die Zeit des Jugendstils zurück. Service und Küche haben Niveau, die Preise auch. Place de la Chapelle 5, ☎ 02/5126891, www.lesbrigittines.com, Sa mittags und So geschlossen. Tägl. (außer So/Fei) 12–14.30/19–22.30 Uhr, Fr/Sa bis 23 Uhr, Sa erst abends. Ⓜ Anneessens.

L'Orféo (4): Ein Refugium für Vegetarier und Salatfans mit riesiger Auswahl an liebevoll zubereiteten großen Salatportionen (6,50–12,50 €). Sie tragen so vielsagende und klingende Namen wie Harmonie, Barock oder Créole. Rue Haute 20. Tägl. 12.30–15/18.30–22.30 Uhr.

Stekerlapatte (32): Der alteingesessene Wirt, der bei den Brüsselern mitsamt seiner belgischen Traditionsküche sehr beliebt war, lebt leider nicht mehr. Dennoch ist dieses Restaurant noch immer ein Tipp und der Inbegriff belgischer Gemütlichkeit und Bürgerlichkeit. Donnerstags und samstags Livemusik. Oben gibt es eine Bar für Raucher. Ab 25 €. Rue des Prêtres 4, ☎ 02/5128681, www.stekerlapatte.be. Di–Do 12–15 und 19–23 Uhr, Fr bis 24 und Sa 19–24 Uhr.

Gemütliches Viertelflair

Nachtleben

Le Bazaar (23): In der kleinen Disko im Keller unter dem marokkanischen Restaurant (ab 19.30 Uhr, Gerichte rund 15 €) wird Do–Sa Soul, Funk und Weltmusik gespielt. Manchmal heizen DJs zum Tanzen ein. Garantiert schweißtreibend und ab Mitternacht ein beliebter Treffpunkt. Nach 24 Uhr, 5 € Eintritt. Rue des Capucins 63, www. bazaarresto.be.

Bla Bla & Gallery (21): In charmantem, aber nicht ganz preiswertem Loftambiente wird oft Life-Musik gespielt. Man bekommt Menus ab 35 € und Gerichte ab 8 € wie z. B. Jakobsmuscheln in Vanillebutter oder kann einfach Cocktails, Wein oder Bier trinken. Rue des Capucins 55. 12–14.30/19–24 Uhr. Mo, Sa mittags und So abends geschlossen.

Recyclart (3): Beliebter Treffpunkt für ein buntes junges Volk bietet die Graffiti-gestylte Kulisse der ehemaligen Halle des Bahnhofs La Chapelle. An den Schaltern holt man sich heute statt Fahrkarten Getränke. Ist es zu voll oder zu laut, können Gespräche auch an die Bierbar nebenan verlegt werden. Am Wochenende legen häufig DJs auf oder es gibt Konzerte lokaler Bands, aber nicht immer. Man sollte sich vorher informieren, ob geöffnet ist. Eintritt meist frei. Rue des Ursulines 25, www. recyclart.be. Ⓜ Anneessens, Bus 20, 48.

Fuse (33): Beliebte Techno- und House-Disko mit Musik auf zwei Stockwerken, aufgelegt von den berühmtesten Szene-DJs. Das Fuse eröffnete bereits 1994, das Food zwei Jahre später. Beide Clubs schlossen sich 2003 zusammen. Nun können Sie über 1.500 Gäste empfangen. Konzerte lohnen sich, auch Björk war schon mal hier. Ab Mitternacht wird es lebhaft und man kann die Nacht durchtanzen und anschließend im Morgengrauen auf dem Flohmarkt Jeu de Balles frühstücken. Eintritt vor 24 Uhr 5 €, danach 10 €. Rue Blaes 208, www.fuse.be. Sa 22–7 Uhr, Ⓜ Porte de Hal.

Havanna (18): Hierher zieht es ein kosmopolitisches Publikum. Das Restaurant im ersten und zweiten Stock hat Spareribs und Texmex-Küche. Am Wochenende wird der Barraum unten ab 23 Uhr zur Disco (Latino-Pop) vor hübschen Ziegelwänden. Rue de l'Epée 4, www.havana-brussels.com. Mi–Sa 19–4 Uhr. Ⓜ Louise.

La Samaritaine (8): Hinter dem Estaminet werden unter dem Ziegelsteingewölbe des urigen Kellers Konzerte gegeben. Man sitzt vor der Bühne an Holztischen und kann bel-gische Biere, Wein oder den nicht alkoholischen Cocktail des Hauses bestellen (ab 2 €). Zum Knabbern gibt es Käse oder Wurst für 2 €. Die Karten (ca. 12 €) bekommt man direkt hier oder ermäßigt für denselben Abend bei arsène50 (siehe Wissenswertes, S. 96). Rue de la Samaritaine 16, www.lasamaritaine.be. Di–Sa ab 19.30 Uhr, So manchmal ab 18 Uhr Konzerte. Tram 92, 93, 94 Sablon.

L'Arrosoir (12): zu den regelmäßig stattfindenden kulturellen Veranstaltungen wird hier französische Küche aus Produkten der Saison serviert. Rue Haute 60, www.arrosoir.be. So abends und Mo geschlossen. Tram 92, 93, 94 Sablon.

La Démence (34): In dieser Diskothek legen bekannte DJs auf und einmal im Monat gibt es eine Gay Night. Unregelmäßig geöffnet, Infos zu Veranstaltungen unter www.netevents.be. Rue Blaes 208, www. lademence.com. Tram 92,93,94 Sablon.

Einkaufen

Haute Antique (13): Rue Haute 207. 40 Händler betreiben gemeinsam diese riesige Antiquitätengalerie.

Les Mémoires de Jacmotte (6): Rue Blaes 96 b. Die Kojen werden monatlich an Händler und Trödler vermietet. Dies nennt man Dépôt-Vente.

Utopia-Gallery (25): Rue des Renards 16. Inhaber Alain Van Neyghen sammelt und verkauft altes Spielzeug.

Au Bois de Rose (16): Rue Blaes 168. Nostalgisches für die Küche.

Pfandhaus (15): Rue St-Ghislain 23. Von Schmuck bis zu Möbelstücken kann man hier erstehen, die Brüsseler verpfänden ließen. Die Verkaufstage werden in dem großen Vorraum angekündigt.

Extrèmes Tissus (14) Rue Haute 192, und **Extrèmes Tissus (19)**, Rue des Capucins 20, ☎ 02/5030340, Mi, Do, Fr 11.30–17.30 Uhr, Sa 13–17.30 Uhr, So 10–16 Uhr. Verkauf von hochwertigen Teppichen und Kissen, die nach Pleiten aus Versteigerungen erworben werden, zu erstaunlich guten Preisen, z. B. Teppiche ab 150 €.

Dragonetti (1): Der Inhaber dieses kleinen Antiquariats in der Nähe der Kirche La Chapelle restauriert und verkauft alte Bilderrahmen. Hier sind auch Sonderanfertigungen zu bekommen. Rue Haute 19.

Atelier de perles (26): Rue des Renards 20, Mi 14–16.30 Uhr und Sa 11–13.30 Uhr. Perlenschmuck zum Selbermachen.

*René Juliens Bronzeskulpturen sorgen
für Abwechslung vor dem Charlemagne-Gebäude*

EU-Viertel, Parc du Cinquantenaire und die Squares

Kräne und Baugruben – das EU-Viertel ist die ewige Baustelle des wachsenden Europas: Ganze Straßenzüge wurden abgerissen, ein Tunnel verlegt, gläserne Türme in die Höhe gezogen, Bewohner aus ihren Häusern vertrieben. Und doch gibt es um das Berlaymont und das Europaparlament viel Sehenswertes und sogar attraktive Grünflächen.

Damit Europa organisiert werden kann, dreht sich in Brüssel alles darum, mehr Platz zu schaffen für EU-Funktionäre, Reporter und Konferenzen. Die Folge davon ist die Gettoisierung ganzer Straßenzüge, die jeder nach Dienstschluss fluchtartig verlässt. Klagen von Bürgerinitiativen und Bewohnern, dass eine finanzkräftige internationale Wirtschaftslobby ihnen schleichend die Nutzung von Parks, denkmalgeschützten Gebäuden und Durchgangsstraßen verwehre, fanden kein Gehör. Profiteure der Entwicklung sind die Baufirmen, während die schicksalsergebenen Brüsseler in die Röhre gucken.

"Caprice des dieux", „Laune der Götter" tauften sie die 72 m hohe Glaskuppel des Europaparlaments, die sie an die Schachtel des gleichnamigen französischen Käses erinnerte. Dies amüsiert längst auch Touristen aus dem fernen Japan.

Mag es als hässlich empfunden werden, sehenswert ist das EU-Viertel auf jeden Fall. Es erstreckt sich über etwa 4 km^2 zwischen der Avenue des Arts und dem Parc du Cinquantenaire. An den Squares grenzt es an die Überreste des alten Leopoldviertels mit wertvollen Jugendstil-Häusern oberhalb der Fischteiche des Maelbeektals. Auch hier

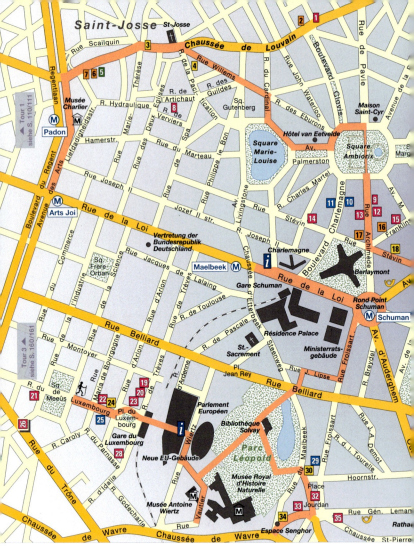

haben sich Ländervertretungen und Büros eingemietet. Streng genommen dürfen nur kulturelle Einrichtungen denkmalgeschützte Gebäude beziehen. Doch wenn in Brüssel der Denkmalschutz stört, kreiert man spontan mysteriöse Redaktionen kunsthistorischer Zeitschriften oder Stiftungen – Richtlinien und Erlasse lassen sich immer irgendwie umgehen.

Ambitionierte Bauprojekte gab es in Brüssel schon vor der EU-Ära. Monumentale Beispiele sind der Jubelpark (Parc du Cinquantenaire) mit seinen sehenswerten Museen und der Leopoldpark. Die Place Jourdan und die Place du Luxembourg besitzen trotz der Baustellen und überteuerter Preise noch eine intakte Infrastruktur und eine gut besuchte Gastronomie.

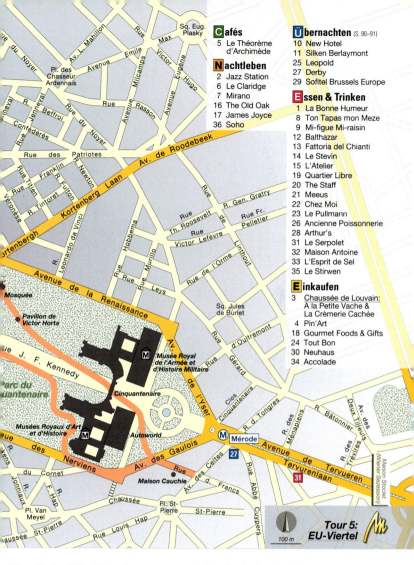

Pläne für bauliche Veränderungen im EU-Viertel liegen bereits bis 2020 vor. Zu den Großprojekten zählt auch eine neue Metrolinie. Sie soll die Stationen Schuman und Luxembourg mit der Gare du Midi verbinden. Viele Pläne gelten der Verbesserung der Fußwege zwischen den Gebäuden des Parlaments und denen der EU-Kommission. Den Architekten schwebt eine grüne Achse durch das Maelbeektal vor, mit Brücken, Fußwegen und Spielplätzen. Weitere Zukunftsmusik: Die Stadtautobahn Rue de la Loi soll zum Teil verkehrsberuhigt, vielleicht mit einer Galerie überbaut oder untertunnelt und so zu einer weiteren Achse für Fußgänger werden – mit weiter Sicht sowie Läden und Galerien zum Flanieren zwischen Innenstadt und

EU-Viertel. Ein Traum verkehrsgeplagter Städteplaner!

Mischnutzung ist in jedem Fall mit dem neuen Baukonzept angesagt. Von einem Verwaltungsghetto soll künftig niemand mehr sprechen. Allein im Leopoldviertel werden in den kommenden Jahren 130.000 m² Wohnfläche geschaffen. Das Europäische Parlament ging mit seinem Beschluss vom 24. April 2007 zum strukturierten Dialog mit den Bewohnern des Viertels zumindest schon einmal mit gutem Beispiel voran.

Place du Luxembourg mit Blick zum nach der Osterweiterung vergrößerten Europaparlament

Tour 5

Dauer der Tour ohne Museumsbesuche: 3–4 Std.

Die Tour beginnt an der **Place du Luxembourg**, mit dem Bus von der Gare Central aus bequem zu erreichen. Über die Terrassencafés an dem in Sommernächten stets belebten Platz wacht die Statue von Cockerill, einem der Begründer der belgischen Stahlindustrie. Der ehemalige Bahnhof **Gare du Luxembourg** ist trotz langer Besetzung durch Protestierende längst Teil ehrgeiziger EU-Pläne und Sitz eines permanenten öffentlichen Informationszentrums. Er ist sozusagen das Tor zum Espace Leopold, denn hier fing alles an: Als 1987 Platz für das europäische Parlament geschaffen werden sollte, bedurfte es eines „diplomatischen Tricks". Die Industrieholding Société Générale und die Bacob Bank errichteten auf dem Gelände des Verschiebebahnhofs des alten Leopoldviertels und der ehemaligen Leopold-Brauerei ein „Internationales Kongresszentrum". Damit Proteste erst gar nicht aufkamen, war es offiziell nicht für das Parlament bestimmt. Inzwischen sind hinter dem Bahnhof zwei riesige neue Bürogebäude für das Parlament fertiggestellt, im administrativen Jargon D 4 und D 5 genannt, mit 75.000 m² neuer

Nutzfläche für 400 Büros für die Abgeordneten und Mitarbeiter der neuen Mitgliedsstaaten, fünf Konferenzsälen mit 27 Dolmetscherkabinen sowie neuen Restaurants. Nebenan in einem Neubau soll künftig auch das seit Jahren geplante Europamuseum „Maison de l´Europe" untergebracht werden. In unmittelbarer Nähe liegen der neue Bahnhof Luxembourg und Wohngebäude. Dafür führte der Weg von der Place du Luxembourg zum **Europäischen Parlament** jahrelang durch eine immense Baustelle. Das erste Parlamentsgebäude wurde nach dem Italiener und Parlamentarier Altiero Spinelli (1907–1986) benannt. Darin befinden sich Büros, Sitzungssäle, Restaurants und exklusive Läden für Parlamentarier. Dahinter erhebt sich der zweite, von einer Kuppel überwölbte, zweiflügelige Bau mit dem auf zwei Ebenen eingerichteten Parlamentssaal.
Er wurde nach Paul-Henri Spaak (1899–1972) benannt, einem der Gründerväter Europas, der auf der Konferenz von Messina (1955) zur Vorbereitung der EWG eine wichtige Rolle spielte. Durch die **Rue Wiertz** erreicht man vom Europäischen Parlament aus das **Musée Antoine Wiertz** (Eingang Rue Vautier). *Antoine-Joseph Wiertz.* Dieser Vertreter der belgischen Romantik des 19. Jh. und „Philosoph mit dem Pinsel" malte seine Werke auf monumentale Leinwände. Zeitgenössische Künstlerkollegen nannten auch ihn selbst einen „Riesen". Beim Salon de Paris wurde sein Bild „Griechen und Trojaner streiten sich um Patrocles Leichnam" allerdings nicht genügend gewürdigt. Dies ärgerte Wiertz maßlos. Um 1840 verfasste er ein gehässiges Pamphlet gegen Paris mit dem Titel „Brüssel Hauptstadt, Paris Provinz". Ganz Visionär, schrieb er darin: „Auf, auf Brüssel! Erhebe dich! Werde zur Hauptstadt der Welt!". Sein „Patrocles" erhielt beim Salon de Bruxelles eine Goldmedaille. Bauernschläue

Sitz der EU-Handelsdirektion, einer der ersten Glaspaläste im alten Leopoldviertel

und Geschäftssinn bewies der Künstler in seinen Verhandlungen mit der belgischen Regierung: Mitten im damals gutbürgerlichen Leopoldviertel finanzierte sie ihm ein großes Atelier mit Glasdach. Mit 16 m Höhe, 35 m Länge und 15 m Breite entsprach es schließlich auch der Größe seiner Arbeiten. Dafür gingen Atelier und Werke nach dem Tod des Malers in Staatsbesitz über. Ganz sang- und klanglos starb der Künstler nicht: Wie eine ägyptische Mumie einbalsamiert, beerdigte man ihn auf dem Friedhof von Ixelles. Sein in einer Bleischatulle verpacktes Herz bekam der Stadtrat in Dinant, wo Wiertz geboren war. Das Geschenk wurde dort im Rathaus aufbewahrt, bis es 1914 einem Brand zum Opfer fiel.

Nächste Etappe ist das **Musée Royal d'Histoire Naturelle de Belgique** an der Rue Vautier, ein paar hundert Schritte weiter. Im Innenhof steht eine Saurierskulptur, deren Dimensionen durchaus in die Umgebung passen. Berühmt wurde das naturgeschichtliche Museum durch die Iguanodons (dt. „Leguanzahn") von Bernissart, Dinosaurier aus der frühen Kreidezeit.

Ein unscheinbarer Durchgang führt neben dem Museum von der **Rue Vautier** in den **Leopoldpark**. Im späten Mittelalter lag hier das Gut Eggevorde, benannt nach der Furt über den Maelbeekbach, die der einzige Übergang zwischen Brüssel und dem Woluwe-Tal war. Die hügelige Grünfläche wurde im 19. Jh. für das Leopoldviertel als Lustgarten im englischen Stil angelegt, mit Ententeichen vor romantischer Felskulisse. Der Staat übernahm den Park, nachdem ein Zoo hier bankrott ging. Man plante ein Universitäts- und Wissenschaftszentrum, das mithilfe des Industriellen Ernest Solvay finanziert werden sollte, und errichtete aufwendige Gebäude für medizinische Forschung, wie das Institut Serothérapique und das Institut de Sociologie – die heutige Bibliothek Solvay. Doch die Wissenschaft brauchte über kurz oder lang mehr Platz und die freie Universität von Brüssel zog an ihren heutigen Standort um. Organisierte Lobbyisten namens „Friends of Europe" nutzen heute die für 5 Mio. Euro restaurierte **Bibliothek Solvay** mit den imposanten Mahagoniregalen für geschlossene Veranstaltungen. Sie ist ein Werk *Victor Hortas* und ein prunkvolles Beispiel für den Architekturstil der Jahrhundertwende. Die **Bayerische Landesvertretung** bezog im Jahr 2001 das 1903 im Château-Stil erbaute Gebäude des Institut Pasteur, in 1a-Lage direkt vor der Tür des EU-Parlaments und doch mitten im Park.

Durch den **Seitenausgang** rechter Hand an der Rue Etterbeek gelangt man zur **Place Jourdan** mit der **Maison Antoine**. In der Schlange vor dieser beliebten Frittenbude treffen sich auch EU-Funktionäre und Fernsehkorrespondenten. Einige Restaurants und Bars laden ausdrücklich ein, sie mit einer Tüte Fritten zu besuchen. Im Sommer sitzt man in den Terrassencafés angenehm unter Platanen.

Nach diesem Abstecher geht es zurück durch den Leopoldpark, parallel zur Rue Etterbeek zum Hauptausgang an der **Rue Belliard**. Hier glitzern bereits die geputzten Büroscheiben: 2004 zogen der Europäische Wirtschafts- und Sozialausschuss und der Ausschuss der Regionen in die ehemaligen Räumlichkeiten des Parlaments in der Rue Belliard ein. Der nach Jacques Delors (von 1985 bis 1995 EU-Präsident) benannte Gebäudekomplex mit dem bogenförmigen Übergang stammt aus den 1980ern und wurde vollständig renoviert. Die **Place Jean Rey** (benannt nach dem belgischen Politiker, der Präsident der ersten, aus der Fusion der Gemeinschaftsorgane hervorgegangenen Kommission war) der gegenüberliegenden Straßenseite wurde 2001 anlässlich der belgischen EU-Ratspräsidentschaft angelegt. Von Jahr zu Jahr wird die weitläufige Betonfläche mit Bänken grüner und für die Zukunft sind hier und entlang der Chaussée d´Etterbeek weitere Läden, Wohnungen und Hotels geplant. Unter dem Platz befindet sich das Rückhaltebecken des Bachs Maelbeek. An die klappernden Mühlen am Bach zwischen dem Bois de la Cambre und dem Square Marie-Louise erinnert heute wahrlich nichts mehr. Noch Anfang des 20. Jh. trat der Maelbeek regelmäßig über die Ufer. Heute rauschen Sight-Seeing-Busse auf der Rue Belliard vorbei. Die barocke Kirche von 1735 neben dem roten Ziegelsteinbau für Empfänge und Konferenzen wurde an ihrem ursprünglichen Standort an der Gare Centrale abgetragen und hier neu aufgebaut. Die **Gare Schuman** ist nur zur Rushhour belebt. Abends und an Wochenenden wirkt alles geisterhaft und verlassen.

Blick über Brüssel aus dem Europaparlament

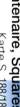

Von der **Place Jean Rey** geht es weiter durch die **Rue Froissart**. Orientierung gibt der riesige Block des **Justus-Lipsius-Baus** mit 215.000 m² Fläche. In dem nach einem Humanisten aus Brabant benannten Gebäude des Ministerrats tagt seit 1995 zweimal jährlich der Rat der Europäischen Union. Es gibt einen Saal für 1.000 Journalisten, und im Generalsekretariat des Rates arbeiten über 2.000 Beamten. Zwei komplette Straßenzüge riss man dafür ab und aus Sicherheitsgründen wurde der unterhalb verlaufende Tunnel unter die Rue Belliard verlegt und über die Chaussée d'Etterbeek hinaus verlängert. Vorbei an dem weitläufigen Übersetzertrakt und der seitlichen Einfahrt mit den Panzersperren geht es weiter bis zum **Rond-Point Robert Schuman,** benannt nach dem Franzosen und EU-Gründervater Robert Schuman (1888–1963).

Der aus dem Fernsehen reichlich bekannte Verkehrskreisel ist Schauplatz aller Demonstrationen im EU-Viertel. Erboste Landwirte haben hier schon ganze Misthaufen abgekippt und so in drastischer Weise auf EU-Missstände

aufmerksam gemacht. Am **Rond-Point Robert Schuman**, wo die verkehrsreiche Stadtautobahn **Rue de la Loi** ihren unterirdischen Verlauf beginnt, war im Mittelalter eine Zollstation. Im Jahr 1624 ließ eine Gräfin namens Berlaymont in unmittelbarer Nachbarschaft ein Kloster errichten. Ihren Namen trägt das erste Verwaltungsgebäude der EU, das X-förmige **Berlaymont**. Es wurde 1967 mit vorgeformten Stahlträgern errichtet und seinerzeit wie ein technisches Wunderwerk bestaunt. Die exakt 3.302 Fenster an der Fassade ließen sich nicht öffnen – man erzählt sich gern, dass der Architekt Spezialist für Gefängnisbauten war. Anfang der 90er Jahre mussten die etwa 10.000 Beamten und Mitarbeiter ausquartiert werden. Der belgische Staat ließ das Gebäude asbestsanieren, ganze 13 Jahre lang. Das Monstrum verschlang dafür 1.382.000 €. Erst 2004, als Spötter ihm längst den Spitznamen „Berlaymonstre" angehängt hatten, konnte es wieder frisch bezogen werden.

Wichtigstes Ausweichquartier war das Breydel in der Avenue d'Auderghem. Hier residierte der Kommissionspräsident, solange das luxuriöse Dachgeschoss im Berlaymont nicht verfügbar war.

Neben dem Berlaymont erhebt sich an der Rue de la Loi die Glasfassade des **Charlemagne**, u. a. Sitz der Generaldirektion Handel. Das nach Karl dem Großen benannte Gebäude mit 16. Stockwerken überragt die kleine Grünfläche im Maelbeektal, die Wohnhäuser Richtung Squares sowie die elf Stockwerke des **Résidence Palace** gegenüber. Dieses luxuriöse Apartmenthaus erbaute der Schweizer Architekt Michel Polak von 1923 bis 1926 im Jugendstil. Später beanspruchten die Nazis es als Hauptquartier. Drei Gebäudeteile wurden abgerissen, der Rest mit öffentlichen belgischen Geldern renoviert. Heute beherbergt der Résidence Palace u. a. das internationale Pressezentrum und ein Restaurant. Das Schwimmbad im Art-déco-Stil in der 11. Etage und der Theatersaal werden nur zu besonderen Anlässen geöffnet. Die Öffentlichkeit hat keinen Zugang. Bis 2012 soll der Résidence Palace unter Erhaltung des denkmalgeschützten Intérieurs für den Europäischen Rat (noch im Justus-Lipsius-Gebäude) umgebaut und erweitert werden. Der Rat tagt dann in Zukunft im sogenannten Cinquantenaire-Flügel. Die Ausschreibung für den Umbau gewann die imposante laternenartige Glasstruktur der Architektenbüros Samyn et Partners (Belgien), Studio Valle Progettazioni (Italien) und Buro Happold (Großbritannien). Weiter Richtung Innenstadt entlang der mehrspurigen Rue de la Loi mit Fahrradwegen an beiden Seiten beherbergen die fertiggestellten Büros des Projekts Lex 2000 die Vertretungen der neuen EU-Mitgliedsstaaten sowie mehrere Sitzungssäle.

Geht man die **Rue de la Loi** ein Stück zurück, gelangt man auf der anderen Seite des **Rond-Point Robert Schuman** in den **Parc du Cinquantenaire**, den Jubelpark. Hier wurde 1880 das 50-jährige Bestehen des belgischen Staates standesgemäß gefeiert. Der Architekt Gédéon Bordiau, Schüler von Joseph Poelaert, machte zunächst für internationale Ausstellungen aus dem früheren Übungsgelände für Armeemanöver eine Grünfläche mit Museen und Pavillons. 1880 waren nur die beiden Flügel der heutigen Anlage fertig gestellt. Die beiden Hallen mit ihrer imposanten Metallkonstruktion, damals technisch äußerst fortschrittlich, wurden erst zur Weltausstellung 1897 eingeweiht. Im Fieber des industriellen Aufschwungs nahm Leopold II. 1890 den Bau der Arkaden in Angriff. Doch Architekt Bordiau starb und Finanzierungslücken sorgten für eine lange Bauverzögerung. Feierliche Ansprachen hielt man in der Zwischenzeit auf Holzpodesten. Schließlich schuf der Franzose Charles Girault zum 75. Geburtstag des Landes in Rekordzeit bis 1905 den dreifachen Triumphbogen. Auftraggeber Leopold II. starb ein Jahr vor der Vollendung. Sein Monument besonderer nationaler Bedeutung, das schnell zum Wahrzeichen des Jubelparks wurde, konnte er nicht mehr in voller Pracht bewundern: eine 30 m breite dreifache Arkade mit einer Quadriga als weithin sichtbarem Blickfang. Die Quadriga von Jules Lagae (1862–1931) und Thomas Vinçotte (1850–1925) verkörpert „Brabant, die Fahne Belgiens tragend". Erst zur Weltausstellung 1910 war die Verbindung zwischen Arkaden und Bordiau-Pavillon geschaffen.

Vom **Musée Royal de l'Armée et d'Histoire Militaire** gelangt man mit einem Aufzug in die Arkaden des Triumphbogens. Von hier aus bietet sich ein weiter Blick über den Jubelpark und das EU-Viertel. Gegenüber an der anderen Seite der Arkaden liegt das Oldtimermuseum **Autoworld**. Rechts durch die **Avenue de la Chevalerie** und die **Avenue des Gaulois** sind es etwa 500 m in die **Rue** des Francs zur **Maison Cauchie**. Der Maler und Architekt Paul Cauchie verzierte Wohnhaus und Werkstatt im Jugendstil mit einer Schaufassade, die zu den fotogensten Brüssels zählt. Von hier aus geht es zurück und dann durch die **Avenue des Nerviens** in den **Parc du Cinquantenaire**, zuerst zu den **Musées Royaux d'Art et d'Histoire**, dem Museum für Kunst und Geschichte, und dann wieder Richtung Rond-Point Robert Schuman zum **Pavillon der menschlichen Leidenschaften**. Jugendstil-Legende *Victor Horta* errichtete es für eine Reliefskulptur zu den Freuden und Leiden der Menschheit.

Nun geht es nach rechts an der **Großen Moschee** vorbei Richtung Rue Archimède. In dem 1978 von dem tunesischen Architekten Boubaker errichteten Rundbau mit Minarett treffen sich Brüssels Muslime zum kulturellen Austausch und Gebet. Nächstes Ziel ist der **Square Ambiorix 11** mit dem **Haus des Malers Saint-Cyr** von 1903. Mit nur 3–4 m Breite konzipierte Gustave Strauven, ein Schüler Victor Hortas, das Haus verblüffend schmal. In den Straßen um die Squares, drei angenehmen Grünflächen, blieben viele vornehme Häuser erhalten – attraktivste Wohnlage in Fußnähe zu den EU-Institutionen. So teuer allerdings, dass sich auch hier vielfach Ländervertretungen und Lobbyisten eingemietet haben. In der **Avenue Palmerston 4–6** fällt das besonders schmucke **Hôtel Van Eetvelde** auf (im Rahmen von Jugendstilführungen oder auf Anfrage zu besichtigen). *Victor Horta* erbaute es ab 1895 als Wohnhaus für den Generalsekretär des Kongos im Dienste Leopolds II., Edmond Van Eetvelde. Im Inneren verbindet eine achteckige Halle zwei Flügel, das Dach ist mit Glasmalereien geschmückt. Für die Dekoration wurden Elfenbein, Malachit, Tropenhölzer und edler Stein verwendet. Auch das Nachbarhaus und das Eckhaus stammen von Victor Horta.

Staunt hier vielleicht jemand über die baulichen Entwicklungen?

EU-Viertel, Parc du Cinquantenaire, Squares
Karte S. 188/189

Weiter geht es rechts am Teich vorbei zur **Rue du Cardinal**. Die Eingangstür von Hausnummer 46 ist ein schönes Beispiel für den frühen Jugendstil.

Die Tour führt linker Hand durch die **Rue des Éburons** und die **Rue Willems** zur **Chaussée de Louvain**. Hinter den Squares beginnt unmittelbar der Stadtteil Saint-Josse. Europa lässt grüßen: Das Viertel ist eines der ärmsten Brüssels, mit hohem Anteil an Türken und Marokkanern und großen sozialen Spannungen. Auf dem Platz vor der Kirche **Eglise Saint-Josse** kann man jeden Donnerstag (9–14 Uhr) über den Wochenmarkt bummeln oder sich mit einem Tee in dem multikulturellen Café Le Théorème d'Archimède stärken. Es geht nach links in die verkehrsreiche **Chaussée de Louvain** bis zur Metrostation **Madou**, in deren Nähe (Avenue des Arts) sich das **Musée Charlier** befindet. Der Fußweg hierher lohnt jedoch nur, wenn man weiß, dass es geöffnet hat.

Europa Info per Mausklick und vor Ort

Was gibt es Neues in der Europäischen Union? Was tut Europa zur Bekämpfung des Terrorismus oder zur Unterstützung von Ländern der Dritten Welt? Wer etwas über die EU und ihre Arbeit wissen möchte, findet eine Fülle an Informationen und Kontaktadressen auf dem EU-Internet-Portal. Auch wie man sich selbst engagieren kann oder an ein Praktikum bei den EU-Institutionen kommt, lässt sich hier durch einige Mausklicks leicht herausfinden.

Info-Point Europa: Rue de la Loi 242, ℡ 02/2965555, www.europa.eu. Mo–Fr 9–16 Uhr. Publikationen und Broschüren kann man im Internet bestellen oder direkt abholen.

Infodoc: Rue Wiertz 60, ℡ 02/2842752, ⌨ 2307555, www.europaparl.be. Übernimmt Recherchen zu spezifischen Fragen. An der Tür klingeln.

Europäisches Parlament: Alles Wichtige dazu finden Sie auf dieser Seite unter „Sehenswertes".

Europäische Kommission: Rue van Maerlant 2, ℡ 02/2999213. Besuch nur für Gruppen auf schriftliche Anfrage 8 Wochen im Voraus.

Info Point External Co-operation (Kommission): Rue de la Loi 41, ℡ 02/299814, ⌨ 02/2965833, www.ec.europa.eu/europeaid/frontoffice. Mo–Fr 10–16 Uhr. Infos der Kommission zur externen Zusammenarbeit.

Infoeuropa (Kommission): Rue Archimède 1, ℡ 02/2965555, www.europa.eu. Mo–Fr 10–17 Uhr. Broschüren und Informationen über die EU.

Rat der Europäischen Union: Rue de la Loi 175, ℡ 02/2857192 oder 2856609. Geöffnet nur am Tag der offenen Tür (erste Mai-Hälfte).

Berlaymont: Gruppenführungen auf Anfrage bei der Generaldirektion Bildung und Kultur, Ressort Besuche, ℡ 02/2992318, EAC-Requests-visits@ec.europa.eu.

Sehenswertes

Europäisches Parlament (Parlement Européen): Das Europaparlament ist wie eine kleine Stadt für sich, mit mehreren Cafés, einer Kantine, einem Supermarkt, Banken, Souvenirshops, einem Fitnesscenter und einem Reservierungsdienst der Tourismusinfo für kulturelle Veranstaltungen. Die Abgeordneten haben hier funktional eingerichtete Büros, in denen sie bei Bedarf auch übernachten können. Im Nebenraum sitzen ihre fleißigen Helfer vor ihren PCs. Verbindungsgänge führen zu den Gebäuden D4 und D5 für die neuen Mitgliedsländer.

Um an einer Audioführung zum Plenarsaal des Parlaments teilzunehmen, muss man mindestens 15 Minuten vorher da sein. Die Führungen finden nur an Werktagen statt, allerdings nicht, wenn das Europaparlament tagt. Die Teilnahme an einer Plenarsitzung oder an Sitzungen anderer Ausschüsse ist jedoch möglich. Es gibt eine begrenzte Anzahl von Plätzen für einen Aufenthalt von einer Stunde. Karten bekommt man im Infobüro im Parlamentsgebäude. Auf der Internetseite kann man den aktuellen Tagungskalender anklicken und sich auch schriftlich für eine Besichtigung anmelden.

Individuelle Besichtigung (kostenlos) mit Audioführer Mo–Do um 10 und 15 Uhr, Fr um 10 Uhr, Führung für Gruppen nach schriftlicher Anmeldung 2 Monate im Voraus (Formulare auf der Website). Keine Besichtigung an Wochenenden, Feiertagen sowie im August und an Tagungsterminen. **Achtung**: Besucher müssen mindestens 14 Jahre alt sein, Personalausweis o. Ä. zur Registrierung nicht vergessen! Rue Wiertz 43 (Besuchereingang), ℡ 02/2842111, ⌨ 2846974, www.europarl.europa.eu ⓜ Trône, Bus 34, 59, 80; Bahnhof Gare du Luxembourg, Bus 59.

Musée Antoine Wiertz: Die gewaltigen Werke des umstrittenen belgischen Romantikers *Antoine-Joseph Wiertz* (1806–1865) sind nicht unbedingt jedermanns Sache. Dennoch lohnt ein Besuch dieses Museums mit historischem Charme. Wiertz gilt als maß- und zügellos und eiferte Rubens, Raphael und Michelangelo zugleich nach. Er liebte spektakuläre oder dramatische biblische und mythische Szenen auf riesigen Leinwänden. Beispiele dafür sind die 11 m hohe „Erhebung der Hölle gegen den Himmel" oder das gruselige „Überstürzte Beisetzung". Aber er schuf auch Studien und Zeichnungen kleineren Formats. Zu seinen philosophischen Bildern gehören „Gedanken und Visionen eines abgetrennten Kopfes", „Hunger, Wahnsinn und Verbrechen", „Der Selbstmord" sowie „Die Kraft des Menschen kennt keine Grenzen".
Mo–Fr 10–12/13–17 Uhr, Eintritt frei. Rue Vautier 62, ✆ 02/5083350, www.fine-arts-museum.be. Ⓜ Trône, Bus 34, 59, 80, Bahnhof Gare du Luxembourg.

Musée Royal d'Histoire Naturelle de Belgique: Zu den Attraktionen zählen die Iguanodons von Bernissart. Im Jahr 1877 fand man in einer Kohlengrube dieser Gemeinde im belgischen Hennegau 31 Skelette dieser 5 m hohen Saurier aus der frühen Kreidezeit. Eine Sensation, denn in England, Spitzbergen und Südamerika hinterließen diese Tiere, die etwa 4.000 kg gewogen haben müssen, nur Fußabdrücke. Seit 2007 werden sie nach vier Jahren Restaurierungsarbeiten in dem neuen Dinosauriersaal noch eindrucksvoller präsentiert. Auf über 4.500 m² kann man nun noch spektakulärer die vergangene Welt der Dinosaurier wiederentdecken. Zu sehen sind u. a. 22 Skelette. Sieben kleine und elf große Saurier werden in derselben Haltung gezeigt, in der man sie vor mehr als einem Jahrhundert fand. Für Kinder gibt es neue Attraktionen wie das Dinocafé, das Paleolab, in dem

Geschäftig und verkehrsreich, die Rue de la Loi

sie in Begleitung eines Erwachsenen selbst experimentieren dürfen, sowie die neue Website www.sciencesnaturelles.be/4kids.

Aber auch über Fossilien, Insekten, Wale inkl. Delfine, das Leben in einem Korallenriff und die Fauna in Belgien wie in der Arktis gibt es hier viel zu sehen. Zu den Highlights zählt der via Tauchboot gefilmte Kampf zwischen einem Wal und einem Riesenkalmar. Wer sich die Mineraliensammlung, das Aquarium und eigentlich am liebsten alles anschauen möchte, sollte etwa 3 Std. Zeit einplanen. Ein Teil des

Museums ist im früheren Kloster des Erlöserordens untergebracht.
Tägl. (außer Mo) 9–17 Uhr, Sa/So 10–18 Uhr, letzter Einlass 30 Min. vor Schließung. Eintritt 7 €, erm. 4,50 €. Rue Vautier 29, ✆ 02/6274211, www.sciencesnaturelles.be. Ⓜ Trône, Bus 34, 59, 80, Bahnhof Gare du Luxembourg.

Musée Royal de l'Armée et d'Histoire Militaire (Heeresmuseum): Ob aus dem Mittelalter oder aus der napoleonischen Zeit – Rüstungen und Schwerter, Uniformen, Gemälde und technische Errungenschaften aus zehn Jahrhunderten Heeres- und Kriegsgeschichte sind in weitläufigen Hallen zu entdecken. Die älteren Waffen wirken auf heutige Besucher tendenziell kurios, die aus jüngerer Zeit dokumentieren den manchmal erschreckenden Triumph fortschreitender Technik. Anlass zu diesem Museum war die Weltausstellung von 1910: Eine Ausstellung Belgiens sollte militärische Vergangenheit glorreich ins Licht rücken. Mit so großen Besuchererfolgen, dass die Sammlung gepflegt und vergrößert wurde und in den Nordflügel des Palais du Cinquantenaire umzog.

Während des Zweiten Weltkriegs besetzten die Nazis das Gebäude. Die umfangreiche Luftfahrtausstellung mit über 130 historischen Flugzeugmodellen eröffnete erst 1972, hinzu kam in den 90ern eine Marineausstellung. Eine neue Abteilung beschäftigt sich mit internationalen Konflikten von 1918 bis in die Gegenwart und arbeitet mit Partnermuseen in Berlin und Russland zusammen.

Durch die Ausstellung zur Ära Napoleons gelangt man zum Aufzug zu den Arkaden. Allein der Rundblick von hier über die Stadt macht den Museumsbesuch bei schönem Wetter lohnenswert.
Tägl. (außer Mo) 9–12/13–16.45 Uhr. Eintritt frei. Parc du Cinquantenaire 3, ✆ 02/7377811, www.klm-mra.be. Café mittags geöffnet. Ⓜ Mérode, Bus 22, 27, 80.

Autoworld (Oldtimermuseum): Von 1902 bis 1934 fand in dem Museumsgebäude der Autosalon statt. Die Stahlkonstruktion der weitläufigen Halle stammt aus dem Jahr 1880. Heute beherbergt sie eine der größten Oldtimersammlungen Europas mit 400 noch fahrtüchtigen Dinosauriern der Automobilindustrie. Von der Ente über den Käfer bis zu Fahrzeugen der belgischen Königsfamilie und des persischen Schahs dokumentiert die Ausstellung anschaulich ein Stück Geschichte der Automobilindustrie. Ein Schwerpunkt liegt natürlich auf Produkten belgischer Unternehmen wie Minerva, FN oder Germain.
April bis Sept. tägl. 10–18 Uhr, sonst bis 17 Uhr. Eintritt 6 €, erm. 3,70–5 €. Parc du Cinquantenaire 11, ✆ 02/7364165, www.autoworld.be. Ⓜ Mérode, Bus/Tram 22, 27, 81, 82.

Maison Cauchie: Der Maler und Architekt *Paul Cauchie* baute sein Haus im Jahr 1905 und verzierte es fantasievoll in der Sgraffito-Technik mit Motiven, die uns seine künstlerischen Inspirationsquellen überliefern. Die von Symmetrie geprägte Fassade zeigt den Einfluss von Wiener Secession und Gustav Klimt. Das Symbol Ma erinnert an Cauchies Faible für Japan und wird auch als Hommage an den Schotten *Charles Rennie Macintosh* interpretiert. Nach seinem Vorbild gestaltete Cauchie sein Haus im geometrischen Jugendstil.

Die Frauenfiguren, die wie Geishas wirken, stellen die fünf Sinne dar. Mit ihrer feinen Gestaltung gab der Architekt möglichen Klienten schon vor seiner Haustür eine Probe seiner Kunstfertigkeit. Er ritzte ihre Umrisse in noch feuchten, farbigen Freskoputz und machte so darunter liegende Farbschichten sichtbar.

Im Obergeschoss wohnte Cauchie mit seiner Frau, im Untergeschoss hatte er sein Atelier. Heute sind hier häufig kleine Ausstellungen zu sehen. Im Erdgeschoss blieb die originale Einrichtung erhalten. An der Wand gegenüber dem Küchenfenster bildete Cauchie die Justitia ab.

Jedes 1. Wochenende im Monat bzw. zu Ausstellungen (dann 11–13/14–16 Uhr). Besichtigungen nur mit Führung, auch nach Voranmeldung. Rue des Francs 5, ✆ 02/6522680, Eintritt 4 €. Ⓜ Mérode, Bus 22, 27, 80.

Musées Royaux d'Art et d'Histoire: Eine pompöse Treppe führt in einen großzügigen Empfangsraum. Von hier aus gelangt man in den gut sortierten Museumsshop, zur jeweils aktuellen Ausstellung oder in die vier Abteilungen mit insgesamt etwa 140 Sälen: nationale Archäologie, europäisches Kunstgewerbe, antike und außereuropäische Zivilisationen. Im internationalen Vergleich können sich die Bestände des Museums durchaus sehen lassen.

Aus Belgien stammen insbesondere wertvolle Altäre aus dem Mittelalter, Wandteppiche, Glaskunst im Art-déco-Stil und Brüsseler Spitze. In Brüssel gefertigt wurden beispielsweise ein Passionsretabel aus dem 15. Jh. (Ebene 1) sowie eine Serie von zehn Wandteppichen, die die „Geschichte des Jakob" nach Vorlagen von Bernaert van Orley erzählt. Die Schatzkammer im Untergeschoss birgt filigrane Elfenbeinschnitzereien, das emaillegeschmückte Reliquienkästchen des Papstes Alexander und den tragbaren Altar der Abtei Stavelot (Ostbelgien, ca. 1150). Fans von Victor Horta können sich eine Rekonstruktion des von ihm entworfenen Juweliergeschäfts Wolfers ansehen (Saal 45–50). Im Erdgeschoss sollte man auf jeden Fall an den Hochzeitskutschen von Leopold I. und Napoleon III. vorbeiflanieren. Sie gehören zu einer der bedeutendsten europäischen Kutschensammlungen.

Besonders umfangreich sind die Sammlungen aus der Antike, u. a. zu den Ägyptern, Griechen und Römern. Stolz der ägyptischen Abteilung ist das Relief der Königin Teje (ca. 1375 v. Chr.). Der

Maison Cauchie

Museumsteil mit der Sammlung zu den außereuropäischen Kulturen, von Ozeanien über die Osterinseln bis zur islamischen Welt, umfasst auch das Blindenmuseum (Musée pour Aveugles), wo Besucher die Exponate anfassen dürfen. Im Erdgeschoss – vor der Kulisse eines Klosterkreuzgangs – finden häufig Ausstellungseröffnungen statt, man kann die Räumlichkeiten auch für private Veranstaltungen mieten.

Tägl. (außer Mo) 9.30–17 Uhr, Sa/So erst ab 10 Uhr. Eintritt 5 €, erm. 3–4 €. Parc du Cinquantenaire 10, ✆ 02/7417215, www.klm-mra.be. Wegen Umbauten sind nicht immer alle Säle zugänglich. Ⓜ Mérode, Bus 22, 27, 80.

*Gédéon Bordiau erbaute zur Weltausstellung 1897
die Ausstellungshallen im Cinquantenaire*

Pavillon der menschlichen Leidenschaften: *Victor Horta* entwarf den Pavillon im Cinquantenaire als Schutz für das Relief seines Freundes *Jef Lambeaux*, der ab 1886 mehrere Jahre daran gearbeitet hatte. Das freizügige Werk löste enorme moralische Empörung aus und brachte ihm den Namen „Michelangelo der Gosse" ein, der Pavillon musste wenige Tage nach der Eröffnung schließen. Tägl. (außer Mo) 14.30–16.30 Uhr. Ⓜ Schuman.

Musée Charlier: In einem prachtvollen Anwesen aus dem 19. Jh. sind Gemälde der belgischen Schule ausgestellt: Porträts von Wiertz, Gouweloos, Aneessens; realistische und impressionistische Landschaften von Boulenger, Baron, Wytsman; aber auch Kunst der Jahrhundertwende von Ensor, Vogels, Van Strydonck oder Verheyden. Der einstige Besitzer des Gebäudes, Henri Van Cutsem, Mäzen und Kunstliebhaber, ließ sich sein Haus von Victor Horta einrichten. Er förderte auch den Bildhauer Guillaume Charlier, der nach seinem Tod den Nachlass verwaltete und die Sammlung mit Gemälden, Möbeln, Teppichen, Porzellan und Schmiedearbeiten ergänzte. Das Museum ist häufig wegen Umbauten für Sonderausstellungen geschlossen. Am besten ruft man vor dem Besuch an oder erkundigt sich bei der Touristeninformation an der Grand Place. Dauerausstellung Di–Fr 12–17 Uhr, aber nur wenn keine Umbauten. Eintritt 6 €, erm. 4 €. Sonderausstellung auch am Wochenende geöffnet (befristet, extra Eintritt). Avenue des Arts 16, ☎ 02/2202690, www. charliermuseum.be. Ⓜ Madou, Bus 29, 63.

Le Concert Noble: In den prachtvollen, im Stil von Louis XIV. gestalteten Sälen (von 1873) einer früheren Adelsgesellschaft finden rund 800 Leute Platz. Die Räume können für edle Bankette und Veranstaltungen gemietet und deshalb besichtigt werden. Sie stammen aus der Zeit unter Leopold II., als das heutige

EU-Viertel noch Wohnviertel vieler Adeliger war, die sich hier zu festlichen Anlässen trafen. Man betritt das Ensemble durch die Galerie und die Säle werden immer größer bis zu dem imposanten Ballsaal. Der Architekt war Hendrik Beyaert.

Rue d'Arlon 82, ✆ 02/2864151. an Wochentagen von 9–16 Uhr geöffnet.

Berichtet aus Brüssel: Udo van Kampen

Wenn es im ZDF um Brüssel geht, erscheint sein Gesicht. Seit 1987 berichtete Udo van Kampen als Korrespondent und Studioleiter aus Brüssel mit nur einer achtjährigen Unterbrechung, in der er von 1995 bis 2003 das Auslandsstudio in New York leitete. Seit seiner Rückkehr informiert er uns wieder über EU und NATO und lässt uns von Brüssel aus über den eigenen Tellerrand blicken.

Was sind die wichtigsten Themen Ihrer Berichterstattung aus Brüssel? Stellen Sie Veränderungen für die Zukunft fest?

Das Arbeitsgebiet in Brüssel hat sich in den vergangenen zehn Jahren erheblich erweitert: Themen wie Gen- und Embryonenforschung – also Verbraucherschutz –, Steuern und Finanzen sowie Sicherheits- und Außenpolitik gewinnen an Bedeutung. Und die Kernfrage dreht sich darum, wie Europa aus der Krise kommt. Wie geht es weiter mit der europäischen Verfassung? Wo liegen die Ziele der EU und wo stößt die Union an ihre Grenzen? Europa ist demokratischer geworden. Das Parlament, die einzige Brüsseler Institution, die vom Bürger direkt legitimiert ist, hat heute mehr Rechte und zeigt dies auch selbstbewusst. Es hat heute mehr zu entscheiden, mehr Mitspracherechte. Die Bürger wieder näher an die EU heranzuführen, ist vielleicht die schwierigste Aufgabe für die kommenden Jahre.

Wie empfinden Sie die Veränderungen im EU-Viertel?

Die Gemütlichkeit von einst ist dahin. Monumentalbauten wie der Ministerrat vermitteln eher Angst und Schrecken als Zuversicht. Die Renovierung des Berlaymont zog sich viele Jahre hin, ist aber gelungen. An der Place du Luxembourg gibt es Straßencafés mit Blick auf das EU-Parlament. Doch das Viertel ist eher unpersönlich. Bürofläche dominiert. Brüssel ist keine Schönheit, aber eine Metropole mit vielen wunderbaren Plätzen. In der Stadt herrscht übrigens keine Wohnungsnot. Die Mietpreise sind im Vergleich zu deutschen Städten noch moderat. Unsere neuen Mitarbeiter haben alle in kurzer Zeit schöne Wohnungen gefunden.

Was ist Ihr Lieblingsviertel?

Ixelles, wo es an Saint-Gilles grenzt. Dort wohne ich auch. Es ist sehr natürlich und lebendig. In der Nähe von Place Châtelain und Place Brugmann gibt es Bistros mit viel Charme. Das Toucan ist eine meiner Lieblingsbrasserien.

Welche Klischees über Brüssel stimmen und welche nicht?

In Brüssel kann man wirklich gut essen, auch wenn es immer teurer wird. Am schlimmsten finde ich das Klischee, Brüssel sei eine starre Bürokratenstadt. Für die Bürger kommt nicht alles Schlechte aus der EU, wie dies oft unkritisch behauptet wird. Deutschland hat unbestritten am meisten von der EU profitiert – politisch wie wirtschaftlich. Kommt es zu praxisfremden

Richtlinien dann sind die nationalen Politiker oft selbst schuld, denn die deutschen Minister sitzen mit am großen Brüsseler Ratstisch, der letztendlich entscheidet. Die EU-Kommission hat nur Vorschlagsrecht. Andererseits nehmen die Minister auch oft den Weg über Brüssel, wenn sie ihre Interessen in Berlin nicht durchsetzen können. Bei den so beliebten pauschalen Beschimpfungen der Brüsseler Bürokraten ist viel Heuchelei im Spiel.

Sind die Belgier die Ostfriesen Europas?

Sicher nicht, auch wenn die Franzosen und Niederländer gern Witze über sie erzählen. Die Belgier sind freundliche, offene Leute, was es Ausländern hier sehr leicht macht. Nicht so leicht nachvollziehbar sind die ständigen Sticheleien und Querelen zwischen Flamen und Wallonen. Belgien ist noch immer keine geeinte Nation. Bindeglied und Identifikationsfigur beider Volksgruppen ist das Königshaus. Über den König streitet man nicht. Und Witze über die Königsfamilie sind tabu.

Welche Brüsseler Spezialität essen Sie am liebsten?

Waterzooi, eine Art Suppe aus Geflügel oder Fisch mit viel Gemüse. Am besten schmeckt sie mir in der „Taverne du Passage" in der Galerie de la Reine. Sehr gut essen kann man auch in der Rue de Flandre. „Le Pré Salé" gehört zu meinen Lieblingsrestaurants und das etwas moderne „Switch". Gleich nebenan ist der Fischmarkt – die Muscheln im „Bij Den Boer" sind Spitzenklasse.

Haben Sie eine Lieblingspraline?

Am besten schmecken sie mir, wenn sie nicht allzu schwer und sahnig sind. Bei Pierre Marcolini am Grand Sablon bekommt man die raffiniertesten ...

Praktische Infos

Essen und Trinken

In den Restaurants des Europaviertels ist mittags am meisten los, am Wochenende sind viele Restaurants geschlossen. Abends findet man an der Metrostation Mérode hinter dem Cinquantenaire, in der Rue Archimède, an der Place du Luxembourg oder der Place Jourdan einige geöffnete Restaurants.

L'Atelier (15): Dieses Kellerrestaurant war früher ein Warenlager und dann ein Maleratelier und ist entsprechend geräumig. Viele Fischgerichte und ein reichhaltiges Buffet stehen mittags zur Auswahl. Es ist für Geschäftsessen und bei EU-Mitarbeitern beliebt, im Sommer bekommt man mit etwas Glück auf der Terrasse noch einen Platz. Gerichte ab 13 €, Menu ca. 30 €. Rue Franklin 28, ℡ 02/7349140, www.atelier-euro.be. Mo–Fr 12–14.30/19–22 Uhr. Ⓜ Schuman.

Le Stevin (14): Dieses Restaurant im Art-déco-Stil bietet im Sommer eine schattige Terrasse und serviert schon seit den 80ern klassische belgische Küche. Es wird vorwiegend von EU-Mitarbeitern frequentiert. Gerichte ab 20 €. Rue St-Quentin 29, ℡ 02/2309847. Sa/So und an Feiertagen geschlossen. Ⓜ Schuman.

Balthazar (12): Brasserie mit internationaler Küche, vorwiegend französisch oder italienisch beeinflusst. Zur Wahl stehen Weine aus den bekanntesten Anbaugebieten der Welt. Im Sommer lockt der kleine Garten hinter dem Haus. Mittagsgerichte ab 10 €, Menu ab 29 €. Rue Archimède 63, ℡ 02/7420600. Sa mittags und So geschlossen. Ⓜ Schuman.

Das Arthur's ist ein beliebter Treffpunkt und Traiteur

Le Serpolet (31): edles französisches Restaurant des Gourmetkochs Claude Vanderhulst. Gehobene Qualität und gehobene Preise. Menus ab 35 €. Dafür kann man Träume vom Duft der Provence kulinarisch verwirklichen. Avenue de Tervueren 59, ℡ 02/7361701. Ⓜ Mérode.

Fattoria del Chianti (13): Ein sehr stilvolles, aber nicht überteuertes von einer toskanischen Familie geführtes Restaurant mit französischer und mediterraner Küche und großer Weinauswahl. Der hohe, stuckverzierte Speisesaal ist hell und hat ein sehr angenehmes Ambiente. Mittags zieht es ein junges, schickes Publikum hierher, größtenteils EU-Mitarbeiter. Im Sommer werden in einem großen grünen Garten Tische aufgestellt. Rue Archimède 48, ℡ 02/2305451. Sa, So geschlossen. Ⓜ Schuman.

Mi-figue Mi-raisin (9): Hier kann auf der großen Gartenterrasse gut frühstücken oder zu Mittag essen. Das Selbstbedienungsrestaurant ist auf biologische Küche mit mediterranem Touch spezialisiert. Bio-Brot und Naturprodukte gibt es auch zum Mitnehmen. Empfehlenswert sind die hausgemachten Quiches und Backwaren. Große Salatauswahl und auch vegetarische Gerichte. Man speist hier bereits ab 14 € gut. Rue Archimède 71, ℡ 02/7342484. Mo–Fr 8–19 Uhr. Ⓜ Schuman.

Stirwen (35): Französische Regionalküche der Saison, serviert mit Fritten der Maison Antoine (s. u.). Das gemütliche Bistro ist auch wegen seines Jugendstil-Dekors beliebt. Gerichte ab 20 €. Chaussée St-Pierre 15–17, ℡ 02/6408541, www.stirwen.de. Ⓜ Maelbeek, Bus 59.

L'Esprit de Sel (33): Das lebhafte Restaurant an der Place Jourdan hat bis Mitternacht geöffnet. Einer der Räume ist modern mit Marmor, Holz und Kupfer eingerichtet, der andere eher traditionell mit einem großen Leuchter aus Muranoglas. Man kann hier fast die gesamte belgisch-französische Küche durchprobieren. Viele Gerichte verlocken mit ausgefallenen Biersaucen, es gibt aber auch Rindersteak in Portwein oder schlichte Salate. Gerichte ab 11 €, Menu ab 25 €. Große Terrasse hinter dem Haus. Place Jourdan 52–54, ℡ 02/2306040, www.espritdesel.be. Tägl. 12–24 Uhr. Ⓜ Maelbeek, Bus 59.

Maison Antoine (32): An Brüssels berühmtester Imbissbude kann man sich noch bis in die Nacht Fritten holen, und auch dann steht man manchmal Schlange. Die Fritten dürfen Sie auch mit in die alteingesessenen umliegenden Lokale wie Espérance, Chez Bernard und Kapolino nehmen. Place Jourdan. Tägl. 11.30–1 Uhr, Fr/Sa bis 2 Uhr. Ⓜ Maelbeek, Bus 59.

Le Pullmann (23): Terrassencafé, Cocktailbar und Restaurant in einem. Das Pullmann ist eine Institution und ein beliebter Treff in unmittelbarer Nähe zum Europaparlament. Gerichte ab 12 €. Place du Luxembourg 12. Tägl. 8–21 Uhr, manchmal bis 24 Uhr. Ⓜ Trône.

Arthur's (28): Im vorderen Teil verkauft die vielseitige Inhaberin Catherine Dommanget souvenirwürdige Tees, Schokolade und Feinkostprodukte, denn das kleine, sehenswerte Restaurant mit über 50 hausgemachten Gerichten auf der Karte (ab 9 €) ist gleichzeitig Traiteur (liefert nach Hause). Die Dekoration im hinteren Glashaus mit Springbrunnen stammt von der bekannten belgischen Designerin Agnès Emery, die sich von Marokko und vom Jugendstil inspirieren ließ. Hier treffen sich auch regelmäßig Frauenkreise zum Stricken (Fr 16–20 Uhr) und politische Konversationsclubs. Rue de Trèves 26, ℡ 02/5028937, www.arthurs.be. Mo–Mi 8–18, Do, Fr 8–22 Uhr. Bus 34, 59, 80 Gare du Luxembourg.

The Staff (20): Unter der vergoldeten Stuckdecke hängt hier ein Stück des alten Brüsseler Atomiums an der Wand. Afrikanisches Holz und die lebendigen Farben des Kongo prägen den modern eingerichteten langen Raum und die Terrasse dieses Hauses aus der Zeit Leopold II. Hier kocht Eric Dupont, der Sohn des gleichnamigen Sternekochs. Sein Savoir-faire bringt er aus seinen Stationen in renommierten Häusern wie dem Comme chez soi und der Villa Lorraine mit. Hochwertige südfranzösisch geprägte, mediterrane Küche gibt es hier trotzdem zu moderaten Preisen. Nudelgerichte oder Salate kosten 13€, Fisch ab 20€. Der freundliche Inhaber führt auch das Meze an der Rue de la Loi 102 mit griechisch geprägter mediterraner Küche. Rue de Trève 42, ℡ 02/2307590, www.the-staff.be. Mo–Fr 12–15 und 18–23 Uhr. Bus 34, 59, 80 Gare du Luxembourg.

Quartier Libre (19): Das preiswerte Restaurant direkt neben The Staff ist ein beliebter Treffpunkt für die Mittagspause im EU-Viertel. Hier bekommt man Sandwiches, Quiches und Salate ab 5 € und kann bei schönem Wetter hinten im Garten sitzen. Rue de Trève 42, ℡ 02/2304194, www.quartierlibre.eu. Bus 34, 59, 80 Gare du Luxembourg.

Meeus (21): Die traditionsreiche Brasserie mit schöner Holzeinrichtung ist nach dem gleichnamigen Platz in der Nähe benannt und in einem Haus der Belle Epoque untergebracht. Hier essen Eurokraten gern zu Mittag. Rue du Luxembourg 17, ℡ 02/5023193. Mo–Fr 12–16 und 16–22 Uhr.

Chez moi (22): In dem netten Restaurant mit zwei Etagen, wenige Schritte von der Place du Luxembourg, speist man vorzüglich (ca. 18 €, mittags Sondertarife) französisch-mediterran. In der kleinen Küche kocht Grégoire Saillard, der schon in Gourmetrestaurants wie dem Comme chez soi tätig war. Rue du Luxembourg 66, ℡ 02/2802666, chezmoi@cbcfree.net. Mo–Fr 12–15 und 19–22.30 Uhr. Bus 34, 59, 80 Gare du Luxembourg.

Ancienne Poissonnerie (26): Designmobiliar in einem Haus der Belle Epoque, Jugendstil und italienische Küche gehen hier eine elegante Verbindung ein. Ein Kachelbild eines Fischkutters schafft Flair. Mittags isst man hier günstiger. Preise ca. 35 €. Rue du Trône 65, ℡ 02/5023193. Mo–Fr 12–22 Uhr.

Ton Tapas, mon Meze (8): Wer einmal so richtig leckere und authentische türkische Küche probieren möchte, findet hier bei kleinen Portionen abwechslungsreich dazu Gelegenheit. Das kleine Restaurant in Saint-Josse, ist längst nicht das einzige türkische Restaurant des Viertels, aber ein empfehlenswertes und gemütliches. Gerichte ab 10 €. Rue de l'Articaut 2, ℡ 02/2301001. Tägl. (außer So) 12–15/19–23 Uhr, Sa nur abends. Ⓜ Madou.

Le Théorème d'Archimède (5): Diese Teestube mit internationaler Küche alias „Le thé au harem d'Archi Ahmed" in der Nähe der Ⓜ Madou verströmt die Atmosphäre der Grand Cafés und ist marokkanisch-algerisch geprägt. Die Wände dekoriert ein Bild von Jeanneke Pis und von anderen Frauen der Weltgeschichte. Die Chefin Farida hat ein multikulturelles Konzept und lässt kleine schmackhafte Gerichte aus aller Welt servieren. Ab 20 €. Im Sommer herrscht hier ein angenehmes Klima, wenn alle Fenster weit geöffnet sind. Chaussée de Louvain 54, ℡ 02/2198019. Tägl. (außer So) 12–18 Uhr. Ⓜ Madou.

La Bonne Humeur (1): Sehr empfehlenswertes Muschelrestaurant mit vielen traditionellen belgischen Gerichten, ein Großteil davon aus dem Meer. Bestellen sollte man auch „anguille au vert" (grünen Aal). Noch zivile Preise ab 12 €. Chaussée de Louvain 244, ℡ 02/2307169. Di und Mi geschlossen.

Nachtleben

Das EU-Viertel bietet um die Place du Luxembourg und die Rue Archimède die höchste Dichte an Irish Pubs in Brüssel. Zwei Diskotheken gibt es in der Chaussée de Louvain. Viele EU-Mitarbeiter feiern abends auf Einladung oder tragen sich im Internet auf Gästelisten ein. Es lohnt sich unter www.strong.be (Rue de la Loi 155) nachzusehen. Hier werden DJ-Partys und Gay-Nights angekündigt. Privat veranstaltete Partys finden z. B. auch im Espace 53 im Autoworld Museum am Cinquantenaire statt.

James Joyce (17): Irish Pub mit Biergarten und durchgehender Pub-Küche. Beliebter Treff der EU-Praktikanten. Bier ab 2,50 €. Rue Archimède 34, www.james-joyce.com. Tägl. 11–1.30 Uhr, Sa/So erst ab 12 Uhr. Eintritt frei. Ⓜ Schuman.

The Old Oak (16): Ab 22.30 Uhr gibt es hier am Wochenende Livemusik und viel Atmosphäre in einem verrauchten Raum aus Holz mit niedrigen Decken. Die Getränke holt man an der Theke selbst. Rue Franklin 21, ✆ 02/7357544. Ⓜ Schuman.

Mirano (7): In dieser Disco legen samstags ab 23 Uhr DJs auf – traditionsgemäß Hits aus dem Movie „Dirty Dancing", aber nicht ausschließlich. Das Gebäude (Mirano Continental), in dem sich in den 50ern ein Kino befand, bietet mit seinen sehr hohen, stuckverzierten Räumen, einer Bühne und einer Empore ein ganz besonderes Ambiente. Donnerstags ab 19 Uhr finden sich gern Mitarbeiter der europäischen Institutionen und schicke Über-30-Jährige zum Abfeiern ein. Manche kommen direkt von der Arbeit. (Man braucht eine Einladung über eine Internetliste.) Wer neu in Brüssels internationaler Gemeinschaft ist, findet hier schnell Anschluss. Chaussée de Louvain 38, www.mirano.be. Do ab 19 Uhr, Sa ab 23 Uhr. Eintritt vor Mitternacht 6 €, danach 12 €. Ⓜ Madou.

Le Claridge (6): Es ist auch unter dem Namen „Chez Johnny" bekannt. Hits aus den 70ern und 80ern sind hier in. Alles schwimmt und tanzt auf der Retro-Welle. Kitsch ist angesagt, auch in der Kleidung, und das passt gut zum Setting, einem Ballsaal von 1935, der an das Mirano grenzt. Für große Veranstaltungen oder Konzerte können sich das Claridge und das Mirano zusammenschließen und einen Durchgang öffnen. Chaussée de Louvain 24, www.claridge.be. Fr–Sa 23–6 Uhr. Eintritt 10 €. Ⓜ Madou.

Jazz Station (2): Hier gibt es neben Konzerten auch Ausstellungen und Filme. Chaussée de Louvain 193a–195, www.jazzstation.be. Mo–Sa ab 20.30 Uhr. Ⓜ Madou.

Soho (36): Donnerstags bis samstags Disco mit interessanter Musikauswahl und manchmal Konzerte. Boulevard du Triomphe 47, www.sohoclub.be. Ab 21.30 Uhr, ca. 8 € (je nach Veranstaltung). Ⓜ Hankar.

Einkaufen

Gourmet Foods & Gifts (18): Rue Stevin 184. Der kleine Laden auf zwei Etagen mit winzigem Garten hieß früher „The English Shop": englische Bücher, humorvolle Geschenkartikel, Postkarten, Snacks und Getränke.

Neuhaus (30): Place Jourdan, im Gebäude des Hotels Sofitel. Hoflieferant für Pralinen.

Accolade (34): Chaussée de Wavre 372, tägl. (außer Mo) 11–19 Uhr. Boutique nahe der Place Jourdan mit Accessoires, Modeschmuck und vielen Lederhandtaschen.

Pin'Art (4): Rue Willems 50, Mo–Fr 11–18.30 Uhr, Sa 11–18 Uhr. Silberschmuck, Schals, modische Accessoires und antike Möbel.

Chaussée de Louvain (3): Kleidung, Secondhand, Alltagsbedarf. Besonders preiswerte Markenkleidung bei Dod, Hausnummer 44 (Damenmode), auf Nr. 16 Männermode, Schuhe in Nr. 21 und 29, Kinderkleidung Nr. 41.

A la Petite Vache (3): Chaussée de Louvain 69. Käse aus ganz Europa. Der Familienbetrieb besteht seit 1913. Tägl. (außer So) 9–13/15–18 Uhr, Mi nur vormittags.

La Crèmerie Cachée (3): Place Jourdan 37, traditionelle belgische Käse.

Tout Bon (24): Rue du Luxembourg 68, www.toutbon.be. Schokolade, Marmelade, Brot und hausgemachte traditionelle belgische Leckereien zum Einkaufen oder Sofortverzehr an hübschen kleinen Tischen.

Arthur's (28): Rue de Trèves 26. Tee, Kaffee, Schokolade, Plätzchen und Dekoration (siehe Restaurants, S. 204).

Das Matongé ist das Ixelles der Afrikaner und ein Ausgehtipp

Ixelles

Das lebendige Viertel der Afrikaner, Intellektuellen und Studenten hat ein eigenes Nachtleben: im Matongé und an der Studentenmeile Cimetière d'Ixelles. Seine charmanten Villen aus der Belle Epoque sind Pilgerziele für Architekturliebhaber.

„Elsene", der flämische Name des Viertels, stammt aus dem 11. Jh. und bedeutet Erlenhain. Das ist allerdings weit weniger geläufig als das in Mode gekommene grafische Kürzel „XL", das genauso ausgesprochen wird wie das französische Ixelles. Der französische Dichter Baudelaire wohnte zeitweise in der Rue Mercelis, die Schauspielerin Audrey Hepburn kam in Ixelles zur Welt und die spanischstämmige Sängerin La Malibran lebte im heutigen Rathaus. In den Cafés und Kneipen mischen sich gelegentlich der Bürgermeister oder die junge Erfolgsschriftstellerin Amélie Nothomb unter das Volk.

Ein großer Teil der Ixellois stammt ursprünglich aus Afrika: Nachdem die meisten afrikanischen Staaten nach und nach ihre Unabhängigkeit erklärt hatten, kamen ab den 60ern viele Studenten und Intellektuelle nach Brüssel. Sie stammten aus Kamerun, Togo und dem Senegal, trafen sich zuerst in Clubs in der Nähe der Porte de Namur, bis allmählich afrikanische Restaurants und Kneipen ganze Straßenzüge prägten. Kongolesen, die unter dem Regime von Mobutu reich geworden waren, kauften ab 1965 in Brüssel Villen und schickten ihre Kinder in belgische Schulen.

Zwischen den schicken Geschäften entlang der Avenue de Louise und den Jugendstilvillen an den Teichen im Maelbeektal amüsieren sich bis heute die Nachtschwärmer. Das geografische Dreieck um die Kirche St-Boniface heißt Matongé wie das Kneipenviertel von Kinshasa, der Hauptstadt des Kongo. In den Lebensmittelläden hier bekommt man jedes Gewürz, das ein Kongolese in der Heimat kaufen könnte. Wahrscheinlich wäre die Auswahl sogar für jeden in dieser Hinsicht verwöhnten Inder befriedigend. Das Herz des afrikanischen Brüssels schlägt unermüdliche 24 Stunden am Tag.

Richtung grüner Lunge, dem Stadtwald Bois de la Cambre, folgt mit der Abbaye de la Cambre und der ULB (Université Libre de Bruxelles) das Ixelles der Studenten und Intellektuellen. Cimetière d'Ixelles (Friedhof von Ixelles) nennen die Studenten ihre Kneipenszene, die direkt vor dem Friedhofstor beginnt. Doch Grabesstille herrscht nicht einmal dort, wo Künstler wie Victor Horta, Contantin Meunier, Ernest Solvay, Antoine Wiertz und Charles de Coster ruhen.

Ixelles lag früher außerhalb der Brüsseler Stadtmauern und wuchs erst nach deren Abriss von einer 1.500-Seelen-Gemeinde zu einem der größten Stadtviertel. Viele Besucher lassen den Alltag der Viertelbewohner Alltag und die Museen Museen sein. Sie pilgern zu den Jugendstilvillen an den Étangs d'Ixelles. Wer samstags kommt, kann etwas lokale Atmosphäre schnuppern: auf dem Wochenmarkt am rechten Ufer der Teiche.

Tour 6

Dauer der Tour ohne Museumsbesuche: 4 Std.

Die Tour beginnt an der Metrostation **Porte de Namur**. An der großen Straßenkreuzung am Boulevard de Waterloo befand sich eines der Tore der Stadtmauer. Von hier aus gehen sowohl die **Chaussée d'Ixelles** als auch die **Chaussée de Wavre** ab. Beide Straßen sind lebhafte Einkaufsstraßen. An der Chaussée d'Ixelles nach rechts geht es in die Passage **Galerie de la Toison d'Or**. Sie trägt den Namen des von den Burgundern gestifteten und später von den Habsburgern verliehenen Ordens vom Goldenen Vlies. Besonders Brüssels Bewohner aus Afrika flanieren hier gern. Ausschließlich afrikanische Läden, insbesondere preiswerte Friseure, die sich durchaus auch auf europäisches Haar verstehen, sind gegenüber in der **Galerie d'Ixelles** zahlreich vertreten. Wer diese Passage durchquert, gelangt auf die **Chaussée de Wavre** und begegnet in der Regel mehr schwarzen als weißen Passanten. L'Afrique, c'est chic, black is beautiful! – hier verkaufen Wax-Boutiquen die bunten Textilien der Afrikanerinnen.

Die Frauen scheinen sich gegenseitig mit kunstvoll geflochtenen Frisuren und farbigen Gewändern Konkurrenz zu machen, selbst wenn sie nur bis zum Supermarkt gehen.

Wer weiter die **Chaussée de Wavre** entlang bummelt, kommt zum **Musée Camille Lemonnier**. Gegenüber liegen Glaskünstlerateliers, Werkstätten und die frühere Porzellanmanufaktur Demeuldre mit einem 1904 von *Maurice Bisschops*, einem Schüler *Victor Hortas*, als Blickfang gestalteten Schaufenster. Der Laden hat eine wertvolle Theke aus Holz, und die Keramikarbeiten an der Treppe (1880 von Isidore de Rudder) sind allegorische Darstellungen von Musik, Farbe und Architektur. Nach über einem Jahrhundert Produktion schloss die Fabrik 1953. Linker Hand im **Biermania**, einige Schritte weiter, kann man sich mit belgischen Biersorten eindecken und sie auch probieren. Die Chaussée de Wavre führt weiter bis zur Place Jourdan im EU-Viertel. Kleine Läden säumen sie bis zum Ende. Europa und Afrika geben sich hier in Brüssels Hinterhof an der Ladentür um die

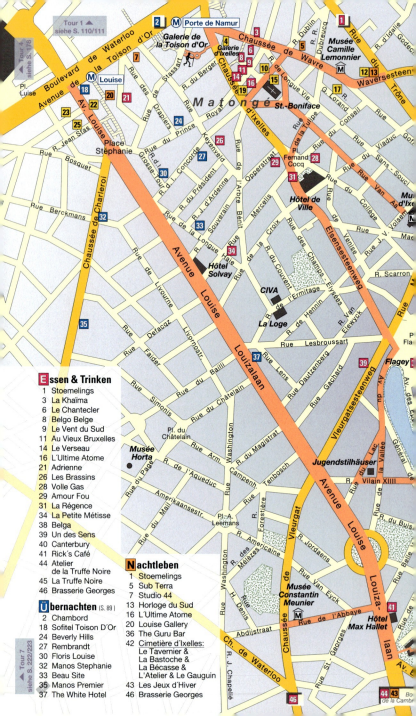

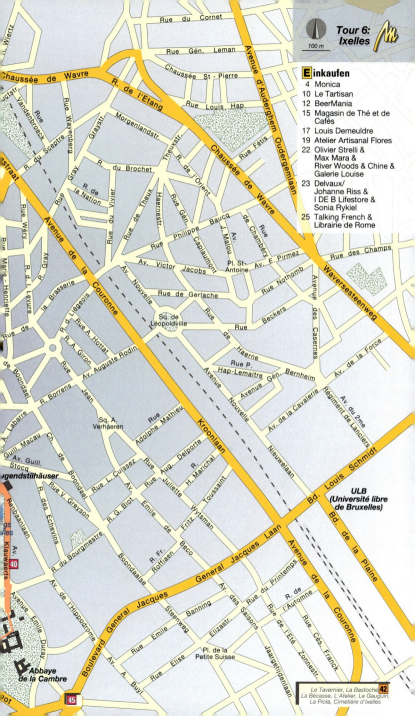

ULB
(Université libre de Bruxelles)

Jugendstilhäuser

Abbaye de la Cambre

40

45

42
Le Tavernier, La Bastoche,
La Bécasse, L'Atelier, Le Gauguin,
La Piola, Cimetière d'Ixelles

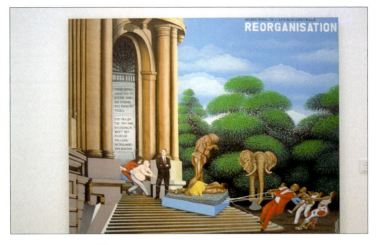

Der afrikanische Maler Chéri Samba thematisiert die Kolonialgeschichte

Ecke die Hand, und man findet sogar ein Geschäft mit frostfesten Keramikfiguren für den Balkon oder Garten.

Zum eigentlichen **Matongé**, das sich auf einige Häuserblocks vor der Kirche **St-Boniface** beschränkt, geht es von der **Chaussée de Wavre** schon deutlich vor dem Musée Lemonnier nach rechts in die **Rue de la Paix** ab. Abends nutzen zahlreiche Afrikaner immer noch die Öffnungszeiten der Nachtshops oder amüsieren sich in den Kneipen und Bars entlang der verkehrsberuhigten **Rue Longue Vie**. Schwarz und Weiß leben auch auf so engem Raum wie hier in parallelen Welten. Schon in der nächsten Querstraße grenzen ein paar afrikanische Restaurants, die auch bei den weißen Gästen beliebt sind, an flämische Feinkostläden. Von der Terrasse des **Ultime Atome** mit Blick auf die Kirche St-Boniface sieht man nur noch den ein oder anderen schwarzen Passanten. Der Architekt Joseph-Jonas Dumont errichtete die Kirche von 1846 bis 1849 als erste neogotische Kirche Brüssels. Der pyramidale Bau mit drei Schiffen folgt dem Prinzip der in Deutschland häufigen Hallenkirchen. Innen schmücken sie zahlreiche Statuen, eine hochwertige Holzeinrichtung und Buntglasfenster mit Motiven aus dem Leben Christi aus der Werkstatt von Gustave Ladon aus Gent.

In der **Rue Saint-Boniface** und der **Rue Ernest Solvay** stehen einige Jugendstilwohnhäuser von *Ernest Blérot*.

Hinter der Kirche folgt die Tour der **Rue Jules Bouillon** und dann der Rue Van Aa bis zum **Musée d'Ixelles**, das für interessante wechselnde Ausstellungen bekannt ist. Bevor das Museum erreicht ist, geht es in die **Rue de la Tulipe** zur **Place Fernand Cocq**. Den Platz säumen gemütliche Kneipen. Hier kennt man sich, zumindest vom Sehen, und hält auch auf den Bänken in der Platzmitte gern ein Schwätzchen, wenn das Wetter es zulässt. Der Platz gehörte früher zum Anwesen der Diva *Maria Malibran* (1808–1836). Der belgische Architekt Charles van der Straeten erbaute es für die erfolgreiche Opernsängerin im neoklassizistischen Stil. Sie bezog es mit dem Violinisten Charles de Blériot, ihrem belgischen Ehemann, starb aber frühzeitig an den Folgen eines Reitunfalls in Manchester. Später kaufte die Gemeinde Ixelles das Haus und quartierte dort ihr Rathaus ein. Der **Chaussée d'Ixelles** folgend, geht es – spürbar bergab – weiter bis zur **Place Eugène Flagey**, einem Verkehrsknotenpunkt, an den sich die Teiche von Ixelles anschließen.

Übrigens: Wer seine Füße schonen möchte (erhebliche Höhenunterschiede), kann von der Place Fernand Cocq aus den Bus 71 nehmen, der bis zur Universität fährt.

Das auffälligste Gebäude, dessen Turm aus gelben Backsteinen die **Place Eugène Flagey** überragt, erinnert an ein altes Dampfschiff. Es wurde 1938 im Art-déco-Stil errichtet und war lange der Sitz der belgischen Rundfunkanstalt, ihrerseits Flaggschiff der belgischen Medienwelt. Es hatte mehrere Studios mit modernster Technik, darunter einen Saal für 300 Zuschauer, in dem die größten Symphonieorchester auftraten. Probleme mit Asbest zwangen das Institut National de la Radiodiffusion zum Umzug an den Schaerbeeker Boulevard Auguste Reyers. Inzwischen sehr kostenaufwändig von privater Hand restauriert, bietet das **Kulturzentrum Flagey** heute wieder Konzertsäle bester Akustik sowie ein Kino und ein attraktives Veranstaltungsprogramm, ist jedoch finanzkrisenanfällig. Immerhin spielt das belgische Sinfonieorchester Vlaamse Radio Orkest wieder hier.

Veranstaltungsprogramme findet man auch im **Café Belga** im Erdgeschoss.

Ein Spaziergang zu den Jugendstilvillen am Ufer der **Étangs d'Ixelles** setzt diese Tour fort. Es geht in die **Avenue du Général de Gaulle** zu dem von *Ernest Blérot* erbauten Doppelhaus (Hausnummer 41), das für seine Kunstschmiedearbeiten berühmt ist. Am **Square de Biarritz** steht ein Eckhaus von *Ernest Delune*, einem der drei Brüder, die in der Gegend zahlreiche Häu-

Jugendstil an den Etangs d'Ixelles

ser entwarfen. Von hier folgt die Tour der **Rue du Lac** mit einem weiteren Highlight, das Haus Nummer 6, gestaltet von *Léon Delune*, dem Cousin der Delune-Brüder, beeindruckt durch die symmetrische Gestaltung von Eingang und Treppenhaus. Die runden Fenster zieren filigrane Blumenmotive. Die **Rue du Lac**, die **Rue de Vallée** und die **Rue Vilain XIV** bilden ein Dreieck, das in zehn Minuten zu Fuß umrundet ist. Es sei denn, man verweilt länger vor den abwechslungsreichen Hausfassaden, die alle Grundelemente des Jugendstils erkennen lassen: Symmetrien, verzierte Glasfenster, florale Muster und organische Linien, die sich an den Formen der Natur orientieren. Das Eckhaus mit dem verzierten Balkon an der **Rue de la Vallée** (Nr. 22) stammt von *Ernest Blérot* ebenso wie die Hausnummern 9 und 11 in der **Rue Vilain XIV**. Von hier aus geht es wieder in Richtung der Teiche über den Square du Souvenir und dann rechts in die **Avenue Klauwaerts** mit einem weiteren Doppelhaus von *Ernest Blérot* (Nr. 15 und 16).

Die Straße führt an dem zweiten Teich vorbei weiter zur **Abbaye de la Cambre**. Die ehemalige Zisterzienserabtei, die abends romantisch beleuchtet wird, liegt in einem Tal, früher weit entfernt von der Stadt. Nach der Enthauptung des aufständischen *Grafen Egmont* auf der Grand Place im Jahr 1568 fand hier seine Frau Sabina mit ihren elf Kindern Zuflucht. Blumenrabatten schmücken den Ehrenhof und die terrassierten Hänge, Bänke laden zum Entspannen ein. Die Studenten der hier untergebrachten Fachbereiche für Geografie sowie Kunst und Design lernen auch gern auf den Wiesen. Hinter der Abtei liegt der beliebte Stadtwald **Bois de la Cambre**, eine Oase der Naherholung mit einigen Lokalen und der Schickimicki-Disko **Jeux d'Hiver**.

Die Tour folgt den Treppenstufen, die aus dem Abteigarten zur **Avenue Louise** hinaufführen. Diese lange Prachtstraße, benannt nach der Tochter Leopolds II., bildet die Grenze zwischen Ixelles und St-Gilles und gehört zu Brüssels mondänsten und verkehrsreichsten Straßen. Wer die Tour mit einem Museumsbesuch abschließen möchte, braucht sie nur zu überqueren, sich nach rechts wenden und dann links in der **Rue de l'Abbaye** das **Musée Constantin Meunier** anzusteuern. Auch an der Avenue Louise stehen zwei bedeutende Jugendstilvillen von *Victor Horta*, das **Hôtel Max Hallet** mit der Hausnummer 346 von 1903/1904, direkt neben Rick's Café, und das **Hôtel Solvay** mit der Hausnummer 124.

Etwa 800 m weiter in Höhe der Rue Lesbroussart können Architekturinteressierte noch das Museum **La Loge** oder eine Ausstellung der **CIVA** (Rue de l'Ermitage) besuchen.

Die lange Avenue Louise erkundet man am bequemsten, indem man ein Tramticket (Tram 93 oder 94) zur **Porte de Louise** löst. Wer zu einem Bummel durch schicke Boutiquen und teure Läden (Galerie Louise und Umgebung) aufgelegt ist, kann z. B. an der eleganten **Place Stéphanie** aussteigen. Und wenn der Magen knurrt – auch das **Quartier Louise** hat seine Fressgassen: Links vom oberen Teil der Avenue Louise in der **Rue Jourdan** und der Querstraße **Rue de Gentilhomme** reiht sich an einem verkehrsberuhigten Stück Straße eine Restaurantterrasse an die nächste.

Sehenswertes

Musée d'Ixelles: Das Gemeindemuseum besteht seit 1892, nachdem der Tiermaler Edmond de Pratere seine Werke stiftete. Das Gebäude war früher ein Schlachthof und wurde mehrmals verändert und erweitert. Der jüngste Flügel beherbergt drei Etagen mit Galerien. Unter den ausgestellten Skulpturen ist auch eine von *Auguste Rodin*, der im 19. Jh. in einem Atelier in der nahe gelegenen Rue Sans-Souci arbeitete. Zum Museumsbesitz zählen über 600 Beispiele früher Plakatkunst, u. a. fast alle von *Henri Toulouse-Lautrec* sowie einige von *René Magritte*. Besucher können Werke der belgischen Künstler aus dem 19. und 20. Jh. kennenlernen, darunter Jan Toorop, Fernand Khnopff, Paul Dubois, Constant Permeke, Gustave de Smet und Rik Wouters. Zu der permanenten Sammlung zählen zudem einige sehenswerte Werke von Paul Delvaux, René Magritte, Max Ernst und Miro. Es fin-

Im Musée Camille Lemonnier, dem Wohnhaus des belgischen Zola

den regelmäßig hochwertige Ausstellungen statt.

Tägl. (außer Mo) 13–18.30 Uhr, Sa/So 10–17 Uhr. Eintritt 7 €. Das Museum wird geschlossen, wenn für die nächste Ausstellung umgebaut wird. Rue Jean Van Volsem 71, ✆ 02/51564-22, www.musee-ixelles.be. Bus 38, 54, 60, 71.

Musée Camille Lemonnier: Das Haus aus dem Jahr 1889 ist Sitz der Vereinigung französischsprachiger belgischer Schriftsteller, die hier auch Lesungen veranstaltet. Gleichzeitig beherbergt es das Museum des „belgischen Zola". *Camille Lemonnier* (1844–1913) verbrachte sein ganzes Leben in Ixelles, in diesem Haus ist sein Nachlass zu sehen. Man kann es nur mit Führung besichtigen, die Emile Kesterman, ein Professor im Ruhestand, sehr engagiert übernimmt. Er kann sehr viel über das Viertel und die belgische Literatur vermitteln und geht gern auf besondere Interessen oder Fragen ein. Im Erdgeschoss liegen der Empfangsraum mit aufwändigen Kupferverzierungen an den Türrahmen, die die Musen darstellen, sowie ein Raum für die Lesungen.

Oben befinden sich weitere drei Zimmer. Zu sehen ist u. a. eine Nachbildung seines Arbeitszimmers mit Bildern, Büsten und einer originalen Statue von Rodin. Camille Lemonnier arbeitete an einem Stehpult. Im Jahr 1883 hatte er so viel geschrieben, dass seine Zeitgenossen sich zierten, ihm den belgischen Literaturpreis zu verleihen. Stattdessen veranstaltete man ihm zu Ehren ein Bankett und verlieh ihm den Titel „Marschall der belgischen Literatur". Seine Künstlerfreunde, darunter Fernand Khnopff und Theo van Rysselberghe, schenkten ihm zum Trost ihre Werke, oder er durfte damit seine Bücher illustrieren lassen. Der heutige Besucher darf einzelne Exemplare aus dem Schrank mit seinen 74 Büchern in die Hand nehmen und bewundern. Paradoxerweise bekam Lemonnier 1888 doch noch seinen Preis, allerdings für einen Reiseführer über Belgien. Die Natur inspirierte Lemonnier zu eigenen Malereien, er sammelte Kunst, und das Museum zeigt auch Beispiele seiner schönen Kinderbuchillustrationen. Zu

Abbaye de la Cambre

den Gemälden seiner Sammlung zählt „Campement près d'une ville marocaine" von Theo van Rysselberghe.
Mo 10–12/14–16 Uhr, Mi und Do 14–16 Uhr sowie auf Anfrage. Eintritt frei. Führung rund zwei Stunden. Französisch oder Niederländisch zu verstehen, ist hier sehr hilfreich. Chaussée de Wavre 150. ✆ 02/5122968. Ⓜ Porte de Namur

Abbaye de la Cambre: Das bedeutende Zisterzienserkloster aus dem Jahr 1201 wurde während der Wirren der Religionskriege im 16. Jh. zerstört, im selben Jahrhundert wieder aufgebaut und im 18. Jh. um den Hof herum in barockem Stil vergrößert. Die hier lebenden Nonnen wurden mehrmals vertrieben, kehrten aber immer wieder zurück, bis die französische Republik das Kloster 1795 verstaatlichte. Es beherbergt heute das Nationale Geografische Institut und mehrere Fachbereiche der Hochschule für Gestaltung und Architektur, der *Ecole Nationale Supérieure des Arts visuels de la Cambre* mit den Schwerpunkten Kunst und Mode (→ S. 145). Sie geht auf das 1926 hier von *Henri van de Velde* gegründete Institut zurück.

Die gotische Klosterkirche aus dem 14. Jh. weist nur noch wenige Merkmale aus der Zeit ihrer Entstehung auf, verleiht dem von Gärten umgebenen Ensemble aber noch immer seinen ursprünglichen sakralen Charakter. Der Eingang liegt am Nordflügel des Querschiffs, welches aus zwei Kapellen besteht. Vom Querschiff gelangt man in den Kreuzgang aus dem 17. Jh., der Anfang des 20. Jh. restauriert wurde. Die Fenster sind mit den Wappen und Wappensprüchen von 41 Äbtissinnen verziert.
Tägl. 9–12/13–18 Uhr. Eintritt frei. Avenue Emile Duray 11. Tram 23, 90, 93, 94, Bus 74.

Musée Constantin Meunier: Das Museum des Bildhauers residiert in dem eher bescheidenen Wohnhaus und Atelier. *Constantin Meunier* (1831–1905) verbrachte hier die letzten fünf Jahre seines Lebens. Der belgische Staat erwarb das Haus und die über 700 Werke des Künstlers im Jahr 1939. Das Museum zeigt ausgewählte 150 Zeichnungen, Skulpturen und Ölgemälde. Typische Motive sind Kohlebergwerke, Grubenarbeiter und Grubenpferde, aber

auch Krabbenfischer, Treidler und Mäher. In den 70er Jahren beschäftigte Meunier sich intensiv mit der belgischen Industrie rund um Lüttich und beobachtete beispielsweise die Arbeit in den Fabriken von Cockerill. Im Jahr 1886, ein Jahr nach der Gründung der belgischen Arbeiterpartei, wurde Meunier durch seinen sozial-realistischen Stil international bekannt. Kurz darauf ließ er sein Wohnhaus mit Atelier bauen. Während eines Aufenthalts in Sevilla malte Meunier lebendige Szenen aus dem spanischen Volksleben, die heute in seinem Malereiatelier zu sehen sind. Im Bildhaueratelier stehen überlebensgroße Gipsabgüsse und einige Fragmente sowie das Modell für das „Monument Emile Zolas", das er nicht zu Ende führen konnte.
Di–Sa 10–12/13–17 Uhr. Eintritt frei. Rue de l'Abbaye 59, ✆ 02/6484449, www.fine-arts-museum.be. Tram 93, 94, Bus 38, 60.

La Loge (Musée d'Architecture): Die Architekten Fernand Bodson und Louis Van Hooveld errichteten das Gebäude 1934 im Auftrag der Freimaurerloge „Le Droit Humain", die sich in den turbulenten „Années folles" progressiven Idealen verschrieben hatten. Mitglieder waren z. B. der Arzt Ovide Decroly, der Friedensnobelpreisträger Henri La Fontaine und der Schriftsteller und Philosoph Nelly Schönfeld. Reine Formen, die keinerlei Bezug zur Architektur der Vergangenheit aufnahmen, und zahlreiche Symbole der Freimaurer charakterisieren das Gebäude. Auf drei Etagen mit Oberlicht werden hier seit 2002 für Architekturliebhaber sehr interessante, alle sechs Monate wechseln-

de Ausstellungen aus dem Fundus (belgische und internationale Architektur aus dem 19./20. Jh.) der AAM (Archives d'Architecture Moderne) gezeigt.
Di–So 12–18 Uhr, Mi bis 21 Uhr. Eintritt 4 €, erm. 3 €. Rue de l'Ermitage 86, ✆ 02/6428665, www.aam.be. Tram 93, 94, Bus 38, 60.

CIVA: Das große Gebäude gegenüber dem Musée de l'Architecture zeigt ebenfalls spannende Wechselausstellungen, allerdings in kürzeren Rhythmen. Es ist Sitz der CIVA (Centre International pour la Ville, l'Architecture et le Paysage), das mit La Loge, dem AAM (siehe oben), der Fondation de l'Architecture und vielen Forschungseinrichtungen und Stiftungen kooperiert. Im Gebäude befinden sich neben dem Ausstellungssaal eine große Fachbibliothek für Architektur und eine bestens sortierte Buchhandlung.
Tägl. (außer Mo/Fei) 10.30–18 Uhr, Eintritt 6 €, erm. 3 €. Rue de l'Ermitage 55, ✆ 02/6422480, www.civa.be. Tram 93, 94, Bus 38, 60.

Hôtel Solvay: *Victor Horta* erbaute das luxuriöse Wohnhaus der Familie des Industriellen Ernest Solvay 1893/94. Mit seinen Eisenkonstruktionen und seiner prachtvoll hellen Innenraumgestaltung setzte er Maßstäbe in der Architekturgeschichte. Später war das Haus Hauptquartier der Gestapo. Im Januar 1943 flog ein Pilot sein Flugzeug in das Gebäude, *Jean de Seloys Longchamps*. Daran erinnert ein kleines Denkmal an der Straßenseite gegenüber.
Besichtigung nur nach Voranmeldung, Eintritt 20 €. Avenue Louise 124, ✆ 02/6473733, ✉ 6481333. Tram 93, 94.

Ixelles · *Karte S. 208/209*

Praktische Infos

Essen und Trinken

Im **Matongé** gibt es alles von belgisch bis japanisch, aber besonders gut isst man hier afrikanisch. Die meisten Restaurants liegen in der Nähe der Place St-Boniface und der Place Fernand Coq und sind gut zu erreichen. Ⓜ Porte de Namur oder Bus 71.

Belgo Belge (8): liegt im Schatten der neo-gotischen Kirche St-Boniface und ist ein beliebter Treffpunkt mit bewährter belgischer Küche. Hier kennt man sich und kommt, um gesehen zu werden. Drinnen und auf der großen Terrasse gibt es Waterzooi und Muscheln. A la carte isst man ab 20 € und mittags ab 10 €. Rue de la Paix 20, ✆ 02/5111121, wwwbelgobelge.be. Tägl. 12–24 Uhr.

Le Chantecler (6): Muscheln in verschiedenen Zubereitungsarten sind die Spezialität hier, aber es gibt auch Pasta und Pizza aus dem Ofen. Chaussée de Wavre 47, ✆ 02/5124378, Tägl. 12–15/18–23 Uhr.

La Khaïma (3): Das nordafrikanische Restaurant ist mit Teppichen ausgelegt und wie ein Berberzelt traditionell eingerichtet. Man sitzt auf weichen, mit gemusterten Stoffen bezogenen Bänken an runden Tischen und hat die Qual der Wahl zwischen etlichen Couscous-Gerichten. Auch das süße, klebrige Gebäck sollte man sich hier zum Nachtisch gönnen. Freitags und Samstags treten Tänzerinnen auf. Gerichte ab 10 €. Preise a la Carte ab 22 €. Chaussée de Wavre 1390, ✆ 02/6750004, www.lakhaima.be. Tägl. 12–14/18–23 Uhr, an Wochenenden bis Mitternacht.

Le Vent du Sud (9): Das kleine nordafrikanische Restaurant liegt mitten in Matongé. Couscous gibt es hier ab 13 €, und die Spezialität ist Tajine mit Fisch. Rue Ernest Solvay 24. Tägl. (außer So) 12–15/18.30–0.30 Uhr, Sa nur abends.

Adrienne (21): sehr beliebt für den Sonntagsbrunch. Riesenauswahl an Meeresfrüchten, Fischgerichten, feinen Terrinen und belgischen Spezialitäten bis zum Käse. Recht teuer, aber gut. Rue Capitaine Crespel 1 a, ✆ 02/5119339. Tägl. 12–14/18–22 Uhr, So nur 11.30–14 Uhr. Ⓜ Louise.

Un des Sens (39): Wenige Schritte von der Place Flagey entfernt im unteren Teil von Ixelles liegt dieses gemütliche französische Restaurant (ca. 30 €). Man kann für Vorspeise, Hauptgericht und Nachtisch jeweils zwischen drei Gerichten wählen oder besucht nur die Weinbar mit großzügiger Auswahl in allen Preiskategorien. An den Wänden werden immer wieder andere Bilder ausgestellt. Chaussée de Vleurgat 7, ✆ 02/6463046, tägl. außer So ab 18–24 Uhr.

Les Brassins (26): Sympathisches Bistro und Estaminet mit belgischer Küche zu akzeptablen Preisen und einer großen Auswahl erlesener Biersorten. Rue Keyenveld

36, ✆ 02/5126999, www.lesbrassins.com. 12–15 und 17–1 Uhr, So geschlossen.

Volle Gas (28): Diese traditionsreiche Bar und Brasserie ist bei den Bewohnern von Ixelles sehr beliebt und spielen Jazzmusiker. Der Weg lohnt besonders wegen der mit Bier verfeinerten Küche. Zu empfehlen: Kaninchen in Kriek-Bier oder ein Geflügeleintopf mit Bier. Im Sommer kann man auf der Terrasse draußen sitzen. Eine lange Theke säumt den Innenraum mit den hohen Decken. Gerichte von der Karte ab 20 €. Place Fernand Cocq 21, ✆ 02/5028917, www.vollegas.be. Tägl. von 12–15 Uhr und 18–24 Uhr. Bus 71.

Canterbury (40): Besonders attraktiv und wenig touristisch ist im Sommer die Terrasse unter Bäumen in der Nähe der Etangs d'Ixelles. Die Nachfolger der Niels-Brüder, seit 1926 Koryphäen im Gastro-Business, betreiben u. a. auch das Restaurant Aux Vieux Saint-Martin an der Place du Grand Sablon und einen exklusiven Weinhandel am Fischmarkt. Hier ist die Küche auf Spezialitäten mit Huhn ausgerichtet. Gerichte ab 12,50 €. Avenue de l'Hippodrome 2, ✆ 02/6468393, www.nielsbrothers.com. Tägl. (außer So) 12–23.30 Uhr, in der letzten Dezemberwoche geschlossen. Tram 23, 90, 93, 94, Bus 74.

La Régence (31): garantiert authentisch, eine einfache Brasserie, nicht unbedingt spektakulär, aber familiär. Das günstige Menu du Jour (ca. 8 €) zieht an alle Herrn von nebenan ebenso an wie Studenten, Musiker und Büroangestellte. Man kennt sich hier, zumindest vom Sehen, wohnt meist um die Ecke und macht La Régence zwischendurch mal zum eigenen Wohnzimmer. Place Fernand Cocq 12, ✆ 02/5131390. So geschlossen. Bus 71.

Stoemelings (1): Diese nette, alt eingesessene Kneipe an der gemütlichen kleinen Place de Londres nennt sich selbst „Café für Geschäftsfrauen und Hausmänner". Touristen verirren sich selten hierher, es gibt einfache Gerichte à la Croque Monsieur, gute Stimmung und die übliche Bierauswahl von Blanche de Hoegarden bis Duval. Place de Londres 7, ✆ 02/5124374. Tägl. 11–2 Uhr.

Amour Fou (29): eine alt eingesessene, ehemals sehr links orientierte Bar, die inzwischen bürgerlicher geworden ist. An der Wand hängt moderne Kunst. Zu essen gibt es leckere Quiches und große Steaks. Und nach dem Essen gehen die Insider hier

schleichend zum Cocktailtrinken über ...
Chaussée d'Ixelles 185, ☎ 02/5142709. Tägl.
9–2 Uhr. Bus 71.

Le Verseau (14): günstiges afrikanisches
Restaurant mit Terrasse. Tagesmenu für
8 €. Gute Weinkarte, sie bietet stets Pas-
sendes zu der großen Auswahl an Gerichten vom gesamten afrikanischen Kontinent
inklusive Libanon und – aha – Israel. Ebenfalls viel Cocktails. Rue St-Boniface 29,
☎ 02/5132722. Tägl. (außer So) 12–15/18–
24 Uhr, Sa nur abends.

Au Vieux Bruxelles (11): Ein Traditionsrestaurant mit geschäftigem Ambiente. Hier
hört man manchmal noch Zwanzem den alten Brüsseler Dialekt. Der Kachelschmuck
am Eingang weist das Restaurant als legen-
där für Fritten und Muscheln aus. Auch die
Steaks munden. Ab 20 €. Rue St-Boniface
35, ☎ 02/5033111, www.auvieuxbruxelles.com.
Tägl. (außer Mo) 18.30–23.30 Uhr, Fr/Sa bis
24 Uhr, So zusätzlich 12–15 Uhr.

L'Ultime Atome (16): Diese fast immer
gut besuchte Brasserie liegt zentral im
Matongé. Von der Terrasse hat man einen
netten Blick auf die Kirche St-Boniface.
Serviert wird leckere belgische Bistroküche ab 14 €. Empfehlungen des Hauses
werden frisch auf Tafeln an der Wand
geschrieben, z. B. wenn es Viktoriabarsch
oder Kabeljaufilet gibt. Neben Milch-
shakes überzeugen auch die zahlreichen
belgischen Biere. Für junge Leute, die
noch weiter um die Häuser ziehen möchten, ein beliebter Treffpunkt. Rue St-
Boniface 14, ☎ 02/5111367. Tägl.11–24 Uhr.

Le Tartisan (10): Die exzellente Auswahl an
sehr dekorativen Torten nach traditionellen
Rezepten lässt einem das Wasser im Mund
zusammenlaufen. Man kann hier auch vorzüglich Salate, Quiches (ca. 12 €) und Desserts verspeisen. Ganze Torten zum Mitnehmen auf Bestellung (Ø 32 cm) kosten
13 €, z. B. Nussschokolade oder Linzer Tor-
te mit Erdbeeren. Es werden auch hausgemachte Marmelade, Gänseleber und ge-
brannte Schnäpse verkauft. Rue de la Paix
27, ☎ 02/5033600, ✆ 5033600 (Bestellungen
48 Std. im Voraus), www.tartisan.be. Mo, Di
10–19, Mi–Sa 10–22 Uhr.

Rick's Café (41): Vom Garten des berühmtesten, aber etwas versnobten amerikani-
schen Cafés sieht man die drei Glasdächer
des Hôtels Max Hallet von Victor Horta. Es
ist schick und teuer und ein beliebter Treff
nach dem Büro. Man kann hier aber auch
aufwändig brunchen oder Riesensteaks

Viele Geschmäcker, rund 500 Sorten

verzehren (ab 20 €). Avenue Louise 344,
☎ 02/6477530, www.ricks.eu.com, tägl. 11–
24 Uhr, So nur 10–16 Uhr. Tram 93, 94.

La Petite Métisse (34): Zebra- und Giraffen-
motive dekorieren dieses kleine afrikanische Restaurant. Es liegt etwas versteckt
und ruhig in einer Seitenstraße, die von der
Place Fernand Cocq abgeht. Zu essen gibt
es verschiedene Hühnergerichte, beispielsweise nach senegalesischer oder kongole-
sischer Art zubereitet, oder auch Straußen-
filet. Gerichte im Durchschnitt 16 €. Rue
Mercelis 46. Bus 71 bis Place Fernand Cocq.

Belga (38): Das große lichtdurchflutete
Café im Erdgeschoss des früheren Rund-
funkgebäudes Flagey ist ein beliebter Szenetreff, gestaltet von Szene-König Fréderic
Nicolas, der mit seinen Kneipendesigns und
der Wahl seiner Lokalitäten den Nerv des
Zeitgeists trifft. Hier liegen Zeitungen und
Veranstaltungsprogramme aus. Vor oder
nach dem Kino oder Konzerten (siehe Veranstaltungsprogramm Flagey) ist hier besonders viel los. Von der Terrasse blickt man auf
die Etangs d'Ixelles. Place Eugène Flagey,
☎ 02/6403508. Tägl. 9.30–3 Uhr. Bus 71.

Karte S. 208/209

Ixelles

Brasserie Georges (46): Die Kellner tragen lange weiße Schürzen und bewegen sich souverän durch das fröhliche Gewimmel. Man kommt sich vor wie in einer Pariser Brasserie. Die Fischtheke auf der Terrasse hat eine riesige Auswahl. Avenue Winston Churchill 259. Tägl. 11.30–0.30 Uhr, Fr/Sa bis 1 Uhr. Bus 38, Tram 23 und 90.

La Truffe Noire (45): Wer hier einkehrt, musste ca. 70 € pro Person ausgeben, aber das Restaurant mit einem Stern ist eines der kulinarischen Highlights in Brüssel. Der italienische Chef Luigi Ciciriello schwört auf französische Küche mit schwarzen Diamanten: Trüffel verfeinern jedes Gericht. Eine etwas günstigere Alternative ist das Atelier de la Truffe Noire (s. u.). Boulevard de la Cambre 12, ✆ 02/6404422. Tägl. (außer So) 12–14/19–21.30 Uhr, Sa nur abends. Tram 93, 94.

Atelier de la Truffe Noire (44): Alles dreht sich bei diesem Traiteur und Café um Trüffel und italienische Spezialitäten. Kleine Häppchen zu gewürzten Preisen, aber sie schmecken verführerisch. A la carte ab 50 €, Menu ab 40 €. Avenue Louise 300, ✆ 02/6405455, www.atelier.truffenoire.com. Tägl. (außer So und Mo abend) 8–18 Uhr. Tram 93, 94.

Studentenszene am Cimetière d'Ixelles (42)

Zwischen ULB und Solbosch liegt dieses Viertel etwas abseits in Friedhofsnähe. Man kommt z. B. von der Gare Central und dann mit dem Bus hierher (Haltestelle: Cimetière d'Ixelles, Linien 71, 95, 96), und es fahren am Wochenende stündlich Nachtbusse. Von der Metrostation Louise aus fahren die Trams 93 und 94. Neben netten Cocktailbars mit Videoscreen und Tanzfläche gibt es auch einige weder touristische, noch kostspielige Restaurants, die durchaus nicht nur bei einem studentischen Publikum beliebt sind. Wer sich entlang der Chaussée de Boondael treiben lässt, findet alles von der Sushi- bis zur Tapas-Bar. Vertreten sind der kleine Italiener mit der erlesenen Weinkarte ebenso wie das Lockangebot „Spaghetti für 7 €, zweite Portion gratis". Jeder kann sich aussuchen, was zur Laune gerade am besten passt und zumindest am Wochenende noch lange nach Mitternacht essen gehen. Hier einige Klassiker des Viertels:

Le Tavernier: cooles Ambiente, Lounge-Musik, große Terrasse zum Draußensitzen. Die Getränke kann man sich an zwei langen Bars selbst holen. Es passen 350 Leute hinein, Do–Sa legen DJ's auf, und es wird getanzt, manchmal gibt es auch Life-Musik. Preislich eher im Mittelfeld. Chaussée de Boondael 445.

La Bastoche: Ambiente einer Brüsseler Taverne mit traditioneller belgischer Küche. Freundliche Serviererinnen und günstige Preise, daher bei Studenten beliebt. Die Küche ist bis nach Mitternacht geöffnet. Chaussée de Boondael 473, ✆ 02/6407191, www.le-tavernier.be. Mo, Do, So 11–3 Uhr, Fr/Sa 11–4 Uhr.

La Bécasse: traditionelles Ambiente und traditionelle Küche bis weit nach Mitternacht auf zwei Stockwerken. Muscheln gibt es hier auch als Viertel- und Dreiviertelportionen. Chaussée de Boondael 476. Tägl. 12–3 Uhr, Fr/Sa bis 5 Uhr.

L'Atelier: Diese Bierkneipe liegt einige Seitenstraßen von der Chaussée de Boondael entfernt und erstaunt mit einer ungewöhnlich großen Auswahl an belgischen Bieren. Am besten nimmt man sich lange Zeit, die Karte zu studieren. Mit den Logos der Brauereien ist sie auch eine markante Wanddekoration. Das Ambiente ist eher cool und hebt sich deutlich von vergleichbaren Etablissements an der Grand Place ab. Rue Elise 77. Tägl. 18–3.30 Uhr.

Le Gauguin: Hier herrscht eine studentische Atmosphäre und das Bier fließt in Strömen. Chaussée de Boondael 420. Tägl. 16–24 Uhr.

Nachtleben

Studio 44 (7): Daddy-Ket legt hier auf, ein Kult-DJ für Rap, aber er spielt alles Mögliche von Hip-Hop bis Reggae. Sonntagabends bricht hier das Funk-Fieber aus, die Getränke kosten weniger, und man kann zum Abschluss des Wochenendes noch mal tanzen bis zum Umfallen. Avenue de la Toison d'Or 44, ℘ 02/472803729, www. studio44.be Di–So ab 22.30 Uhr. Eintritt frei.

Sub Terra (5): In diesem südamerikanischen Kulturzentrum mitten im Matongé gibt es neben Latino-Rhythmen und Cocktails einen Gewölbekeller zum Tanzen, ein echter Geheimtipp. Die gemeinnützige Organisation veranstaltet am Wochenende Partys, wenn die Räume nicht gerade vermietet sind. Zum kulturellen Angebot zählen Filme, Lesungen und Sprachkurse. Rue de Dublin 33, ℘ 0479/440387.

L'Horloge du Sud (13): von außen unscheinbar und etwas vernachlässigt wirkende multikulturelle Bar mit Restaurant in einem Saal aus der 50ern. Oben finden Live-Konzerte, Debatten und Jam-Sessions statt. Kultureller Austausch erwünscht. Es gibt eine Riesenauswahl an Rum-Sorten und typische Gerichte aus Afrika und Südamerika, die meisten sehr scharf. Rue du Trône 141. Mo–Fr 11–24 und Sa–So 18–24 Uhr. Ⓜ Trône.

Les Jeux d'Hiver (43): Schickimicki-Disko mit Mainstream-Musik im Bois de la Cambre. Hier ist es immer Glückssache, ob der Türsteher einem Einlass gewährt oder nicht. Es hängt nicht nur am Outfit, sondern auch an Uhrzeit und Besucherdichte. Ein beliebter Ort für EU-Praktikanten und Mitarbeiter sowie kontaktfreudige Noch- oder Schon-wieder-Singles. Chemin du Croquet 1, ℘ 02/6490864, www.jeuxdhiver.be. Do–Sa ab 21 Uhr; Disko ab 24.30 Uhr bis ultimo Eintritt frei.

The Guru Bar (36): Es liegt nur wenige Schritte vom Flagey entfernt und bietet neben dem Kneipen- und Cafébetrieb Fusionsküche (ab 9 €). Am Wochenende legen DJs zum Tanzen auf. Chaussée de Boondael 8, www.gurubar.be täglich 10–1 Uhr.

Louise Gallery (20): Schicke, glamouröse Disko im Keller der Galerie Louise. Sonntags finden hier Gay-Nights statt, siehe unter www.strong.be. Fr–So ab 22 Uhr, www.louisegallery.com.

Einkaufen

Monica (4): afrikanischer Friseur, Galerie du Matongé 53. Mo–Sa 9–20 Uhr. Europäischer Haarschnitt (ohne Waschen) 15 €. Im Angebot sind auch Rastazöpfe, afrikanische Frisuren, Extensions etc. für bis zu 120 €. Ist übrigens in dieser Galerie alles andere als konkurrenzlos, etliche weitere Friseure widmen sich ebenfalls gerne europäischem Haar.

Black is beautiful

BeerMania (12): 400 belgische Biersorten. Etliche kann man probieren. Chaussée de Wavre 174–176, www.beermania.be. Tägl. (außer So) 11–21 Uhr.

Magasin de Thé et de Cafés (15): Tee und Kaffee. Rue St-Boniface 17. Di–Sa 11–20 Uhr.

Etablissements Demeuldre (17): Brüsseler Porzellan, Chaussée de Wavre 141–143. ℘ 02/5115144, Di–Sa 9.30–18.30 Uhr.

Atelier Artisanal Flores (19): Tiffany-Lampen, Glaskunst, Jugendstil-Glas. Rue de la Paix 16.

Olivier Strelli (22): Avenue Louise 72.

Galerie Louise (22): diverse Geschäfte.

Max Mara (22): Avenue Louise 19.

River Woods (22): Mode, Avenue Louise 41.

Chine (22): ebenfalls Mode, Avenue Louise 82.

Talking French (25): Mode, Rue Jean Stas 16.

Librairie de Rome (25): Rue Jean Stas 16 a, internationale Buchhandlung.

Delvaux/Johanne Riss (23): Boulevard de Waterloo 27, Leder und Lycra-Kleider vom Feinsten.

I DE B Lifestore (23): Boulevard de Waterloo 49. Mode für Männer und Frauen mit Beauty-Raum, konzipiert von Ingrid de Borchgrave, die in Brüssel bereits Geschäfte von Armani, Dior und Cortina eröffnete.

Sonia Rykiel (23): Boulevard de Waterloo 5.

Karte S. 208/209

Ixelles

Musée Horta, einst das Wohnhaus des Jugendstilarchitekten

Saint-Gilles, Wiege des Jugendstils

Das hügelige Saint-Gilles grenzt direkt an Ixelles und an die Marollen. Gemütliche Plätze und große Boulevards, zahlreiche Jugendstilvillen und ein besonders prunkvolles Rathaus machen den noch wenig touristischen Stadtteil für Besucher und Bewohner sehr reizvoll.

Berühmte Architekten wie Victor Horta, Paul Hankar, Antoine Pompe oder Ernest Blérot hinterließen in Saint-Gilles markante Spuren. Wer heute die 2,5 km² dieser Gemeinde zu Fuß durchstreift, trifft allenthalben auf Sgraffito-Malereien, dekoratives buntes Glas und geschwungene Türgriffe. Art nouveau und Art déco erfahren seit einigen Jahren neue Wertschätzung. Ein paar Mal im Jahr lassen die Bewohner der Jugendstilhäuser ihre Lichter bis 22 Uhr an, damit alle Passanten in der Dunkelheit die Farben und Motive an ihren Fenstern und Hauseingängen bewundern können. Lange Boulevards verleihen Saint-Gilles das Flair des Paris der Jahrhundertwende. Die Häuser zeugen von frühem industriellen Wohlstand und erinnern an eine Symbiose von Künstlern und Mäzenen wie am Montmartre von einst. Kaum ein Haus gleicht dem anderen: Die lange Fremdherrschaft provozierte den belgischen Individualismus, und der äußert sich wohl auch in der Sorge, das eigene Haus könne aussehen wie das des Nachbarn.

Ursprünglich gehörte der kleine Weiler namens Obbrussel – „oberhalb von Brüssel" – zur Abtei von Forest, später fiel er an die Grafschaft Uccle. Vom 12. Jh. bis zum 16. Jh. lebten hier zu Füßen der Porte de Hal die „Koolkappers", Bauern, die Kohl anbauten. Sie waren auch die ersten, die im 19. Jh. Rosenkohl zogen, den berühmten „choux de Bruxelles". Erst mit der Französischen Revolution 1795 erhielt Saint-Gilles die Selbstständigkeit. Für ihre Verdienste bei der Verteidigung bekamen die Bewohner schon unter holländischer Herrschaft das Privileg, ein eigenes Rathaus zu errichten, das bis heute außergewöhnlich prunkvoll ist.

Im Zeitalter der Industrialisierung siedelten sich Ziegeleien, Leinenwebereien und chemische Fabriken an. Kapitalisten, Arbeiter, Künstler und Lebenskünstler zog es nach Saint-Gilles. Zwi-

schen 1850 und 1910 wuchs die Bevölkerung von Saint-Gilles von 4.620 auf 63.140 Einwohner und war damit zahlreicher als heute (rund 43.580). Um die Jahrhundertwende entstanden die großen Boulevards und die prächtigen Villen, die das Viertel zum Wohnen so attraktiv und für Besucher erst sehenswert macht. Das Leben des Viertels, seine kleinen Läden, Cafés und Kneipen entdeckt man am leichtesten rund um den Platz vor der Kirche Saint-Gilles sowie in der Gegend der Kirche Ste-Trinité, Place du Châtelain und Rue du Page.

Tour 7

Dauer der Tour ohne Museumsbesuche: ca. 3 Std.

Wer nicht gut zu Fuß ist, kann das weitläufige Saint-Gilles mit dem Auto besuchen. Am verkehrsreichsten sind die beiden Achsen Chaussée de Charleroi und Chaussée de Waterloo, mehr Ruhe und manchmal einen Parkplatz findet man in den Nebenstraßen. Eine spannende Alternative ist auch die von Pro Velo angebotene Jugendstil-Führung per Fahrrad (→ S. 64).

> Tipp: Wer sich für Musterbeispiele des belgischen Symbolismus in imposanten Innenräumen interessiert, sollte sich vorab für eine Rathausführung anmelden.

Diese Tour beginnt am Fuß der Marollen an der **Porte de Hal**, einem Tor der früheren Stadtmauer, und endet an der Avenue Louise. Von der oberen Etage des Stadttors bietet sich ein schöner Rundblick. Von der Ⓜ Porte de Hal geht es durch die **Avenue Jean Volders** etwa fünf Minuten bergan bis zur **Rue Vanderschrick**. Der Architekt *Ernest Blérot*, der in Brüssel über 70 Häuser baute, entwarf zwischen 1900 und 1902 in dieser Straße sage und schreibe 17

Häuser und schmückte sie individuell mit Sgraffiti, geschwungenen Giebeln und Erkern sowie Kunstschmiedearbeiten. Viel bewundert wird das Pfauenfenster (Nr. 19). Blérots Auftraggeberin war die Witwe Elsom, der damals alle Grundstücke in der Straße gehörten. An der Ecke fällt der filigrane Eingang des Jugendstil-Cafés **La Porteuse d'Eaux** („Die Wasserträgerin"). Die **Avenue Jean Volders** führt weiter hinauf zum **Parvis de Saint-Gilles**, dem gemütlichen Marktplatz vor der Pfarrkirche Saint-Gilles. Jeden Vormittag, auch sonntags, wird an den Ständen um den Preis von Obst, Gemüse, Blumen oder Kleidung gefeilscht.

Wenn man von der Kirche aus den länglichen Platz überquert und vor der **Brasserie de L'Union** rechts einbiegt, kommt man zum Eingang der hübschen Grünanlage **Parc Jacques Franck**. Am Ententeich vorbei folgt man dem Fußweg bergauf bis zum Ausgang an der **Rue de Parme** mit dem Patrizierhaus des Industriellen Pelgrims (Maison Pelgrims, Nr. 69). Rechter Hand geht es dann weiter bis zur **Place Louis Morichar**. Die Säulen in der Mitte stammen aus dem Jahr 1957. Man benannte den Platz nach einem

Funktionär für öffentliche Bildung, weil es in der Umgebung einige Schulen gab. Im Athénée Royale von 1882 am unteren Ende des Platzes gingen der belgische Politiker Paul-Henri Spaak, der Maler Paul Delvaux und weitere Berühmtheiten zur Schule. Rund um den Platz stehen Jugendstilhäuser. Über die **Rue de Parme** geht es weiter bis zur **Chaussée de Waterloo** mit der **Metrostation Horta**. Sie wurde mit den dekorativen Eisengittern von der Fassade und aus dem Ballsaal der 1965 leider abgerissenen **Maison du Peuple** von Horta dekoriert. An der **Chaussée de Waterloo** steht ein großer Springbrunnen. An der **Barrière de Saint-Gilles**, wo heute sechs große Straßen aufeinander treffen, war früher die Zollstation. Die Brunnenskulptur der Wasserträgerin stammt von dem in Saint-Gilles geborenen Bildhauer *Julien Dillens*. Sie erinnert an ein Mädchen, das den durstigen Pferden der Postkutschen zu trinken gab und die Passanten ermutigte, ihren Weg zum Rathaus fortzusetzen. Hier auf der Kreuzung steht nur eine Kopie, das Original befindet sich im Rathaus.

Von der Barrière aus wendet man sich auf der Avenue Paul Dejaer in Richtung **Place Maurice Van Meenen** mit dem **Hôtel de Ville** (Rathaus). Zum 100-jährigen Jubiläum 2004 wurde es aufwändig auf Hochglanz gebracht. Als schämten sich die Ratsherren von Saint-Gilles immer noch für sie, versteckt Laub aus einer Grünanlage im Ehrenhof die nackte, 3,60 m hohe Bronzeskulptur „La Déesse du Bocq". In der kälteren Jahreszeit jedoch sind die weiblichen Formen der „Göttin des Flusses Bocq" nicht zu übersehen. Sie stammt von *Jef Lambeaux*, demselben Bildhauer, dessen als Pornographie verpöntes Relief der menschlichen Leidenschaften im Horta-Pavillon im Parc du Cinquentenaire die Konservativen und die katholische Kirche erzürnte (→ Tour 5).

Ü bernachten (S. 90)
1 Berckmans

E ssen & Trinken
2 La Porteuse d'Eaux
4 Le Jughurta
5 Brasserie de L'Union
6 Salons de l'Atalaïde
8 Brasserie Verschueren
9 Chelsea
12 Kolya
15 La Renaissance
17 Sisisi
18 Raconte moi des salades
19 Fellini
20 Le Pain du Châtelain
22 Panisse
23 Café des Spores
24 Table de matières
25 La Cigale
27 La Quincaillerie
28 La Maison Berbère
30 Toucan

N achtleben
3 Malte
7 Le Living Room
10 Café Cartigny
14 Chez Moeder Lambic
16 Atelier La Dolce Vita
21 Le Chat-Pitre
26 Le Bistro des Restos
30 Toucan

C afés
20 Le Pain du Châtelain

E inkaufen
11 Sabine Hermann
13 Rue Bailli:
   La Maison du Bridge & Bruno Paillard & Irsi
29 Instore
31 Les Précieuses

Hinter dem Rathaus erreicht man durch die **Avenue Jef Lambeaux** das Gefängnis **Prison de Saint-Gilles**. Die sternförmige Trutzburg im englischen

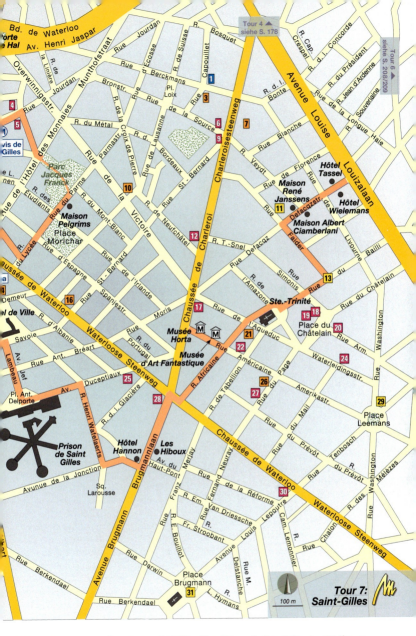

Tudorstil wurde zwischen 1878 und 1884 an der Gemeindegrenze zu Forest gebaut. Rund 600 Zellen befinden sich in den fünf Trakten, die in einen zentralen Rundbau münden. Schon im 19. Jh. wurde hier über Platzmangel und mangelhafte Haftbedingungen geklagt. Rechts geht es durch die **Avenue Ducpétiaux** –

Rue du Bailli

so hieß der Kriminologe, der die englische Gefängnisarchitektur in Belgien propagierte – und wieder rechts durch die **Rue Henri Waefelaerts** an der Strafanstalt entlang. Das an die Villen von Andrea Palladio erinnernde Gebäude Nr. 47–51 erbaute *Léon Janlet* 1927. Die schmucke Fassade kaschiert einen funktionalen Komplex mit Laboratorien der Chemiefabrikanten Sanders. Die orthopädische Klinik in der Nr. 53, die *Antoine Pompe* für einen befreundeten Arzt baute, war 1910 hochmodern.

Links durch die **Avenue de la Jonction** gelangt man zur **Avenue Brugman**. Auf der Ecke steht das **Hôtel Hannon**, die Jugendstil-Residenz des Ingenieurs Edouard Hannon. Sehenswert ist es auch wegen der wechselnden Fotoausstellungen, z. T. aus dem Nachlass des früheren Besitzers. Ein beliebtes Fotomotiv: die nahe **Maison Les Hiboux** (1899, von *Edouard Pelseneer*) in der Avenue Brugmann 55 mit dem Sgra-

fitto von zwei Eulen über der Tür und Eulenskulpturen an der Fassade.

Nächstes Ziel der Tour ist das **Musée Horta** in der **Rue Américaine**. Heute kommen jährlich im Schnitt an die 30.000 Besucher in das ehemalige Wohnhaus und Atelier des Jugendstil-Architekten. Von der Rue Américaine geht es nach links durch die **Rue Africaine** zur **Église de la Trinité**. Die Westfassade dieser Kirche mit ihren sehenswerten Reliefplastiken stammt von der Augustinerkirche, die im Jahr 1895 in der Innenstadt abgerissen wurde, um für den Ausbau der Place Brouckère Platz zu schaffen. Das Kircheninnere ist neobarock. Sehenswert sind die Buntglasfenster mit traditionellen religiösen Szenen, teilweise noch aus dem 18. Jh. Ein Abstecher führt nach rechts zur **Place du Châtelain** mit Restaurants und Cafés, die sich weiter bis in die Rue du Page erstrecken. Ansonsten geht es von der Kirchentür aus direkt weiter in die **Rue du Bailli** und links in die **Rue Faider**. In Bordsteinhöhe ist an der Hausnummer 83 ein mit Pflanzenformen verzierter Schuhkratzer angebracht. Das obere Fenster schmücken Sgrafitti. Das Haus von 1900 stammt von dem Horta-Schüler *Albert Roosenboom*. Am Ende der **Rue Paul Émile Janson** (Nr 6) steht das **Hôtel Tassel**, das *Victor Horta* 1893 international berühmt machte. Eisen, Glas und geschwungene Formen lassen seine typische Handschrift erkennen. Parallel verläuft die **Rue Defacqz** mit dem **Haus des Malers Albert Ciamberlani** (Nr. 48). Der Adelige aus Bologna ließ es sich 1897 von *Paul Hankar* bauen und widmete sich eigenhändig den Sgrafitti. Paul Hankar gestaltete in dieser Straße auch das **Haus des Malers René Janssens** (Nr. 50) und sein farbenfrohes eigenes (Nr. 73) mit einem hübschen Erkerfenster, das in der Architekturszene seinerzeit Furore machte. Unter dem Gesims hielt Hankar in vier Sgrafitti in Gestalt verschiedener Vögel Morgen, Tag, Abend und Nacht fest. Die Innenarchitektur des **Hôtel Wielemans** in der Rue Defacqz 14 mischt den geometrischen Art-déco-Stil mit Inspirationen aus der maurischen Alhambra von Granada. In dem mittlerweile restaurierten Haus des früheren Brauereidirektors sind manchmal Kunstausstellungen zu sehen. Die **Rue Defacqz** mündet in die **Avenue Louise.** Hier gibt es Tramverbindungen (93, 94) in alle Richtungen.

Sehenswertes

Porte de Hal: Zwischen 1357 und 1383 erbaut, war der Turm ein wichtiger Bestandteil der zweiten Stadtbefestigung. Zunächst hieß er nach dem Dorf zu seinen Füßen Obbrussel. Er diente im 17. Jh. als Getreidespeicher, als Kirche, als Gefängnis und als Aktenarchiv. Seit 1847 gehört er dem Staat, der hier Museumsexponate lagern ließ, die heute im Militärmuseum im Parc du Cinquantenaire untergebracht sind (→ Tour 5). Der Turm wurde 1839 und 1868 modernisiert und erhielt dabei neugotische Stilmerkmale. Seit seiner Renovierung beherbergt er eine Ausstellung zu Brüssels Stadtbefestigung. Vom OG aus hat man einen weiten Rundblick.
Tägl. (außer Mo) 9.30–17 Uhr, Sa/So erst ab 10 Uhr. Eintritt 5 €, erm. 2 €. Boulevard du Midi, ✆ 02/5341518, www.kmkg-mrah.be. Ⓜ Porte de Hal.

Hôtel de Ville: Das Gebäude, 1904 fertig gestellt, nachdem das frühere Rathaus hinter der Kirche von Saint-Gilles zu klein wurde, erstreckt sich auf einer Fläche von 4.267 m² und sieht aus wie ein Lustschloss. Der 41 m hohe Turm am linken Flügel ist Symbol der Selbstständigkeit der Brüsseler Gemeinden. Eindrucksvoll ist die Verwendung verschiedenartiger Steine, vom Backstein bis zu rosafarbenem Granit aus den Vogesen. Die Statuen und die allegorische Symbolik sollten die soziale, kulturelle und wirtschaftliche Bedeutung der reichen Gemeinde Saint-Gilles betonen. An der Fassadenfront repräsentieren sechs Statuen die Werte und Aufgaben der Gemeinde. Von links nach rechts: Das Paar, das einen Korb Früchte teilt, steht für Solidarität, die Frau mit Hund für öffentliche Sicherheit, die Frau mit dem Füllhorn symbolisiert die Finanzen, die Frau, die einem alten Herrn hilft, soziale Sicherheit. Weitere vier Statuen aus weißem Carrara-Marmor stehen wie Mahnmale an der repräsentativen Treppe zum Eingang: Eine Frau, die auf ein Buch zeigt, symbolisiert Bildung. An der Waage erkennt man Justitia. Der über seinem Werk sinnierende Mann repräsentiert die Arbeit, und die Männerfüße auf den Gesetzesbüchern stehen für das Gemeinderecht.

Der Architekt des monumentalen Gemeinderathauses im französischen Neorenaissancestil *Albert Dumont* (1853–1920) war Autodidakt. Für die Außen-

Les Hiboux (Die Eulen), Avenue Brugmann 55

Dieser Akt löste Skandale aus

und Innendekoration, die sich die Gemeinde 300.000 belgische Francs kosten ließ, assistierte ihm der Bildhauer und gebürtige Saint-Gillois *Julien Dillens*. Er legte selbst Hand an und koordinierte die Arbeit seiner Künstlerkollegen.

Die renommiertesten Künstler des belgischen Symbolismus wirkten an der Innenausstattung des Rathauses mit: *Albert Ciamberlani* (Ehrentreppe), *Emile Fabry, Omer Dierickx* (Europasaal). Ein Highlight ist das von *Fernand Khnopff* gestaltete Deckenfresko des Hochzeitssaals. Ihn schmücken Allegorien der „weiblichen Grazie" und „jugendlichen Kraft". An der Dekoration des Großen Saals und der Ehrentreppe arbeitete der Porträt-, Landschafts- und Historienmaler *Alfred Cluysenaar* (1837–1902), der seinerzeit in Saint-Gilles die Kunstakademie leitete. Nach seinem Tod führte sein Sohn die Deckengestaltung gemeinsam mit *Jacques de Lalaing* zu Ende. *Omer Dierickx* malte ganze vier Jahre an der Allegorie für die

Decke im Europasaal, der auch als *Salle des pas perdus* bezeichnet wird.

Bürozeit 8–12.30/13–16.30 Uhr. Zu besichtigen am ersten Mittwoch jeden Monats um 15 Uhr nach Voranmeldung, Eintritt 3,25 €, Gruppen (12 Personen) 2,50 €, Voranmeldung unter ✆ 02/5360211, 🖷 5360202. Place van Meenen 39, www.stgilles.irisnet.be. Ⓜ Horta.

Hôtel Hannon: Dieses herrschaftliche Jugendstilhaus wurde 1902 für Édouard Hannon (1853–1931) gebaut. Der reiche Ingenieur arbeitete für den Industriellen Ernest Solvay. Er war selbst leidenschaftlicher Fotograf und Maler und hatte viele Beziehungen zur zeitgenössischen Künstler- und Architektenszene. Sein Haus baute der mit ihm befreundete Architekt *Jules Brunfaut* (1852–1942). Für Hannon, einen Liebhaber der Art nouveau, war nur das Beste gut genug: Mit der Inneneinrichtung beauftragte er die Begründer der französischen Jugendstilschule École de Nancy Louise Majorelle und Emile Gallé. Das Mobiliar enthält das Haus heute leider nicht mehr. Bemerkenswert sind die Wendeltreppe mit Eisengeländer, die Fresken in Flur und Rauchersalon von *Paul-Albert Baudouin*, einem Maler aus Rouen. Den Wintergarten schmückt Glaskunst im Tiffanystil. Die Gesellschaft Contretype zeigt hier Fotografien, u. a. aus Hannons Sammlung.

Mi–Fr 11–18 Uhr, Sa/So 13–18 Uhr. Eintritt 2,50 €. Avenue de la Jonction 1, ✆ 02/5384220, www.contretype.org. Tram 81, 90, 92, Bus 54.

Musée Horta: Wohnhaus und Atelier von *Victor Horta* (1861–1947) wurden zwischen 1989 und 1901 errichtet. Seit 2000 zählt das Gebäude zum Weltkulturerbe der Unesco. Hier lässt sich gut nachvollziehen, was die Handschrift des belgischen Jugendstilarchitekten so besonders machte. Dahinter steckte mehr als die von Leopold II. und der katholischen Kirche als dekadent kritisierten verspielten organischen Formen (z. B. von Türgriffen und Treppengeländer), die sich an der Pflanzenwelt orientierten. Horta verstand den Jugendstil als Gesamtkunstwerk.

Er setzte ein Oberlicht über dem Treppenhaus ein und brachte so Luxus in sein Haus: in Form von Licht und zirkulierender Luft. Er öffnete die Räume nach innen und außen, wählte warme Farben, die an goldenes Licht erinnern und verwendete als Erster das reflektierende Glas von Tiffany und La Farge. Im Salon von Hortas Gattin gab es Gasbeleuchtung. Die zierlichen Spiegel im Treppenhaus lassen das Haus größer und heller wirken.

Amerikanische Esche sorgt für genügend warme Ausstrahlung zwischen funktionalen Baumaterialien. Erst Gusseisen und Stahl ermöglichten große Fenster und lichtdurchlässige Dächer. Im Essraum verwendete Horta statt üblicher Steinfußbodenmosaike wärmeres und bequemeres Holzparkett. Er entwarf alles im Haus selbst, vom Scharnier über den Türgriff bis zu Teppichen und Wandverkleidung. Da alles miteinander harmoniert, entsteht eine beeindruckende Gesamtwirkung, die nicht funktional konstruiert, sondern natürlich gewachsen erscheint. Ein Beispiel ist der als stützende Säule entworfene Rippenheizkörper.

Wer die Treppe zum Speisezimmer und in den zweiten Stock zum Schlafzimmer nimmt, wird feststellen: Alle Zimmer liegen auf verschiedenen Höhen, was angenehm fließend wirkt. Der kleinste Raum des Hauses ist das Bad, hinter den Ankleidespiegeln im Schlafzimmer versteckt. Terrasse und Wintergarten in der oberen Etage entstanden erst bei der Erweiterung des Hauses 1916. Die Dienstboten, deren Wohnräume sich im Keller befanden, betraten das Haus durch einen separaten Eingang über eine eigene Treppe.

Tägl. (außer Mo) 14–17.30 Uhr (Gruppenführungen auch vormittags). Eintritt 7 €, erm. 2,50–3,50 €. Rue Américaine 23–25,

Parvis de Saint-Gilles:
Wochenmarkt auch sonntags

☎ 02/5430490, 📠 5387631, www.horta museum.be. Führungen auch auf Deutsch, nach Voranmeldung. Tram 81, 82, 92 (Rue Paul Émile Janson). Bus 54.

Musée d'Art fantastique: Das kuriose, kleine Museum zeigt auf drei Etagen Aliens und Monster aus dem Bereich des Fantastischen. Vielleicht eine nette Idee, Kindern den Besuch im Musée Horta direkt nebenan schmackhaft zu machen.

Mai bis September am Wochenende 14–17 Uhr. Eintritt 6 €, Führung auf Anfrage. Rue Américaine 7, ☎ 02/475412918, www.maisonbizarre.be.

Hôtel Wielemans: Für die Brauerdynastie Wielemans-Ceuppens baute *Adrien Blomme* in den 30ern diese von außen monumentale Villa. Für die Innengestaltung mischte er geometrische Art-déco-Elemente mit maurischen Einflüssen.

Saint-Gilles
Karte S. 222/223

So schmücken Azulejo-Mosaike Haus und Patio. Die Gattin des Brauereidirektors bestellte dazu über 4.800 Kacheln aus Andalusien, die mit einem Dampfschiff geliefert wurden. Die Versicherungsgesellschaft Generali Belgium restaurierte das Haus und gründete das Kulturzentrum Art media, das hier auf hohem Niveau wechselnde Kunstausstellungen organisiert. Allerdings ist das Gebäude auch häufig für Besucher geschlossen. Man sollte sich bei der Touristinformation erkundigen, ob eine Ausstellung stattfindet.
Unregelmäßig geöffnet, Rue Defacqz 14, ✆ 02/4038585, www.art-media.org. Ⓜ Horta.

Maison Pelgrims: Das Haus erbauten die Architekten Adolphe Pirenne und Fernand Petit im Stil des Eklektizismus mit einigen Art-déco-Elementen, wie z. B. dem Glasschmuck. Es gehörte dem Industriellen Eugène Pelgrims. Sein Schwimmbad existiert nicht mehr, aber ein Stück des Felsengartens, in dem er medizinische Pflanzen kultivierte, blieb erhalten. Heute ist das Haus Sitz des Kulturvereins von Saint-Gilles, der Ausstellungen, Konzerte etc. veranstaltet.
Mo–Do 9–17, Fr 9–16.30 Uhr, Rue de Parme 69, ✆ 02/5345605, ✆ 5345427, www.stgilles culture.irisnet.be. Ⓜ Horta.

Praktische Infos

Essen und Trinken

Edel-Brasserien, gemütliche Stammkneipen und lohnenswerte Restaurants verteilen sich im weitläufigen Saint-Gilles. Wer hier ausgehen möchte, sollte sich auskennen oder etwas vorbereiten und besser reservieren. Außer an der Place du Châtelain (Tram 81, 82, Bus 54) findet man nicht so schnell zu Fuß die nächste Adresse.

Le Jughurta (4): Die Farbe Pink dominiert das kunterbunte Durcheinander arabischer Lampen und französischer Möbel. In diesem etwas schrillen Dekor gibt es große Portionen nordafrikanischer Gerichte zu kleinen Preisen, von Couscous bis Huhn. Rue de Moscou 34, ✆ 02/5382367. Tägl. 12–14.30/18.30–23.30 Uhr, Do nur abends. Ⓜ Parvis de Saint-Gilles oder Porte de Hal

La Quincaillerie (27): Das Interieur fasziniert, bis 1978 war das Restaurant noch eine Eisenwarenfabrik. Schon etliche Filmstars schrieben ins Gästebuch, darunter Alain Delon und Cathérine Deneuve. Blickfänge sind die Fabrikschränke mit ihren Hunderten quadratischer Schubladen sowie das schmiedeeiserne Geländer und die prächtige Treppe nach oben. Zu jedem Gericht gibt es passende Weine. Menus etwa 45 €, mittags 13 €. Rue du Page 45, ✆ 02/5339833, www. quincaillerie.be. Tägl. (außer Sa) 12–14.30/19–24 Uhr, So nur abends. Tram 81, 82, 91, 92.

La Porteuse d'Eaux (2): Dieses schmucke Jugendstilcafé besticht durch seinen Eingang und die Wandmalereien mit „Wasserfeen". Eine geschwungene Wendeltreppe führt ins obere Stockwerk. Der Name „die Wasserträgerin" erinnert an eine junge Frau, die einst an der Zollstation von Saint-Gilles die Pferde tränkte. Wer hier ein Bier oder einen Kaffee trinkt, hat die Modemotive des Jugendstils wie Lilien und Schmetterlinge direkt vor Augen. Avenue Jean Volders 48, ✆ 02/5376646, www.laporteuse deau.be. Tägl. (außer So) 10–24 Uhr, Mo nur bis 23 Uhr. Ⓜ Porte de Hal, Bus 48.

Les Salons de l'Atalaïde (6): teures, etwas überkandideltes, aber spektakuläres Restaurant in einem ehemaligen Auktionshaus – die Einrichtung mit großen Gemälden und Kronleuchtern wird von barocken Spiegeln reflektiert. Auf zwei Etagen verteilen sich mehrere Säle, z. B. ein Speisesaal für Bankette, eine Bar, wo Rauchen erlaubt ist, und im Sommer kann man auf der hübschen Terrasse draußen sitzen. Von der Treppe aus sieht man ein Glasfenster mit dem Motiv einer Lokomotive, denn das Gebäude befand sich früher im Besitz der Bahn. Neben belgisch-französischer Küche gibt es viele japanische Gerichte und auch einige vegetarische. Ab 22 €. Reservierung empfohlen. Chaussée de Charleroi 89, ✆ 02/5372154, www.lessalonsatalaide.be. Mo–Do 12–15/19–23.30 Uhr, Fr–So nur 19–24 Uhr. Tram 91, 92.

Chelsea (9): Gehobene französische Küche stellt einen hier in orientalischem Ambiente vor die Qual der Wahl: Rindercarpaccio mit Foie gras und andere Köstlichkeiten

Restaurant La Quincaillerie, einst eine Eisenwarenfabrik

sind abends ab 35 € zu haben. Tipp: Das Mittagsmenü kostet 9,80 €. Das großzügig gebaute Haus in unmittelbarer Nachbarschaft zu Les Salons de l'Atalaïde hat auch einen Garten. Chaussée de Charleroi 85, ℡ 02/5441977, www.chelsea.be. Tägl. 12–14.30 und 18.30–24 Uhr. Ⓜ Louise oder Tram 93, 94.

Brasserie de l'Union (5): Besucher des Wochenendmarktes sind in dieser preisgünstigen Brasserie häufig gesehene Gäste. An der Wand hängen vergilbte Bilder der regionalen Fußballmannschaft Royale Union St-Gillois, 1932–33 belgischer Champion. Es macht Spaß, die Leute des Viertels zu beobachten, ein Kwak, warme Brownies oder Salat mit Ziegenkäse zu probieren, aus dem Fenster zu schauen und vor sich hin zu träumen. Abends treffen sich hier lokale Bohemiens, ab und zu kommen Akkordeonspieler, oder es gibt Life-Konzerte. Parvis de Saint-Gilles 55, ℡ 02/5381579. Tägl. 7.30–1 Uhr. Ⓜ Parvis de St-Gilles.

Brasserie Verschueren (8): Die kleine Eckkneipe gegenüber der Kirche zieht ein junges, intellektuelles Publikum an. Im Sommer kann man mit belgischen Bieren oder einfacher Bistroküche auch auf der Terrasse sitzen und diskutieren. Moderate Preise. Stets Tagesgerichte, wie Suppen oder Pasta. Parvis de Saint-Gilles 11–13, ℡ 02/5394068. Tägl. 8–23.30 Uhr, Fr/Sa bis 2 Uhr. Ⓜ Parvis de Saint-Gilles.

La Renaissance (15): Diese hübsche Brasserie in der Nähe des Rathauses glänzt innen mit Stuck und Gold. Verspiegelte Wände und ein Grammophon erinnern an frühere Tage. Muscheln, Kriek und belgische Spezialitäten kann man zu noch zivilen Preisen gemeinsam mit den Bewohnern des Viertels genießen, denn viele Touristen verschlägt es nicht hierher. Im Sommer bietet die Terrasse einen schönen Blick zur Rathausfassade. Avenue Paul Dekaer 39, ℡ 02/5348260. Ⓜ Horta.

Sisisi (17): In dieser studentischen Kneipe an einer großen Straßenkreuzung schmecken die erschwinglichen Cocktails genauso wie das belgische Bier. Es gibt Croque Monsieur oder Mini-Pizza für den kleinen Hunger oder auch preiswerte Steaks oder Huhn in Weißwein. Die Nachtische sind opulent (auf die Sahne kann man gut verzichten). Chaussée de Charleroi 174, ℡ 02/5341272. Tägl. 12–15/19–24 Uhr, Sa/So durchgehend. Tram 81, 82, 92 (Rue Paul Émile Janson).

Raconte moi des salades (18): Der ulkige Name lässt sich frei mit „Erzähl mir den Salat" übersetzen. Es gibt über 30 verschiedene Salate, aber auch andere, meist französisch inspirierte Gerichte (10–20 €). Im Sommer sitzt man angenehm im Grünen auf einer der schönsten Terrassen des Viertels. Reservieren! Place du Châtelain 19, ℡ 02/5342727. Tägl. (außer So) 12–14.30/19–23 Uhr. Tram 81, 82, 92.

Fellini (19): Langusten aus der Betragne in Crème de Parmesan und hausgemachte Nudeln mit Gänseleber gehören zu den Spezialitäten dieses feinen Italieners in

Saint-Gilles
Karte S. 222/223

einem eindrucksvoll von Victor Horta gestalteten Jugendstilhaus. Mit Oberlicht, schmiedeeisernen Gittern und zwei Stockwerken. Place du Châtelain 32, ✆ 02/5344749. Tägl. (außer Mi) 12–14.30/19–23 Uhr, Sa nur abends. Tram 81, 82, 92.

Wasserträgerin als Brunnenfigur ...

La Maison Berbère (28): Dieses große marokkanische Restaurant liegt an der Kreuzung von Chaussée de Waterloo und Avenue Brugman. Orangensalat, neun verschiedene Couscousgerichte (auch vegetarische) und viele andere verlockende marokkanische Speisen ab 16 €. Menus 20–35 €, mittags 10 €. Zu mehreren kann man sich eine große Kanne Minztee (9 €) teilen. Es gibt auch eine große Auswahl an Weinen aus dem Maghreb, aus Frankreich und dem Libanon. Avenue Brugman 1, ✆ 02/5345050. Tägl. 12–14.30/18.30–23.30 Uhr. Tram 91, 92.

Le Pain du Châtelain (20): Frühstückscafé direkt an der Place du Châtelain. Außer frischem Brot und anderen Backwaren zum Mitnehmen kann man an kleinen Tischen oder draußen gemütlich Zeitung lesen und günstig frühstücken (2,80–6,90 €). Es gibt auch hausgemachte Quiches, Omelettes, Pasta, Eintöpfe und Salate. Place du Châtelain 29, ✆ 02/5346595. Tägl. 7–15 Uhr, Sa/So bis 16 Uhr. Tram 81, 82, 92.

Panisse (22): Dieses farbenfrohe Café-Restaurant serviert eine einfache, günstige und gesunde Küche aus der Provence und Marseille. Diverse Salate und Pizza, karamellisiertes Lamm und manchmal auch Gerichte mit Phantasienamen wie „assiette fada" (7, 50 €). Es muss sich wohl um eine Vitaminbombe gegen den Blues handeln. Panisse jedenfalls, so die freundliche Serviererin, ist ein rundes Salzgebäck aus Marseille: Butter und Kichererbsen, in Erdnussöl gebraten. Rue du Tabellion 31, ✆ 02/5393910, www.cafepanisse.com. Tägl. 12–14.15/19–23 Uhr, Sa/So nur abends. Tram 81, 82, 92.

Table de matières (24): Inhaberin Tania Ribaucourt sammelte im Lola und 2 Frères Erfahrung und verwöhnt ihre Gäste mit Lounge-Musik und mediterran angehauchter kreativer Küche. Tagesgerichte für 8 €, ansonsten liegen die Preise im Durchschnitt bei 30 €. Dafür bekommt man köstlich zubereitete Jakobsmuscheln, gratiniertes Kalbfleisch mit Parmesan und Trüffelsauce oder gegrillten Fisch. Frische, von Hand geschnittene Pommes sind Ehrensache. Auch Feinkosthäppchen zum Mitnehmen. Rue de l'Aqueduc 155, ✆ 02/5370027. Mi–Sa 12–14.30/19.30–23 Uhr. Tram 81, 82, 92.

Toucan (30): Diese große Edel-Brasserie lädt zur Einkehr nach einen Bummel entlang der edlen Avenue Louis Lepoutre ein. Die französisch-belgische Küche zeigt hier einen deutlich mediterranen Einschlag. Die Weinauswahl aus aller Welt ist recht beeindruckend. Wer hier ausgiebig isst, hat mit Preisen zwischen 25 € und 35 € zu rechnen. Avenue Louis Lepoutre 1, ✆ 02/3453017, www2.resto.be/toucan. Tägl. 12–14.30/19–23 Uhr.

La Cigale (25): In diesem belgischen Pub treffen sich die Bewohner des Viertels. Es ist fast immer voll. Man kann jede Menge verschiedene belgische Biere probieren und in der Saison Muscheln essen. Die Auswahl an Crêpes ist ebenfalls verlockend. Gerichte 7,50–15 €, Menü 16–34 €. Chaussée de Waterloo 329, ✆ 02/5381721. Tägl. (außer Mo) 11–22.45 Uhr. Ⓜ Horta.

Malte (3): Internationale Küche genießt man hier auf Lederstühlen bei Kerzenlicht. Alles wirkt edel und gleichzeitig gemütlich wie in einem antik eingerichteten privaten Wohnzimmer mit eleganter Note. Menü ca. 30 €. Im Sommer ist der Garten im Hinterhof sehr beliebt. Rue Berckmans 30, ✆ 02/5391015. Tägl. 10–24 Uhr, Sa erst ab 16 Uhr. Tram 91, 92.

Café des Spores (23): Hier gibt es Tapas und vorzügliche saisonale Pilzgerichte, also keine feste Speisekarte. Zu empfehlen: geschlagene Eier mit Sommertrüffeln – Saint Marcellin (Käse) mit Morcheln – Garnelen.– Tigergarnelen. Ab 20 €. Chaussée d'Alsemberg 103. Di–Fr 12–14, Sa, So 18–0 Uhr. Ⓜ Louise oder Tram 93, 94.

Kolya (12): Hier gibt es mittags mediterrane Küche ab 15 € und im Sommer lädt eine 2000 m² große Terrasse zum Draußensitzen ein. Chaussée de Charleroi 100, ℡ 02/5331830. Tägl. bis 23 Uhr, Sa und So geschlossen. Ⓜ Louise oder Tram 93, 94.

Nachtleben

Le Chat-Pitre (21): beliebte Bar mit Bier aus der Abtei Grimbergen und häufigen Life-Konzerten lokaler Bands (ab 21 Uhr). Hier kann man Weltmusik und französische Chansons hören. Sonntags nachmittags häufig Jam-Sessions. Rue de Tabellion 1, ℡ 02/5370041. Tägl. (außer So) 11–24 Uhr. Tram 81, 82, Bus 54.

Atelier La Dolce Vita (16): samstagabends Life-Konzerte. Sie werden z. B. in dem Magazin Kiosque angekündigt oder kommt tagsüber vorbei, um sich zu informieren. Chaussée de Waterloo 321, www.atelier dolcevita.be. Ⓜ Horta.

Le Bistro des Restos (26): „Wir können die Bilder der Welt verbessern und damit auch die Welt selbst" zitiert dieses Bistro mit lokalem Flair auf der Speisekarte Wim Wenders. Es nennt sich auch Bistro d'Images und stellt Bilder lokaler Künstler zum Verkauf aus. Wenige Schritte vom La Quincaillerie (→ „Essen und Trinken") entfernt kann man hier lokales Flair schnuppern und etwa 14 Biersorten probieren. Der Trick, um möglichst weit zu kommen: Man bestellt kleine Gläser, sog. „bébés", statt die „papas" im üblichen Format. Rue du Page 39. Tägl. 9–1 Uhr. Tram 81, 82, 91, 92.

Chez Moeder Lambic (14): eine Institution, die Auswahl an Bieren ist in dieser dunklen Bar mit Holztischen und langen Regalen voller Flaschen riesig: etwa ein Dutzend Biere vom Fass und um die 200 Flaschenbiere. Der Patron berät gern bei der Auswahl, und kann übrigens auch mit einer beachtlichen Sammlung an Comics aufwarten. Rue de Savoie 68, ℡ 02/5391419. Tägl. 16–3 Uhr. Ⓜ Horta.

Café Cartigny (10): Das Restaurant ist gleichzeitig Kunstgalerie und Café-Théâtre. Manchmal gibt es Lesungen oder Theater-

... und aus Glas im La Porteuse d'Eaux

gruppen führen ihre Stücke auf. Zu essen gibt es französische Spezialitäten: hausgemachte Suppen und Patés, frischen Fisch und köstliche Nachtische, alles täglich neu auf einer Tafel angeschrieben. Die Preise sind moderat, das Ambiente familiär und lebendig. Rue de la Victoire 158, ℡ 02/5348768. Mi–So 17–22.30 Uhr. Tram 81, 82, 91, 92.

Le Living Room (7): Lounge-Bar und schickes Ambiente. Ab und zu Disco an den Wochenenden. Chaussée de Charleroi 50, www.livingroomrestaurant.com. Ⓜ Louise

Einkaufen

Sabine Hermann (11): Rue Faider 86. Modeschmuck. Mo–Sa 12–18 Uhr, Mi geschlossen.

La Maison du Bridge (13): Alles für Bridgespieler. Rue du Bailli 61. Di–Sa 10–13/13.30–18 Uhr.

Bruno Paillard (13): Feinkost und Weine, direkt an der Kirche Ste-Trinité in der Rue du Bailli 106.

Irsi (13): Traditionsgeschäft von 1929 für belgische Schokolade und Bonbons. Rue Bailli 15.

Instore (29): Rue Tenbosch 90. Designerware und Kunstgalerie auf 1.500 m².

Les Précieuses (31): Schmuck, Taschen und Accessoires der Designerin Pili Collado. Place Brugmann 20.

Saint-Gilles
Karte S. 222/223

Esel trugen einst Obst und Gemüse von Schaerbeek nach Brüssel

Schaerbeek

Mit dem restaurierten Jugendstilwohnhaus Maison Autrique hat die Gemeinde Schaerbeek seit 2005 eine Touristenattraktion mehr. Neben den vielen Jugendstilhäusern ziehen die Konzerte in den Halles de Schaerbeek Besucher in das Viertel, in dem viele Türken und Marokkaner wohnen.

Nach Bruxelles-Villes mit der Grand Place im Zentrum (140.987 Einwohner auf 3.260 ha) leben die meisten Brüsseler in Schaerbeek (110.200 Einwohner auf 810 ha). Fast orientalisch erleben Besucher dieses Viertel am Sonntagvormittag in der Rue de Brabant. In der langen Straße herrscht Gewusel, untermalt von Sprachen aus aller Welt, und zum Menschenbeobachten ist es hier perfekt. Dabei dreht es sich meist um das Herunterhandeln von Preisen: Neben Textilien und Haushaltsgeräten gibt es so einiges zu entdecken, von Gebetskettchen bis zu skurrilen Springbrunnenfiguren.

In seinen Anfängen lag Schaerbeek noch vor den Toren Brüssels. Bauern und Gärtner bauten hier Obst und Ge-

müse an, und nirgends im Umkreis gab es so viele Esel, denn mit ihnen wurde die Ware in die Stadt gebracht. „Mehr Esel als Einwohner" hieß es eher scherzhaft als ehrenhalber. Doch schon 1841 wurde die Gare du Nord errichtet und Anfang des 19. Jh. bekam Schaerbeek einen eigenen Bahnhof. Es folgten die zu Stein gewordenen Zeichen des Wohlstands – lange Alleen, prachtvolle Jugendstilhäuser und eine Gartenstadt mit vorbildlicher Wohnqualität. Architektur aus der Zeit des industriellen Aufschwungs gab es in Schaerbeek im Überfluss, was man lange Zeit gar nicht mehr zu schätzen wusste. Schon 1929, als Jacques Brel in der Avenue du Diamant 138 geboren wurde, war es mit dem Glanz der Belle Epoque vorbei.

Das Viertel verarmte, viele Häuser verfielen. Der Makel der Armut haftet Schaerbeek bis heute an. Sogar die alten Markthallen **Halles de Schaerbeek**, von der Stadt als Konzerthalle und Veranstaltungssaal renoviert und betrieben, entkamen nur knapp dem Verfall. Dafür ist das soziale und kulturelle Leben auffällig stark ausgeprägt: Jedes Jahr im März oder Anfang April kommen 70.000 Menschen zusammen, um „Miss Schaerbeek" zu bewundern. Am 21. Juli, dem Nationalfeiertag, wird der Parc Josaphat zu sprühenden Volksfestbühne, Feuerwerke inklusive. Klassische Musik ist regelmäßig im Hochzeitssaal des Rathauses zu hören. Und auch das Gemeindeleben boomt, z. B. sonntags beim Frühstückstreff im Centre Culturel, bei den gut besuchten monatlichen Kinofreitagen oder bei Lesungen in den Bibliotheken.

Tour 8

Dauer der Tour ohne Museumsbesuche: ca. 2:30–3 Std.

Eines der Wahrzeichen des Viertels, die achteckige Kirche **Ste-Marie de Schaerbeek** mit der großen grünen Kuppel, ist schon von der Place Royale aus zu sehen und bildet einen markanten Punkt im nördlichen Abschnitt der Rue Royale. Sie wurde im 19. Jh. im byzantinischen Stil errichtet und ist der Ausgangspunkt dieses Spaziergangs.

Über die **Rue Royale** fahren die Straßenbahnlinien 92, 93 und 94 hierher, vorbei am **Botanique**, einem früheren botanischen Garten mit Gewächshäusern, heute als Park sowie für Konzerte und Veranstaltungen genutzt, und an der 40 m hohen **Colonne du Congrès** (→ Kasten S. 234).

Rechter Hand an der Kirche **Ste-Marie de Schaerbeek** vorbei geht es ein Stück in die **Rue l'Olivier** bis zum **Foyer Schaerbeekois**, einem von *Henri Jacobs* 1899 errichteten Beispiel des frühen sozialen Wohnungsbaus für Fabrikarbeiter. Es geht wieder zurück und um die Kirche herum zu den **Halles de Schaerbeek** in der Rue Royale 22. Die alten Markthallen, 1865 eröffnet und nach einem Brand 1898 erneut aufgebaut, wurden von der französischsprachigen Kulturkommission CFCAB (Commission française de la Culture de l'Agglomération de Bruxelles) gekauft, aufwendig restauriert und Mitte der 80er als europäisches Kulturzentrum eröffnet. Konzerte, Rock und avantgardistisches Tanztheater machen sie auch für Besucher magisch anziehend. Gegenüber erinnern die Restaurantnamen **L'âne vert** und **L'âne fou** an den einstigen Eselreichtum von Schaerbeek, und nebenan zeigt das **Musée d'Art Spontané** individuelle zeitgenössische Kunst, meist von Autodidakten. Vorbei an Bäckereien, koscheren Metzgereien, kleinen Gemüsegeschäften und dem Kulturzentrum (www.culture1030.be) in Höhe der Rue de Locht geht es weiter über die Rue Royale zum **Place Lehon**. An diesem verschlafenen Platz an der Rückseite der neugotischen Kirche **St-Servais** wohnten im 19. Jh. fast die Hälfte aller romantischen Maler, und man sprach vom Montparnasse Brüssels. Richtig lebhaft wird es hier heute nur noch freitags auf dem Wochenmarkt.

Der nächste Platz an der Rue Royale ist die **Place Colignon** mit dem großzügig angelegten **Rathaus** von Schaerbeek. Mit seinen roten Ziegeln, den zahlreichen Erkern und Türmchen zitiert es den flämischen Renaissance-Stil. Davor steht ein protziger Brunnen. Das Rathaus wurde im Jahr 1887 von Leopold II. eingeweiht und nach einem Brand Anfang des 20. Jh. rekonstruiert. Eine Kuriosität an der Abzweigung der

Schaerbeek
Karte S. 235

Rue Verwée ist der Brunnen mit den Kühen. Der Tiermaler *Alfred Verwée* gestaltete ihn etwa 1870 vor seinem Wohnhaus. Vorbei an Jugendstilvillen von *Henri Jacobs* geht es durch die Rue Verwée in die **Chaussée de Haecht** und dort wieder nach rechts. Nach einem Straßenbahndepot ist jetzt der Eingang der Kirche **St-Servais** (1871–1876 von *Gustave Hansotte* erbaut) erreicht, wo regelmäßig Gottesdienste auf Spanisch und Italienisch gehalten werden. Ein Besuchermagnet in der Chaussée de Haecht 266 ist die **Maison d'Autrique**. Besucher können hier die bürgerliche Lebensart während der industriellen Revolution kennen lernen. *Victor Horta* erbaute es zu Beginn seiner Karriere für den reichen Ingenieur Eugène Autrique.

Vom Vorplatz der Kirche St-Servais reicht der Blick über die **Avenue Louis Bertrand** bis zum Parc Josaphat. Die Avenue trägt den Namen des sozialistischen Parteichefs, der sich in Brüssel für den Bau der ersten Sozialwohnungen (Cités ouvrières) einsetzte. Bürgerhäuser und Jugendstilvillen säumen sie, u. a. von *Gustave Strauven, Henri Jacobs* und *Franz Hemelsoet*. Auf dem üppig bepflanzen Grünstreifen in der Mitte

ist die oxidierte Plastik einer griechischen Vase in Übergröße ein provokanter Blickfang. An der Stelle, wo sich die Vase geradezu phallisch als Symbol für die Orgien des Bacchusfestes erhebt, stand früher die Dorfkirche St-Servais. Als bewussten Affront gegen die Katholiken riss man die Kirche ab, als die Avenue gebaut wurde. Als wäre dies nicht genug, liegt schräg gegenüber das **Schaerbeeker Biermuseum (Musée Schaerbeekois de la Bière)**. Nur ein paar Schritte weiter lauern noch mehr Verlockungen für Genießer: luxuriöse Restaurants wie das Osteria Le Stelle und das Buca di Baccho. Architekturinteressierte können einen kleinen Abstecher nach rechts zur Rue Josaphat 214 machen und die von *Henri Jacobs* 1907 erbaute **Schule** mit der geschwungenen Fassade der Turnhalle bewundern. Zum Abschluss der Tour kann man bei schönem Wetter durch den **Parc Josaphat** spazieren, wo der Bürgermeister von Schaerbeek in einem Gehege ein paar Esel hält.

Durch die Rue Fontaine d'Amour und die Rue Godefroid Devresse erreicht man die Bus- und Tramhaltestelle an der Place des Bienfaiteurs.

Monumentale Symbole für Belgiens erste Verfassung

Eine 40 m hohe Säule auf der Place du Congrès, an der Rue Royale Richtung Porte de Schaerbeek, trägt die Figur Leopolds I., des ersten belgischen Königs. Allegorische Frauenfiguren, Löwen, Girlanden und Inschriften umranken diese sog. **Colonne du Congrès**, Symbol für die verfassungsgebende Versammlung des Jahres 1831. *Joseph Poelaert*, der von Leopold II. für den Bau des Justizpalastes auserkorene Architekt, errichtete sie mit theatralischer Wirkung auf dem weitläufigen Platz. Leider ist das Panorama nicht gerade pittoresk.

In Höhe der Place du Congrès liegt etwa 400 m östlich der Rue Royale die **Place de la Liberté**. Auch sie erinnert an die belgische Unabhängigkeit ab 1831. Die Statuen auf diesem Platz sowie die Namen der sternförmigen Straßen stellen die Kernpunkte der neuen Verfassung dar: Religions- und Pressefreiheit, Recht auf Bildung und Versammlungsfreiheit. Im Sommer spenden Bäume Schatten für die Terrassen der kleinen Cafés und Brasserien.

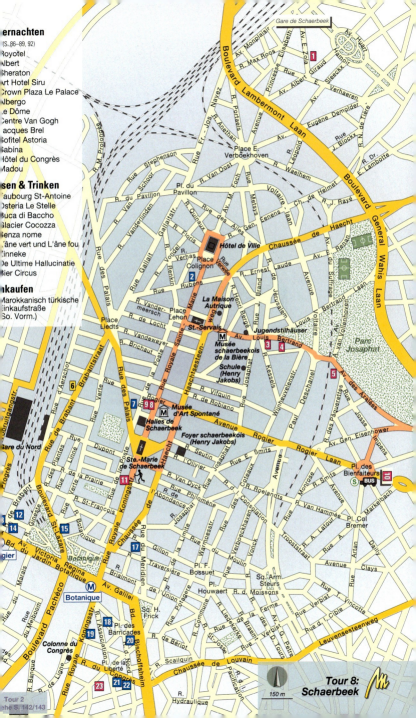

Byzantinische Vorbilder: die Kirche Ste-Marie de Schaerbeek

Sehenswertes

Ste-Marie de Schaerbeek: Architekt *Louis van Overstraeten* schloss den Bau der Kirche im Jahr 1845 ab. Mit der mächtigen Kuppel auf achteckigem Grundriss folgte er byzantinischen Vorbildern, während Spitzbögen, Türmchen und Rosetten eher der Gotik entlehnt sind.
Nur zu Gottesdiensten, z. B. So 10 Uhr. Place de la Reine. Tram 92, 93, 94.

Le Musée d'Art Spontané Ein gemeinnütziger Verein präsentiert in diesem kleinen Museum mit hübschem Garten über 570 Gemälde und Plastiken von Autodidakten und Künstlern ohne Ausbildung, teilweise sehr farbenfroh und fantasievoll. Zu sehen sind auch Werke von Kindern sowie körperlich oder geistig Behinderter.
Rue de la Constitution 27, Eintritt 2 €, erm. 1 €. Di–Sa 13–17 Uhr. Tram 92, 93, 94.

La Maison Autrique: Das von *Victor Horta* 1893 im Stil der Art nouveau erbaute Haus vermittelt von den Kellerräumen bis zum Speicher einen authentischen Eindruck vom Leben des reichen Brüsseler Bürgertums im ausgehenden 19. Jh. Den Auftrag bekam der erst 32-jährige Horta von Eugène Autrique, der als Ingenieur für den Industriellen Ernest Solvay arbeitete, mit dem Horta persönlich bekannt war. Für Autrique sollte Horta ein einfaches Wohnhaus mit Badezimmer bauen, ohne großen Luxus, aber mit einem repräsentativen Treppenhaus. Der Bau gehört zu Hortas frühen Werken, zeigt aber schon für den Jugendstil zukunftsweisende Merkmale wie die Parallelität von Symmetrie und Asymmetrie, den geschwungenen Übergang der Hausfassade Richtung Bürgersteig, die organischen Formen des Treppengeländers und den Einsatz von Eisen und Stahl.

Am Eingang trennt eine verschiebbare Wand den Weg in die Räume der Dienstboten vom Weg der Hausherren. In der Waschküche im Keller lassen Projektionen und leise Musik die Atmosphäre früherer Zeiten aufleben. Der Hausherr hatte eine Passion für Landkarten, was im Kartensaal dokumentiert wird. Zu sehen sind auch Stadtpläne und Fotos des historischen Brüssels sowie alte Kameras. Die Technikbegeisterung der Epoche wird in dem chaotisch anmutenden Erfinderraum unter dem Dach deutlich, eingerichtet zu Ehren von Axel Wappendorf, der auch in den Werken der beiden bekannten Brüsseler Comic-Künstler François Schuiten und Benoît Peeters vorkommt. Diese beiden ergriffen übrigens die Initiative zur Renovierung der Maison Autrique. Dabei verwendete man so

irgend möglich die ursprünglichen Materialien und rekonstruierte originalgetreu. Dies gilt auch für die Farben: An Decke, Tapeten und Wänden dominieren die für damals typischen dunklen Rot-, Braun- und Grüntöne. Das Ehepaar Autrique bewohnte das Haus mit dem einzigen Sohn bis 1907.

Mi–So 12–18 Uhr, letzter Einlass 17.30 Uhr. Eintritt 5 €, mit Führung 9 €. Chaussée de Haecht 266, ✆ 02/2156600, www.autrique.be. Tram 92 oder 93 (Haltestelle St-Servais).

Musée Schaerbeekois de la Bière: Das Biermuseum liegt in einem verwunschen anmutenden Garten. Auf 800 m^2 Ausstellungsfläche zeigt es etwa 800 Gläser, 1.000 Flaschen sowie Werbeplakaten aus dem 19. Jh. und Brauereiinventar. Allein zu Demonstrations- und Degustationszwecken im gemütlichen Estaminet des Museums wird hier ab und zu noch ein Bier namens „Schaerbeekoise" gebraut. Man lernt

Schaerbeek
Karte S. 235

Place Colignon: Flämischer Renaissancestil und ein Esel stehen für die Tradition des Viertels

auch einiges über den Zusatz von Kirschen, die lange Zeit in Schaerbeek angebaut wurden, um Kriek lambic damit zu brauen.

Mi–Sa 14–18 Uhr. Eintritt 3 € (mit kleiner Bierprobe). Avenue Louis Bertrand 33, ✆ 02/2415627, www.users.synet.be/museedelabiere. Tram 92 oder 93 (Haltestelle St-Servais).

Jacques Brel – die Stimme aus Schaerbeek

Als Kind Brüssels füllte er seine Lieder mit nostalgischen Botschaften. Reim-dich-oder-ich-fress-dich schmuggelten sich in seine Texte und das ein oder andere Mal auch Plätze, die es nie gab, wie eine Place Sainte-Justine. Anders die durchaus reale Place de Brouckère, besungen in „Bruxelles". In der Hommage an die Heimatstadt beschwört Brel die Belle Epoque, in der Männer in Frack und Frauen in Krinolinen noch in der Pferdetram zu gesellschaftlichen Verpflichtungen fuhren.

Geboren wurde Jacques Brel (1929–1978) in der Avenue du Diamant 138 in Schaerbeek. Hier hat heute der Notar der Familie sein Büro. „Er besang das flache Flandernland, die Alten, die Zärtlichkeit, den Tod. Aufrecht hat er sein Leben gelebt, und der Poet lebt immer noch." So lautet die Inschrift auf einer Tafel an seinem Geburtshaus, von einer 17-jährigen anlässlich eines Schülerwettbewerbs verfasst. Joan Baez, Frank Sinatra, David Bowie und Klaus Hoffmann coverten seine Lieder über die Liebe und die Einsamkeit: „Quand on n'a que l'amour" (Wenn uns nur die Liebe bleibt) oder „Ne me quitte pas" (Bitte geh nicht fort).

Der Papst des belgischen Chansons trat in den 50er Jahren im Blue Note auf, ein damaliges Varietetheater in den Galeries Royales Saint-Hubert. Er arbeitete und zechte unermüdlich, strampelte sich ab und schwitzte im Walzertakt zu seinen Texten, die Kleinbürgerlichkeit und Bigotterie kritisierten, und aß gern in gutbürgerlichen Restaurants. Zeitweilig verdiente seine Frau mit ihrem bürgerlichen Beruf mehr als er und später bedauerte er, dass sie und ihre drei Kinder ihn nur noch so selten sahen. Von heute auf morgen beendete er seine Gesangskarriere 1966, so gut wie ausgebrannt und aus dem Bauch heraus. Als Filmschauspieler arbeitete er jedoch auch danach pausenlos im gewohnten engagierten Tempo weiter. Zum Beispiel in „Die Bonnot-Bande" mit Annie Girardot. Während der Dreharbeiten wohnte er auch nicht zu Hause, sondern im plüschigen und für Normalsterbliche unerschwinglichen Art-déco-Palast Métropole. 1978 starb er mit 49 Jahren an Lungenkrebs.

Praktische Infos

Essen und Trinken

Schaerbeek hat vor allem viele gute türkische und marokkanische Restaurants, die man leicht selbst findet. Hier im Buch deshalb nur originelle und besonders typische Adressen, in denen das Ambiente auf eigene Art außergewöhnlich ist.

Faubourg St-Antoine (1): Die Wände schmücken Poster von Tintin und alle Dekorationsgegenstände sind eine Hommage an den Comiczeichner Hergé, insbesondere der lebensgroße Astronautenanzug von Milou. Es gibt jeden Tag ein ande-

Jugendstilrestaurant Osteria Le Stelle

res Menu (ca. 15–22 €), und im Sommer sind auch im Innenhof Tische gedeckt. Avenue Albert Giraud 65, ✆ 02/2456394. Mo–Fr 12-15 Uhr, Do, Fr 18.30–23 Uhr.

Osteria Le Stelle (3): Dieses Restaurant mit bezauberndem Jugendstil-Interieur betreibt der Neapolitaner Antonio di Siervi, der sich mit köstlicher, belgisch geprägter italienischer Küche einen Namen gemacht hat. Mosaiken am Eingang zeigen noch die alte Schaerbeeker Kirche St-Servais und erinnern daran, dass es in dieser Gemeinde ungewöhnlich viele Esel gab. Ab ca. 35 €. Avenue Louis Bertrand 53–57, ✆ 02/2454722. Tägl. (außer So) 12–14.30/19–22.30 Uhr, Sa nur abends. Tram 92 oder 93 (St-Servais).

Buca di Baccho (4): gehobene italienische Küche zwischen Biermuseum und Parc Josaphat. Die Speisekarte wechselt alle drei Monate. Menüs (ohne Getränke) 21–51 €. Die meisten Weine sind offen im Glas zu haben. Schickes Ambiente. Jugendstileingang. Der Name des Restaurants „Mund des Bacchus" spielt auf die genussreichen Bacchusfeste an. Avenue Louis Bertrand 65, ✆ 02/2424230. Leichte italienische Küche. Tägl. (außer Mo) 12–14.30/19–23 Uhr. Tram 92 oder 93 (St-Servais).

Zinneke (10): altes Brüsseler Bistro mit typischen Spezialitäten und rauchgeschwängerter Luft. Zu empfehlen sind die hausgemachte Pâté, der Wacholderschnaps mit Schaerbeeker Kirschen oder auch das Kaninchen mit Pflaumen. Je nach Saison gibt es auch leckere Muscheln aus Zeeland. Tagesgerichte 9 € und Menus ab 22 €. Place de la Patrie 26, ✆ 02/2450322, www.lezinneke.be. Tägl. (außer So) 11.45–14/18–22 Uhr, Sa nur abends, im Juni drei Wochen Betriebsferien.

L'âne vert (9): an Veranstaltungsabenden garantiert überfüllt, denn die Halles de Schaerbeek liegen direkt gegenüber. Das Stammpublikum ist relaxed, engagiert sich für Amnesty oder Greenpeace und hat gehobene kulinarische Ansprüche. Die große Auswahl an Bieren und Weinen und die typisch franko-belgische Küche in diesem Estaminet kommen gut an. Empfehlenswert: Quiches, Spaghetti, Waterzooi und Scampi, aber auch Steak américaine. Gerichte ab 15 €, Tagesgericht ab 7,50 €. Rue Royale 11, ✆ 02/2172627. Tägl. (außer So) 12–14.30/18–24 Uhr. Tram 92, 93, 94.

L'âne fou (9): Das studentische Café einer jungen Inhaberin aus Straßburg direkt neben dem L'âne vert hat eine Holzeinrichtung von 1906. Neben Tee, Kaffee, Kuchen

Schaerbeek
Karte S. 235

und Sandwiches (ab 2,80 €) bietet es manchmal Filmvorführungen oder Konzerte. Rue Royale 19, ✆ 02/2188662. Tägl. (außer So) 11–15, 18–23 Uhr.

Senza nome (8): Zunächst hatte es gar keinen Namen, doch der italienische Chefkoch servierte sizilianische Küche und machte sich einen, spätestens als ihm der erste Michelinstern verliehen wurde. Eher klein, daher intimes Ambiente, aber große Schlemmereien wie Trüffel oder Meeresfrüchte und dazu der passende Wein. Hier besser reservieren. Gerichte 25–35 €. Rue Royale 22, ✆ 02/2231617. Tägl. (außer So) 12–14/19–22.30 Uhr, Sa nur abends. Tram 92, 93, 94.

De Ultime Hallucinatie (11): beliebtes Restaurant in der Nähe der Kirche Ste-Marie de Schaerbeek. Von den Vorhängen über die Tiffany-Lampen bis zu den Stühlen ist hier alles original Jugendstil. Zu entdecken: ein weißes Klavier mit goldenen Pflanzendekors, eine weiße Garderobe mit einem aus Messing gearbeiteten Pfauenrelief, stilisierte Blumendekors in Zartgrün und Gold, Buntglasfenster und gelbe, weiße, azurblaue und rote Mosaiksteine auf dem Fußboden. Empfehlenswert: Kaninchen mit Kirschbier. Gehobene klassische belgisch-französische Küche ab 35 €. Einfach etwas trinken oder nur etwas Leichtes essen, kann man auch in der günstigeren Brasserie, im Sommer wird der kleine Garten geöffnet. Rue Royale 316, ✆ 02/2170614. Tägl. (außer So) 12–14.30/19–22.30 Uhr, Sa nur abends. Ⓜ Botanique.

Glacier Cocozza (5): Mosaiken schmücken den Eingang dieses italienischen Eiscafés direkt am Parc Josaphat. Die Brüsseler lieben es wegen seiner Sorbets, Desserts und 80 verschiedenen Eissorten. Im Sommer bekommt man sie auch 100 m weiter, in der **Laiterie**, einem Open-Air-Café mitten im Parc Josaphat. Avenue des Azalées 8, www.cocozza.be. Nur Nachmittags geöffnet. Tram 92 oder 93 (St-Servais).

Bier Circus (23): Hier füllen 200 Biersorten eine siebenseitige Getränkekarte. Alte Gueuze-Biere kosten pro Flasche 14 € oder manchmal gar 24 €, also etwas für Genießer und Kenner. Rue de l'Enseignement 89. Nur Mo–Fr 12–14.30/18–24 Uhr. Ⓜ Botanique.

Avenue Louis Bertrand: Jugendstil und Edelrestaurants

Abattoirs: Auf diesem riesigen Markt haben auch die Kleinen Spaß

Anderlecht

Liebhaber von Märkten und Trödel sollten die Märkte an der Gare du Midi und auf dem Gelände des ehemaligen Anderlechter Schlachthofs (Abattoirs) am Sonntagvormittag besuchen. An anderen Tagen ist das beschauliche Anderlecht rund um die dem Schutzpatron der Pferde geweihte Stiftskirche interessanter.

Anderlecht, die drittgrößte der 19 Brüsseler Gemeinden, verdankt ihre Bekanntheit dem berühmten Fußballverein RSC Anderlecht (Royal Sporting Club Anderlecht). Seit seiner Gründung 1908 gewann er 28-mal die belgische Meisterschaft und verbuchte Siege in Spielen um Europapokal, UEFA-Cup und Europäischem Supercup. Heimspiel werden im Constant-Vanden-Stock-Stadion in einer bürgerlichen Wohngegend am Parc Astrid ausgetragen.

Nur 6 km Luftlinie ist Anderlecht von der Grand Place entfernt und mit der Metro (Ⓜ Midi und Ⓜ St-Guidon) leicht zu erreichen. Den ländlichen Eindruck prägen die wenigen beschaulichen Kopfsteinpflastergassen zu Füßen der Stiftskirche Sts-Pierre-et-Guidon (→ S. 243), insbesondere die Rue du Porcellaine. Ein paar Beginenhofhäuser und das Erasmushaus mit seinem hübschen Garten sind hier – fern jeder Hektik – so gut wie die einzigen Touristenattraktionen. Handel und Industrie hinterließen in weiten Teilen Anderlechts ihre krassen Spuren, beispielsweise um den Südbahnhof, wo der Hochgeschwindigkeitszug Thalys nach Brüssel einfährt, und in den Straßenzügen entlang dem Kanal von Charleroi. Anderlecht beherbergt die letzte Brüsseler Brauerei, die noch nach althergebrachter Art braut und auch als Museum fungiert (So geschlossen).

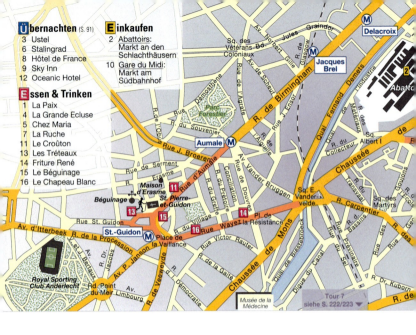

Übernachten (S. 91)
3 Ustel
6 Stalingrad
8 Hôtel de France
9 Sky Inn
12 Oceanic Hotel

Essen & Trinken
1 La Paix
4 La Grande Ecluse
5 Chez Maria
7 La Ruche
13 Le Croûton
13 Les Tréteaux
14 Friture René
15 Le Béguinage
16 Le Chapeau Blanc

Einkaufen
2 Abattoirs:
   Markt an den
   Schlachthäusern
10 Gare du Midi:
   Markt am
   Südbahnhof

Tour 9

Dauer der Tour ohne Markt- und Museumsbesuch: 2 Std.

Hähnchenduft und Stimmengewirr beherrschen den **Markt an der Gare du Midi (10)** (So 7–13 Uhr). Zwischen Obst und Gemüse, Gewürzen aus Afrika, günstigen Jeans, Schuhen, Balkonpflanzen, viel farbenfrohem Tuch und etwas rareren Secondhand-Lederjacken bieten Händler lautstark ihre Ware feil: Ihr „Bon marché, pas chèr" (gar nicht teuer) klingt hier jedem Schnäppchenjäger in den Ohren. Muslimische Kundinnen mit Kopftüchern zu fotografieren, ist unerwünscht, und dies wird umgehend und unmissverständlich zu verstehen gegeben. Trotz Gedränge geht es gelassen zu, man deckt sich mit frischen Minzeblättern für den Nachmittagstee ein, debattiert über Preise oder gönnt sich eine Pause im **La Ruche** am Boulevard Jamar.

Noch bunter, größer und reichhaltiger an Lebensmitteln, Textilien, Haushaltswaren und Kuriositäten ist der **Markt bei den alten Schlachthäusern (Abattoirs) (2)** aus dem 19. Jh. (Ⓜ Clemenceau; Fr–So 7–13 Uhr). Auf dem Weg von der Gare du Midi dorthin überquert man die **Place Bara**, wo Tim und Struppi von der Comic-Hauswand grüßen, und biegt in die **Avenue Clemenceau** ein. Zum **Brauereimuseum (Musée de la Gueuze)** geht es rechts durch die **Rue de la Clinique** bis zur **Rue Gheude**; zu den Schlachthäusern weiter geradeaus. Am Haupteingang stehen zwei imposante Stiere aus Bronze. Fans orientalischen Basar-Feelings können in dem Marktgetümmel Stunden verbringen. Die gusseiserne Dachkonstruktion schützt die an den Seiten offene Haupthalle vor Regen. Anderlecht bietet in dem ehemaligen Zollpavillon an der Porte d'Anderlecht eine weitere Sehenswürdigkeit, die man gezielt ansteuern kann, wenn man sich für Technik und die Baugeschichte der Stadt interessiert: das Kanalisationsmu-

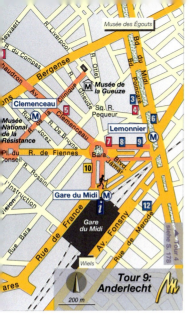

Tour 9:
Anderlecht

200 m

seum **Musée des Égouts**. Das **Wiels**, weit hinter der Gare du Midi, wiederum lohnt einen Besuch, wenn man sich für (aktuelle) Ausstellungen zeitgenössischer Kunst interessiert.

Den langen Fußweg von den Schlachthöfen zum pittoresken Kern von Anderlecht sollte man sich nicht zumuten. Am besten nimmt man den Bus (47, 49, 118), Tram 56 oder die Metro (Ligne 1 B) zur Haltestelle St-Guidon. Die gleichnamige **Kirche St-Guidon** ist dem

Schutzpatron der Pferde geweiht. Früher fanden rund um die Kirche Pferderennen statt. Die Sieger ritten in die Kirche, um sich segnen zu lassen. Die Tradition der Wallfahrten mit Pferdesegnungen an Pfingsten und im September hat die Gemeinde aus Sicherheitsgründen aufgegeben. An den Prozessionen im September nehmen nur noch Fußgänger teil. In den kleinen Räumen der ehemaligen Béguinage direkt neben der Kirche erinnern Fotos und Gemälde an das historische Anderlecht und die Pferdewallfahrten. Die Eintrittskarten bekommt man ein paar Schritte hinter der Kirche im **Musée d'Erasme**, das mit einer kleinen, aber wertvollen Ausstellung und einem Garten so erholsam wie informativ ist.

Von der **Place de la Vaillance** gelangt man durch die geschäftige **Rue Wayez**, die Einkaufsstraße der Gemeindebewohner, zur **Place de la Résistance**. Wer um den gemütlichen Platz flaniert oder hier auf Bus oder Tram warten muss, kann bei René Fritten mit Muscheln essen, in der benachbarten **Rue du Village** im Café Asturiana das Lebensgefühl der nordspanischen Einwanderer teilen oder einfach, wie so oft in Brüssel, Impressionen aus einer multikulturellen Gesellschaft auf sich wirken lassen.

Sehenswertes

Église Sts-Pierre-et-Guidon: An *Guidon*, den Schutzpatron der Pferde, erinnert die Holzskulptur unter der Kanzel. Der steinerne Sarg des Heiligen befindet sich in der Krypta unter dem Chor, deren Säulen noch von einer römischen Villa stammen. Die heutige vorwiegend gotische Kirche des bedeutenden St.-Peter-Kapitels, dem der spätere Papst *Hadrian VI.* angehörte, gilt als eine der interessantesten

Brabants. Sie wurde zwischen dem 14. und 16. Jh. errichtet; den Turmbau schloss man erst 1898 mit dem Dachreiter komplett ab. Lange Zeit war sie eine Station auf dem Jakobsweg nach Santiago de Compostela. Szenen aus dem Leben des hl. Guidon (insbesondere in der sehenswerten Chapelle Notre-Dame de Grâce) und viele weitere restaurierte mittelalterliche Gemälde schmücken das Kircheninnere. Im

Charles de Groux malte die Pferdewallfahrt zur Anderlechter Kirche

linken Flügel des Querschiffs erinnert eine Holzskulptur mit erstaunlich realistischen Zügen an den Hofarzt *Albert Ditmar* (gest. 1438).
Mo–Fr 9–12/14.30–17 Uhr. Place de la Vaillance. Ⓜ St-Guidon.

Maison d'Erasme: „Ich weiche vor niemandem zurück", ließ der weit gereiste Gelehrte *Erasmus von Rotterdam* (1469–1536) auf die Rückseite einer Medaille prägen, die vorne sein Konterfei trägt. Der schon zu seinen Lebzeiten international berühmte Gelehrte und Zeitgenosse *Martin Luthers* zählt zu den den wichtigsten Vertretern des europäischen Humanismus. Seine Schriften gehörten zu den bekanntesten ihrer Zeit, insbesondere das satirische Werk „Laus stultitiae" (Lob der Torheit). Erasmus war vehementer Pazifist, Verfechter des freien Willens des Menschen und durch seine historisch-kritischen Bibelübersetzungen einer der Väter der modernen Philologie. *Peter Wychman*, Kanoniker des Stiftskapitels von St. Peter und Leiter der Kapitelschule, stellte Erasmus von Rotterdam

im Jahr 1521 fünf Monate lang Räume im Gästehaus des Augustinerklosters zur Verfügung, das heute ein Museum ist. Das Gebäude aus dem Jahr 1515 blieb als einziges Haus aus dem Besitz des Stifts erhalten. Neben Erasmus von Rotterdam waren hier zeitweilig der Erzieher Karls V. *Hadrian von Utrecht* (der spätere Papst Hadrian IV.), der Philologe *Justus Lipsius*, nach dem das EU-Ministerratsgebäude benannt ist, der Geograf Mercator und viele andere europäische Intellektuelle zu Gast. Das Erasmushaus zeigt das Arbeitszimmer von Erasmus, Erstausgaben und Übersetzungen seiner Werke und einige Briefe. Skizzen von Holbein und Dürer, Statuen und wertvolle Renaissancemöbel machen den Besucher mit dem Umfeld des Erasmus vertraut. Besonders sehenswert ist die kleine Gemäldesammlung, u. a. mit Werken von *Hieronymus Bosch* und aus der Schule von *Rogier van der Weyden*. Im Raum der Rhetorik, der früher der Konversation und dem Empfang hoher Persönlichkeiten diente, hängt über dem flämischen

Kamin ein Porträt des Papstes Hadrian VI. Der Renaissance-Saal war früher einmal das Refektorium, wo das Kapitel zusammentraf. Hinter dem Haus liegt ein hübscher Garten.

Tägl. (außer Mo) 10–17 Uhr. Eintritt 1,25 € (inkl. Besuch des Beginenhofs). Rue du Chapitre 31, www.erasmushouse.museum. Ⓜ St-Guidon.

Béguinage (Beginenhof): Ein enger Weg hinter der Kirche führt zu den zwei Häuserreihen, die einen Garten mit Brunnen umgeben. Bis Mitte des 20. Jh. lebten hier noch acht Beginen fast wie in einer Puppenstube, so eng und niedrig sind die Räume. Sie waren Nachfolgerinnen der „weltlichen Nonnen", für die der Beginenhof im Jahr 1252 gegründet wurde. Am interessantesten sind die historischen Bilder und Gemälde, die das alte Anderlecht und die Wallfahrt zur Kirche des hl. Guidons, des Schutzpatrons der Pferde und Haustiere, zeigen.

Tägl. (außer Mo) 10–12/14–17 Uhr. Eintritt 1,25 €. (Tickets nur in der Maison d'Erasme.) Rue du Chapelain 8. Ⓜ St-Guidon.

Musée des Égouts (Kanalisationsmuseum): Am eindrucksvollsten in diesem Museum sind die Fotos zu (von) den Bauarbeiten während der Überdeckelung des Brüsseler Flusses Senne. Von dem Pavillon der alten Zollstation an der Porte d'Anderlecht steigt man durch mehrere Ausstellungsräume mit technischen Erklärungen zu Kanalisationssystemen hinab in ein Stück der Kanalisation und kommt in dem Gebäude auf der anderen Straßenseite wieder ans Tageslicht. Zu sehen sind auch ausgestopfte Ratten und man erhält Informationen zu ihrer zweimal jährlich stattfindenden Bekämpfung mit Gift. Hier lernt man auch etwas über ihre Fähigkeit, sich erschreckend schnell zu vermehren: Sie sind ab einem Alter von zwei Monaten fruchtbar, tragen 22 Tage und werfen 6–22 Junge. An Humor fehlt es in der Ausstellung nicht, zumindest wird auf andere potenzielle Kanalisationsbewohner wie Aligatoren hingewiesen, die aus Privathaushalten hierher entflohen sein könnten.

Di–Fr 10–12.30 und 13–17 Uhr, Sa, So 14–17 Uhr, jeden Mittwoch geführte Rundgänge um 9, 11, 13 und 15 Uhr, Eintritt 3 €, erm. 2 €. Porte d'Anderlecht, ✆ 02/5007030, www.brucity.be. Tram 81, 82, Bus 46.

Oase der Ruhe: der Garten der Maison d'Erasme

Anderlecht Karte S. 242/243

Wiels: zeitgenössische Kunstausstellungen in einer früheren Brauerei

Wiels (Centre d'Art Contemporain): Dieses Zentrum für zeitgenössische Kunst ist in einem restaurierten ehemaligen Brauereigebäude der Brauerfamilie Wielemans-Ceuppens in Forest untergebracht, das bis in die 1980er genutzt wurde. Im Eingangsbereich stehen noch mehrere Braukessel. Die Ausstellungsfläche – im Jahr sollen sechs Ausstellungen gezeigt werden – ist riesig, und es werden noch weitere Räume ausgebaut. Architekt des Betongebäudes ist Adrienne Blomme (1878–1940).
Mi–So 12–19 Uhr, Fr 12–22 Uhr, Mo/Di geschlossen. Eintritt je nach Ausstellung. Avenue van Volxem 354, ✆ 02/3473033, www.wiels.org. Tram 82 und 97, nach 20 Uhr Bus 49 und 50.

Musée de la Gueuze in der **Brauerei Cantillon**: Dies ist die letzte Brauerei, die das Gueuze noch nach alter Tradition braut. Diese beruht auf Spontangärung durch wilde Hefepilze. Sie sind in Brüssel und Umgebung einzigartig und schweben als Partikel in der Luft. Wie das Bier hier gebraut wird, ist in einem angeschlossenen Museum dokumentiert. Von Oktober bis Februar gewährt der Familienbetrieb Besuchern an öffentlichen Brautagen sogar Einblicke in die echte Produktion. Ein attraktiver Museumsshop verleitet dazu, viele schwere Mitbringsel rund ums Bier einzukaufen.

Paul Cantillon gründete diese Brauerei im Jahr 1900. Das Gueuze-Museum eröffnete 1978 der Schwiegersohn von *Marcel Cantillon, Jean-Pierre Van Roy.* Wie genau die Mikroben die schnelle Gärung bewerkstelligen, weiß auch er nicht. Irgendwie scheinen sie ein Geschenk des Himmels zu sein, das auch durch Luftverschmutzung nicht verschwindet. Das Lambic entsteht erst nach einigen Jahren der Lagerung in Fässern aus Eiche oder Kastanie. Aus einer geheimnisumwitterten Mischung aus jungen und alten Lambic-Jahrgängen geht dann das Gueuze hervor. Zur zweiten Gärung füllt man es bereits in Flaschen. Nach dem Kauf am besten liegend lagern, was im Übrigen bis zu 25 Jahren möglich ist.
Tägl. (außer So) 9–17 Uhr, Sa erst ab 10 Uhr. Eintritt 4 €. Rue Gheude 56, ✆ 02/5214928, www.cantillon.be. Ⓜ Clemenceau.

Abstecher zum Musée National de la Résistance:

Nicht weit vom Rathaus von Anderlecht entfernt, erinnern seit 1972 in einer Villa Waffen, Flaggen, Uniformen, Fotos und Originaldokumente an den belgischen Widerstand gegen die Nazis. Zivilisten und Soldaten der belgischen Armee erhoben sich ab 1941 gegen die Besatzungsmacht. Von der Armee und aus universitären Kreisen ging organisierter Widerstand aus. Partisanen organisierten Attentate, versteckten Menschen in Gefahr, leisteten finanzielle Hilfe und pflegten ein dichtes Informationsnetz. Ein Saal ist den Gräueln der Konzentrationslager gewidmet.

Mo–Sa 9–12/13–16 Uhr, Mi und an Wochenenden geschlossen, aber Besuch nach Voranmeldung möglich. Eintritt frei. Rue van Lint 14, ☎/✆ 02/5224041, Ⓜ Clemenceau, Tram 56 (Haltestelle Van Lint).

Praktische Infos

Essen und Trinken

Anderlecht ist nicht unbedingt eine rein kulinarische Reise wert, doch wer schon einmal da ist, findet nette, kleine Restaurants mit lokalem Flair und meist flämischer Küche. Nachtleben sollte man eher woanders suchen.

La Ruche (7): Manchmal erinnert auch die Klientel in dieser rustikalen Brasserie mit Blick auf den Markt an der Gare du Midi an die bäuerliche Welt des 18. Jh. Man kann sich zu zivilen Preisen stärken: Es gibt Minzetee und marokkanisch geprägte günstige Küche. Boulevard Jamar 1. Ⓜ Gare du Midi.

La Grande Ecluse (4): Wo heute in einem lichtdurchfluteten Restaurant italienisch

In Anderlecht flämisch geprägt: Architektur und Küche

Anderlecht
Karte S. 242/243

und französisch beeinflusste belgische Küche auf den Tisch kommt, lag einst die alte Südschleuse der Senne. Das Gebäude existiert seit der Überdeckelung Anfang des 20. Jh. und steht unter Denkmalschutz. Im Sommer sitzt man hier – ganz in der Nähe des Südbahnhofs – besonders schön in dem großen, ruhigen Innenhof neben dem Hotel Ustel. Menus ab 28 €, beispielsweise mit Carpaccio in Trüffelsauce. Boulevard Poincarré 77, ℅ 02/5223025. Tägl. (außer So) 12–14.30/19–23 Uhr, Di und Sa nur abends; im August geschlossen. Ⓜ Gare du Midi.

La Paix (1): Diese Brasserie liegt den Schlachthöfen gegenüber und ist zu Marktzeiten mittags gut besucht. Gehobene Küche mit großer Auswahl an Fleischgerichten, an deren Frische hier niemand zu zweifeln braucht. Seit David Martin das Restaurant übernahm, der bei Bruneau und im Méridien gearbeitet hat, bekommt man hier zu zivilen Preisen Sterne-Qualität. Rue

So lebten die Beginen

Ropsy Chaudron 49, ℅ 02/5230958. Mo–Fr mittags, nur Fr Küche bis 21.30 Uhr geöffnet. Sa/So geschlossen. Ⓜ Clemenceau.

Les Tréteaux (13): Auf der Terrasse dieses urigen Estaminets sitzt man unter Bäumen und blickt auf das Eingangsportal der Kirche St-Guidon. Hierher kommen gern Studenten der gegenüberliegenden Akademie für Bildende Kunst. Gerichte ab 6 €. Flämische Küche. Rue de Porcellaine 4, ℅ 02/5274666. Sa abends und Mo geschlossen. Ⓜ St-Guidon.

Friture René (14): Dieses beliebte kleine Edel-Frittenrestaurant ist hauptsächlich bei den Bewohnern um den atmosphärischen Platz an der Einkaufsstraße bekannt. Vorwiegend kommen hier frische Muscheln sowie belgische Pommes mit Fisch und Meeresfrüchten auf den Tisch. Austern ab 14,70 € und Baby-Hummer mit dem Namen Bellevue für 20 €. Place de la Résistance 14, ℅ 02/5232876. Mo abends und Di geschlossen. Ⓜ St-Guidon.

Le Croûton (11): Das kleine Restaurant liegt in der Nähe der Place de la Vaillance gegenüber dem Erasmus-Museum. Von Croquettes de Crevettes bis zu Kaninchen in Kriek serviert es feine belgische Spezialitäten zu gehobenen Preisen. Rue d'Aumale 22, ℅ 02/5207936. So/Mo geschlossen. Ⓜ St-Guidon.

Chez Maria (5): Es gilt als das Steakhaus der Stadt, besteht schon 25 Jahre und selbst Superstarkoch Bruneau soll hier einkehren, wenn er Lust auf Fleisch hat. Französisch geprägt; im Schnitt isst man hier für 40 €. Ambiente: altes Brüssel wie bei der „Großmutter zu Haus". Avenue Clémenceau 50, ℅ 02/5213199. Sa, So geschlossen.

Le Chapeau blanc (16): Diese traditionelle Brasserie besteht schon seit 1890 und war die Stammkneipe der Fußballer des Anderlechter Clubs. Hier bekommt man u. a. Muscheln (kleine Portion ab 8,50 €), Fischgerichte und – Hummer (24 €), aber auch hervorragende Steaks. Mittagsmenüs ab 22 €. Rue Wayez 200 (an der Place Vaillance), ℅ 02/5200202, www.lechapeaublanc.be. Tägl. bis **24 Uhr.**

Le Béguinage (15): Diese Brasserie serviert belgische Küche, hat eine schöne Terrasse an der Place de la Vaillance und einen Spielraum für Kinder. Ab 15 €. Place de la Vaillance 3, ℅ 02/5230844, www.lebeguinage.be, tägl. 9–24 Uhr.

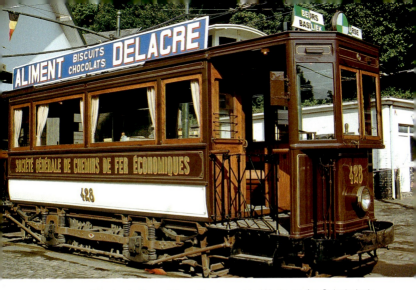

Musée du Tram: Diese Tram machte Werbung für Schokolade

Ausflug 1:
Mit der Tram zum Afrikamuseum

Dieser Ausflug wird nicht nur Liebhabern alter Verkehrsmittel, sondern ganzen Familien viel Spaß machen. Neben Brüssels historischen Trams gibt es die Geheimnisse Afrikas zu entdecken.

Von der Station **Montgomery** aus geht es mit der Tram 44 Richtung Tervueren. Aus der Tram hat man einen guten Blick zu einem bedeutenden Jugendstil-Monument – dem **Palais Stoclet** (siehe S. 47). Das **Musée du Tram** liegt nicht weit von der Haltestelle **Remise** in Woluwe. Neben Trams vom Ende des 19. Jh., die zunächst von Pferden gezogen und dann ab ca. 1950 elektrisch betrieben wurden, stehen in den weitläufigen Hallen auch alte Brüsseler Busse und Taxis. Seit 1914 prägten gelbe Trams das Stadtbild. Die „Tram chocolat" gehörte einer konkurrierenden Betreibergesellschaft, die sich u. a. mit Schokoladenwerbung finanzierte. Während der Umbau- und Erweiterungsarbeiten ist das Museum im Jahr 2008 geschlossen, aber seine histori-

schen Trams, z. B. zum Afrikamuseum nach Tervueren, fahren trotzdem.

Nostalgie auf Schienen
An Sonn- und Feiertagen regelmäßig Fahrten auf historischen Schienen zum Cinquantenaire und nach Tervueren (So 14–18 Uhr, 5 €, Kinder 2 €, unter 6 Jahren gratis). Highlight ist eine Fahrt durch Brüssel mit der Touristentram aus dem Jahr 1935 zum Atomium nach Heysel, wo man aussteigen kann. Die Route: Woluwe, Etterbeek, Ixelles, Laeken und zurück über Jette, Koekelberg, am Kanal entlang über den Südbahnhof und durch Forest und Saint-Gilles. April bis Okt. So Abfahrt 10 Uhr, Rückkehr 13.30 Uhr. Erklärungen nur niederländisch oder französisch. 12 € pro Person, Kinder 6 €, bis 6 Jahre gratis.

Was die meisten Touristen nicht wissen: Diese Verkehrsverbindung schuf Leopold II. ursprünglich für die Besucher der Kongo-Schau im Rahmen der Weltausstellung 1897.

Musée du Tram: Avenue de Tervueren 364 b, 1150 Woluwe St-Pierre, Reservierungen für Tramfahrten ☎ 02/5153108, 📠 5153109, www.trammuseumbrussels.be, Tram 44 von Montgomery bis Remise. Außerhalb der Saison sind Gruppenausflüge für 25 Personen möglich. Man kann die Maison Autrique in Schaerbeek mit einer Tram aus den 1930ern besuchen (www.abvip.be).

Wer direkt zum **Musée Royal de l'Afrique** möchte, braucht von Montgomery durch den Wald von Soignes bis zur Endstation in Tervueren mit der Tram ca. 30 Min. Der Fußweg zum Afrikamuseum durch eine große Parkanlage ist beschildert. *Leopold II.* ließ es nach dem Entwurf des französischen Architekten *Charles Girault* im Louis-XVI.-Stil erbauen. Nach seinem Tod ging es in den Besitz des belgischen Staats über. Es beherbergt die weltweit größte Sammlung zu Zentralafrika und ist zugleich Forschungseinrichtung.

Ursprünglich hatte der König für die Kolonialausstellung 1897 eine Afrika-Ausstellung organisiert. In kurzer Zeit zog sie Millionen beeindruckte Besucher an. Sie staunten wahrscheinlich wie kleine Kinder, als sie das erste Mal im Leben Elefanten und Affen, lebendige schwarze Menschen und tropische Pflanzen erblickten. Kostbare Elfenbeinschnitzereien, Jagdspeere, Diamanten und Gold gehörten zu den Exponaten, die der König in seinem „Palais des Colonies" wie Trümpfe präsentierte. Da die Exponate so großen Anklang fanden, ließ Leopold II. ein dauerhaftes Museum einrichten.

Das Museum, seit 2001 unter der Leitung des belgischen Agrarwissenschaftlers *Guido Greyseels*, wird nun nach und nach modernisiert und man will sich dabei kritischer mit der eigenen Kolonialgeschichte auseinandersetzen. So hing in der Kongo-Ausstellung 2005 der Bericht des Untersuchungsausschusses des belgischen Parlaments aus dem Jahr 2001 an der Wand. Dessen ernüchterndes Ergebnis: „Patrice Lumumba, der erste frei gewählte Ministerpräsident im Kongo wurde mit Wissen und Nachhilfe der Belgier ermordet, weil man das Abdriften des Landes in den Kommunismus fürchtete."

Musée Royal de l'Afrique centrale: tägl. (außer Mo) 10–17 Uhr, Sa/So bis 18 Uhr. Eintritt 4 €, erm. 1,50 €, bis 12 Jahre gratis. Leuvensesteenweg 13, 3080 Tervueren. Tram 44 von Montgomery bis Tervueren.

Ausflug 2: Zu Brüssels Basilika, zum Atomium und nach Laeken

Man kann mit der Metro direkt zum Atomium fahren oder den Ausflug mit einem Zwischenstopp an der Basilika von Koekelberg verbinden. Ebenfalls attraktiv: die Naherholungsziele im Bruparck nahe dem Fußballstadion. Einmal im Jahr sind die königlichen Gewächshäuser in Laeken öffentlich zugänglich.

Basilique Nationale du Sacré-Cœur: Schön ist sie nicht, diese Basilika, aber spektakulär groß, 167 m lang, 108 m breit und 90 m hoch. Leopold II. plante sie anlässlich des 75-jährigen Bestehens Belgiens zuerst als Pantheon und dann doch als Kirche, 1905 wurde der Grundstein gelegt. Erst 1969 wurde das Nationalmonument in seinen heutigen Ausmaßen fertig und an ihr Vorbild, die gleichnamige Kirche des Pariser Montmartre, erinnert sie wahrlich nicht. Finanzielle

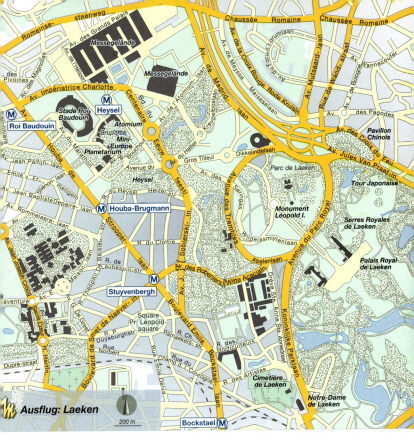

Ausflug: Laeken

200 m

Engpässe führten mehrfach zum Baustopp, 1959 wurde der noch unvollendete Bau geweiht – eine Mischung verschiedener Baustile, darunter auch Elemente aus der funktionalen Wiener Secession und Dekorationen im Art-déco-Stil. Man kann mit dem Aufzug zum 53 m hohen Umgang der Kuppel hochfahren und die Aussicht genießen. Gottesdienste in dem riesigen, kalten Innenraum sind nicht gerade einladend und häufig wenig besucht. Künftig soll die Kirche verstärkt als Schauplatz kultureller Events und Ausstellungen genutzt werden und mehr Menschen anlocken. Ein Blick ins Kulturprogramm kann sich also lohnen. In den weitläufigen Kellerräumen gibt es Vereine und Cafés.

Basilique du Sacré-Cœur: im Sommer tägl. 8–18 Uhr (Winter 17 Uhr), Zugang zur Kuppel 9–17 Uhr (im Winter 10–16 Uhr). Infos zu kulturellen Veranstaltungen, Konzerten unter ☎ 02/4258822. Ⓜ Simonis; genügend Parkplätze sind an der Kirche vorhanden.

Atomium: Was in Paris der Eiffelturm ist in Brüssel das Atomium, Wahrzeichen und Ziel jeder Stadtrundfahrt, aber auch mit der Metro (1 A, Richtung Heysel) ganz bequem zu erreichen. Viel langsamer, aber mit den besseren Ausblicken geht die Fahrt mit der Tram 23. Seit 2006 erstrahlt das Atomium in neuem Glanz, übrigens auch auf den extra neu geprägten Euro-Münzen, die Liebhaber und Sammler erfreuen werden. Blitzblank, mit weithin nachts farbig

Ausflüge

leuchtenden Kugeln bietet das Atomium Besuchern aus 102 m Höhe den weitesten Blick über die Stadt. Das 165 Milliarden Mal vergrößerte Eisenkristall wurde als Symbol des Fortschritts im Atomzeitalter für die Weltausstellung 1958 gebaut. Es besteht aus neun Kugeln, die wie ein auf der Spitze stehender Würfel angeordnet sind. Die Idee hatte *André Waterkeyn*, damals Direktor des Verbands der Metallproduzenten. Rolltreppen transportieren Besucher von einer Kugel zur anderen, mit 35 m Länge brachen sie 1958 Rekorde. Der Bau des Atomiums dauerte zwei Jahre: 13 Betonpfähle bildeten das Fundament, die äußere Hülle jeder einzelnen Kugel bestand aus zahlreichen Platten spiegelnden Aluminiumblechs.

Die Renovierung von Kugeln und Gerüst, die im Herbst 2004 begann, kostete rund 27 Mio. Euro. Etwa 70 % bezahlten Staat und Stadt, der Rest die Betreibergesellschaft. Die 1.000 Aluminiumplatten der Kugeln, die durch Edelstahl ersetzt wurden, boten die Betreiber ab Januar 2005 zum Kauf an. Mit 1.000 € pro Stück konnten Interessenten die Finanzierung des Projekts unterstützen. Wie früher befördert ein Aufzug Besucher innerhalb von Sekunden vom neuen Eingangspavillon in die obere Kugel zu Aussichtsplattform und Panorama-Restaurant. Ein Nadelöhr, denn bei großem Andrang können sich die Wartezeiten vor dem Aufzug ganz schön ziehen. Die gesamte Fläche für Dauer- und Wechselausstellungen sowie Konferenz- und Konzertsäle beträgt 1.000 m². Auf zwei Etagen, die man auch über Rolltreppen erreicht, werden dauerhaft Bau und Entstehungsgeschichte des Atomiums sowie Geist und Fortschrittsglaube der 50er Jahre dokumentiert.

Federführend bei der Renovierung war das belgische Architekturbüro *Christine Conix* aus Antwerpen und das Beleuchtungskonzept erarbeitete der international bekannte Münchner Designer *Ingo Maurer*.

Tägl. 10–18 Uhr, letzter Einlass 17.30 Uhr. Eintritt 9 €, erm. 4 €, bis 12 Jahre gratis. Boulevard du Centenaire, www.atomium. be. Ⓜ Heysel, Tram 18, 81.

Bruparck mit Spaßbad und Mini-Europe: Zu Füßen des Atomiums liegt das große Messegelände. Das Grand Palais aus dem Jahr 1935 misst 14.000 m². Links davon steht das berühmte Heysel-Stadion von 1930. Nach der Tragödie vom 29. Mai 1985, als Fans durch Massenpanik und herabstürzende Bauteile starben, wurde es umgebaut und heißt jetzt Stade du Roi Baudouin. Eine Ausstellung erinnert an die Geschichte des Stadions und man

Treppe im Atomium

kann die Umkleidekabinen der „Roten Teufel" und das Stadion besichtigen (Avenue de Marathonlaa 135/2, Mi–Sa 10.30–18.30 Uhr, Erwachsene 6 €, Kinder 4 €, Gruppen 5 € pro Person, ein Kind mit 2 Erwachsenen gratis). Auf den Berg Heysel kommen aber nicht nur die Fußballfans. Der riesige Freizeitkomplex Bruparck mit 30 Kinos zieht besonders abends Besucher in Scharen an. Wellness bietet das Badeparadies **Océade** und Spaß **The Village**, ein Amüsierdorf mit zahlreichen Restaurants und Kneipen. Grachtenhäuser, der Eiffelturm und die Akropolis, den Dogenpalast und viele weitere charakteristische Bauwerke Europas kann man sich en miniature im Park **Mini-Europe** anschauen. Hier bekommen auch viele Japaner und Amerikaner einen Vorgeschmack für das Europa-Hopping und sammeln lustige Fotomotive für zu Hause.

Océade: Spaßbad mit Wasserfällen, Rutschen, Saunalandschaft etc. Tägl. 10–21 Uhr, von April bis Juni und Sept. bis März tägl. (außer Mo) 10–18 Uhr, nur So bis 21 Uhr. Erwachsene und Kinder ab 1,30 m 13,80 €. Kinder 1,15–1,30 m 11,20 €, unter 1,15 m frei. ✆ 02/4784320, www.oceade.be. Ⓜ Heysel.

Mini-Europe: tägl. 9.30–18 Uhr, letzter Einlass 17 Uhr, Juli/Aug. bis 23 Uhr, Oktober bis Januar 10–18 Uhr. Eintritt 12 €, Kinder ab 1,20 m 9 €, kleinere gratis. www.minieurope.be. Ⓜ Heysel.

Königsresidenz Laeken: Von Mitte April bis in den Mai, wenn alles blüht, sind drei Wochen lang die **Serres Royales de Laeken** geöffnet. Diese Königlichen Gewächshäuser liegen mitten im Park und beeindrucken durch ihre kunstvolle Konstruktion aus Glas und Eisen. Realisiert wurden sie ab 1873 von *Alphonse Balat* im Auftrag des Kongo-Königs *Leopold II*. Die Kuppel des Wintergartens ist 25 m hoch und ruht auf 36 dorischen Säulen. In der erstaunlichen Gewächshauslandschaft sollten auch Essen und Empfänge gegeben werden, daher tragen sie Namen wie Salle à Manger (Speisesaal)

und Serre du Théâtre (Theatersaal). Sogar einen eigenen Bahnhof wollte Leopold II. sich hier bauen lassen. Dies verwirklichte er nicht mehr, aber zwei seiner Treibhäuser namens Ankunfts- und Abfahrtshalle erinnern daran. Nach dem Wintergarten (1874–1876), den der Besucher zuerst betritt, entstanden sukzessive das Kongo-Haus (1886), das Pflanzen aus der Kolonie des Königs vor der europäischen Kälte schützte, das Palmenhaus und eine neogotische eiserne Kapelle, verteilt auf etwas mehr als 1 km im hügeligen und großzügigen Schlosspark mit friedlichen Teichen und Blick über einen Teil der Stadt. Die erstaunlich langen verglasten Galerien, durch die Leopold II. trockenen Fußes von einem Gewächshaus zum anderen gelangte, begeistern die heutigen Besucher am meisten. Geranien und Fuchsienstämmchen stehen grazil Spalier und bilden lauschige Laubengänge. Sein letztes Lebensjahr verbrachte der rauschbärtige und verbitterte Leopold im Palmenhaus, wo er sich extra Wohnräume einrichten ließ. Der Besuch endet in der 100 m langen Orangerie mit bedeutenden Sammlungen von Apfelsinen- und Lorbeerbäumen, die teilweise über 200 Jahre alt sind.

Die königliche Allee (Avenue du Parc Royal/Rue Royal) verbindet das Schloss von Laeken mit dem Palais Royal im Stadtzentrum. An dieser Achse liegt die neugotische Kirche **Notre-Dame de Laeken**. Dort befinden sich in der Königskrypta die Gräber vieler Mitglieder der Königsfamilie, u.a. Baudouin I. sowie die drei Leopolds und ihre Gemahlinnen. Schon im 13. Jh. stand hier eine Kirche, die einer wundertätigen Marienfigur geweiht war, die als Madonna von Laeken verehrt wurde. Leopold I. ließ ein neues Gotteshaus errichten, um damit dem Wunsch seiner Ehefrau Louise nachkommen zu können, hier bestattet zu werden. Von der alten Kir-

Ausflüge

che waren nur noch Ruinen und der Chor erhalten. Hofarchitekt *Joseph Poelaert* erbaute sie: dreitürmig, gotisch inspiriert und übertrieben, wahrscheinlich ganz nach dem Geschmack des Architekten. Vollendet wurde sie erst Jahrzehnte nach der Einweihung, 1872. Die Gräber maßgeblicher Architekten und Maler sowie der spanischen Sopranisten Malibran (siehe S. 210) liegen auf dem benachbarten **Cimetière de Laeken**. Es ist zwar nicht der Pariser Friedhof Père-Lachaise, aber Skulpturen und Gedenksteine entfalten hier eine ähnlich morbide Pracht zu Ehren historischer Persönlichkeiten. Und immerhin treffen Besucher auf eine berühmte Statue eines Pariser Bildhauers: „Der Denker" von *Auguste Rodin*, am Grab des weitaus weniger bekannten Brüsselers *Jef Dillens* wachend.

Serres Royales (Königliche Gewächshäuser): während der Öffnungsphase Di–Do 9.30– 16 Uhr, Fr 13–16/20–23 Uhr, Sa/So 9.30–16/20– 23 Uhr, Mo geschlossen. Avenue du Parc Royale 61, Eintritt 2 €, unter 18 Jahren frei. Wenn geöffnet, samstags nachts beleuchtet und schönes Fotomotiv. Ⓜ Bockstael. **Notre-Dame de Laeken**: nur So 14–17 Uhr. **Cimetière de Laeken**: tägl. (außer Mo), 9– 16.30 Uhr.
Pavillon Chinois und Tour Japonaise: Beide Bauwerke im Park von Laeken

wurden von König Leopold II. in Auftrag gegeben. Er hatte auf der Weltausstellung 1900 in Paris erstmals etwas Ähnliches gesehen und wollte auch seinen Schlosspark mit asiatischer Baukunst schmücken. Doch die Architekten waren Franzosen, und die Materialien kamen aus Belgien. Nur den Holzschmuck des chinesischen Pavillons fertigten Tischler in Shanghai. Den Fassadenschmuck sowie das Interieur des Japanischen Turms im Stil einer buddhistischen Pagode importierte man aus dem japanischen Yokohama. Im japanischen Turm dokumentiert eine Ausstellung das japanische Kunsthandwerk. Die ältesten Exponate dekorativen Porzellans stammen aus dem 17. Jh. Der Chinesische Pavillon zeigt ebenfalls eine Sammlung hochwertiger Porzellanwaren. China pflegte über die Ostindische Kompanie vom 17. bis 18. Jh. rege Handelsbeziehungen mit dem alten Europa.

Tägl. (außer Mo) 9.30–17 Uhr, Sa/So erst ab 10 Uhr, letzter Einlass um 16.30 Uhr. Eintritt pro Museum 1 €, für die gesamte Anlage 3 €. Gruppenführungen (obligatorische Reservierung unter ✆ 02/7417215). Avenue Van Praet 44, ✆ 02/2681608, www.kmkg-mrah.be. Tram 23 und 52 (Haltestelle Araucaria), Busse 53, 230 und 231 (Haltestelle De Wand).

Ausflug 3: Nach Waterloo

Hunderte europäischer Laienspieler, darunter viele Deutsche, zieht es jedes Jahr am 18. Juni nach Waterloo. Sie schlagen Biwaks auf, tragen historische Uniformen und spielen mit Pferden und Kanonen die Entscheidungsschlacht von Waterloo nach. Alle fünf Jahre (das nächste Mal 2010) wird mit besonders großem Aufwand und Aufgebot die ganze Schlacht dargestellt. Am 18. Juni 1815 schlugen die britischen, niederländischen und deutschen Truppen unter General Wellington die von Napoleon geführten Franzosen. Ein Besuch des für Europa schicksalsweisenden Orts, nur wenige Kilometer südlich von Brüssel, lohnt aber auch ohne das ohrenbetäubende Riesenspektakel.

Das einstige Schlachtfeld ist den Rest des Jahres eine friedliche Weidelandschaft südlich von Waterloo. Hier erhebt sich der 40 m hohe Löwenhügel, die Butte de Lion, Wahrzeichen und

Denkmal der Schlacht. Er wurde an der Stelle errichtet, wo der Prinz von Oranien, der das niederländische Kontingent anführte, tödlich verwundet wurde. Auf die Spitze führen 226 Stufen.

Das Panorama der Schlacht, ein Gemälde von Louis Dumoulin

Oben bietet sich eine weite Sicht über das Schlachtfeld, wo sich am 18. Juni 1815 200.000 Männer aus sieben Nationen eine blutige Schlacht lieferten. Man braucht für Auf- und Abstieg mit zehnminütiger Aussichtspause etwa 30 Minuten. Übrigens stammt die Erde, aus der man den 520 m Unfang messenden Hügel um eine Backsteinkonstruktion aufschüttete, vom Schlachtfeld.

In dem freizeitparkartigen Besucherzentrum mit Laden kann man sich zwei Kurzfilme à 15 Minuten ansehen: Besonders beeindruckt ein Besuch des bereits 1912 eingeweihten Panoramas der Schlacht: In einem Rondell erstreckt sich eine 110 m lange und 12 m hohe Leinwand, die der Besucher von einer Plattform in der Mitte aus betrachtet. Das mehrmals restaurierte Gemälde des französischen Militärmalers Louis Dumoulin dokumentiert den Stand der Schlacht gegen 17 Uhr. Eine Tonanlage sorgt für die Untermalung mit Schlachtenlärm.

Im Gebäude gegenüber des Besucherzentrums liegt das Wachsfigurenmuseum. Es zeigt Napoleon am Vorabend der Schlacht und die Sieger, die Generäle Wellington und Blücher. Das Besucherzentrum bietet zudem eine 45minütige, geführte Battle-Field-Tour, bei der man das Schlachtgeschehen en détail nachempfinden kann. Man lernt auch weitere Gefallenendenkmäler sowie die umkämpften Gehöfte kennen.

Von April bis Okt. 9.30–18.30 Uhr, von Nov.– März 10–17 Uhr. Route du Lion 315, 1410 Waterloo, www.waterloo1815.be, Eintritt Erwachsene (alles) 12 €, erm. 9 €, Kinder (6–17 J.) 6,50 €, unter 6 Jahren gratis, nur Löwenhügel und Panorama 6 €, Kinder (bis 17 J.) 4,50 €, Pass Hameau du Lion (inkl. Filmvorführung und Wachsfigurenkabinett):8,70 €, erm. 6,50 €, Kinder (6–17 J.) 5,50 €. Nur Battlefield Tour (45 Min.) 5,50 €, Kinder gratis. Alternative: das Kombiticket für alle Sehenswürdigkeiten des Fremdenverkehrsamt, siehe unten.

Vier Kilometer südlich des Schlachtfelds liegt der alte Gutshof „Le Caillou". Napoleon beschlagnahmte ihn, um hier mit seinem Generalstab die Nacht des 17. Juni 1815 zu verbringen. Ein Denkmal im Obstgarten erinnert an diese allerletzte Nachtwache und in den fünf Räumen des Museums sind Fotos, Porträts, Kriegspläne, Waffen Büsten,

Ausflüge

Möbel, z. B. ein Feldbett des Kaisers, Stiche der von verschiedenen Armeen beschlagnahmten Bauernhöfe und weitere historische Gegenstände rund um die Schlacht zu sehen. Rund um den Hof schlagen auch die Laienspieler jedes Jahr um den 18. Juni eines ihrer Biwaks auf. Von April bis Okt. 10–18.30 Uhr, von Nov.–März 13–17 Uhr. Dernier Quartier-Général de Napoléon, Chaussée de Bruxelles 66, 1472 Vieux-Genappe.

Im von hier neun Kilometer entfernten Zentrum Waterloos befindet sich in einer früheren Post-Relaisstation das Wellington-Museum. Die Station diente Herzog Wellington, dem Befehlshaber der alliierten Streitkräfte, am 17. und 18. Juni 1815 als Hauptquartier. Das Museum bietet seinen Besuchern Audioführungen. Man kann das Büro Wellingtons besichtigen und das Zimmer seines Adjutanten. Verschiedene Zimmer sind den an der Schlacht beteiligten Armeen der jeweiligen Nationalitäten gewidmet. Zu sehen sind u.a. Kupferstiche, Waffen, Dokumente und beleuchtete Diagramme zum Ablauf der Schlacht. Zur Waffensammlung zählt eine Kanone von 1813 mit einem sechs Pfund schweren Geschoss, die sogenannte „Suffisante". Gegenüber des Museums liegt die Kirche St.-Joseph. Hier kann man die von einer grünen Kuppel überragte „Königliche Kapelle" aus dem Jahr 1697 besichtigen sowie Gedenktafeln für die

Opfer der Alliierten. Das Fremdenverkehrsamt direkt nebenan bietet Infos und ein ermäßigtes Kombi-Ticket für alle Sehenswürdigkeiten.

● *Öffnungszeiten*   **Wellington-Museum** April–Sept. tgl. 9.30–18.30 Uhr. Okt.–März 10–17 Uhr. Geschlossen am 1.1. und 25.12. Eintritt Erwachsene 5 €, erm. 4 €, Kinder (6–12 J.) 2 €, unter 6 Jahren frei, Chaussée de Bruxelles 147, 1410 Waterloo, www.musee wellington.com

Kombi-Ticket für alle Sehenswürdigkeiten mit mehr als 25 % Ersparnis: Pass 1815 Erwachsene 8 €, erm. und Kinder 6 €, April–Sept. 9.30–18.30 Uhr, Okt.–März 10–17 Uhr, Maison de Tourisme, Chaussée de Bruxelles 218, 1410 Waterloo, ☎ 2/3520910, ✆ 2/3542223, www.waterloo-tourisme.be

● *Anreise* Am besucht man das 20 km von Brüssel entfernte Waterloo mit dem Auto. **Bus**: Busse der Linie W fahren jede halbe Stunde von der Brüsseler Gare du Midi ab. Mit einer Tageskarte (6 €) kann man im Zentrum von Waterloo einen Zwischenstopp für das Wellington-Museum einlegen, dann weiter mit dem Bus zum Schlachtfeld an der N5 fahren und von dort nach Brüssel zurück. Nur mit dem Bus 365, der alle zwei Stunden von der Gare du Midi abfährt, kommt man bis zum letzten Hauptquartier Napoléons in Vieux-Genappe. Er hält ebenfalls in Waterloo und am Löwenhügel.

Zug: Es fahren Züge Richtung Nivelles von drei Brüsseler Bahnhöfen: der Gare du Nord, der Gare Central und der Gare du Midi. Zu Fuß braucht man vom Bahnhof zehn Minuten zum Wellington Museum, muss aber zu allen weiteren Zielen wiederum den Bus nehmen.

Ausflug 4: Zur Zisterzienserabtei Villers

Villers-la-Ville liegt im Süden der Provinz Wallonisch-Brabant, etwa 30 Kilometer südöstlich von Brüssel. Die majestätischen Ruinen des im Jahr 1146 von den Zisterziensern gegründeten Klosters gehören dem belgischen Staat und sind ganzjährig geöffnet. Im Juli und August sind sie seit 1987 würdige Kulisse für berühmte Theaterinszenierungen.

Die Gründung der Abtei geht auf einen Besuch des heiligen Bernhard von Clairvaux zurück, der für die besinnliche Landschaft im Tal des Flusses Thyle schwärmte. In der Blütezeit im 13. Jh.

unter Abt Wilhelm von Brüssel gehörten ca. 100 Mönche und 300 Laienbrüder dem Kloster an. Es zählte zu den größten im europäischen Raum. Aus dieser Zeit stammt die Kirche (94 m

Villers-la-Ville: im Mittelalter eine der größten Zisterzienserabteien

lang, 23 m hoch), mit ihrem langen Querschiff und anmutigen Spitzbogen sowei dem gotischen Chor das imposanteste Gebäude der heutigen Anlage. Rundöffnungen (Oculi) an Chor und Querschiff wurden schon damals als architektonische Neuerung bestaunt. Zum Kloster des 13. Jh. gehörten ebenfalls eine Brauerei, ein Refektorium und ein Teil des Kreuzgangs. Eine ähnliche Architektur wiesen die meisten Zisterzienserklöster auf: In natürlicher Umgebung und großer Abgeschiedenheit gruppierten sich die Gebäude stets um den zentralen Kreuzgang. Die Bereiche der Mönche (im Osten) und Laienbrüder (im Westen) waren deutlich voneinander getrennt.

In den Jahren 1720–21 erfuhr das Kloster Villers nochmals eine wesentlich Erweiterung: Prälat Jacques Hache ließ einen großen Abtspalast in klassischem Stil errichten, mit Gästehaus, repräsentativem Ehrenhof und terrassenförmigen Gärten. Er liegt auf einer perspektivischen Achse von Brüssel bis zur Kapelle Notre-Dame de Montaigu auf dem Hügel, zu der 125 Treppenstufen hinaufführen. Doch die neue Blütezeit des Klosters im 18. Jh. fand ein jähes Ende, als französische Revolutionstruppen es 1794 plünderten und die Ordensgemeinschaft der Zisterzienser auflösten. Das Kloster verfiel und eine Baufirma trug Steine ab, bis sein Wert im Zuge der Romantik wiederentdeckt wurde. Villers-la-Ville zählt heute zu Belgiens größten archäologischen Anlagen. Erhalten ist der gesamte Abteikomplex mit 50.000 m2 Mauern sowie 5000 m2 romanischen und gotischen Gewölben. Die Rebterrassen wurden neu bepflanzt und gegenüber, in der ehemaligen Klostermühle, lädt das Restaurant Le Moulin de Villers zur Einkehr ein (ab 15 €, Menü 27 €, 12–15 Uhr, 19–22 Uhr. Mo, Di, und Sa mittags geschlossen, www.moulindevillers.be)

● *Öffnungszeiten* April–Okt. 10–18 Uhr, Nov.–März 10–17 Uhr, Di. geschlossen. Eintritt Erwachsene 5 €, erm. 4 €, 6–12 Jahre 2 €. Geführte Besichtigungen für Gruppen ab 15 Pers. 7 €. Abbaye de Villers-la-Ville, Rue de l´Abbaye 55, 1495 Villers-la-Ville, ✆ 71880980, ✆ 71878440, www.villers.be.

● *Anreise* Autobahn E 411 (Ausfahrt 9) oder E 25, Ausfahrt Villers-la-Ville, Zug: Linie 140 nach Charleroi, von Villers-la-Ville sind es zwei Kilometer zu Fuß.

Ausflüge

Ausflug 5: Zur Fondation Folon

Auf dem Weg zur Kunststiftung von Jean-Michel-Folon kommt man an grasenden Pferden und einem Reiterhof vorbei. Das Werk des Grafikers und Bildhauers wird in einem Bauernhof ausgestellt, der zum Château de la Hulpe gehört, dem ehemaligen Sitz der belgischen Industriellendynastie Solvay.

Prachtvoller alter Baumbestand, Enten-teiche und ausgedehnte Grasflächen laden zu Spaziergängen zwischen den weiß getünchten Museumsgebäuden und dem oberhalb liegenden Schloss. Folon (1934–2005), der ein umweltbewusster Naturliebhaber war, stiftete seinen Nachlass nicht ohne Grund an diesem Ort der wallonischen Regierung. Die Ausstellung mit ihren Lichtspielen, optischen Effekten und Musikuntermalungen gestaltete er selbst. Interaktive Elemente entführen den Besucher sehr schnell in das Universum seines Schaffens.

Das Museum zeigt neben wechselnden Ausstellungen rund 500 Werke Jean-Michel Folons, der in den 1070ern der Freiheit Farbe und Form gab. Zu sehen sind von Surrealismus und Melancholie geprägte Aquarelle und Ölgemälde sowie Holzschnitte, Kupferstiche, Plakate und Skulpturen. Man betritt die 15 Räume durch ein symbolisch aufgeschlagenes Buch. Zur abwechslungsreichen Präsentation zählen ein komplett verspiegelter Raum, ein Atelier mit Kurzfilmvorführung und ein kleiner Skulpturengarten.

International bekannt wurde Folon in den 1960ern durch Poster- und Anzeigengestaltungen sowie Illustrationen und Titelbilder in zahlreichen Zeitungen und Zeitschriften (u.a. Time-Magazine). Zu sehen sind u.a. sein Plakat für den Woody-Allen-Film „Purple Rose of Cairo" sowie seine Illustrationen zum Werk von Jacques Prévert und zu Schriften von Guillaume Appolinaire, Franz Kafka, Jean Giono und Albert Camus.

Wer Folon von einer ganz anderen Seite – als Kirchenfensterkünstler – kennen lernen möchte, kann den Ausflug verlängern und sich die Kirche St.-Etienne in Waha ansehen. Sie erzählen die Geschichte des heiligen Stefan. In der Nähe lädt Durbuy, Belgiens kleinste Stadt, zum Bummeln ein.

• *Öffnungszeiten*   Dauerausstellung tgl. außer Mo. 10–18 Uhr (letzter Einlass 17 Uhr), Eintritt Erwachsene 7,50 €, erm. 6,20 €, Kinder von 6–12 Jahren 5 €. Ferme du Château de la Hulpe, Drève de la Ramée 6 a, 1310 La Hulpe, ✆ 02/6533456, ✆ 02/6530077, www.fondationfolon.be, www.ateliersfondationfolon.be

• *Anreise*   Mit dem Auto über die E 411 von Brüssel Richtung Charleroi, Ausfahrt Nr. 3, Richtung La Hulpe. Für Autofahrer bietet es sich auch an, die Ausflüge 3 bis 5 in diesem Buch miteinander zu kombinieren: Von Brüssel dauert die Anfahrt 15 Minuten, von Waterloo zehn Minuten (10 km). Villers-la-Ville ist 20 Minuten entfernt. Bus von Brüssel aus: Nr. 366 (TEC) an der Place Flagey bis zur Haltestelle „Etangs Solvay". Die 1,2 km entfernte Fondation ist ausgeschildert.

Folon war auch Bildhauer

Verlagsprogramm

- Abruzzen
- Ägypten
- Algarve
- Allgäu
- Altmühltal & Fränk. Seenland
- Amsterdam *MM-City*
- Andalusien
- Apulien
- Athen & Attika
- Azoren
- Baltische Länder
- Barcelona *MM-City*
- Berlin *MM-City*
- Berlin & Umgebung
- Bodensee
- Bretagne
- Brüssel *MM-City*
- Budapest *MM-City*
- Bulgarien – Schwarzmeerküste
- Chalkidiki
- Chianti – Florenz, Siena
- Cornwall & Devon
- Costa Brava
- Costa de la Luz
- Côte d'Azur
- Cuba
- Dolomiten – Südtirol Ost
- Dominikanische Republik
- Dresden *MM-City*
- Ecuador
- Elba
- Elsass
- England
- Franken
- Fränkische Schweiz
- Friaul-Julisch Venetien
- Gardasee
- Genferseeregion
- Golf von Neapel
- Gomera
- Gran Canaria
- Gran Canaria *MM-Touring*
- Graubünden
- Griechenland
- Griechische Inseln
- Hamburg *MM-City*
- Haute-Provence
- Ibiza
- Irland
- Island
- Istanbul *MM-City*
- Istrien
- Italien
- Italienische Adriaküste
- Kalabrien & Basilikata
- Kanada – der Westen
- Karpathos
- Katalonien
- Kefalonia & Ithaka
- Kopenhagen *MM-City*
- Korfu
- Korsika
- Kos
- Krakau *MM-City*
- Kreta
- Kroatische Inseln & Küste
- Kykladen
- Lago Maggiore
- La Palma
- La Palma *MM-Touring*
- Languedoc-Roussillon
- Lanzarote
- Lesbos
- Ligurien – Italienische Riviera, Genua, Cinque Terre
- Liparische Inseln
- Lissabon & Umgebung
- Lissabon *MM-City*
- London *MM-City*
- Madeira
- Madrid & Umgebung
- Mainfranken
- Mallorca
- Malta, Gozo, Comino
- Marken
- Mecklenburgische Seenplatte
- Mittel- und Süddalmatien
- Mittelitalien
- Montenegro
- München *MM-City*
- Naxos
- Neuseeland
- New York *MM-City*
- Niederlande
- Nord- u. Mittelgriechenland
- Nordkroatien – Kvarner Bucht
- Nordportugal
- Nordspanien
- Norwegen
- Nürnberg, Fürth, Erlangen
- Oberbayerische Seen
- Oberitalien
- Oberitalienische Seen
- Ostfriesland & Ostfriesische Inseln
- Ostseeküste – Mecklenburg-Vorpommern
- Ostseeküste – von Lübeck bis Kiel
- Paris *MM-City*
- Peloponnes
- Pfalz
- Piemont & Aostatal
- Polen
- Polnische Ostseeküste
- Portugal
- Prag *MM-City*
- Provence & Côte d'Azur
- Rhodos
- Rom & Latium
- Rom *MM-City*
- Rügen, Stralsund, Hiddensee
- Salzburg & Salzkammergut
- Samos
- Santorini
- Sardinien
- Schottland
- Schwäbische Alb
- Sinai & Rotes Meer
- Sizilien
- Skiathos, Skopelos, Alonnisos, Skyros – Nördl. Sporaden
- Slowakei
- Slowenien
- Spanien
- Südböhmen
- Südengland
- Südfrankreich
- Südmarokko
- Südnorwegen
- Südschwarzwald
- Südschweden
- Südtirol
- Südtoscana
- Südwestfrankreich
- Teneriffa
- Teneriffa *MM-Touring*
- Tessin
- Thassos, Samothraki
- Toscana
- Tschechien
- Tunesien
- Türkei
- Türkei – Lykische Küste
- Türkei – Mittelmeerküste
- Türkei – Südägäis
- Türkische Riviera – Kappadokien
- Umbrien
- Usedom
- Venedig *MM-City*
- Venetien
- Wachau, Wald- u. Weinviertel
- Westböhmen & Bäderdreieck
- Westungarn, Budapest, Pécs, Plattensee
- Wien *MM-City*
- Zakynthos
- Zypern

Aktuelle Informationen zu allen Reiseführern finden Sie im Internet unter
www.michael-mueller-verlag.de

Michael Müller Verlag GmbH, Gerberei 19, 91054 Erlangen
Tel. 0 91 31 / 81 28 08-0; Fax 0 91 31 / 20 75 41; E-Mail: mmv@michael-mueller-verlag.de

Register